✕

억만장자가
사는 법

✕

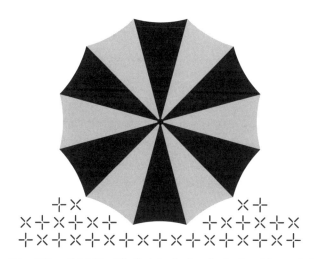

공정한 세상을 위해 부자가 나서야 하는 이유

억만장자가 사는 법

Born on third base

척 콜린스 지음·김병순 옮김

한국NVC출판사

이 책에 대한 찬사

미국의 부자들에게 조속한 행동을 촉구하고 그러지 않을 경우 그들에게 다가올 위기 상황을 알리는 요트 뱃전을 겨냥한 경고 사격 한 발. 이 책은 미국의 특권층과 권력자들이 점점 커지고 있는 소득과 부, 정치권력의 불평등 문제를 역전시키기 위해 행동에 나서지 않으면 안 되는 이유를 명쾌하고 설득력 있게 주장한다.

_ 로버트 B. 라이시, 전 미국 노동부 장관, 『로버트 라이시의 자본주의를 구하라』 저자

이 책은 자신의 모든 것을 내주고 미국의 불평등과 착취의 어두운 심장 한가운데로 걸어 들어가서, 부자를 비롯해서 우리 모두에게 훨씬 더 중요한 일을 위해 선두에 서서 행동하는 사상가가 된 한 용기 있는 백인 부자 남성의 매력적인 이야기다. 콜린스는 우리를 실망시키지 않는다. 그는 우리의 영웅이다.

_ 제임스 구스타브 스페스, 『미국의 가능성』, 『강변의 천사들』 저자

나는 척 콜린스가 이야기하고 있는 것과 같은 말을 어디서도 들어본 적이 없다. 우리가 상상할 수 없는 환경에 사는 세상의 1퍼센트 부자로 태어난 그는 양심의 가책을 느끼며 미국을 파괴하고 있는 사악한 불평등과 싸우고자 선대로부터 물려받은 부를 포기했다.

언제부턴지는 모르지만, 그는 부자라는 것이 정작 문제가 아닌 해법의 일부가 될 수 있다고 생각하게 되었다. 그래서 공정 경제를 위한 투쟁에 합

4

류하도록 부자들을 조직하기 시작했다. 상위 1퍼센트를 비롯해서 부자들에게 그것은 일종의 짜릿한 도전이다. '마음을 열고 외부인 출입제한 주택단지에서 나오라'고 그는 말한다. 그 바깥에 연대하는 인간의 온기가 있기 때문이다.

_ 바버라 에런라이크, 『노동의 배신』 저자

척 콜린스는 자기들만의 경제적 이익을 추구하는 것에 맞서는 부자들을 이미 조직화했다. 그와 동료들은 '정책연구소IPS'를 통해 공화당이 부자들을 위해 연방상속세법을 폐지하려는 것에 제동을 걸었다. 그래서 그는 단순한 자선이 아니라 정의를 추구하는 진보적인 부자가 할 수 있는 모든 미덕에 대한 책을 쓰면서, 한때 부유한 유산상속자로서의 경험뿐 아니라 진보적인 운동을 조직하는 사람으로서의 경험에서 우러나오는 이야기를 한다.

그의 자전적 성격의 언급 속에서 우리에게 희망의 빛을 비추는 더 밝은 미래에 대한 전망은 당신이 정말 놓치고 싶지 않을 이야기다.

척 콜린스는 말한 것을 실행에 옮기는 사람이다. 그는 여지만 보인다면 엄청난 부자에게도 세상의 변화를 위한 조직적인 운동에 자금을 대도록 동기를 부여할 수 있다.

_ 랠프 네이더, 소비자운동가이자 작가, 변호사

사람들에게 정신이 번쩍 들게 하고 영감을 주는 척 콜린스는 또 하나의 독립선언서를 썼다. 그들이 한 팀의 일원임을 망각한 부유한 상속자들이 반드시 읽어야 할 책이다.

_ 피터 버핏, 노보재단 부이사장, 『인생은 당신이 만드는 것』 저자

아메리칸 드림은 열심히 일하고 규칙대로 행동한다면 누구든 성공할 거라고 보장한다. 하지만 현실은 그것과 다른 부분이 많다. 우리의 경제 시스템이 조작되어 있다는 것은 누구나 다 안다. 돈이 부자에게서 가난한 사람에게로 흘러가는 이런 시대에, 소득 불평등은 99퍼센트의 나머지 민중에게 상위 1퍼센트에 맞서 폭력 혁명으로 대항하도록 위협한다. 정말로 누가 그들을 비난할 수 있겠는가? 내 친구 부호 척 콜린스는 그 사실을 안다.

이 책은 자수성가한 사람에 대한 신화를 타파하지만, 한편으로는 고전적인 의미에서 미국인의 진정한 성공을 찬양한다. 이는 자기혐오에 빠진 돈 많은 사람을 말하는 것이 아니다.

콜린스는 시민이 된다는 것, 애국자가 된다는 것이 무슨 의미인지 진지하게 생각했다. 그는 우리 모두가 더 나아지려고 애쓸 때 더 좋아진다고 주장한다. 그는 연민과 유머로 그 일을 한다. 이 책은 아인 랜드Ayn Rand에게는 악몽이 될 것이다.

_ 닉 해나우어, 『진정한 애국자』, 『민주주의의 정원』 저자

척 콜린스는 자기 탐구와 근본적인 문제 제기를 통해 불평등과 불공정이 부유층을 포함해서 우리 모두의 삶을 악화시킨다는 사실을 모두에게 일깨워준다. 그러면서 자신의 계급적 배경이 무엇이든 상관없이 우리 모두가 왜 보다 공정한 세상을 만들기 위한 투쟁에 함께 나서야 하는지에 대한 통찰력을 제공하고 즉각 행동 개시에 돌입할 것을 촉구한다. 개인의 성공을 위해서가 아니라 번영을 함께 나누는 공동체를 기반으로 하는 세상을 위해서 말이다. 인간과 지구는 그런 세상에 의존한다.

_ 제시 스펙터, 리소스 제너레이션 상임이사

엄청난 특권을 갖고 태어난 콜린스는 1퍼센트 대 99퍼센트를 향해 가는 오늘날 부의 분배에서 보이는 극단적 불균형 문제를 풀기 위한 매우 진지한 접근방식을 취한다. (…) 콜린스가 그런 문제를 단순히 지적하는 것보다 훨씬 더 잘 하는 것은 이 책의 후반부에 나오는 매우 의미 있고 구체적인 해법들을 제시하는 능력이다. (…) 독자들이 경제적으로 어떤 층에 속해 있든, 이 책은 읽고 이해하고 생각을 함께 나눌 만한 가치를 지니고 있다.

_〈퍼블리셔스위클리〉

상위 1퍼센트의 근본적인 방향 전환, '그들'과 '우리' 사이의 근본적으로 새로운 관계 설정—그리고 앞으로 발생할 문제들을 해결하기 위해 지난 세기에 창출된 부의 근본적 재배치—만큼 시급한 일은 없다. 척 콜린스는 우리의 개인 가이드다.

_우디 태시, 슬로머니연구소 창립자, 『슬로머니 탐구』 저자

척 콜린스보다 불평등에 대해 더 잘 설명하는 사람은 없다. 콜린스보다 더 완벽하게 자기가 한 말을 행동으로 옮긴 사람은 없다. 그의 통찰력은 모든 미국인—부자든, 가난한 사람이든, 몸을 사리는 중산층이든—에게 유익하며, 그가 몸소 보여준 본보기는 모든 이에게 영감을 줄 것이다.

_피터 반스, 크레도모빌 공동창업자, 『모두를 위한 자유와 분배』 저자

척 콜린스는 태어날 때부터 3루에 있었을지 모르지만, 이 책을 통해 오늘날 미국을 정의하는 터무니없는 빈부 격차를 해결하기 위해 최고의 부자들도 그들의 동료 시민들과 함께 연대할 것을 강력하게 요구하는 만루 홈런을 친다. 그는 불평등을 정당화하는 온갖 커브볼을 모두 받아친다. 또한 자

신의 경험을 유창하게 그러나 겸손하게 들려주면서, 모든 미국인들이 계급과 계층을 넘어 경제 정의를 위해 함께 연대할 수 있는 방안들을 설계한다.

＿존 드 그라프, 『어플루엔자(부자병)』, 『어쨌든, 무엇을 위한 경제?』 공저자

메리에게 바친다

우리는 서로 다르다는 환상에서
깨어나기 위해 여기에 있다.

—틱낫한

움직이지 않는 사람들은
사슬에 묶인 것도 알지 못한다.

—로자 룩셈부르크

✳

차례

✳

1부 ✳ # 3루에서 태어나다

2부 ✳ # 공공의 부란 무엇인가

6부 ✳ **초대장**

한국어판 저자 서문

우리 주변에는 사회가 점점 더 불평등해지고 있다는 징후들이 날이 갈수록 많이 나타나고 있습니다. 집 없는 사람들이 늘어나는 가운데 다른 한편에서는 즐비하게 들어서는 고급 주택들. 하루하루 인간으로서 최소한의 품위와 생명 유지를 위한 음식과 의약품을 살 수 있을 정도의 돈을 마련하기 위해 힘겹게 분투하고 있는 노인들 곁으로 값비싼 외제 승용차를 타고 지나가는, 온갖 호화로운 장신구들(롤렉스! 구찌! 버버리! 에르메스!)로 치장한 젊은 남녀 상속자들. 상대적 박탈감과 경제적 몰락의 공포를 감추기 위한 과시적 소비.

한국 신문들에서도 이런 불평등한 현실을 반영하는 기사 제목들이 눈에 띕니다. "한국, 세계 백만장자 국가 서열 11위", "한국의 100대 부자가 22,000채의 주택 소유", "한국 기업들, 상속세 감면을 요구하며 정부 압박". 그리고 〈상속자들〉, 〈기생충〉, 〈오징어 게임〉 같은 한국의 인기 대중문화 작품들은 넘볼 수 없는 유리한 조건에 있는 사람들과 앞날에 대한 희망이 보이지 않는 카스트 사회에 갇혔다고 느끼는 사람들을 대비하며 현실의 불평등한 모습을 묘사합니다.

어떤 이들에게 부를 향한 야망은 인생의 다른 어떤 목표보다 중요합니다. 극단의 부유함과 사치가 그들에게 승리와 만족감을 안겨주기 때문입니다. 우리는 그들이 소셜미디어에 올린 게시물들을 봅니다. 그러나 엄청난 유산 상속을 받아 태어나면서부터 복권에 당첨된 것과 마찬가지이거나 40세 이전에 횡재를 한 모든 부자들이 그것을 다 반기는 것은 아닙니다. 열린 마음을 가진 일부 부자들은 부와 권력의 극단적 불평등이 모두에게 유해하며 사회를 위험에 빠뜨린다는 것을 알고 있습니다. 우리는 오늘날 수많은 학제 간 연구를 통해서 극도로 불평등한 사회가 경제적으로 불안정하며 건강하지도 민주적이지도 않다는 것을 압니다. 또한 그런 사회는 정치적으로 점점 양극화되어 구성원들이 서로 공감하지 못하는 불안한 생활공간으로 전락하기 십상이라는 것도 알고 있습니다. 그리고 최근 전 세계적인 유행병 이후, 우리는 그러한 불평등 상황이 인간의 삶과 죽음을 가르는 치명적인 차이를 의미할 수 있다는 것도 알게 되었습니다.

오늘날 미국과 한국 같은 사회들에서는 골치 아픈 새로운 불평등의 물리학이 작동하고 있습니다. 부자들의 유리한 조건은 점점 더 빠르게 강화되고 있는 반면에, 나머지 모든 사람들의 불리한 조건과 앞을 가로막는 장벽들은 점점 더 빠르게 악화되고 있습니다. 이런 사회가 결딴나는 데 얼마나 많은 시간이 필요할까요?

우리 사회를 사로잡고 있는 가장 강력한 신화 가운데 하나는 그들이 부자인 것은 다 그럴 만한 자격이 있기 때문이며, 그들이 보유한 부는 그들의 재능과 가치, 노력의 결과물이라는 생각입니다. 그러나 그 어떤 막대한 재산이나 재벌이라는 것도 그것의 기원을 찬찬히 따져보면, 독점적 지배와 정부보조금, 가족으로부터 물려받은 유리한 조건, 행운 따위의 다양한 외부 도움들이 어우러져서 이루어진 것임을 알게 될 것입니다. 혼자서 부를 이룬 사람은 아무도 없다는 말입니다. 부자들 개개인이 스스로 이런 자기정당성의 신화를 깨뜨리며 나아가면 갈수록, 사회 구성원들이 번영을 함께 나누는 건강한 경제를 구축하는 일은 더욱 더 빨리 앞당겨질 수 있습니다.

이 책에서 밝히는 것처럼, 모든 부자가 현재 자신의 수중에 있는 부와 특권을 누릴 만한 자격이 충분히 있다고 느끼는 것은 아닙니다. 선조로부터 물려받은 막대한 유산을 토대로 구축된 사회를 오늘날 슈퍼리치들의 아들과 딸들이 미래의 정치, 경제, 문화, 독지활동을 지배하는 부와 권력의 왕조로 어떻게 바꿔놓을지 두려워하는 사람들이 있습니다. 그들은 사회의 엘리트들이 기업가정신과 새로운 부의 창출을 멀리하고, 기존에 그들이 소유한 부의 강화와 보호에 진력할 때, 그것이 건강한 사회에 해악을 끼친다는 사실을 잘 이해하고 있습니다. 변호사나 회계사, 자산관리사들이 종사하는 업계는 모두 기존의 부자들이 부와 권력을 굳건하게 지키도록 돕는 일을 하며 번영을 구가하고 있습니다. 그러나 그것은 거꾸로 우리의 정치와 경제 체계를 부패하게 만듭니다.

우리 모두가 마땅히 살고 싶어 하는 곳은 그런 사회가 아닙니다. 그러나 만일 우리가 점점 불어나고 있는 상속 재산에 합당한 세금을 부과하고, 나머지 모든 사람들을 위해 기회와 이동성을 확대하는 방식으로 사회적 부를 투자하는 방법을 찾아내지 못한다면, 우리가 앞으로 나아갈 방향은 그런 모습을 벗어나지 못할 것입니다.

우리 사회가 지금보다 더 건강하고 상대적으로 평등한 사회가 되려면, 우리는 이 궤적을 어떻게 바꿔야 할까요? 불공평한 부의 분배로 혜택을 본 사람들이 앞장서서 이러한 잘못된 흐름을 세상에 널리 알리고 반대할 때 비로소 우리는 한 걸음 앞으로 나아갈 것입니다. 이 책은 바로 당신이 한국 사회와 그 구성원 모두를 위해 부의 기원과 극단적 불평등의 해악에 대한 진실을 이야기할 방법을 찾기를 간절히 바라는 마음으로 쓴 것입니다.

결론적으로, 이러한 부와 권력의 극단적 불평등이 곪아터질 때까지 내버려두는 것은 우리 누구에게도 이익이 되지 않습니다. 우리 같은 부자들에게도 심화되는 불평등과 함께 사는 것은 전혀 이익이 되지 않습니다—우리 자신뿐 아니라 다음 세대를 위해서도 마찬가지입니다. 우리 모두가 이익을 얻을 기회는 더 많은 번영의 열매를 구성원들이 함께 나누는 공동체와 사회를 통해서만 가능합니다.

개인적 차원에서, 상속 재산은 우리와 매우 다른 삶을 사는 이웃들과 우리를 단절시키는 황금 새장이 될 수 있습니다. 나는 "특권은 사람들 사이의 관계를 단절시키는 약물이다"라고 이 책 곳곳에서 썼습니다. 그것의 유일한 해독제는 추상적인 금융 투기가 아니라, 사람들과의 연결, 의미 있는 일, 먹을거리 재배, 실생활에 필요한 물건 제작이나 서비스 제공입니다. 우리 자신의 이름으로 이러한 불평등과 자신의 유리한 조건들에 용감하게 맞서는 일은 개인의 해방과 행복을 찾아가는 과정의 일부입니다.

전 세계 동료 부자들에게 내가 하고 싶은 말은 "집으로 돌아오라"입니다. 비행기를 타고 전 세계를 돌아다니며 당신에게 허용된 적정량 넘게 탄소 태우는 일을 중단하십시오. 지역으로 돌아와서 친구들을 사귀고 당신의 공동체들을 위해 봉사하십시오. 부를 집으로 가져와서 사람들과 나누고, 마땅히 내야 할 세금을 납부하십시오. 환히 웃는 얼굴로 가슴 깊이 노래하며 차라리 일찌감치 그 일을 하십시오. 그것이 당신을 해방시킬 것입니다.

추천사

나는 척 콜린스가 이 책에서 말하는 그런 집단—상위 1퍼센트의 부유층—에 속하는 사람이다. 나는 54세에 금융업계에서 은퇴해 매우 풍족하게 생활하고 있다. 현재는 '애국적 백만장자들Patriotic Millionaires'이라는 단체의 회장을 맡고 있다. 이 단체는 우리 사회에 총체적 불평등을 초래하는 국가 정책들이 보통의 미국인뿐 아니라 부자들에게도 유익하지 않다고 주장하는 일단의 미국 부자들 집단이다. 나는 아들이 둘 있는데, 그들은 학자금 대출을 받지 않고 대학을 졸업했고, 이후 출세를 위해 뛰어다닐 필요 없이 여가를 즐기며 지내왔다. 그리고 나는 새로운 사업을 펼치거나 후세들에게 물려주기 위해 남겨놓은 돈도 있다.

나는 유별나게 열심히 일했는가? 아마도 조금은, 때때로. 내가 하는 일은 대개 사무실에 앉아서 이메일을 주고받고 통화하는 것이 다였다. 얼어붙은 소화전에 호스를 연결하는 일을 해야 하는 사나나 거의 밤새도록 만면에 미소를 지으며 맥주잔을 날라야 하는 여성보다 나는 더 열심히 일했는가? 전혀 그렇지 않다.

나는 운이 좋았는가? 사람들은 그것을 운이라고 부를 수도 있을 것이다. 그러나 그것은 모든 사람이 복권을 샀는데 우연히 내 번호가 1등에 당첨이 된 경우와는 다른 것이었다. 오히려 척이 말하는 것처럼, 처음부터 유리하게 3루에서 태어난 사람에 더 가까웠다. 우리 아버지는 ROTC 장학금으로 대학을 다녔고, 할아버지 형제들이 창업한 의류 점포들의 소유주로 평생을 보냈고, 재향군인회 융자를 받아 집을 지었다. 그리고 아버지는 내가 대학에 지원할 때, 학자금 마련과 관련해서 아무 걱정도 하지 말라고 내게 이야기할 정도로 많은 재산을 가지고 있었다. 따라서 나는 학자금 마련을 위해 따로 일하지 않고도 펜실베이니아대학(납세자들의 기금이 들어간)을 다녔다. 그래서 시간이 났을 때, 졸업 후에 할지도 모를 일(금융과 기술 창업)을 찾아볼 요량으로 관련 직장에서 시간제로 근무도 할 수 있었다. 그 결과 학교에 다니는 동안 내내 돈을 벌기 위해 최저시급의 일이라도 해야 하고, 직업을 선택할 때도 대출금을 갚기 위한 계획을 미리 세워야 하는 사람들이 어떤 심정이었을지 나는 정말 모른다. 그리고 나는 내가 정말 그럴 만큼 더 자격이 있어서 (경제적으로) 더 성공했다고 생각하지도 않는다.

나와 수많은 미국인 부자들 사이의 차이는 나와 내 아이들 모두 우리가 3루타를 날린 적이 없다는 것을 안다는 사실이다. 콜린스의 책을 읽기 전에도 그것을 조금은 알았지만, 이제는 그것이 무엇을 의미하는지 훨씬 더 잘 이해하고 있다.

자신이 남보다 엄청나게 유리한 위치에 있는 사람들 가운데 많은 이가 그런 사실을 알지도 못한다. 밋 롬니(10년 전, 콜린스와 같은 명문 고등학교에 다녔던)는 오토바인대학에서 한 강연에서 학생들에게 "만일 사업을 시작해야 한다면 부모에게 돈을 빌려라……"고 말했다. 그의 친구 지미 존이 아버지의 투자를 받아 자기 이름의 음식점 체인사업을 시작한 것을 예로 들면서 말이다. 롬니는 부모로부터 수만 달러를 빌릴 수 있는 청년들이 그 자리에 별로 없다는 것을 솔직히 몰랐다. 그는 정말로 돈이 아무런 제약사항이 아닌 세상에서 살고 있다. 그가 보기에 10대 청년들에게 가장 중요한 것은 창의력과 진취성이었다. 그것만 있으면 새로운 사업을 시작할 돈은 쉽게 구할 수 있기 때문이었다. 그런 세계관을 가진 사람이라면, 납세자들이 낸 세금으로 가난한 사람을 돕는 것은 어리석은 짓이라고 생각한다. 누구나 돈을 벌 수 있는데도 돈을 벌지 않기로 한 그런 사람들을 위해 왜 열심히 일해 돈을 버는 근면한 이웃들이 낸 세금을 써야 하는가?

그 대답은 롬니의 자식들과 내 자식들을 비롯해서 3루에서 태어난 사람들은 그들의 근면성 여부와는 전혀 상관이 없는, 이미 남보다 엄청나게 유리한 위치에 있다는 사실이다. 그들은 최고의 학교들을 졸업한다. 학교에 다니면서, 또는 졸업 후에 돈을 벌어 갚아야 할 어떤 대출금도 없다. 그들은 만나고 싶은 사람—변호사와 정부 관리에서 잠재적인 고용주에 이르기까지—이 누구든 소개받을 수 있다. 그들의 가족이 축적한 부는 그들에게 투기적 사업에 손을 댈 수 있는 능력을 제공한다. 만일 사업에 완전히 실패하더라도 또 다른 사업을 할 수 있는 자원이 충분히 있다는 것을 그들도 알고 있기 때문이다. 그들은 돈으로 해결될 수 있는 문제는 문제가 아니라는 것을 알기에, 세상을 향해 자신감 있게 나아갈 수 있다. 예상치 못한 고지서가 날아들거나, 장례식 참석을 위해 멀리 비행기를 타고 가야 하거나, 자동차가 고장이 나서 수리비가 많이 나오면 대다수의 미국인들은 돈 걱정을 하기 마련이지만, 우리 아이들은 그런 것에 눈 하나 깜박하지 않을 것이다.

나와 내 가족이 사는 세상과 대다수의 미국인들이 사는 세상을 완전히 다르게 만드는 진짜 불평등은 부와 자산의 불평등이다. 소득은 그것보다 더 작은 문제다. 부는 세습되기 때문이다.

젊은 전문직 종사자들은 자신이 다양한 용도로 융자받은 돈을 매달 상환하는 데 대체로 문제가 없기 때문에, 그들 스스로 "자기 혼자 힘으로 먹고 산다"고 생각하기 쉽다. 하지만 그들은 부모가 처음에 보증금을 대신 내주었다는 사실을 까먹었을 가능성이 높다. 그들 중 많은 이가 자기 자식이 다니는 사립학교에 매달 수백 달러의 기금을 낼 정도로 개인적으로 희생하고 있음을 자랑스럽게 여긴다. 그러나 그들의 조부모가 해마다 등록금으로 수만 달러를 지불하고 있다는 사실은 까먹는다.

이 책은 미국의 가장 위대한 세대의 백인 구성원 가운데 일부가 그다지 큰 어려움 없이 편안하게 은퇴하고, 그들의 백인 베이비붐 세대 자식들의 생활방식을 뒷받침할 수 있었던 이유가 바로 2차 세계대전 이후 민간의 주택 건설에 보조금을 지급한 정부 정책과 1990년대 전반에 걸친 집값 상승 덕분이었다고 설명한다. 하지만 이러한 혜택은 아프리카계 미국인들에게는 적용되지 않았다. 정부가 마련한 지원책은 원칙적으로 "안정된 동네"에서 집을 사는 사람들만 이용할 수 있었다. 여기서 안정된 동네란 이미 인종적 편견으로 조장된 흑백 분리 사회를 더욱 강화하는 백인들만 사는 동네를 의미했다.

도널드 트럼프가 그의 아버지로부터 물려받은 부동산 제국은 정부가 보조금을 지원하는 융자가 없다면 결코 사들일 수 없었을 퀸즈 지역의 백인 중산층에게 주택들을 팔면서 건설되었다. 콜린스는 일부 미국인들(모두 백인이고 대다수가 부유층)이 어떻게 이런 형태의 정부 시책들을 이용할 수 있었고, 심지어 오늘날까지 그런 사람들의 자식과 손주들이 어떻게 그 밖의 다른 사람들의 자식과 손주들보다 훨씬 더 부유한지를 설명한다.

하지만 대체로 그들은 그러한 사실을 알지도 못한다. 이것이 바로 이 책이 독자들에게 던지는 주된 메시지다. 미국의 부자들은 자신들이 태어날 때부터 얼마나 유리한 위치를 차지하고 있는지 이해하고, 그에 따른 사회적 책임에 대해 생각해야 한다.

콜린스는 여기서 한 발 더 나아가 국가 정책뿐 아니라 개인의 행동도 바꿀 것을 권고한다. 그는 우리 일상의 모든 측면들이 실제로 불평등을 어떻게 영속화하는지 보여준다. 우리는 그것 또한 알지 못한다. 우리가 베푸는 자선이 남보다 유리한 것이 별로 없거나 전혀 없는 사람들에게 불리하게 작용하는 때는 언제인가? 우리는 우리의 자식들을 보호하기 위해 어느 정도까지 해야 하는가? 심지어 남들을 희생시키면서까지 말이다. 나는 척이 아니다. 파크애비뉴에 있는 최고급 아파트에서 편안하게 신문을 통해 주코티 공원에서 일어난 '점령하라 운동Occupy Movement'에 대한 기사를 읽었다. 나는 오바마 대통령에게 어떤 불만 사항을 말하고 싶을 때면 그와 일대일로 약속을 했다. 그러나 척은 우리 모두에게 특권을 누리는 안전한 공간에서 나와서 진짜 미국과 대면하고 우리 스스로 공익을 실천할 수 있는 방법들을 찾으라고 요청한다. 그는 실제로 그렇게 행동하고 그로 인해 더 행복해진 많은 사람들을 소개한다.

이 책은 부자가 아닌 사람들에게도 이야기한다. 우리가 어떻게 굴하지 않고 조금씩 함께 힘을 합쳐 진정 더 공정하고 평등한 공동체를 재건하는 일에 나설 수 있는지를 그들에게 보여준다. 세상을 변화시키기 위한 놀라운 통찰력과 새로운 방안이 뛰어난 이야기 구성과 박학한 지식, 열정적인 목소리라는 삼박자와 설득력 있게 어우러져 부자와 가난한 사람 양쪽의 마음을 모두 사로잡는 경우는 극히 드물다. 당신은 어쩌면 국가의 심각한 불평등 위기에 대해 모든 것을 알고 있다고 생각할지도 모른다. 하지만, 단언컨대, 그것은 잘못된 생각이다. 이 책이 당신에게 들려줄 이야기는 몇 가지 놀라운 사실을 뛰어넘는다.

-모리스 펄Morris Pearl
'애국적 백만장자들' 회장, 전 블랙록 상임이사

저자 서문

이동주택에서 살아본 적이 있는가? 나는 없다. 스물네 살이 될 때까지, 나는 그런 집에 한 번도 발을 들여놓은 적이 없었다. 그러나 2년 뒤, 그런 집을 수백 채나 들락거렸다. 대학 졸업 후 처음으로 한 일은 뉴잉글랜드의 민간공원들에 택지를 임차한 이동주택 소유자들과 함께 하는 것이었다. 그들을 조직해서 주민소유협동조합을 설립하여 그들이 거주하고 있는 공원들을 매입하도록 돕는 것이 내가 하는 일의 목적이었다.

1986년 4월 어느 날, 나는 웨스턴매사추세츠의 한 소도시 버나즈톤 Bernardston에 있는 할랜과 메리 패로 부부 소유의 널따란 이동주택의 식탁 앞에 앉아 있었다. 그 자리에는 그 공원에 택지를 임차한 30채의 이동주택 소유주들을 대표하는 7명의 또 다른 주민대표자들도 함께 있었다.

그때 내 나이가 스물여섯 살이었는데도, 남의 시선을 심하게 의식할 정도로 얼굴에 여드름이 잔뜩 나 있었다. 그 때문에 사람들은 나를 열일곱 살 청소년으로 보는 경우가 많았는데, 이와 같은 상황에서 그것은 내 불안감을 증폭시켰다. 그 자리에 모인 주민대표단은 자신들의 이동주택이 있는 공원의 미래에 대한 내 평가를 듣기 위해 모두 나―거친 피부를 가진 이 풋내기 청년―를 주목하고 있었다.

그들은 불안한 표정이 역력했다. 한 익명의 구매자가 현재 그들이 거주하고 있는 공원 소유주에게 공원을 사겠다고 제안했기 때문이다. 그 지역 일대에서 공원들을 사들인 일부 구매자들은 그 공원에 거주하는 이동주택 주민들이 기본적으로 인질이나 다름없다는 것을 알기 때문에, 택지 임대료를 대폭 인상하고 있었다. 또한 땅값이 오르면서, 일부 개발업자들은 공원들을 사들여서 그곳의 이동주택을 모두 쫓아낸 뒤, 필지 분할을 다시 하여 분양 아파트를 건설하고 있었다.

버나즈톤의 공원 택지 임차인들에게는 매사추세츠주의 임차인 보호법 덕분에 임차인들이 먼저 그 공원의 소유주와 택지 매매 계약을 맺어 사들일 수 있도록 45일의 매각 유예 기간이 있었다. 시간이 얼마 남지 않은 상황이었다.

내가 그 일을 하면서 처음으로 알게 된 것 가운데 하나는 이동주택이 그다지 이동성이 없다는 사실이다. 이동주택을 옮긴다는 것은 해당 주택을 손상시키고 주택의 가치를 떨어뜨릴 위험이 있다. 게다가 그것은 먼저 그 주택이 옮겨갈 수 있는 땅이나 또 다른 공원 주택부지가 있다는 것을 전제한다. 그러나 뉴잉글랜드 지역의 모든 소도시들은 새로운 이동주택의 진입을 금지하기 위해 택지면적의 하한선을 책정snob zoning하는 법들을 통과시키고 있었다.

이와 함께 또 하나 알게 된 중요한 사실은 공원의 이동주택에 거주 중인 사람들도 한 곳에 오랫동안 터를 잡고 살고 있으며, 주민들 사이에 긴밀한 유대 관계를 유지하는 공동체를 구축하고 있다는 것이다. 그들도 증축을 하고, 간이차고와 창고를 추가로 짓고, 이동주택의 아래쪽을 빙 둘러서 덮개를 설치하고, 조경을 하고, 나무를 심고, 텃밭을 가꾼다. 할랜과 메리는 그날 자기네 텃밭에서 수확한 채소를 내게 자랑스레 보여주었다. 만일 이 공원이 익명의 구매자에게 팔려서 폐쇄되어 그곳 주민들이 뿔뿔이 흩어진다면, 이 모든 게 완전히 파괴되고 말 것이다.

그날 나는 식탁에 앉아서 어떻게 말해야 할지 고민에 빠졌다.

당시 그들의 경제 형편에 대해 모든 것을 알고 난 상태였기 때문이다. 나는 앞서 은밀하게 그 공동체 모든 회원들의 개별 재무 상태를 조사했다. 그들 한 사람 한 사람이 앞으로 임차료(와 융자금)로 얼마까지 지불할 수 있는지, 협동조합을 만들 때 그들이 지분 출자를 위해 저축을 얼마씩 해야 분담금을 분할 상환할 수 있는지를 나는 알고 있었다. 주민들이 자기 분담금을 곧바로 낼 수 있다고 할지라도, 우리는 계약금으로 150,000달러가 있어야 했다.

하지만 조사 결과, 주민의 3분의 1은 저축한 돈도 없고 현재의 임차료를 지불할 만한 소득도 없었다. 대다수 주민들은 저임금 일자리에 종사하거나 사회보장연금으로 생계를 유지하고 있었다. 저축액이 5,000달러 이상인 사람은 은퇴자를 포함해서 12명에 불과했다. 여기 사람들은 더 이상 물러설 곳이 거의 없는 매우 낮은 소득층에 속했다.

나는 그들에게 공원을 사들일 수 있는 돈이 없다는 것을 알고 있기에 마음이 심란했다. 내가 분석한 바에 따르면, 그들은 계약금으로 필요한 금액보다 약 35,000달러가 부족했다. 꽤나 큰 돈이었다. 나는 그들에게 이 좋지 않은 소식을 전해야 할 처지였다.

그러나 내가 주민들에게 감추고 있는 사실이 또 한 가지 있었기에 나의 고민은 더 깊어질 수밖에 없었다. 나는 부자였다. 수년 전에 엄청난 유산을 상속받은 이른바 3루에서 태어난 사람이 바로 나였다.

당장이라도 35,000달러짜리 수표를 끊어서 이 30가구의 이동주택 주민들이 공원을 살 수 있게 할 수 있었다. 또 그렇게 하는 것에 대해 진지하게 생각하는 중이었다. 35,000달러를 기부하는 것은 내 개인적 재무 상태에 거의 영향을 끼치지 않을 것이었기 때문이다.

그 자리에 모인 주민대표자들에게 그 나쁜 소식을 공개했다. 실내 분위기가 가라앉아 있었다. 그런데 그때 예상치 못한 일이 일어났다.

우선 그 자리에 모인 주민들 가운데 한 명인 레기라는 사람이 자기는 조합 출자 분담금을 내고, 공원 부지 매입을 위해 5,000달러를 추가로 낼 수 있다고 했다. 나는 그동안 은밀하게 그들의 개인 재산 상태를 조사한 까닭에 알게 된 사실이지만, 이것은 레기가 보유한 전 재산이었다.

그러자 은퇴한 부부인 도널드와 리타가 8,000달러를 추가로 내겠다고 약정했다. 던도프 여사도 7,000달러를 더 내기로 했다. 이것 또한 그들이 가진 돈의 전부라는 사실이 밝혀졌다.

할랜과 메리도 자신들의 조합 출자금을 모두 분담하고 15,000달러를 부지 매입을 위해 추가로 내겠다고 했다. 이 돈은 할랜이 그린필드탭앤다이라는 회사에서 35년 동안 일하며 저축한 그들의 비상금 전부였다. 할랜은 "우리는 리바스 여사의 자존감을 해치지 않도록 그녀가 이 사실을 절대 알 수 없게 하는 조건으로 그녀의 지분을 매입하고 싶군요"라고 말했다.

그들은 내게 알리지 않고 이미 30,000달러를 모은 상태였다. 그날 회의에 늦게 참석한 메리와 할랜의 은행원 딸이 나머지 5,000달러를 자신이 내겠다고 했다.

거기 모인 사람들은 일제히 환호성을 지르며, 각자 개인 수표를 끊기 시작했다. 그리고 그 수표들을 내게 건네주며 은행에 입금시키라고 했다.

그 감동적인 광경을 지켜보면서 나는 몸이 떨리는 것을 느낄 수 있었다. 그들은 모든 것을 다 바쳤다. 그들은 이 공원을 사들이기 위해 자신의 모든 것을 거는 위험을 기꺼이 감수하고 있었다. 나는 눈물을 훔치며 은행으로 차를 몰았다.

결국 그들은 계약을 성사시켰다. 공원을 매입한 것이다. 계약을 마친 날, 모든 남성들은 뿌듯해하는 부모의 모습처럼 시가를 한 대씩 물고 있었다. 할랜은 지역신문과의 인터뷰에서 "우리는 이제 더 이상 인질이 아닙니다.

우리는 파라오에게서 땅을 샀습니다"라고 말했다.

계약서에 서명을 하고 난 뒤, 메리가 내게 다가와 고맙다고 인사를 했다. "당신은 똑똑한 청년이에요. 월스트리트에서 직장을 얻을 수 있을 거요. 이 제 우리 같은 옛날 사람들과 어울리지 않아도 돼요."

"아닙니다. 전 그렇게 생각하지 않아요." 내가 대답했다. "저는 지금 그 어 디보다도 좋은 곳에 있습니다."

그러자 메리는 슬며시 내게 몸을 기울이며 속삭이듯 조용히 말했다. "녹스 제마라는 세안용 크림, 써본 적 있어요? 당신 피부 때문에 하는 말이에요."

버나즈톤의 임차인들—이제는 소유주들—은 내게 연대에 대해, 공동체 의 힘에 대해 중요한 것을 가르쳐주었다.

나는 그날 내 개인 수표를 끊을 필요가 없었다. 하지만 그 자리에 앉아 있 었던 경험은 내가 하는 일에 대해 다시 한 번 생각해볼 수 있는 기회가 되 었다. 왜 그렇지 않았겠는가? 만일 내가 그때 절박한 사정을 해결하기 위해 돈을 내놓았다면 무슨 일이 일어났을까? 나는 내 쪽으로 쏠린 매우 놀라운 특권들의 의미를 이해하기 시작하고 있었다.

스물여섯 살 때, 나는 버나즈톤의 공원 내 이동주택에 거주하는 주민들이 가진 돈을 모두 합한 것보다 서너 배는 많은 돈을 가지고 있었다. 이런 불공 평한 차이를 정당화할 수 있는 어떤 근거도 당시에 전혀 발견할 수 없었다.

그래서 나는 내 재산을 모두 기부하기로 했다. 나는 부모님에게 이러한 부를 통해 내가 엄청난 일을 할 수 있도록 기회를 준 것에 감사하는 편지 를 썼다. 그 편지에서 나는 그 돈이 내 교육비를 지불하는 데 큰 도움이 된 것은 사실이지만, 이제는 그것이 내 자신의 삶을 개척해 나가는 데 걸림돌 이 된다고 설명했다. 나는 "재산을 다른 사람들과 함께 나눌" 작정이었다.

아버지는 편지를 받자마자 내게 전화를 했다. 그러고는 나를 만나러 미시간에서 매사추세츠로 비행기를 타고 날아왔다. 우리는 하루 동안 대화를 나누었다. 아버지는 대화하는 내내 다정한 말투로 여러 차례 '~라면 어떻게 될까?'라는 질문을 던졌다. 아버지는 "너는 현재 젊고 혼자 살고 있지. 하지만 살다보면, 어려운 일이 닥칠 수 있어"라고 말했다. "앞으로 결혼도 할 텐데 배우자가 아프면 어떻게 될까? 이 돈이 삶을 더 편하게 해주지 않을까? 또 아이를 낳아서 기르다가 아이에게 특별히 무언가를 해줘야 한다면, 그때는 이 돈이 필요하지 않을까?"

나는 전에도 이런 상황들에 대해서 생각을 많이 해보았다. 그래서 아버지의 질문에 대한 내 답변은 이랬다. "음, 그때쯤이면 저는 제가 아는 99퍼센트의 사람들과 한배를 타고 있을 거예요. 그래서 사람들에게 도움을 청해야 할 겁니다."

"이 돈이 없다면, 정부에 기대야만 할지도 몰라." 아버지가 경고했다. "정부 시스템이 엉망이라는 건 너도 알잖아."

"네, 그래서 전 그 시스템을 더 좋게 만드는 일에 일조할 생각입니다." 나는 아버지가 걱정하는 것을 인정하면서 대답했다.

아버지는 "그건 너무 이상적이라고 봐"라고 지적했다. 하지만 그렇게 걸으면서 대화를 나누며 하루를 보낸 뒤, 아버지는 내가 무슨 이상한 광신도 집단에 빠진 것이 아니라는 사실을 알고는 안심했다.

몇 달 뒤, 나는 디트로이트국립은행으로 차를 몰고 가서 보조금을 조성하는 재단 네 곳에 내 명의로 된 모든 돈을 넘기는 서류에 서명했다.

그 은행의 내 신탁관리인은 나와 거의 접촉이 없던 그렌다라는 아프리카계 미국인 여성이었다. 우리는 내 결정에 대해 짧게 이야기를 나눴다. 그녀는 순간 나를 바라보더니 "괜찮겠어요?"라고 말했다.

"네, 괜찮을 거라고 생각해요." 내가 대답했다. 그러나 확실히는 나도 몰랐다.

나는 내가 그동안 누려온 특권이 얼마나 큰 것인지 완전히 알지 못했다. 나는 미국에서 학자금 대출 없이 학업을 마쳤고 대가족과 거대한 사회적 관계망을 가진 백인 대졸 남성이었다. 당시에 나는 자신감이 충만해지는 느낌이었다. 아버지가 던진 질문들이 머릿속에 떠오르면서 이제 나도 아무 보호막 없는 현실의 삶에 들어섰다는 생각이 들었다.

몇 달 뒤, 좋지 않은 일이 발생했다. 내가 살고 있는 집의 꼭대기 층에 불이 났다. 다행히 다친 사람은 없었지만, 나는 내가 소유한 모든 것을 잃었다. 불에 타서 없어진 것이 아니라, 불을 끄기 위해 그 집에 퍼부은 수백 갤런의 물 때문에 모든 물건을 못 쓰게 되었다.

다음날 아침, 날이 밝으면서 그을린 검댕이 더미로 변해버린 집안을 햇살이 내리비추었다. 나와 한집에 살고 있던 그렉은 젖은 쓰레기더미 속을 뒤지고 다니며 쓸 만한 사진 같은 작은 조각들을 찾고 있었다.

승용차 네 대가 우리 집 앞에 멈춰 섰다. 버나즈톤의 공원 내 이동주택에 거주하는 주민 10여 명이 차에서 내려 우리 집으로 올라왔다. 그들은 고기와 채소를 냄비에 넣고 찐 캐서롤을 조리해서 들고, 삽과 쓰레기봉지도 함께 챙겨서 왔다. 내 소식을 듣고 도우러 온 것이다.

그 순간 나는 이렇게 생각했다. "난 괜찮을 거야."

들어가는 말: 집으로 돌아올 시간

불평등은 지난 30년 동안 줄곧 부자들의 삶을 무척 풍요롭게
만든 모든 것들, 그러면서 동시에 노동자들의 삶을
더욱 비참하고 위태롭게 만든 것들을 한 마디로 요약하는 말이다.
— 토머스 프랭크Thomas Frank

우리 사회의 다양한 분야에서 진행되고 있는 극단적 불평등의 수준은 개인적으로 그냥 남의 일처럼 바라보기 힘들다.

"3루에서 태어난" 누군가처럼, 나는 이런 양극화 현상을 지켜보며 거기에서는 어떤 선의도 나오지 않는다는 것을 안다. 거칠게 밀치고 날카롭게 외치는 군중 속에서 나는 계급 간의 전쟁에 참전한 용병들이 점점 다가오는 소리를 듣는다.

실제로 계급 전쟁은 서로 비교할 만한 것은 아니지만 두 종류가 있다. 하나는 부자들이 부자가 아닌 사람들을 상대로 위로부터 아래로 벌이는 계급 전쟁이다. 억만장자 슈퍼투자가 워런 버핏이 빈정대며 말한 것처럼, "계급 전쟁이라는 것이 있습니다. 그래요. 전쟁을 벌이고 있는 쪽은 바로 내가 속한 계급, 부자 계급입니다. 그리고 거기서 승리하고 있는 것도 우리입니다." 이것은 다수를 상대로 벌이는 소수의 힘 있는 자들의 전쟁이다.

그러나 그 반대로 부자들을 상대로 벌이는 수사적 공격이라 할 수 있는 아래로부터 위로의 계급 적대감이라는 것도 있다. 그런 적대감이 조성된 데는 나 역시 얼마간 책임이 있다. 부자에 대한 그런 공격이 우리를 앞으

로 나아가게 할까? 간디가 말한 것처럼, "눈에는 눈의 방식은 세상을 장님으로 만들 것이다."

우리는 인류가 앞을 향해 나아갈 방안을 생각해낼 때까지 충분히 오랫동안 경제적 계급 적대를 유예할 수 있을까? 미국 사회가 가진 부의 대부분이 미국의 소득과 부의 사다리 맨 꼭대기에 위태롭게 고여 있는 것이 모든 이에게 정말 좋은 일일까? 상위 1퍼센트를 포함해서 우리는 정말로 경제적 인종 차별 사회에 살고 싶어 할까? 지나치게 심한 불평등은 모든 이에게, 심지어 슈퍼리치들에게도 좋지 않다는 사실을 보여주는 증거들이 오늘날 차고도 넘친다.

우리가 현재 처한 곤경에 대해 다시 생각해봐야 하는 이유는 숱하게 많지만, 다양한 측면에서 무엇보다 중요한 이유 하나를 잠시 먼저 생각해보자. 우리가 살고 있는 하나뿐인 행성인 지구는 현재 생태적 위기 상황에 있다. 기후 변화와 해양 산성화는 그 밖의 지구위험한계선들을 넘어서는 여러 현상들과 더불어 향후 우리의 식량과 에너지 체계를 바꾸고 우리의 생활양식을 변화시킬 것이다.

미국의 억만장자들이 로키산맥에 쌓은 성채들을 사들이고, 다보스 포럼의 억만장자들이 비행기 활주로와 함께 뉴질랜드의 "도피처" 농장들을 사들이고 있다는 뉴스 기사들이 최근에 나왔다. 그러나 이러한 공상과학영화 같은 탈출 계획은 망상에 불과하다. 그런 외딴 섬 천국도 해수면이 높아지면 물에 잠기고 말 것이다. 산악지대의 성채도 숲이 불타오르면 산불 연기에 질식될 것이다. 마치 소수 특권층 사람들이 우주선을 타고 지구를 탈출하거나 외부와 격리된 산꼭대기의 안전한 곳으로 도피할 것처럼 계속해서 행동하는 것은 아무에게도 이익이 되지 않는다.

눈앞에 닥친 생태적 재앙은 우리의 가장 귀중한 자산—모든 사적인 부의 기반이 되는 자연생태계—을 완전히 파괴할 것이다. 깨끗한 물과 건강한 대양이 없다면 부가 무슨 소용이 있겠는가? 붕괴된 지구에서 부는 무엇인가? 환경과학자 요한 록스트룀Johan Rockström이 주장하는 것처럼 "우리는 모든 과학적 증거에도 불구하고 여전히 세상의 부가 온전히 지구의 건강에 의존하고 있다는 사실을 애써 눈감고 있다."

모든 인류—억만장자 헤지펀드 매니저에서 자식 교육열에 불타는 중산층 엄마, 그리고 방글라데시 빈농에 이르기까지—는 오늘날 서로 촘촘하게 연결되어 있다. 우리의 운명은 이전에 한 번도 경험해본 적 없는 전 지구적인 거대한 변화에 얼마나 잘 대응할 수 있느냐에 달려 있다. 동시에 우리는 역사상 전례 없는 불평등이라는 사회적 도전에도 직면해 있다. 점점 빠르게 간극이 벌어지고 있는 소득과 부, 기회의 양극화는 아무도 살고 싶어 하지 않을, 가장 부유한 사람들조차 원하지 않을 그런 사회로 우리를 빠르게 몰아가고 있다.

그러나 아직도 많은 사람들이 불평등에 대해 그다지 심각하게 생각하지 않고 있는데, 이는 부분적으로 일부 사람이 엄청난 부자가 될 수 있는 사회의 자유를 높이 평가하기 때문이다. 그들은 불평등이 자신의 삶에 악영향을 끼친다는 사실을 인지하지 못하고 있다. 그러나 다양한 학문 분야 간의 공동연구 결과는 대개 극단적 불평등에 문제가 있다는 점을 무수히 많은 방식으로 지적한다. 극도의 불평등은 공평한 기회, 사회적 이동성, 공동체, 경제적 안정성, 그리고 민주주의 같은 공유된 국가적 가치들을 훼손한다.

미국에서는 최근 들어 비로소 이런 불평등이 널리 주목받기 시작했다. 2011년에 '점령하라 운동'이 일어나기 시작했고, 2년 뒤 프랑스 경제학자 토마 피케티의 저작은 현재 우리 사회에서 나타나고 있는 현상의 필연적 결과를 폭로함으로써 전 세계적으로 대중의 의식을 뒤흔들었다.

피케티는 우리가 현재의 경제 체계에 개입하지 않는다면, 부와 권력은 계속해서 점점 더 극소수의 손에 집중될 것이라고 주장한다. 우리는 부가 세습되는 귀족층의 지배를 받는 사회를 향해 나아가고 있다.

부자들은 이미 우리의 민주주의를 장악했다. 2016년 미국 대선이 있기 1년 전쯤, 선거운동에 들어간 자금의 거의 절반 정도가 불과 158가구의 주머니에서 나왔다. 그들 대다수는 억만장자들이었다.[1] 이런 현실들을 두고 전임 대통령 지미 카터는 미국의 정치 체제를 정치적 과두체계라고 칭했다.[2]

극소수의 사람들이 그렇게 많은 부와 권력을 갖는 것은 근본적으로 잘못된 일이다. 윈스턴 처칠은 2차 세계대전 때 영국 공군의 희생을 기리는 유명한 연설에서 이렇게 말했다. "인류가 격돌한 전쟁의 현장에서 이렇게 적은 사람들에게 이렇게 많은 사람들이 이렇게 큰 빚을 진 적은 없었습니다." 수십 년이 지난 지금, 우리는 또 다른 종류의 불균형 상태에 있다. 처칠에게는 미안한 일이지만, 인류의 고통과 경제적 갈등의 역사 속에서 이렇게 많은 사람들을 위해 이렇게 많은 일을 할 위치에 있는 사람이 이렇게 적었던 적은 없었다. 인간이 살아가면서 이런 일은 생기지 말아야 한다.

젊은이들은 생계 악화, 부채 압박, 임금 정체와 함께 이런 양극화의 타격을 정면으로 받고 있다. 이 모든 압력은 개인의 뛰어난 능력과 기회, 그리고 모든 사람을 위한 삶의 질을 훼손한다.

오늘날 점점 커지는 불평등에 대한 해법을 둘러싼 논쟁은 양극단으로 나뉘면서 계급적 정당성과 적대감이라는 틀에 박힌 이야기에 갇혀 있는 상황이다. 이 책은 그러한 낡은 틀을 부수고 앞으로 나아갈 길을 제시하고자 한다.

이 책은 두 부류의 독자들을 겨냥하고 있다. 첫째 부류는 지구상에서 가장 부유한 특권층 사람들, 즉 나처럼 전 세계에서 상위 1~5퍼센트 안에 드는 자산가들이다. 이 책은 그들에게 자선이나 이타주의를 애원하려는 것이 아니라, 오히려 우리의 진정한 이기심을 어떻게 추구할 것인가에 대해서 이야기한다. 지금과 같은 불평등은 모두에게 유익하지 않기 때문이다. 인류가 다음 단계로 발전하기 위해서는 부자들이 맡아야 할 중요한 역할이 있다.

앞으로 여러 차례 언급되겠지만, 나는 동료 부자들에게 "집으로 돌아와서" 투자를 약속하고, 지분을 내놓고, 모든 사람을 위해 작동하는 경제를 위해 일할 것을 요청한다. 집으로 돌아온다는 것은 우리가 가진 부를 분배하고 마땅히 내야 할 세금을 내는 것을 의미한다. 나는 우리가 오랫동안 이어져 온 화석연료경제와 해외계좌, 투기금융자산에 투자한 자본을 거둬들여 그 돈으로 지역의 식량과 에너지 체계, 그리고 협동조합처럼 부의 분배를 확대하는 사업체들 같이 새롭게 재편되는 지역경제에 재투자할 것을 강력히 촉구한다.

둘째 부류의 독자는 약탈적 자본주의가 초래하는 최악의 상황에 맞서 우리의 공동체를 지켜야만 하는 99퍼센트에 속하는 나의 친구들이다. 버나즈톤의 공원 내 이동주택 임차인들처럼, 우리는 탐욕스러운 부자들에 맞서 연대해야 한다. 그러나 그 연대가 성공하기 위해서는 우리의 손을 잡아줄 수 있는 부자들과 협력할 필요가 있다. 우리는 그러한 상위 1퍼센트를 우리 쪽으로 불러들여 미래를 함께 바꿔 나갈 동반자로서 머리를 맞대고 논의할 수 있는 방법들을 찾아야 한다.

협력자들을 구할 기회들이 있는 곳에서는 그들과의 협력을 성사시키기 위해 우리 모두 적극적인 사랑과 비폭력 직접행동이라는 강력한 전술을 채택하는 동시에 서로 공감대를 형성하며 일을 진행해 나갈 것을 촉구한다. 수치스러운 계급 전쟁이 아닌, 공통된 인간성과 서로를 이해하는 공감능력에 호소할 것을 주장한다. 이러한 전술의 변화는 새로운 가능성이 열리는 데 기여할 것이다.

좋은 소식도 있다. 내가 "열린 마음의 부자들"이라고 부르는 운동은 그들에게 진정으로 이익이 되는 것이 나머지 인류와 미래를 바로잡을 수 있는 우리의 능력과 불가분의 관계에 있다는 것을 이해한다. 그들은 "집으로 돌아와서" 공공의 복지 차원에서 관계를 재설정하고 그들의 시간과 인맥, 기술, 자본을 건강하고 공평하고 회복력이 뛰어난 공동체 건설에 바치고 싶어 한다. 나는 당신이 이런 사람들과 만나고, 이미 대안 사회들을 구축하고 있는 자메이카플레인Jamaica Plain(보스턴에 있는 동네로 과거 치안이 안 좋은 흑인 및 라틴계 빈민 지역이었으나 지금은 대졸 전문직업인들, 사회운동가, 예술가들이 공동체를 이루며 힙한 동네로 떠오름 - 옮긴이) 같은 지역사회들을 방문하기를 원한다.

오늘날 부와 계급, 인종차별에 대해 생각하는 방식은 우리에게 요구되는 변화를 가로막고 있다. 우리는 하나의 생물 종으로서 우리 자신의 위상을 재정립하여, 자연을 파괴하고 불평등을 가속화하는 경제 체계를 바꿀 필요가 있다.

우리는 모두 날마다 어떤 체제가 인류에게 유익할지에 대해서 투표한다. 당신의 시간과 정력, 자본을 꿈도 희망도 없는 막다른 골목에 집어던질 것인가? 아니면 당신의 운명을 나머지 인류와 함께 하면서 인류가 번성할 수 있는 체제에 투표할 것인가?

이 책은 개인의 행동과 체제 변화의 상호작용을 탐색한다. 그리고 경제 체계를 바꾸기 위해 우리는 어떻게 권력 관계와 정책, 세계에 대한 이야기를 바꿔가야 하는지에 대해서도 살펴본다.

1부 '3루에서 태어나다'에서는 부의 불평등 및 기후 변화 문제와 관련하여 활동가와 운동가로서, 그리고 특권층이 사는 환경에서 태어난 사람으로서 내가 겪은 일들을 함께 나눈다. 시간이 흐르면서, 나는 "계급 적대감"을 조장하는 것의 한계를 깨닫고, 부자들도 나머지 인간들과 전혀 다른 사람이 아니라는 사실을 알게 되었다.

많은 사람이 공감하는, 변화를 가로막는 장벽이 하나 있다. 상위 1퍼센트에 속하는 부유층 사람들은 자기 정당성, 당혹감, 수치심, 미래에 대한 공포라는 신화에 빠져 있다. 그런 신화를 깨뜨리고 마음을 여는 것은 우리가 치유와 변화를 향해 가는 여러 단계 가운데 하나다.

만일 부와 행복의 주된 원천이 "공공의 부commonwealth" 또는 공유지나 공유자원commons이라는 사실을 이해하지 못한다면, 우리는 부가 전적으로 개인적 행위의 결과라는 신화에 압도당하고 만다. 자신에게 현재의 부를 마땅히 누릴 만한 자격이 있다는 자기 정당성의 신화는 **나의 경제적 지위가 오로지 나의 노력과 지식, 창의성을 반영한 것**이라고 강변한다. 나와 너는 무관하다는 신화는 **당신에게 피해를 주는 것이 내게는 전혀 문제가 되지 않는다**고 말한다. 우월성의 신화는 **내가 더 잘 안다**는 것을 암시하며, 가진 것이 없는 사람들의 풍부한 경험과 능력, 기술, 지혜를 무시한다.

이런 이야기들을 말끔히 잊어버리는 것은 건강한 사회를 형성하고 우리의 가장 심각한 문제들을 바로잡기 위한 중요한 열쇠다. 우리에게는 부와 기회, 성공에 대한 보다 정확한 설명이 필요하다. 2부 '공공의 부란 무엇인가'는 상속세estate tax를 없애려는 시도에 맞선 빌 게이츠 시니어와의 여정 이야기를 포함해서 부자들의 부와 자기 정당성 신화의 문제와 관련된 많은 사례들을 살펴본다.

3부 '남보다 유리한 조건에 있다는 것의 의미'는 어떤 사람은 부를 소유하는데 어떤 사람은 왜 그렇지 못한지 그 이유를 이해하고자 할 때 특권이 그 문제의 쟁점을 흐리는 방식에 대해서 살펴본다. 특권은 우리의 안락과 존재감을 북돋우는 반면에, 궁극적으로 우리의 이웃과 자신의 선한 본능으로부터 우리를 차단하는 최면 효과가 있다.

변화를 가로막는 하나의 거대한 장벽은 특권층 사람들이 늘 상황이 자신들에게 유리하다는 사실을 알지 못한다는 것이다. 나는 여기서 네 개의 장을 통해 소수의 부자는 어떻게 **점점 더 유리**해지고, 대다수 나머지 사람들은 어떻게 **점점 더 불리**해지는지를 살펴본다. 여기에는 2차 세계대전 시기 전후로 성인이었고 이른바 백인우대정책의 혜택을 받아 사상 최대의 정부 보조금으로 이후 경제적 기반을 다진 백인 세대의 유리한 위치 선점의 문제도 포함된다. 또한 국제배상정상회의International Reparations Summit 참석과 노예제배상 요구에 관한 생각도 함께 살펴본다.

인종과 계급에서의 특권은 우리의 공감능력을 약화시킨다. 그 때문에 이런 유리한 조건들이 우리와 우리의 자손들에게 점점 더 빠르게 전가되고 있는 상황을 알아채지 못한다. 한 장에서는 조상으로부터 물려받은 유리한 조건─특권층 가정이 그 자식들에게 학력과 직업, 인생에서 남들보다 유리한 조건들을 건네주는 방식은 매우 다양하다─에 대한 새로운 정치학을 분석한다.

4부 '불필요한 샛길로 빠지다'는 자선이 치유책이 될 수 있는지를 탐색한다. 부자들은 전통적인 자선기관들을 통해 재산의 일부를 사회에 "환원"하는 것으로 그 책임을 다한다고 믿는 사람들이 많다. 그러나 독지가인 피터 버핏이 자선산업복합체charitable industrial complex라고 부르는 것은 때때로 병을 고치기보다 악화시킨다. 나는 일부 자선활동이 기존의 불평등을 어떻게 악화시키는지 보여준 뒤, 주요 자선활동의 개혁을 주장한다. 자선을 통해 진정한 사회 변화에 자금을 대는 일은 부를 집으로 돌아오게 하는 매우 중요한 요소이긴 하지만, 우리가 해야 할 일에 매진하는 데 매우 큰 방해가 된다. 자선은 공공투자와 세금의 대체재가 아니다.

5부 '부富, 집으로 돌아오게 하기'는 오늘날 우리의 경제 및 생태계의 현실과 개인적으로 그 시스템들에 대한 더욱 깊이 있는 접근을 의미하는 것과 관련해서 좀 더 세밀한 검토로 시작한다. 여기서 나는 글로벌 투기 자본주의와 탈세를 위한 해외 자금 도피가 아닌, 지역의 새로운 경제를 위해 애쓰는 사업체들에 자본을 투자하는 것이 무엇을 의미하는지 고심 중인 사람들을 소개한다.

끝으로 6부 '초대장'에서는 두 종류의 초대장으로 마무리한다. 첫째 초대장은 나와 같은 부류의 부자 친구들에게 보내는 것이다. 앞으로 몇 년 안에 집으로 돌아올 때 두려워하지 말고 담대하게 임하라고 말한다. 둘째 초대장은 우리의 공동체를 지키고 부자들에게 애정 어린 압박을 가하기 위해 99퍼센트 나머지 다수의 사람들에게 보내는 것이다.

이 책이 나오기까지 많은 아이디어와 이야기를 제공해준 분들에게 감사드린다. 우리는 저마다 수수께끼 같은 인류의 미래 운명을 구성하는 한 조각들이다. 여기 내 조각이 있다. 당신과 함께 하기를 기대한다.

1부

3루에서 태어나다

어떤 사람들은 대代주자로 3루를 밟고 있으면서
마치 자신이 3루타를 친 것처럼 행동한다.

◆ 베리 스위처Barry Switzer ◆

한 행성에 살면서도
서로 얼마나 많은 다른 세상에서 사람들이 살고 있는지
상상하기 어려울 지경이다.

- 리첼 E. 굿리치 Richelle E. Goodrich

나는
상위
1퍼센트를
격려한다

나는 시카고의 정육업자 대부호 오스카 마이어Oscar Mayer의 증손자다. 태어날 때부터 복권에 당첨된 인생인 셈이다.

지난 50년 동안, 나는 미국 사회에 만연한 인종과 계급 분리를 반대해왔다. 나는 미국의 일반대중과 슈퍼 부자들의 관계 상황이 매우 복잡하다는 것을 입증할 수 있다. 한 강연에서 나는 청중들에게 이런 질문을 던졌다. "여러분 가운데 얼마나 많은 분이 상위 1퍼센트 부자에 대해 분노를 느끼나요?"

강연장에 있는 350명 가운데 거의 모든 사람이 손을 들었다. 장내에 어색한 듯한 웃음이 번졌다.

"부자들이 우리 사회를 더 좋게 만들기 위해 한 일들에 대해서 존경심을 품고 있는 분 계신가요?"

3분의 2 정도의 청중들이 손을 들었다.

"상위 1퍼센트의 부자가 되고 싶은 분들은요?"

다시 거의 모든 사람들이 손을 들었다. 웃음이 터져 나왔다.

"그럼 여러분은 자기가 분노하는 대상에게 화도 내고, 존경도 하고, 그와 같은 사람이 되고 싶기도 한 건가요?" 내가 말했다. 봐라, 앞에서 내가 복잡하다고 하지 않았는가.

우리 사회의 한편에서는 거대한 부의 축적과 미덕을 동일시하면서 부자들을 칭송한다. 부를 숭배하고 막대한 재산을 가진 사람들을 높게 평가하는 문화가 있다. 반면에 다른 한편에서는 미국의 최고 부자들에 대한 깊은 적개심도 있다. 이런 세계관에 따르면, 부자들은 근본적으로 일반대중과는 다른 탐욕스럽고 이기적인 파괴자들이며, 나머지 인류와 구분되는 외계 종족이다.

부자를 믿지 않는 사람들에게는 한 부유한 개인이 행하는 명백하게 관대한 어떤 행위도 의심의 대상이다. 마크 주커버그가 생전에 자신이 보유한 페이스북 주식의 99퍼센트를 기부하겠다고 발표했을 때 깨달은 것처럼, 예전에 칭송받았던 기부 행위들에 대해 이제 사람들은 그 저의가 무엇인지 샅샅이 따져본다.[1] 상위 1퍼센트의 부자가 보여주는 관대한 모습은 오로지 미리 계산된 홍보 전략이나 자부심, 자기도취의 연장 같은 타산적인 행위로 설명될 수 있을 뿐이다.

3루에서 태어나다

나는 세상에서 받을 수 있는 모든 혜택을 다 받은 부유하고 사회적으로 우위에 있는 집안에서 자랐다. 컨트리 클럽에서 테니스 교습도 받고, 해외여행도 가고, 명문 사립학교도 다니고, 최고급 건강관리 · 운동시설도 이용하고, 학자금 대출 없이 대학도 졸업하고, 신탁자산도 보유하고 있었다. 나는 내가 남보다 얼마나 더 많은 혜택을 받고 유리한 위치에 있는지 전혀 알지 못했다.

2년에 한 번씩 나는 독일의 전통적인 짧은 가죽바지인 레더호젠을 꽉 끼게 입고 오스카 마이어 집안의 대가족이 한 자리에 모여 독일식 소시지 부라트부르스트를 먹는 종친회 행사인 독일의 밤에 참석했다.

나는 이들을 사랑한다.

거의 예외 없이, 우리 집 대가족은 어떤 중요한 시정市政 문제나 개인적 문제를 해결하기 위해 함께 하고 싶어 할 사람들이다. 그들은 관대하고 남을 배려할 줄 알고 시민정신이 투철하다. 그리고 성공적인 가족 기업을 네 세대에 걸쳐 이어오면서, 대가족 구성원 다수가 상위 1퍼센트의 부를 누리며 편안하게 잘 살고 있다.

그러나 내가 이렇게 우리 가족을 사랑한다고 해서 현실에 대한 나의 이해가 달라지지는 않는다. 오늘날 우리 사회를 규정하는 부와 특권, 기회의 기괴한 불평등은 내 여린 감수성을 공격하지만, 나도 그 일부분임을 고통스럽게 인정하지 않을 수 없다. 나는 그저 내가 아는 사실들을 그대로 전달할 것이다. 그 상위 1퍼센트는 결코 단일한 부류의 사람들이 아니며, 일부 사람들이 생각하는 것처럼, 오늘날 우리가 직면한 문제들의 근본 원인이 아닐 수도 있다—이 문제는 나중에 살펴볼 것이다. 지금은 내가 겪어서 알고 있는 그들의 삶에 대해 이야기할 것이다.

나는 미시간주 디트로이트의 녹음 우거진 교외에서 자랐는데, 잉글랜드 켄트의 크랜브룩스쿨Cranbrook School을 모델로 세워진 남학생 사립 기숙학교인 크랜브룩스쿨에 입학했다. 크랜브룩은 미국의 중서부에 위치해 있음에도 영국 귀족 학교의 흉내를 냈기 때문에 학급 구성이나 거기서 쓰는 용어들이 좀 이상했다. 거기서는 교사를 "마스터", 상담선생을 "퍼펙트", 학급을 "폼"이라고 불렀다.

여러 의미에서 상급생이었던 내 급우들 가운데 한 명이 밋 롬니Mitt Romney (매사추세츠 주지사를 역임하고 현재 유타주 상원의원 - 옮긴이)였다. 크랜브룩스쿨의 교훈은 "큰 목표를 가져라"였다. 오늘날까지 이 교훈은 교표에 새겨진, 하늘을 향해 머리 위로 활을 쏘려고 하는 궁수의 모습으로 남아 있는데, 생각해보면 그것은 정말 무모한 짓이다. 그럼에도 밋과 나는 우리 학교의 교훈을 마음에 새겼다. 밋은 목표를 훨씬 더 높게 잡은 것이 분명했다.

내가 열여섯 살 때, 아버지는 내가 대학을 졸업하고 그 이후까지 충분히 생활할 수 있는 재산을 물려받을 거라고 알려주었다. 그 규모는 내가 일을 할 필요가 없을 정도로 엄청나게 컸지만, 아버지는 내게 그런 재산이 없는 것처럼 여기고 직업 경력을 쌓으라고 권유했다. 아버지 자신도 평생 일을 하고 살았다.

크랜브룩스쿨에서 졸업 후 곧바로 대학에 진학하지 않은 상급반 학생은 내가 유일했다. 나는 더 넓은 세상을 경험하고 싶은 마음이 간절했다. 열일곱 살 때, 나는 내가 자란 환경이 얼마나 특권을 누리는 안전한 공간인지 어렴풋이 이해하기 시작했다. 나는 위험을 무릅쓰고 그 공간을 과감하게 뛰쳐나가고 싶었다.

부자라는 사실을 숨기고

열일곱 살 때, 나는 미시간주 블룸필드힐스Bloomfield Hills에서 매사추세츠주 우스터Worcester로 이사했다. 그곳은 1970년대 말 경제 침체로 사양길에 접어든 노동계급이 사는 도시였다.

우스터(현지인들은 "우-스타woo-stahhh"라고 부른다)에서 나는 2년 동안 탁아소 보육교사, 우스터공영주택 세입자 관리인, 가톨릭노동자무료급식소 자원봉사자 등 다양한 일에 종사했다. 그러면서 나와 전혀 다른 환경에 살고 있는 사람들과 친구가 되었다. 그들 중에는 베트남전에 참전하기도 했던 노숙자, 급진적인 가톨릭 수녀, 노동자계층 교사를 비롯해서 동네 상점주인, 공영주택에 거주하는 내 또래의 흑인 및 라틴계 청년들도 있었다.

그러나 나는 내가 특권층으로 태어나 자랐다는 사실을 철저히 "숨겼다". 그들 중 일부는 그 사실을 알아챘을지도 모른다. 어쨌든 나는 한 번도 내 전모를 스스로 드러낸 적이 없었다. 그저 어린 시절의 블룸필드힐스나 크랜브룩스쿨과는 완전히 다른 세상의 현실들에 대해 귀를 기울이며 새롭게 알아가는 데 흠뻑 빠져 있었다.

스무 살에서 스물다섯 살 때까지 나는 대학에 다녔다. 역사학과 경제학을 공부하면서 국제공공사업들을 지원하기 위해 멕시코와 중앙아메리카를 돌아다니며 지진구호활동과 난민캠프 봉사활동 같은 일에 참여했다. 그 과정에서 나는 계급과 인종의 정체성에 대해 많은 생각을 하게 되었고, 앞으로 살면서 무슨 일을 해야 할지 고민했다.

이 시기에 나는 또한 대학등록금을 내기 위해 은행에서 돈을 인출하기도 했지만, 내 명의로 된 재산의 가치가 말 그대로 두 배로 불어나는 모습을 지켜보았다. 나는 부가 더 많은 부를 창출하는 맨 앞 열에 자리하고 있었던 것이다. 반면에 나를 둘러싸고 있는 주변의 많은 사람들은 장시간 노동에 시달리면서도 한 푼도 저축할 수 없었다.

나보다 나이가 많지만 내가 믿고 따르는 한 친구는 내가 보유한 부를 긴 안목에서 바라볼 수 있도록 도와주었다. 그녀는 이렇게 물었다. "생활비를 제하고 네가 가진 재산의 일부에 불과한 250,000달러를 모으려면, 얼마나 오랫동안 일해야 할까?" 이 질문은 내가 그 부를 어떻게 처리해야 할지에 대한 극적인 사고 전환의 계기를 제공했다. 그렇게 하려면, 적어도 100년은 걸릴 것이었다.

태어나면서부터 복권에 당첨된 인생인 사람이 나만이 아니라는 것은 좋은 소식이다. 나는 막대한 유산을 보유하는 것과, 우리 주변에 만연한 가난과 불공평에 직면하는 것 사이의 긴장 관계를 해소하려고 애쓰는 사람들의 공동체를 찾아냈다. 열여덟 살 때 나는 밀가루로 갑부가 된 집안의 상속자인 조지 필스베리George Phillsbury를 만났다. 그는 이미 신문기사에 "도우보이 dough boy(밀가루 반죽을 뜻하는 'dough'는 속어로 '돈'을 의미하기도 하므로 부자를 표현한 말 – 옮긴이)"로 널리 알려져 있었다. 조지는 "자선이 아닌 변화"를 위해 애쓰는 단체들을 지원하기 위해 헤이마켓피플스펀드Haymarket People's Fund를 공동으로 설립하여 나 같은 사람들이 나아갈 길을 제시했다.

"우리는 죄책감을 잘못 이해하고 있어요." 보스턴에서 조지를 처음 만났을 때 그가 내게 던진 첫 말이었다. "죄책감에는 두 종류가 있죠. 우리가 흔히 죄책감이라고 딱지를 붙이는 것은 부와 고통, 기회의 불공평한 차이에 대한 정상적이고 건강한 감정 표현입니다. 만일 그것에 대해 아무런 느낌이 없는 사람이라면, 그는 인간이 아닙니다."

조지는 우리가 죄책감이라고 부르는 감정이 또 한편으로는 자기증오를 불러일으켜 결국 그것에 대해 아무런 느낌도 없게 만든다고 설명했다. "그것은 행동에 나서는 것을 막습니다." 조지는 내게 죄책감에 무감각해지지 않도록 애쓰는 한편, 오히려 그것을 긍정적으로 공감하고 받아들임으로써 거꾸로 시스템을 바꾸는 동기로 활용하라고 조언했다.

가난 속에서 자란 내 친구들에게, 남들이 평생 동안 그렇게 갖고 싶어 하는 것들을 내가 받게 되는 것이 얼마나 나를 혼란스럽게 하는지 설명하기는 매우 어렵다. 그리고 그런 재산을 거부하는 것은 3루에 있던 주자가 갑자기 1루를 향해 거꾸로 달리는 기이한 행동을 하는 것처럼 보일 게 틀림없다.

나는 자신들의 부에 사로잡혀 조금도 움직이지 못하고 죄책감마저 무뎌져가는 상황에서 출세를 위해 애쓰는 부자들을 많이 만났다. 앤드루 카네기가 말한 것처럼, 때로는 어린아이에게 유산을 물려주는 것은 재앙이 될 수 있다는 말의 진정한 의미를 이해하게 되었다. 부모님에게는 내가 남들보다 유리한 위치에서 출발할 수 있게 해준 것에 대해 감사하게 생각하지만, 그 유산이 내 스스로 일과 삶을 찾는 것을 어떻게 방해하는지 알게 되었다.

우리는 재산을 기부했다

스물여섯 살 때, 나는 생애 처음으로 성인으로서 결정을 내렸다. 부모님이 나를 위해 설정해놓은 50만 달러의 신탁자산을 기부한 것이다. 그 재산을 그대로 보유하고 있으면서 계속해서 투자를 했다면, 지금쯤 700만 달러가 넘었을 것이라고 훗날 나를 인터뷰한 어느 기자가 말해주었다.[2]

나는 세 친구와 정기적으로 만나 우리의 재산으로 무엇을 할지 논의했는데, 그들로부터 많은 도움을 받았다. 우리는 엄청난 자산을 기부한 스물다섯 명을 인터뷰해서, 그 결과물로『우리는 재산을 기부했다: 평화와 정의, 환경을 위해 자신과 재산을 바친 사람들의 이야기We Gave Away a Fortune: Stories of

People Who Have Devoted Themselves and Their Wealth to Peace, Justice and the Environment』라는 책을 냈다.[3] 그 모임의 구성원 가운데 한 명인 에도라 프레이저Edorah Frazer는 우리 모두의 자산을 기부하자는 내 제의에 동의했다. 우리는 같은 날 행동에 옮기기로 했다. 내가 디트로이트국립은행으로 가서 내 재산을 넘기기 위한 서류에 서명한 날, 에도라는 뉴햄프셔주 포츠머스에서 똑같은 일을 했다. 우리는 서로의 소식을 알리기 위해 공중전화로 통화를 했다.

나는 자신감에 부풀어 있었고 해방된 느낌이었다. 나는 스스로 직접 벌지 않은 돈을 손에 쥐고 있는 것에 대한 양가감정에서 벗어나, 경제적 공정성을 높이기 위해 그 돈을 효율적으로 분배했다.

나는 내 길을 스스로 개척해 나갈 것이었다. 당시에는 금전적 부가 내게 흘러든 막대한 상속의 일부에 불과하다는 사실을 충분히 알지 못했다. 상속받은 돈은 기부했지만, 내게 주어진 엄청난 특권은 구조화된 채로 여전히 남아 있었다.

30년이 지난 지금, 후회는 없다. 오히려 해방감을 느낀다. 그때 내린 결정으로 나는 내 가치관에 더욱 부합하는 삶을 살 수 있었다. 그것은 활력적인 삶을 살 수 있는 계기를 제공했다.

나는 남들에게 이 길을 가라고 주장하지 않을 것이며, 부를 계속 보유하기로 선택하는 사람들을 심판하지도 않을 것이다. 스물여섯 살 때 나는 결혼도 하지 않아서 자식도 없었고 책임져야 할 다른 사람도 없었다. 우리는 각종 사고나 실직을 당하는 매우 불안정한 사회에 살고 있으며, 특히 미국은 다른 나라들에 비해 사회안전망이 무척 취약하다는 것을 나는 안다. 그러나 내가 그런 선택을 한 것은 잘한 일이었다.

오늘날 불평등한 체제의 조작된 규칙들 때문에 내게 부가 자동적으로 흘러드는 것을 방치하는 것은 나의 개인적 · 정신적 행복의 기반을 허물어뜨리는 일이었다. 미국을 비롯해 세계 곳곳에서 가난과 불공정을 목도하면서 이러한 구조들에 대한 나의 이해는 더욱 깊어졌다.

나는 부를 넘겨줌으로써 "불평등한 체제"와 그로 인해 고통이 작동하는 모습을 스스로 위축되지 않고 방어적 자세를 취하지도 않으면서 있는 그 대로 바라볼 수 있었다. 나는 상위 1퍼센트를 미워하지 않는다. 그러나 극도의 불평등이 사람들의 삶을 해치고, 인종차별에 기름을 붓고, 우리의 공동체들을 갈가리 찢어놓고, 우리의 생태계를 파괴하는 방식들에 대해서는 깊이 증오한다.

이러한 상황을 바꾸기 위해서는 그토록 불평등한 체제에 의해 상처받고 배제된 사람들이 주도하는 운동이 필요하다. 그러나 우리는 또한 그런 조작된 게임의 수혜자들, 상위 1퍼센트에 속하는 사람들도 스스로의 역할을 할 수 있게 해야 한다.

우리에게 정말 필요한 것은 배움이 아니다.
개개 사람마다 배움이 필요하지만 문화는 그것 말고 다른 무엇,
바다 위로 일렁이는 빛의 파동, 추위를 막기 위해 옹기종기 모여서
따뜻한 온기를 함께 나누려는 충동 같은 것을 필요로 한다.
우리에게는 공감이 필요하다.
우리에게는 여전히 함께 눈물을
흘릴 수 있는 사람들이 필요하다.

- 리디아 밀레 Lydia Millet
『오, 순수하고 환하게 빛나는 마음이여
Oh Pure and Radiant Heart』

2장

공감하며
진행하라

"우리는 세상을 계급 전쟁에서 안전하게 구해내야 합니다"라고 펠리스 예스켈Felice Yeskel은 말했다. "불평등이 심해질수록, 사람들은 둘 중 하나의 길로 나아갑니다—매우 퇴행적이거나, 아니면 진보적인 방향으로."

1999년이었다. 예스켈과 나는 사우스보스턴의 한 철강노동자 모임을 대상으로 "점점 커지는 격차"를 주제로 하는 한 프로그램을 진행하고 있었다. 찬바람이 솔솔 들어오는 노조회관의 철제 의자에 앉아 있는 사람은 60명의 남성노동자들과 소수의 여성노동자들이었다.

"퇴행적인 포퓰리즘은 사람들이 불안해하고 자신감이 없고 희생양을 찾

을 때 나타납니다." 예스켈이 계속해서 말을 이어갔다. "파렴치한 정치인
들은 사람들의 우려와 분노를 가장 공격하기 쉬운 표적—새로운 이민자,
생활보호대상인 유색인종 여성, 종교적 소수자—쪽으로 돌립니다. 반면에
진보적인 포퓰리즘은 사회를 움직이는 규칙들이 권력을 가진 부자 집단과
다국적기업들에 의해 조작되었다는 것을 사람들이 이해할 때 나타납니다.
우리가 할 일은 사람들이 경제적 사다리를 눈을 부릅뜨고 지켜보면서 가
장 부유한 상위 1퍼센트에게 그들의 포퓰리즘적 분노의 초점을 맞추게 하
는 것입니다."

4년 전, 나는 예스켈과 함께 일했는데, 그녀는 뉴욕 동남부 지역의 노동
자계층 집안에서 자랐다. 우리는 서로 모든 게 달랐지만, 그것 때문에 즉석
에서 협력자가 되었다. 그녀는 노동자계층이고 여성이고 동성애자이자 유
대인이었다. 하지만 나는 그중 아무것에도 해당되는 것이 없었다.

우리는 '부를 분배하라Share the Wealth'라는 단체를 공동으로 설립했는데, 훗
날 단체명을 보다 덜 자극적인 '공정경제를 위한 연합United for a Fair Economy'으
로 바꿨다. 우리의 임무는 계급 전쟁에서 세계를 안전하게 구하는 일이었
다. 그리고 우리는 대중서 한 권을 공동으로 저술했다. 『미국의 경제적 인
종차별: 경제 불평등과 불안에 관한 입문서Economic Apartheid in America: A Primer on
Economic Inequality and Insecurity』라는 책이다.

오늘날 사회를 변화시키는 운동은 분노를 촉발하고 공격 대상을 필요로
한다는 것이 우리의 주장이었다. 우리는 정치적으로 우파가 유색인종과 새
로운 이민자, 가난한 사람들, 그리고 다양한 성적 소수자들을 향해 백인의
분노를 쏟아붓도록 공격의 방향을 돌림으로써 자신들의 권력을 형성하는
과정을 연구했다.

경제적 불안의 근원이 무엇인지에 대해 토론하려고 주말인데도 두 시간

이나 할애하여 참석한 철강노조 제7지부 노조원들인 노동계급 사람들을 바라보면서, 나는 그 변화의 이론에 대해 생각했다. 그들은 대화에 완전히 몰입해 있는 것 같았다.

며칠 전, 나는 보스턴 지역 코미디언 스티븐 라이트Steven Wright가 "데이비스 광장에 간 적이 있었죠. 거기엔 마이크스델리 샌드위치 가게, 데이브스 쿠키스, 스티브스 아이스크림 상점이 있더군요. 좋아요. 그런데 철강을 제조하던 시절에 사람들은 무엇을 했죠?"라고 말하는 것을 들었다. 이제는 그들이 내 앞에 있었다. 쇳덩이를 구부려 다리를 놓고, 고층 사무실 건물을 짓고, 지하도를 건설하는 바로 그 사람들 말이다. 그들은 여전히 건재했다.

나는 강연에서 불평등을 줄일 정책들에 대해 이야기했다. 최저임금 인상, 부유세 문제, 노동조합 가입을 쉽게 하는 방법 등이었다. 나는 조세 공평성에 찬성하는 기업주들과 개개 부자들의 목소리를 증폭시키기 위해 결성된 '책임 있는 부Responsible Wealth'라는 단체를 지나가는 말로 언급했다.

"잠깐만요." 스티브라는 한 남성이 나섰다. 턱수염이 더부룩하고 뉴잉글랜드 패트리어츠미식축구팀 재킷을 입고 있는 키가 큰 친구였다. "지금 이 나라에 노동계급을 신경써주는 부자들이 있다고 말하는 겁니까?"

"네." 내가 대답했다. "그 부자들은 오늘날 세상을 움직이는 규칙이 자신들에게 유리하게 조작되었다고 생각합니다. 그리고 그런 사실을 공개적으로 말하고 있습니다."

나는 스티브가 고개를 절레절레 흔들며 마지못해 그 말을 받아들이는 모습을 지켜보았다. 순간적으로 그의 눈가에 눈물이 맺히는 것을 분명히 보았다. "도대체 왜 그들이 그렇게 하는 거죠?"

"그런 부자들 가운데 한 명인 찰스 디미어Charles Demere는 자신의 자식과 손주들이 인종차별의 사회에서 자라는 것을 바라지 않는다고 말합니다. 그는 자신이 내는 세금의 세율을 더 높이기 위해 의회에 로비활동을 하고 있습니다. 자선활동으로 그런 일을 하고 있는 게 아닙니다. 그는 더욱 평등한 사회에서 사는 것이 자기 개인의 이익을 위해서도 좋다고 믿습니다."

"와!" 스티브를 비롯해 참석자들이 그 말에 공감하며 웅성웅성했다. 스티브가 "그 사람을 만나서 맥주 한 잔 사고 싶군요"라고 말하자 모두들 웃음을 터트렸다.

그릇된 계급 전사

여러 가지 일을 숱하게 해온 덕분에 나는 매우 다양한 장소와 사람, 관점들을 알 수 있었다. 나는 여러 노동조합의 회의실, 남부의 시골 교회 지하실, 그리고 2000년 세계무역센터 맨 꼭대기 층을 비롯하여 호화로운 맨해튼의 기업 중역회의실 같은 곳에서 점점 고조되고 있는 불평등의 위험에 대해서 이야기했다. 나는 공원 내 이동주택에 거주하는 세입자들, 시골의 흑인 소작인들, 억만장자 자선사업가들, 그리고 그 중간에 속하는 모든 사람들과 함께 일했다.

'공정경제를 위한 연합'이라는 단체를 공동으로 설립하기에 앞서 나는 적정 가격의 주택, 노숙자 문제, 적절한 사회복지에 대해서 우려하는 매사추세츠주의 650개 단체를 조직화해서 연합체를 결성하는 일을 했다. 우리는 우리 주에서 가장 가난하고 취약한 계층에 속하는 사람에게 집중적으로 분노를 표출하고 있는 사람들로부터 정치적 공격을 받는 입장이었다. 1994년, 매사추세츠주 의회는 진보적인 조세 입법이 아닌, 가혹한 복지 개혁에 더 관심이 많았다. 우리 의회 지도자들 가운데 한 명인 카리브해 섬나라 도미니카 출신의 목소리 높은 여성 매리언 다우Marion Dowe는 이렇게 말하곤 했다. "가난한 사람들의 문제를 지적하는 우리가 없다면, 사람들은 정말로 누가 자신의 주머니를 털어가고 있는지 똑바로 정신을 차리고 찾아내야 할 겁니다."

1999년부터 2004년까지, 나는 연방상속세법 폐지를 막기 위한 운동을 벌였다. 이러한 노력을 통해 1,000명이 넘는 갑부와 억만장자들을 조직하는 데 도움을 주었고, 마이크로소프트 창업자의 아버지인 빌 게이츠 시니어와는 『부와 공공의 부: 미국은 왜 축적된 재산에 세금을 부과해야 하는가Wealth and Our Commonwealth: Why America Should Tax Accumulated Fortunes』라는 책을 공동으로 집필했다. 나는 최저임금을 인상하고, 법인세 과세의 구멍을 막고, 공정 과세 정책을 복원시키기 위해 로비활동을 펼쳤다.

개인적 차원에서 나는 결혼도 하고 집도 장만하고 딸을 잘 키워냈고 보스턴 도심의 자메이카플레인 동네에 뿌리를 내렸다. 그러나 쉰 살 때, 나는 인생의 어려운 시기를 맞았다. 정신질환에 시달리고 있던 남동생이 세상을 떠났다. 그리고 결혼 20년 만에 아내와 헤어졌고 어머니의 장례를 치렀다. 2011년 1월에는 또 나의 가장 가까운 협력자였던 펠리스 예스켈이 오랫동안 투병해오던 암으로 세상을 떠났다. 결국 나는 새로운 연인을 만났고 덤으로 아들 둘을 얻었으며, 버몬트에 오두막집을 한 채 새로 지었다. 하지만 자메이카플레인에서의 삶은 그대로 유지했다. 이후 10년 동안, 나는 '정책연구소'의 동료들과 멋진 팀을 이루어 '인이퀄리티닷오알지Inequality.org'라는 포털 사이트를 만들고 공동으로 운영하면서 불평등 문제에 관한 논의와 분석, 자료 수집을 진행해왔다. 그리고 나는 '점령하라' 운동에서 영감을 받아 『99 대 1: 부의 불평등은 세상을 어떻게 망가뜨리고 우리는 그것과 관련하여 무엇을 할 수 있을까99 to 1: How Wealth Is Wrecking the World and What We Can Do About It』라는 책을 썼다.

그것이 계급 분노를 선동하는 것이라면, 나는 그렇다고 인정한다. 지난 수십 년 동안 내 입에서 나온 말은 주요 노동조합 지도자들이 한 말과 전혀 다르지 않았다. "난폭한 부자", "부호계급", "끝없는 탐욕" 따위의 말들을 수없이 쏟아냈다.

오늘날 부는 끔찍할 정도로 빠르게 집중되고 있다. 그리고 무엇이든 금방 바뀔 거라고 상상하기는 어렵다. 그러나 나는 미국 사회의 밑바닥에서 일어나고 있는 바람직한 구조적 재편 현상을 본다. 버니 샌더스Bernie Sanders의 대통령 선거 운동은 이런 변화에 대한 열망을 활용했다. 우리는 이러한 불평등을 의식하면서 우리 사회의 규칙이 어떻게 조작되었는지 이해하기 시작했다.

99퍼센트에 속하는 독자들에 대해서, 나는 여러분이 느끼고 있을지 모를 좌절과 분노를 이해한다. 만일 어떤 오만한 헤지펀드 매니저가 새로 개발된 처방약의 특허권을 획득해 가격을 5,000퍼센트나 대폭 인상한다는 이야기를 또 어디선가 듣게 된다면, 나는 시위대의 맨 앞에 서 있을 것이다.

몇 년 전에 위의 책 앞부분을 읽었다면, 나는 의심하며 고개를 절레절레 흔들었을 것이다. 그리고 다음과 같은 갖가지 질문을 던졌을 것이다. 당신은 부자들에게 분노하지 말라고 하는 겁니까? 어떤 부자는 아예 우리가 가닿을 수도 없는 존재 아닌가요? 당신이 말하는 "열린 마음의 부자들" 집단은 닫힌 마음의 탐욕스러운, 다수로 보이는 부자들과 비교할 때 얼마나 많은가요? 당신은 언제쯤 부의 재분배에 대해 이야기할 건가요?

노동운동가 친구인 레스 레오폴드Les Leopold는 그의 저서 『폭주하는 불평등Runaway Inequality』에서 "경제엘리트들은 강력한 사회운동이 그들을 강제할 때만 권력과 부를 내놓을 것이다"라고 썼다.[1] 이것은 흑인 노예해방론자인 프레더릭 더글러스Frederick Douglass의 유명한 연설에서 "권력은 요구하지 않으면 아무것도 내주지 않는다. 과거에도 그런 적이 없었고 앞으로도 그럴 일이 없을 것이다"라고 한 말을 연상시킨다. 10년 전쯤이었다면, 그 말에 동의했을 것이다. 나는 앞으로도 강력한 투쟁이 필요하며 노동자와 배제된 사람들의 운동이 변화를 추동하는 힘이 될 것이라고 여전히 굳게 믿고 있다. 그러나 이런 운동들은 우리가 고도의 공감의식을 기반으로 하는 또 다른 전술들을 구사한다면 훨씬 더 빠르게 앞으로 나아갈 것이라는 게 내 생각이다. 이를 위해서는 이 권력엘리트들이 누구이며 어느 지점에서 이들과 연대할 수 있을지 더욱 깊이 이해하는 것이 필요하다.

나는 오늘날 우리가 더욱 강력한 운동을 전개할 기회를 놓치고 있기 때문에 사고의 전환이 필요하다고 생각하고 있다. 내 주장의 정당성을 말하기에 앞서, 먼저 몇 가지 사례를 이야기해야 할 것이다.

우리 대다수는 최소한 몇몇 관계들과 시스템들 안에서 특권층에 속하는 사람들에 대해 언급할 수 있다. 그러나 경제 계급과 관련해서 내가 겪은 바에 따르면, 사람들은 자기보다 더 많은 소득과 부를 소유한 누군가를 향해 끊임없이 분노를 표출하고 싶어 한다.

예컨대, 라틴아메리카의 부자들은 미국의 부자들을 들먹인다. 미국의 상위 5퍼센트에 속하는 사람들은 상위 1퍼센트에 드는 사람들을 손가락질할 것이다. 상위 1퍼센트에 속하는 사람들은 슈퍼부자들을 들먹일 것이고, 또다시 그 슈퍼부자들은 세계 100대 부자로 꼽히는 최상위층 부자들을 지목할 것이다. 모두가 체제를 바꾸는 일에는 그다지 뜻이 없어 보인다. 그런데 여기서 우리가 놓치는 것이 하나 있는데, 그것은 바로 전 세계 상위 5퍼센트 부자에 속하는 이 사람들이 세상을 변화시킬 엄청난 능력과 기회를 가지고 있다는 사실이다.

만일 당신이 미국에 살고 있다면, 당신은 **전 세계에서** 상위 5~10퍼센트에 드는 사람일 수 있다. 당신이 미국의 중위소득인 55,000달러 이상의 소득을 올린다면, 전 세계에서 상위 2퍼센트에 해당하는 사람일 수 있다.[2] 당신은 또한 우리가 맞이하게 될 미래에 대해서도 상당한 영향력이 있다. 따라서 나는 당신이 올바른 일을 하기 위해 세상의 부자들과 함께 연대하기를 정식으로 요청한다.

리치스탄으로 가는 길:
부자는 내게 무엇을 의미하는가?

사회운동의 효과적인 전개를 막는 하나의 장벽은 우리 대부분이 부자가 누구인지, 어느 지점에서 그들과 연대할 수 있는지 전혀 이해하지 못한다는 사실이다. 우리는 대개 부자들이라고 하면 일반적으로 보드게임의 캐릭터로 유명한, 영국신사들이 쓰는 실크 모자를 눌러 쓴 통통하고 키 작은 부호 '모노폴리 맨Monopoly Man'을 떠올린다. "부자"라는 범주 안에 그와는 다른 부류도 있다는 것을 이해하는 것이 전략적으로 매우 중요하다.

〈월스트리트저널〉 기자 로버트 프랭크Robert Frank는 2007년 저서 『리치스탄: 미국의 급격한 부의 증가와 신흥부자들의 삶 탐구Richistan: A Journey Through the American Wealth Boom and the Lives of the New Rich』에서 오늘날 부자들의 분포 지형에 대한 유용한 개요를 제시했다.[3] 프랭크는 부자들을 세분화하여 그 특징을 설명하기 위해 그들이 속한 범주를 여러 계층의 가상의 동네, 즉 하층 리치스탄Lower Richistan, 중간층 리치스탄Middle Richistan, 상층 리치스탄Upper Richistan, 그리고 억만장자 동네Billionaireville로 나누었다.

나는 여기에 부유층 동네Affluentville를 추가해서 프랭크의 개념을 수정, 확장했다. 또한 그의 저서에 담긴 정보를 최신 것으로 갱신하는 동시에 내가 생각하는 사회학적 의미들을 추가했다. 부와 자산에 대해서 생각할 때, 현재 보유 중인 재산은 소득 같은 요소들보다 더 중요한데, 그것이 신분과 권력의 차이에 대해 더 많은 것을 이야기하기 때문이다. 물론 이런 형태의 지형 구분에는 매우 심각한 한계가 있다. 부를 스스로 일궈낸 1세대 부자들의 경험은 "유산을 물려받은 부자"와는 전혀 다르다. 그리고 한 개인의 부의 원천은 나이, 지역, 인종, 종교만큼이나 다양한 문화적 태도의 차이를 낳을 수 있다. 유산 상속을 포기하는 경우를 제외하면, 리치스탄의 분포 지형은 다음과 같다.

부유층 동네는 보유 재산이 680,000달러에서 300만 달러에 이르는 상위 10퍼센트의 부자들이 모인 곳이다. 약 1,100만 가구가 여기에 포함된다.[4] 그들은 민간항공사 여객기를 타고 여행하지만, 2년에 한 번꼴로 고급 자가용 승용차를 바꿀 수 있는 재력이 있다. 그들이 사는 지역은 주로 동부와 서부 해안가에 집중해 있는데, 우편번호가 서로 다른 약 100군데 동네에 산재해 있다.

대부분의 지표에 따르면, 부유층 동네에 속한 사람들은 "부자"다. 그러나 그들은 리치스탄의 동네들과 비교하면 자신들을 부자라고 생각하지 않을 수도 있다. 그들은 자신의 후세들이 현재의 경제적 지위를 잃지 않기를 간절히 바란다. 그 결과 그들은 자녀들에게 성공의 길로 들어설 수 있는 문을 열어주고 다양한 기회를 제공하는 데 투자를 아끼지 않는다. 이에 대해서는 9장에서 자세히 설명할 것이다. 이런 이유 때문에, 불평등을 줄이는 정책들을 둘러싸고 그들과 연대를 형성하는 데 많은 어려움이 있다.

하층 리치스탄은 보유 재산이 300만 달러에서 1,000만 달러에 이르는 사람들로, 약 300만 가구가 여기에 든다. 그들은 상위 3퍼센트에 속하는 부자들이다.[5] 주로 사업체를 소유하거나 고액 연봉, 증권 투자, 상속 유산을 통해 부자가 된 사람들이다.

이들 다양한 집단은 부유층 동네의 주민들과 동일한 우편번호를 공유하고 교외 지역에 거주하는 경우가 많다. 그러나 그들 가운데 많은 이들이 도심 지역으로 이주하는 경우가 계속 늘면서 도시의 부동산 가격을 올리고 있다. 그들은 상류층 음식점, 컨트리클럽, 호화 휴양시설을 자기네 거주지역에 유치하기도 하는데, 별장도 소유하고 있을 가능성이 크다. 그들 또한 민간항공사의 여객기를 이용하지만, 가끔씩 1등석을 타기도 한다.

이 집단에는 "이웃집 백만장자" 같은 나이든 세대 가구들도 있다. 그들은 2차 세계대전 이후 중소기업을 소유하고 장기 투자로 수십 년 동안 꾸준히 부를 축적해온 사람들이다. 이 이웃집 백만장자들은 사치스러운 생활을 하는 부자들과 정반대의 삶을 살아온 사람들로, 대개 처음 스스로 마련한 집에서 살고 상대적으로 검소한 생활을 영위한다.[6]

하층 리치스탄에 속한 사람들과의 연대는 성공할 가능성이 높다. 그들은 부유층 동네의 주민들보다 경제적으로 더 안정적이고 안전하다. 그들은 자녀들에 대해서 그다지 걱정하지 않지만, 상층 리치스탄 주민들처럼 일반 사회와 철저히 단절된 삶을 살지는 않는다.

중간층 리치스탄은 상위 1퍼센트의 부자들로, 약 160만 가구가 여기에 해당한다. 이 집단은 보유 재산이 1,000만 달러에서 1억 달러에 이르는데, 2008년 금융시장의 붕괴 이후 증가한 소득과 부의 90퍼센트 이상을 차지한 상위 0.1퍼센트의 가구들도 여기에 속한다.[7] 그들의 부는 사업체 소유, 각종 투자, 일부 근로소득으로 발생한다. 중간층 리치스탄의 최상위층과 최하위층 사이의 부동산 및 자산의 규모 차이는 극도로 큰데, 이는 그들이 얼마나 많은 재산을 소유할 수 있는지를 보여준다. 상층 리치스탄과 중간층 리치스탄의 주민들은 개인 전용비행기를 타고 다니거나 넷젯Netjet 같은 제트기 공유 및 임대 업체를 통해서 전용기를 공유하기도 한다.

중간층 리치스탄의 주민들이 다른 사람들과 점점 더 멀어지기 시작하는 반면에, 그들의 자녀들은 아직 그들처럼 날개를 펼치고 감히 밖으로 날아오르지 못한다. 그래서 중간층 리치스탄은 여러 도시와 대학, 지역사회 기관, 비영리단체, 그리고 불평등에 대한 우려와 연결된다.

상층 리치스탄은 보유 재산이 1억 달러 이상인 상위 0.01퍼센트의 부자, 약 16,000가구가 사는 곳이다. 이들은 "초고액순자산보유자Ultra High Net Worth Individual"의 최상단에 있는 부자들로, 크레디트스위스Credit Suisse 투자은행은 그들을 특징짓는 글로벌 금융기관이다.[8] 그들 중에는 기업가, 헤지펀드 매니저, 최고경영자였던 1세대를 이어 여러 세대에 걸쳐 부자 명문가를 이룬 후계자들도 포함되어 있다. 그들은 개인 소유의 전용비행기를 타고 다닌다.

부동산과 자산을 관리하는 것은 상층 리치스탄에 속한 부자들의 주된 활동이다. 그들이 보유한 재산과 저택들에는 모두 별도의 관리인과 숙련된 입주 의료요원, 하인들이 있다. 그들은 대가족 가문의 투자와 신탁자산, 자선재단을 관리하기 위해 민간 투자자문회사를 설립하거나 전담 법무법인과 자문기관의 지원을 받는다.

이 집단은 자신들이 소유한 부나 자산에 대해서 생각할 때는 당대뿐 아니라 후세까지 고려해서 판단한다. 프랭크가 말하는 것처럼, "당신이 상층 리치스탄에 산다면, 돈에 대한 철학이 완전히 바뀌게 된다. 당신은 살아 있는 동안에 모은 재산을 전부 또는 일부도 못 쓰고 죽을 수 있으며, 당신이 아무리 물 쓰듯 돈을 낭비한다 해도 세월이 흐를수록 돈이 더욱 더 늘어날 수도 있다는 사실을 깨닫게 된다. 그래서 상층 리치스탄 사람들은 향후 수백 년 동안의 재무 계획을 짠다. 그들은 뮤추얼펀드를 사지 않는다. 그들이 사는 것은 삼림지, 석유시추시설, 사무실 건물 등이다."[9]

상층 리치스탄과 억만장자 동네는 스스로 알고자 하지 않는 한, 일반 노동자들이 처한 곤경과 우려에 대해서 거의 알지 못한다. 그들은 세상의 뉴스를 듣고 받아들이기로 결정한다면, 자신들의 마음과 돈을 움직일 수도 있다. 아니면 그냥 그동안과 마찬가지로 특권의 세상에서 살아갈 것이다. 하지만 그들은 때때로 자신들이 우려하는 문제들과 관련해서 대변자 역할을 하는 재단들을 가지고 있다. 그 재단들은 결국 지구상에서 가장 곤경에 처한 사람들과 그들을 연결시켜주는데, 그중 일부는 공평과세 같은 불평등 문제와 관련된 더 포괄적인 의미의 공공정책 수립을 강력하게 추진할 수 있는 동맹세력이다.

억만장자 동네 주민은 미국에 최소한 540가구가 있는데, 그들 가운데 일부는 〈포브스〉지에서 선정하는 세계 400대 부자에 속한다.[10] 그들은 재산을 복잡한 신탁자산이나 해외은행계좌로 은밀하게 관리하고 있기 때문에, 대개는 그 규모가 정확하게 얼마나 되는지 추산하기 어렵다. 억만장자들은 상층 리치스탄에 속한 부자들처럼, 자신들이 보유한 재산이나 인생에 대해 설계할 때는 일반인들보다 더 장기적인 관점에서 바라본다.

그들은 여러 채의 부동산을 소유하고 있고 주기적으로 고급 저택들을 이리저리 옮겨 다니는데, 각종 만찬 모임과 계절별 친교나 스포츠 활동을 사전에 준비하기 위해 직원을 미리 파견한다. 바로 이 부자들이 뉴욕시티와 로스앤젤레스에서 선댄스와 선밸리로, 그리고 팜스프링에서 팜비치로 이동하는 것은 사교 행사, 휴양, 고급문화와 긴밀하게 연결되어 있다.

억만장자 동네에 속한 사람들의 수입은 주급 형태가 아닌, 그들이 보유한 자산에서 생기는 이자와 양도소득으로부터 나온다. 역설적이지만, 이 억만장자들 중 다수는 여러 세대 전 턱시도 차림의 과거 엘리트들의 복식과는 전혀 다르게 늘 소박한 형태의 티셔츠를 입는다.

일부는 지금도 활발히 돈을 벌고 있다. 특히 뉴미디어와 신기술, 금융 분야에서 왕성하게 활동하고 있다. 구글이나 아마존, 페이스북 같은 기술업체들과 함께 다양한 헤지펀드 설립자들이 바로 그들이다. 그 밖에 월튼 가문, 코흐 형제, 마스 사탕 기업왕국 같은 전통적인 미국의 부호들도 거기에 속한다. 억만장자 동네로의 부의 집중은 앞으로 20년 안에 최초의 조만장자 출현을 목격하게 만들 것이다.

현 단계에서 그러한 부자 가문들은 여러 세대에 걸친 유산과 토지소유, 자선기관들에 초점을 맞춘다. 이런 상황이 그대로 유지된다면, 우리 사회는 억만장자 동네 사람들의 아들딸들이 지배하는 세습귀족 사회가 될 것이다.

계급 적대감의 효능 재고

사회 변혁을 위한 "계급 전쟁"론에 대해 재고해야 한다고 처음으로 생각했던 때를 기억한다. 1999년으로 거슬러 올라가 바로 그 노조회관에서였다.

"어떤 부자들은 아주 명백하게 악이 아닌가요?" 철강노동자인 스티브가 물었다. "내 말은 그들은 당신이나 나와는 다른 부류가 아닌가 해서요. 실례는 아니죠?"

예스켈은 이 질문에 대답하기 위해 모든 부자들의 정서에 대해서 잘 파악하고 있는 나를 바라보았다. 나는 어떻게 대답해야 할지 몰라서 쩔쩔매며 얼굴이 붉어졌다. 아직까지 리치스탄으로 가는 길이 어딘지 알지 못했기 때문이다. 그들에게 내 이야기를 털어놓을까? 그새 시간이 몇 분 후딱 지나간 것 같았지만 초조해서 그렇게 상상한 것일 뿐이었다.

나는 "음, 먼저 여러분에게 할 말이 있습니다. 저는 상위 1퍼센트 집안에서 자랐어요"라고 말했다. "정육업자 오스카 마이어의 증손자입니다." 사람들 사이에서 믿지 못하겠다는 듯 웃음이 터져 나오는 바람에 나는 잠시 말을 멈추었다가 이어 나갔다. "아버지는 이렇게 말씀하시곤 했죠. '집에 베이컨을 가져온다('bring home the bacon'은 '생활비를 벌다', '생계를 꾸리다'는 의미임 – 옮긴이)는 말은 우리 가족에겐 남다른 의미가 있었다'라고 말이에요." 더 큰 웃음이 터져 나왔다. 휴, 나는 그렇게 그 순간을 모면했다.

내가 참석한 대부분의 노조 모임들에서 사람들은 발언을 하기 전에 먼저 노동자로서의 자신의 이력을 밝히고 시작했다. 보스턴에서 열린 그런 종류의 모임에서, 한 노조 간부는 자기 할아버지가 목수노조에서 어떻게 지냈는지, 자기 어머니가 섬유노조 조합원으로서 어떤 일을 했는지에 대해 이야기했다. 노동자로서의 이력과 관련해서 나는 할 말이 거의 없었다.

"여러분, 부자들 중에는 더 많은 부과 권력을 얻기 위해 그것들을 활용해서 규칙을 조작하는 반사회적인 난폭한 부자들이 있습니다." 나는 말을 이어 나갔다. "우리는 이런 부류의 상위 1퍼센트 부자들, 즉 규칙을 조작하고 부정하게 게임을 이끄는 사람들로부터 우리 자신과 우리의 생계를 보호하기 위해 조직적으로 나설 필요가 있습니다."

나는 그것을 말로 표현하지는 않았지만, 내 경험에 따르면 이런 "규칙 조작자들" 중 일부는 실제로 자신들이 공익을 위해 행동하고 있다고 믿는다. 그들은 진심으로 기존 부자들의 세금을 깎아주고 정부의 관리·감독을 약화시키는 것이 자유경제를 더 활성화시켜 가난한 사람들의 생활을 개선할 것이라고 생각한다. 그들은 인종적 우월성과 계급적 특권의식에 젖어 문화적으로 "우리가 더 잘 안다"고 생각하며 산다. 그러나 실제 인류가 겪어온 삶을 기반으로 그런 생각을 멈추고 바꾼다면, 그들의 관점 또한 그렇게 바뀔 것이다.

"다른 사람들은 전혀 안중에도 없어—난 그저 나를 위해 더 많은 것을 원해"라고 냉소적으로 생각하는 부자들은 그렇게 규칙을 조작하는 상위 1퍼센트의 극히 비정상적인 일부 부자들에 불과하다. 그리고 반사회적 인격 장애를 가진 부자들은 사회 전반에 존재하는 그런 반사회적 인격 장애자들보다 그 수가 더 많지 않다. 그들은 그냥 눈에 더 잘 띌 뿐이며, 마음대로 휘두를 수 있는 권력 수단을 더 많이 가지고 있기 때문에 남들에게 더 큰 피해를 입힐 수도 있다.

상위 1퍼센트의 부자 대다수는 그들에게 지나치게 많이 보상해주는 시스템으로부터 만족스러운 혜택을 받으며 순조롭게 살아가고 있다. 그들은 전체 사회 구성원과 마찬가지로, 분주하고 정신없이 무언가에 푹 빠지고 자식과 노인들을 돌보는 일에 집중한다.

나는 내 생각을 계속해서 말했다. "우리가 부자들을 조직화하려는 이유는 규칙을 조작하는 자들에 맞서 강력하게 대항할 수 있는 운동을 펼치기 위해 우리 진영에 부유한 협력자들을 끌어들일 필요가 있다고 생각하기 때문입니다. 일부 부자들은 우리의 손이 닿지 않는 곳에 있을 겁니다." 나는 솔직히 인정할 부분은 인정했다. "그리고 일부 사람들은 극도로 민감해서 우리가 그 상위 1퍼센트의 부자들이 보유한 부의 규모에 대해 이야기를 꺼내기만 해도 개인적으로 공격을 받는다고 느낄 겁니다."

스티브가 말했다. "제가 볼 때 당신의 견해와 크게 다른 점은 그 사람들이 자신의 재산권을 지킬 만반의 준비가 되어 있는 경찰-군대-산업 복합체를 보유하고 있다는 것입니다."

"하지만 우리 인간은 **모두** 연약한 살갗을 가지고 있죠." 내가 대답했다.

"우리는 날카로운 것에 찔리면 피를 흘립니다. 어느 누구도 자신이 분노의 표적 집단으로 정형화되거나 그 대상인 것처럼 느껴지는 것을 반기지 않아요. 어떤 사람이 노동조합에 대해서 거칠게 몰아치듯 말할 때 당신 기분이 어떨지 생각해보세요."

스티브는 고개를 끄덕였다. 그와 그의 동료들은 조용히 내 의견을 지지했다. 할 말은 훨씬 더 많았지만, 우리의 논의를 너무 산만하게 이어가고 싶지 않았다. 우리는 불평등을 고착시키는 권력 문제와 정의를 추구하는 운동에 부유한 협력자들을 끌어들일 가능성과 관련해서 문제의 핵심에 점점 더 가까이 다가서고 있다는 느낌이 들었다.

슈퍼리치는
우리를 구할 수 있을까?

2009년, 소비자운동가 랠프 네이더는 그의 처음이자 유일한 창작물로 무려 700쪽이 넘는 『슈퍼리치만이 우리를 구할 수 있다!Only the Super-Rich Can Save Us!』라는 제목의 소설을 발표했다. 나는 그 책에 대한 한 토론회의 진행을 맡아 네이더를 초대했다. 그 책을 두 번 읽고 나서 거기에는 깊은 통찰이 담겨 있다는 것을 깨달았다.

"당신이 번번이 싸움에서 졌다면, 당신은 유토피아 소설을 쓸 소재를 가지고 있는 겁니다." 네이더가 내게 이야기했다. "싸움에서 이기기 위해서는 무엇이 필요했을지 상상해보십시오. 거기에 나의 유토피아가 있습니다. 이 책에서 저는 깨끗한 선거를 위한 심도 있는 개혁, 민주주의 강화, 환경 보호, 기업권력 억제를 이룩하기 위한 운동 자금을 지원하는 억만장자들을 상상했죠." 실제로 그 소설은 정치개혁을 위한 각본 같은 것이다.

『슈퍼리치만이 우리를 구할 수 있다!』는 워런 버핏, 테드 터너, 빌 게이츠 시니어를 포함해서 17명의 실존하는 억만장자와 갑부들에 대한 가상의 이야기다. 그들은 사우스보스턴의 철강노동자 같은 노동자들을 대신해서 배당률을 균등하게 나누기 위해 자신들의 부와 지혜를 활용하기로 결정한다. 그 소설을 읽었을 때, 나는 거기 등장하는 인물들이 슈퍼리치만 있는 것이 아님을 알았다. 네이더는 사회 변화를 위한 운동을 전개하는 수십 명의 조직운동가와 활동가들의 이름도 등장시켰다.

이 소설의 제목은 시작 장면에 나온다. 소설 속의 워런 버핏은 2005년 9월 텔레비전 화면에 나타난 허리케인 카트리나의 참상을 지켜보고 있다. 그는 오도 가도 못 하고 발이 묶인 수천 명의 시민들이 건물 옥상에서 필사적으로 손을 흔들며 구조를 요청하는, 헬리콥터에서 찍은 장면을 본다. 나흘 동안 지속되는 상황을 지켜본 뒤, 그는 기본적인 이재민 구조와 구호품 제공조차 하지 못하고 속수무책으로 방관만 하는 지방자치체와 주정부, 연방정부 당국의 기능 마비와 무능에 진저리를 친다. "세계에서 가장 부자인 나라에서 어떻게 이런 일이 벌어질 수 있단 말인가?" 그는 몹시 화가 나서 씩씩댄다.

소설 속의 버핏은 보급물자와 트럭 수송대를 조직하고 본인이 직접 운전하여 오마하에서 뉴올리언스까지 구호대원들을 이끈다. 26시간 뒤 그들은 한 위대한 미국 도시에서 탈출한 굶주리고 목마른 수천 명의 이재민들로 가득한 도로변에 도착한다. 청바지와 셔츠 차림의, 지구상에서 두 번째로 부유한 남성이 야영지의 모닥불 주변에 옹기종기 모여 앉아 있는 10여 명의 어른과 아이들에게 다가가고 있다. 버핏은 그들의 눈을 응시면서 몸을 부들부들 떨고 있는 아이들을 안아준다.

노인들은 그곳에 기자도 사진가도 텔레비전 방송요원도 없다는 것을 알아챈다. 나이 많은 한 침착한 할머니가 그의 두 손을 꼭 잡으며 "슈퍼리치 만이 우리를 구할 수 있습니다!"라고 외친다.[11]

물론 네이더는 부자가 우리들의 슈퍼영웅이라고 믿지 않는다. 또한 억만장자들의 개인적 자선이 정상적으로 작동하고 재정 능력이 충분한 정부를 대체하지도 못할 것이다. 그러나 그가 지적하고자 하는 것은 오늘날 부와 권력의 엄청난 집중 현상을 감안할 때, 부자들이 마음만 먹는다면 우리의 정치와 경제 체제를 근본적으로 더 나은 시스템으로 바꿀 수 있을 것이라는 점이다.

두려움 위에 세워진 시스템

우리는 오늘날 이러한 불평등 상황을 역전시킬 수 있는 강력한 운동을 조직할 잠재력을 가지고 있다. 그러나 그 운동을 성공시키기 위해서는 상위 1퍼센트 부자들 중에서 우리와 함께 힘을 합칠 세력을 이끌어낼 필요가 있다. 실제로 그들 가운데 많은 이가 그런 부름을 받기를 기다리고 있다.

그렇기 때문에 계급 적대감 전략은 우리가 가고자 하는 곳으로 우리를 데려가지 못할 것이다. 분노와 원한을 부추겨서 만들어낼 수 있는 그런 종류의 변화에는 한계가 있다. 미국에서 우리는 버니 샌더스의 진보적 포퓰리즘보다는 도널드 트럼프의 퇴행적 포퓰리즘 쪽으로 기울어질 가능성이 더 크다.

시스템을 고치기 위해서는 조작된 규칙을 바꿔야 한다. 그리고 규칙을 바꾸기 위해서는 강력한 사회 운동을 조직할 필요가 있다. 그런 운동을 전개하기 위해서는 대부분의 소득과 부를 소수에게 흘려보내는 근시안적 경제 체제에 마음과 정신을 집중할 필요가 있다. 궁극적으로 우리는 부가 어떻게 창출되는지, 어디서 나오는지, 왜 그런 방식으로 분배되는지 같은 기존의 부와 관련된 이야기를 바꿔야 한다.

그러한 만남을 성사시킬 수 있는 계기 가운데 하나는 부자들이 특정한 지역사회에 헌신하도록 그들을 끌어들이는 것이다. 그들이 지방을 더욱 공평하고 공정한 곳으로 만들기 위해 자신들의 부와 역량, 자금을 투입할 수 있도록 그들을 고향으로 불러들인다. 불평등에 대한 논쟁이 국가적 차원에서 이루어질 경우에는 양극화될 가능성이 높지만, 주나 지방 차원에서 이루어질 경우에는 그 해법을 두고 논쟁이 이념화될 가능성은 줄어든다. 나중에 논의하겠지만, 사람마다 의견을 달리할 수 있는 여유가 생기기 때문이다.

여기 숨기고 싶은 비밀이 있다. 현재의 시스템은 두려움을 기반으로 하고 있다. 두려움과 불안정은 미국의 노동계급, 빈민 그리고 실직이나 질병 같은 불운이 닥치면 언제라도 극빈층으로 전락할 수 있는 위태로운 중산층 가구들을 통해서 파문처럼 번져 나간다. 그리고 경제적 계급의 피라미드 맨 꼭대기에 있는 부자들도 두려움에 떨고 있다. 그들은 그들 자신과 자녀들이 현재 누리고 있는 경제적 안정과 지위에서 떨어질까 두려워한다. 그들은 봉기나 인종 폭동에 대해서도 두려워한다. 그들은 또 말로 하는 공격에도 상처를 입는다.

두려움은 매우 강력하다. 사람들은 공격받는다고 느끼는 순간, 공포에 질린다. 수치심을 느끼면, 분노한다. 조롱받는다고 느끼면, 뒤로 돌아선다. 그러나 정중하게 초대되면, 모습을 드러낸다.

최근에 어떤 중요한 것에 대한 당신의 행동이나 의견을 근본적으로 바꾼 때가 있다면 그때가 언제였는지 생각해보라. 그때 당신을 바꾸고 변화시킨 요소들은 무엇이었는가?

성인이 된 사람들은 존중, 긍정, 도전정신, 감화, 책임의식의 조합을 통해서 기존의 자기 모습을 바꾼다. 사람들은 수치심이나 증오를 느낄 때, 또는 공격의 표적이 되거나 경멸의 대상이 될 때는 변하지 않는다.

F. 스콧 피츠제럴드의 말을 빌리면, "부자들은 당신이나 나와는 다르다."[12] 그러나 내 인생 경험으로 볼 때, **부자**는 나머지 인간들과 **전혀 다르지 않다**. 우리가 서로 분리된 채 자기만의 좁은 길에서 벗어나지 않고 머무는 데는 구조적·문화적·계급적 정체성과 관련된 이유들이 있다. 그러나 우리는 전혀 다르지 않다.

어떤 사람들이 부를 축적한다고 해서 별난 부류의 사람이 되는 것은 아니다. 다만 그들은 다른 많은 사람들과 관계를 끊고 스스로를 분리시킨다. 그러면서 자연스럽게 타인에 대한 공감능력도 약해진다.

특권이 주는 편안함은 솔직히 말해서 중독성이 있다. 특권은 우리의 감수성과 감정을 무디게 만든다. 특권은 공감능력을 상실케 하여 우리 가운데 유리한 위치에 있는 사람들로 하여금 자연스럽게 그 밖의 다른 사람들과 인적으로나 공간적으로 단절시킨다. 특권은 대다수 다른 사람들이 겪는 고통이나 넘치는 기쁨으로부터 우리 자신을 멀어지게 할 수 있다.

그렇다면 무엇을 해야 할까? 계급 전쟁을 대체할 수 있는 것은 공감과 사랑이다.

우리는 누군가에게 공감을 가르칠 때 어떻게 할까? 우리는 일단 그들을 공감으로 대한다. 나는 이렇게 제안한다. 공감하며 진행하라. 우리를 예전에 당신을 떠나서 오랫동안 연락이 끊겼던 사촌 형제라고 생각하라. 완전한 인간 집단으로 돌아온 우리를 환영할 방법을 찾아보라.

대부분의 다른 접근 방식들이 상황을 바꾸지 못했다는 점을 감안하면, 그것은 시도해볼 만한 일인지도 모른다.

나는 두 가지 방법을 다 썼다. 변화의 힘에 저항하기 위해 되돌아가 잠을 잤다.

그리고 또 한편으로는 깨어 있는 채로 억지로 눈을 치뜨고 있었다.

양쪽 다 힘들지만, 한 가지 방법은 일생의 선물을 가져다준다.

만일 우리의 삶이 변화하고 있을 때 깨어 있을 수 있다면,

우리 자신과 인생의 본질, 그리고 이미 우리 안에서 늘 만날 수 있고

재생 가능한 행복과 평화의 영원한 원천에 대한

비밀들이 우리 앞에 모습을 드러낼 것이다.

– 엘리자베스 레서 Elizabeth Lesser

『**깨뜨려 열다Broken Open**』

3장

마음을 열다

"작년에 보잉사는 연방세를 한 푼도 안 냈습니다." 나는 로스앤젤레스 교외에 있는 한 교회에 모여 조용히 강단을 주목하고 있는 150명의 청중 앞에서 말한다. "우리 납세자들은 보잉으로 하여금 200억 달러가 넘는 매출을 올리게 해주었습니다. 그것은 연방정부의 전체 계약 금액의 4.4퍼센트에 해당합니다. 그들은 59억 달러의 수익을 올렸다고 발표했죠. 수년 동안 보잉은 연간 낸 세금보다 더 많은 돈을 회사 최고경영자의 연봉으로 지급했습니다."[1]

내가 이 자리에 선 것은 부의 불평등에 대한 강연을 부탁받았기 때문이

다. 나는 애플과 제너럴일렉트릭 같은 다국적기업들이 세금을 내지 않고 빠져나갈 수 있는 다양한 합법적 수단들을 설명하면서, 해외에 있는 조세피난처 폐쇄의 필요성에 대해 이야기했다.

강연이 끝난 뒤, 큰 키에 은발의 한 남성이 내게 다가와 자기 이름이 행크이며 보잉사의 고위직 임원으로 일하다 은퇴한 사람이라고 자신을 소개했다.

속으로 좀 머쓱했다. 나는 방금 전에 그를 탈세자라고 불렀기 때문이다. 그러나 그는 동요하지 않는다.

"좀 당혹스럽군요." 행크는 말을 이어간다. "제가 다니던 회사가 납세자들로부터 그렇게 많은 것을 가져가고는 국가의 기간시설과 교육 체제를 지원하는 데 거의 지출을 하지 않는다는 사실이 쑥스럽습니다. 그건 잘못된 일입니다."

이것은 내가 예상했던 상황이 아니다.

행크는 나보다 키는 1피트 정도 더 크고, 나이는 스무 살쯤 더 많아 보인다. 그의 손은 무척 큰데, 내게 "중요한 질문"이 있다면서 두 손을 이리저리 흔든다. 그는 먼저 자신의 배경에 대해서 이야기한다.

"저는 케냐의 농촌에 관개 시설을 건설하는 걸 돕는 기술자 대표단의 일원이었죠." 행크가 설명을 시작한다. "임원이 되기 전에는 기술자였어요. 그래서 그런 농촌 개발 프로젝트에 직접 참여하는 것은 무척 흥분되는 일이었죠."

"저는 당시 관개 시설을 건설 중인 곳 옆에 있는 외진 시골 마을에 머물고 있었는데, 그때 나무 아래서 여섯 명의 어린아이들이 조용히 우리를 지켜보고 있다는 것을 알았죠. 그들은 우리를 더 잘 보기 위해 조금씩 아주 천천히 다가왔어요. 그때 마을에서는 우리가 가장 큰 구경거리였을 거라고 생각합니다." 그는 당시 기억을 떠올리며 살짝 웃는다.

"이 아이들은 날마다 우리를 보러 왔어요. 그들은 아름다운 눈을 가졌고 얼굴에는 호기심이 가득했죠. 여자아이들은 알록달록한 색깔의 옷을 입고 있었어요. 빙그레 미소 짓다가 까르르 숨넘어갈 듯 웃기를 잘 했죠. 저는 그들에게 제 이름이 행크라고 알려주었고 그들의 이름도 알게 되었죠. 하루는 그들에게 어디에 사는지 물었어요. 그들은 나를 오래된 목조 건물로 안내했는데, 놀랍게도 그곳은 고아원이었어요. 그 아이들을 책임지고 있는 어른들을 만났죠. 그들은 이 고아원에 사는 아이 스물다섯 명을 제게 소개시켜 주었어요. 그 건물은 깔끔하고 소박했지만, 매우 낡은 상태였어요. 건물 기둥과 현관의 판자들이 낡아서 축 늘어져 있었죠."

"한 시간 정도 떨어진 곳에 있는 일류 호텔로 우리를 태워갈 승합차가 세워진 장소로 걸어서 돌아가면서, 복받치는 감정을 억눌러야 했죠. 저는 잘 울지 않는 사람인데, 눈가에 눈물이 고이기 시작했어요. 그날 밤, 잠을 이룰 수 없었죠. 그 아이들을 생각하며 밤새도록 깨어 있었어요."

"다음날, 그 아이들이 다시 건설 현장에 찾아와서 저를 기다리고 있었어요. 그러다 저를 발견하고는 손을 흔들며 밝은 미소로 반겼어요. 저를 '행크 아저씨'라고 불렀지요. 존경과 애정이 담긴 말투였는데, 나무 그늘 아래서 우리의 모든 움직임을 놓치지 않고 지켜보고 있었어요."

행크는 현지 일정이 끝나가고 있을 때, 그 고아원을 다시 찾아가서 자신이 어떻게 도울 수 있는지에 대해서 원장과 이야기를 나누었다. 행크는 "그는 어떤 경제적 지원이든 환영한다고 겸손하게 말했어요. 시설을 새로 지어주는 것을 포함해서요"라고 말했다. "그 지역사회에는 가정이 없는 아이들이 훨씬 더 많이 있었습니다."

행크가 그 이야기를 할 때 그의 두 눈이 반짝거리며 빛난다. 그는 이것이

4년 전, 자신의 일흔 살 생일이 지난 뒤의 일이라고 설명한다. "로스앤젤레스로 돌아왔지만, 제 머릿속엔 온통 그 아이들 생각뿐이었죠. 저는 케냐로 보낼 돈을 모으고 건설 봉사단을 이끄는 일에 제 자신을 던졌습니다."

행크는 "굳게 닫혀 있던 마음이 활짝 열렸죠"라고 말하며 목소리 자체도 바뀐다. "제 삶은 완전히 바뀌었어요. 케냐에 갈 때는 단순히 토목공사 때문에 가는 거라고 생각했는데, 그때 그 아이들이 제 마음속으로 들어왔지요. 그야말로 무방비상태에서 말이에요."

행크는 현재 수백 명의 아이들이 더 좋은 거처에서 살고 있으며 고아원 건물도 많이 생겼다고 내게 이야기한다. 행크에게 이것은 단순한 자선 행위가 아니다. "제 삶이 구원을 받은 것 같은 느낌입니다. 전에는 좀비나 마찬가지였어요. 아내는 제가 활기차졌다는 것을 알아채고는 이렇게 말했죠. '지금 당신은 48년 전 결혼했을 때 만난 매력적인 남성을 떠올리게 하는구려.' 또 자식들은 제가 지금이 더 존재감 있고 자신들과도 더 친밀하고 관대해졌다고 말하더군요." 뺨으로 눈물이 흘러내리자, 그는 잠시 말을 멈춘다. 일흔 살 이전에는 좀처럼 울지 않았던 남자가 이제 와서 날마다 감동하며 눈물을 흘린다니 믿기지 않는다.

"그래서 제 질문은……" 그는 말을 끊고 잠시 생각에 잠긴다. 나는 그의 이야기에 매료되어 그에게 질문이 있다는 사실을 잊어버렸다. 나도 울음이 나오기 시작했다.

"제가 묻고자 하는 것은, 제가 (…) 너무 늦어버린 게 아닌가 하는 겁니다." 그는 생각에 잠겼던 모습에서 돌아와 더 똑바로 나를 바라본다. "제가 바뀌기에는 너무 늦어버린 건가요? 무언가 변화를 만들어내기에 말이에요."

그 질문에 나는 평정을 잃었다.

"아닙니다." 생각할 겨를도 없이 곧바로 대답이 나온다. "늦지 않았습니다. 당신은 여전히 활기가 넘치잖아요."

그는 고개를 끄덕인다. "정말 고맙군요. 수십 년 동안 저는 한 기업의 울타리 안에서 무엇이 중요한지에 대해 다른 은하계에서 보내는 신호와 자극, 메시지들에 반응하며 살고 있었던 것 같습니다. 보잉사에서 함께 일했던 동료들은 모두 다 좋은 사람들입니다. 그러나 우리는 다른 종류의 목표들, 일종의 자기 논리에 빠진 목표들에 초점이 맞춰져 있었어요. 지난 30년 동안, 저는 빈곤을 완화시키는 일에 대해서 누구와도 이야기를 나눠본 기억이 없습니다."

"이제야 비로소 장막이 걷힌 것 같은 느낌이 듭니다. 그리고 저를 둘러싼 모든 것—자연, 사람들, 아프리카 아이들, LA 아이들, 가난, 불평등, 음식 등등—을 서로 연결해서 생각하고 있어요. 마음속에서 그 모든 것이 하나로 그려지고 있습니다."

"네, 맞아요. 전혀 늦지 않았습니다." 나는 살짝 웃는다. "당신은 세상에 건넬 많은 선물을 가지고 있습니다."

"고마워요." 그는 미소로 화답한다. "하지만 우리가 상황을 돌려놓기에는 시간이 그리 많은 건 아니지 않나요?" 그는 내가 말한 기후 변화와 극단적 불평등 상황을 떠올리는 듯하다.

"맞아요. 그래서 우리는 어떻게 해야 더 많은 사람들에게 다가갈 수 있을까요?" 나는 그에게 물으면서 이렇게 말을 이었다. "우리에게는 당신 같은 분들이 더 많이 필요합니다."

행크는 "현재 저는 그 일을 하고 있어요"라며 활짝 웃는다. "먼저, 저는 그들을 케냐로 데리고 갑니다. 머나먼 미지의 세계에 사는 아이들을 만나는 일에는 모든 걸 내려놓게 만드는 무언가가 있어요. 그 아이들을 보면 그들이 가난하고 그런 상황에 처하게 된 것이 그저 그들의 부모나 정부가 어리석기 때문이라고 탓하고 말기에는 뭔가 충분치 않다는 것을 느끼게 됩니다. 우리는 어떤 아이들은 너무 많이 가지고 태어나는 데 비해 또 어떤 아이들은 너무 적게 가지고 태어나는, 기본적으로 불공평한 세상에 대해서 깊이 생각해야 합니다."

"그 첫 번째 단계는 사람들의 굳은 마음을 깨뜨리고 활짝 여는 일입니다." 행크는 확신에 차서 말한다.

부자에 대한 우리의 태도

나는 행크를 만난 뒤로 그가 한 이야기에 대해서 많은 생각을 했다. 그리고 상위 1퍼센트 부자들과 관련된 것들을 우리가 어떻게 바꿀 수 있을지에 대한 중요한 단서들을 제공하는 이야기의 주인공들 또한 많이 만났다.

이것은 집으로 돌아온다는 것이 무엇을 의미하는지를 말해준다. 그러나 어떤 사람들은 빈곤과 불평등을 정당화하는 데 큰 영향력을 발휘하는 이야기들의 허점을 알아내기 위해 지구를 반 바퀴나 돌아야 한다.

확실히 우리는 그 여행에서 사람의 마음이 열리는 것을 느끼게 된다. 또한 그 여행을 통해서 우리는 세상을 설명하는 강력한 서사와 신화들 안에 머무는 방식들, 그러나 동시에 타인과 자연으로부터 우리를 멀어지게 하는 방식들에 대해서 깊이 생각하게 된다. 변화를 구성하는 또 다른 요소는 우리를 기후 파탄과 경제적 양극화로 몰아가고 있는 저변의 시스템을 이해하는 일이다.

새로운 뇌과학은 우리가 연결성, 공감, 상호관계의 능력을 태생적으로 지니고 있음을 보여준다. 두려움을 느끼면, 우리는 싸우거나 도망가려고 하는 자기 보호의 태세로 전환한다. 그러나 타인에게 사랑이나 존중을 받거나 당당하게 보이면, 그와는 전혀 다른 반응들을 보인다.

불교 지도자 틱낫한은 "우리는 서로 분리되어 있다는 망상으로부터 깨어나기 위해 여기 있다"고 말한다. 실제로 우리는 이러한 연결지향적인 본성이 활성화될 때 생기가 넘치는 것처럼 보인다.

따라서 변화로 가는―그리고 우리 사회에서 매우 많은 권력을 가진 상위 1퍼센트 부자들을 끌어들이는―길은 연결성, 공감, 존중과 사랑에서 시작된다. 오직 그럴 때만 우리는 감화, 책임의식, 도전정신을 통해 서로 연결될 수 있다.

내 친구들 가운데 일부는 이런 일에 모른 체하거나 무관심한 모습을 보인다. 나는 그런 친구들에게 세 가지를 생각해보도록 요청할 것 같다.

첫째, 솔직히 당신은 어떻게 변화하는가? 타인들은 어떻게 변화하는가? 인간이 변화하는 것에 대해서 당신이 알고 있는 것은 무엇인가?

둘째, 상위 1퍼센트 부자는 당신의 내면에서 어떻게 살고 있는가? 당신은 정말로 다른 사람들보다 더 나은 사람인가? 만일 당신에게도 똑같이 바로 그 끔찍한 조건이 부여되고, 능력주의와 특권의 신화 속에서 하루하루를 보내게 된다면, 정말로 그들과 다르게 행동할 거라고 생각하는가?

셋째, 그 분노와 계급 전쟁이 당신을 위해 어떻게 작용하고 있는가? 그것은 진정 사회 변화를 이끌고 있는가? 그리고 그것은 당신에게 개인적으로 어떻게 영향을 끼치고 있는가?

사람들은 기본적으로 사랑과 존중, 감화, 책임의식, 도전정신을 통해 바뀐다. 나는 줄곧 공정해지기를 바라지만, 대개 그런 노력이 효과를 보지 못한다면 내 마음은 분노와 억울함에 사로잡힐 수 있다. 당신도 똑같은 선택의 기로에 서 있다. 당신은 우리의 사각지대 때문에 나 같은 다른 이들을 표적으로 삼아 공격할 수 있다. 하지만 그 길을 택하지 않는다면, 당신 자신과 서로를 변화시키는 과정으로 나아갈 수 있다.

정당한 보상에 대한 이야기

　　　　　　　20여 년 동안, 나는 우리 사회에서 소득과 부의 불평등이 계속해서 심화되고 있는 것을 각종 도표를 통해서 다각도로 검토했다. 이 우려되는 추세를 보여주는 데이터는 어떤 이에겐 충격적이고 자극적인 반면에, 또 어떤 이에게는 아무런 영향도 끼치지 않는다.

여론조사에 따르면, 미국인들은 불평등과 부의 집중 문제에 대해 매우 관대하다는 것을 알 수 있다. 시스템의 규칙이 공정하고 누구든 부자가 될 수 있는 기회가 보장되는 한, 부자들이 얼마나 많은 부를 소유하는가는 전혀 중요하지 않다.

대다수 사람들은 정당한 보상이라는 렌즈를 통해 불평등의 이야기를 바라본다. 사람들은 누구나 다 그럴 만해서 그런 대우를 받는다. 이러한 서사에 따르면, 사람마다 노력이나 지능, 창조성의 차이가 있기 때문에 불평등은 존재하기 마련이다. 이는 어떤 사람들이 가난하다는 것은 그들이 열심히 일하지 않거나, 실수를 했거나, 기지나 지혜가 부족하기 때문이라는 것을 암시한다. 반면에 어떤 이들이 부자인 것은 그들이 남보다 더 열심히 일하고, 더 현명하고, 더 창조적으로 일한 덕분이다.

물론 노력이나 창의력, 결단력은 사람마다 차이가 있다. 신화는 진실의 작은 낱알들을 기반으로 형성되기 때문에 강한 영향력을 발휘한다. 우리는 일을 미루거나 책임을 회피하는 사람과 일을 추진하고 몰고 가는 사람에 대한 개인적 경험들을 누구나 가지고 있다.

1세대 초고액 순자산가들 가운데는 매우 열정적으로 일하고 사업을 운영하는 집단이 있다. 그들은 새로운 거래를 성사시키기 위해 그에 따른 신체적 과로와 가족 관계의 단절에도 불구하고 뉴욕에서 홍콩으로, 두바이로 개인전용 제트기를 타고 세계를 돌아다닌다. 그들은 능력과 성과를 중시하는 삶을 살면서 스스로 받는 희생과 압박감의 대가로 자신들에게 주어지는 그 어떤 보상도 정당하다고 믿는다. 그들은 자신의 부가 사회적으로 어떤 맥락에서 형성되는지 보지 않는다. 따라서 다른 사람들도 자신들 못지않게 열심히 일하지만 그에 따른 정당한 보상을 받지 못한다는 사실을 알지 못한다. 그들은 자기가 입은 상처 가득한 자신의 이야기에만 몰두한다.

어떤 일에 대한 성과의 차이는 보상과 대가의 차이를 정당화할 수 있다. 즉, 어떤 이가 다른 이보다 10배 이상의 대가를 받는 것에 대해서 당연하다고 여길 수 있다는 말이다. 그러나 그 차이가 1,000배가 넘는다면, 아니 10,000배 이상이라면 어떨까? 이런 엄청난 격차를 정당화하는 개인의 이야기들은 심층적인 역사적 관점에서 어떤 것은 앞으로 나아가게 하고 어떤 것은 전진을 가로막는 기회의 차이를 조금도 인정하지 않는다. 이렇게 잘못 이해된 불평등의 물리학에서 특권층에게는 유리한 요소들이 점점 더 강화되는 반면에, 특권이 없는 일반 사람들에게는 불리한 요소들이 점점 더 악화된다.

오늘날 우리 사회의 불평등은 역사적으로 인종과 계급적 이점들이 작용하게 된 여러 체제들과 우리 경제시스템의 거대한 정치경제적 왜곡을 이해할 때 비로소 설명될 수 있다. 그러나 당연한 보상에 대한 이야기는 허점을 찾아내어 몰아내기가 쉽지 않다.

당연한 보상이라는 서사를 이야기하기 위해서는 현재 공개적으로 드러내지 않는 진실을 솔직하게 밝혀야 한다. 오늘날 백인과 흑인, 라틴계 미국인 사이에 상존하는 인종 간의 부의 심각한 차이는 왜 존재하는가? 부자들은 여러 세대에 걸쳐 어떻게 지금의 부를 축적하고 이어왔는가? 부는 어떻게 창출되는가? 그리고 거기서 개인은 무슨 역할을 하고 사회적 제도와 투자는 어떤 역할을 하는가?

나는 연방상속세의 폐지를 막기 위한 일을 시작했을 때, 부와 당연한 보상 논리를 두고 벌어진 논쟁 속으로 휘말려 들어갔다. 그 논쟁은 빌 게이츠 시니어로부터 걸려온 전화 한 통과 라디오 방송의 한 토크쇼로 시작되었다.

2부

공공의 부란 무엇인가

현실을 바꾸기 위해서는 상상력을 바꿔야 한다.

◆ 월터 브루그만Walter Brueggemann ◆

4장

자수성가한 사람이라고, 정말로!
암탉이 혼자 달걀을 낳는다고 말하는 게 어때?

– **프랜시스 리버**Francis Lieber[1]

그것은
혼자 한 것이 아니다

"힐스버러의 찰리와 연결되었습니다." 진행자 대니 블리스가 학교의 라디오 방송에 나옴직한 저음의 듣기 좋은 목소리로 말한다. "안녕하세요, 찰리. 콜린스씨에게 질문하고 싶은 말씀이 무엇인가요?"

"나를 돌게 만드는 것은 바로 콜린스처럼 기생충 같은 사람들입니다." 찰리가 말하기 시작한다.

밤 11시 20분이다. 내게는 이미 훨씬 전에 잠자리에 들었어야 할 시간이다. 나는 무더운 여름밤 집에서 짧은 반바지 차림으로 책상 앞에 앉아 있다. 집에 있는 다른 사람들은 모두 잠이 들었지만, 나는 뉴잉글랜드 전역에 방송되는 한 보수 성향의 라디오 토크쇼 대담자로서 졸린 눈으로 잠도 못 자고 대기하고 있었다. 대담 주제는 '미국의 상속세, 상속 재산에 대한 우리나라 유일의 세금'이었다.

방송 프로그램을 시작하면서, 대담 진행자는 오늘의 초대 손님인 내가 "흡혈귀 같은 정치인들이 소규모 사업이나 가족 농장을 운영하며 호구지책에 시달리는 무고한 서민을 약탈할 수 있게 하는, 열심히 일하는 미국인들에 대한 저주"와 다를 바 없는 "상속세"의 유지에 찬성한다고 말하면서 "방송국으로 전화를 주셔서 그에게 당신의 마음을 전하십시오"라며 토론의 시작을 알린다.

이러한 언급은 전화를 걸 청취자들이 어떤 마음 상태의 사람들인지를 미리 상정해 놓은 내용이었다. 나는 벌써 전화로 "공산주의자", "반기업주의자"라는 말을 들었지만, "기생충"이라는 말이 나온 것은 이번이 처음이다.

"안녕하세요, 대니. 좋은 프로입니다." 힐스버러의 찰리가 말한다. "오늘의 초대 손님인 콜린스는 전형적으로 정부에서 나온 거머리 같은 사람입니다. 제가 몇 마디 하겠습니다. 저는 약 30년 전에 금속도장업을 시작했어요. 나는 **아무의 도움도 받지 않았죠.** 당당하게 말할 수 있어요. 난 **정말 열심히 일했습니다.** 때로는 1주일 내내 쉬지 않고⋯⋯"

나는 상속세 유지를 주장하기 위해 빌 게이츠 시니어와 공저로 책을 한 권 막 출간한 상태였다. 그래서 나는 현재 하루에 몇 차례씩 인터뷰도 하고 1주일에 여러 번 대중 강연에 나가고 있는 중이다. 나는 매우 유사한 내용의 주장을 하는 많은 청취자들의 전화 의견에 귀를 기울이고 있다.

힐스버러의 찰리가 이어서 말한다. "따라서 정부의 도움을 전혀 받지 않고 **혼자서** 쌓은 부에 대해서 내가 왜 빌어먹을 상속세를 내야 하는 거죠? 난 이 사업을 하면서 많은 것을 바쳤어요. 때로는 일과가 끝나고 종업원들이 모두 퇴근한 뒤에도 나는 사무실에 남아 있어요. 아이들과 함께 영화관이나 스포츠 행사에 가본 게 언제지 모르겠군요……"

나는 눈을 감고 힐스버러의 찰리를 마음속에 그려보려고 애쓴다.

"난 재산세도 내고 소득세도 내고 있어요. 그리고 여기 뉴햄프셔 중부에서 일자리도 18개나 창출했죠."

내가 왜 이런 한밤중의 "진보주의자 때리기" 쇼에 초대 손님으로 나가는 것에 동의했는지 잘 모르겠다. 그러나 미국에서 개인의 성공 정신이 담겨 있는 이런 이야기들을 들을 수 있다는 것은 흥미로운 일이 아닐 수 없다. 오늘밤 나는 보약을 먹고 있는 셈이다.

"콜린스씨, 말해보세요. 진짜 생산적인 일을 하고 미국의 기업들을 키우는 사람들을 계속해서 혼내주고 싶은지 말이에요. (…) 우리가 모두 하던 일을 내던지고 '오늘 호수로 가서 낚시나 하는 게 낫겠어'라고 말한다면, 무슨 일이 일어날까요?"

개인의 부와 성공에 대한 찰리의 이야기와 그 비슷한 의견들은 사실이기도 하고 확실히 설득력도 있다. 나는 그동안 저마다의 미사여구로 꾸며진 그런 종류의 이야기들을 숱하게 들었다. 그런 이야기를 한 사람들 중에는 독창적인 발명가도 있고, 중소 규모의 부동산개발업자도 있고, 여러 세대에 걸쳐 가족 기업을 소유하고 운영해온 이들도 있다. 또 비행기를 타고 전 세계를 돌며 거래를 성사시키는 최고의 중개업자들도 있다. 그들은 말할 것도 없이 무척 열심히 일하는 사람들이다. 많은 이들, 특히 1세대 이민자들과 기업주들이 영웅적으로 자신을 희생하며 일한 것은 사실이다.

그 기본적인 서사는 다음과 같다. "나는 가진 것 거의 없이 또는 전혀 없이 태어나서 평생을 열심히 일했습니다. 그러고 나서 이제 평안한 삶을 얻었어요. 그 과정에서 누구의 도움도 받지 못했습니다. 그 어떤 지원도 받지 못했어요. 해가 뜨면 일을 했죠. 다른 사람들이 아직 자고 있을 동안에도 말이에요. 이제 인생의 막바지에 정부는 내 돈을 빼앗아갈 어떤 권리도 전혀 없단 말이죠."

성공한 사람들 사이에서 널리 알려진 이 서사는 "성공과 관련된 위인설偉人說"이다. 이것은 보통 찰리 같은 중소기업주들과 카지노 거물인 셸던 아델슨이나 구글 창업자인 래리 페이지와 세르게이 브린 같은 억만장자 기업가들이 하는 이야기다. 나는 백만장자와 억만장자들의 재산에 대해서만 부과되는 상속세를 의회가 폐지하려고 하는 것을 막기 위해 활동하는 동안 자주 이런 이야기들과 마주쳤다. 징세에 반대하는 사람들이 많은 돈을 들여 벌이는 캠페인 덕분에 이 상속세는 "사망세dead tax"로 널리 알려져 있다.

내가 만일 개인의 성공과 관련해서 이런 위인의 이야기들만 들었다면, 나는 진정한 신봉자가 되었을지도 모른다. 그러나 다행히도 나는 또 다른 부자들과 기업주들로부터 그들이 받은 도움에 대해 설명하는 내용이 담긴 성공담들을 수없이 많이 들었다. 이 이야기들은 부가 창출되는 과정의 서사에 대한 또 다른 관점을 추가한다.

나는 그 과정에서
도움을 받았다

2000년 6월, 미국 의회는 상속세 폐지와 관련해서 찬반투표를 실시했다. 빌 클린턴 당시 대통령은 그 법안에 거부권 행사를 약속하면서, 세제 개혁은 필요하지만 그 세금은 폐지하면 안 된다고 주장했다. 백악관은 내가 속한 단체에 대통령의 거부권 관련 기자회견장에 함께 할 기업계 지도자들의 섭외를 도와달라고 요청했다.

우리는 그 명단에 여러 개의 기술업체를 소유하고 있는 마틴 로텐버그 Martin Rothenberg를 올렸다. 로텐버그는 대통령 집무실이 있는 백악관 웨스트 윙의 기자회견장에서 개인 의견을 밝히면서 "저의 부는 제 노력만으로 이루어진 산물이 아닙니다. 그것은 또한 강력한 경제가 뒷받침하고, 다른 사람들과 저에 대한 많은 공공 투자가 낳은 것입니다"라고 설명했다.

　1세대 이민자의 아들인 로텐버그는 브루클린에서 자랐다. "제 부모님은 돈이 정말 없었어요. 하지만 저는 유능한 선생님들이 계신 훌륭한 공립학교들을 다녔습니다. 누군가가 저의 교육을 위해 돈을 지불한 것이죠."

　"그곳에는 훌륭한 공립도서관이 한 곳 있었는데, 주말과 저녁시간에도 개방되어 있었습니다." 그는 말을 이어갔다. "열두 살인가 열세 살 때, 저는 전기와 라디오에 관심이 아주 많았어요. 그 도서관에 가면, 사서 한 분이 '마틴, 네게 보여줄 책이 있어'라고 말하곤 했지요. 누군가가 그 도서관이 계속해서 문을 열도록 돈을 냈고 그 사서의 봉급도 지불한 겁니다."

　로텐버그는 제대군인원호법GI Bill 덕분에 대학을 무상으로 다녔다. 그는 또한 몇 년 동안 강의를 맡으면 학자금 대출을 탕감해주는 교육 협력 프로그램에 참여한 덕분에 대학원도 공짜로 다닐 수 있었다. "누군가가 저의 학부와 대학원 교육과정을 위해 돈을 지불했습니다"라고 그는 언급했다.

　졸업 후, 그는 당시 부상하고 있던 하이테크 분야로 진출했다. 그 분야는 연구와 기술 인프라 구축을 위해 막대한 공공 투자가 뒷받침되어 세워진 산업부문이었다. 그때 그는 공적 자금이 투입된 연구 플랫폼을 기반으로 자신의 개인회사를 설립했다. "따라서 저의 부는 대부분 거기서 나온 것입니다."

　"제가 회사를 처음 설립했을 때, 어디서 우수한 자질의 종업원들을 발견했겠습니까?" 그는 두 손을 흔들며 물었다. "제가 고용한 사람들은 대학을 나온 이들입니다. 그들은 대학에서 정부가 준 장학금으로 교육을 받았습니다! 누군가가 제 종업원들을 교육시키기 위해 돈을 낸 것입니다."

로텐버그는 그의 회사를 3,000만 달러에 매각했다. 그러나 그는 다른 많은 기업가들처럼 또 다른 회사를 설립했고, 계속해서 수많은 사업체들을 경영했다.

"그 모든 과정에서, 다른 이들이 저의 어린 시절 교육과 대학원 연구를 위해 돈을 지불했습니다." 로텐버그는 마침내 이렇게 결론지었다. "제가 종사하고 있는 인터넷 기술 분야 전체는 공공 투자로 구축되었습니다. 저는 그것을 혼자 한 것이 아닙니다."

"따라서 저는 상속세를 내야 합니까?" 그는 잠시 말을 멈추고 클린턴 대통령과 회견장에 모여 있는 기자들을 바라보았다. "물론입니다. 내야 합니다!" 그는 열정적으로 외쳤다. "제가 **모든 것**을 할 수 있도록 해준 사회에 보답할 **의무**가 제게 있지 않습니까? 저처럼 가난하게 자란 아이들이 교육과 고용에서 동등한 기회를 보장받도록 해줄 의무—도의—가 제게 있지 않나요?

"저는 상속세를 내는 데 아무 문제가 없습니다. 제 자식들이 자기가 물려받을 유산의 일부가 상속세로 나갈 것이라는 사실에 대해 불평하는 소리를 한 번도 들어본 적이 없습니다. 저는 우리 가족들을 잘 부양할 수 있었습니다. 그리고 제가 죽었을 때, 저는 제가 낸 상속세가 저처럼 어려운 환경에서 자란 사람들에게 시혜를 베풀었던 그런 프로그램들—좋은 교육, 연구 기금, 가난한 지역사회에 대한 집중 투자—에 자금을 제공해서 모든 미국인들에게 기회를 안겨줄 수 있기를 바랍니다."

클린턴 대통령이 연단으로 나와 로텐버그와 악수를 나누었다. 그는 매우 감동한 모습으로 잠시 말없이 멈칫하더니 마이크 앞에 서서 머리를 살짝 좌우로 흔들며 이렇게 말했다. "이것이 바로 미국이 보여주는 최고의 모습입니다."

아인 랜드의 말도 일리가 있다:
개인이 중요하다

마틴 로텐버그의 "그것은 혼자 한 것이 아니다"라는 말은 내가 자주 듣는 "누구의 도움도 받지 못했다. 따라서 나를 그냥 내버려 둬라"라는 이야기와 뚜렷이 대비된다.

힐스버러의 찰리에 대해서 생각하고 그 뒤에 마틴의 이야기를 들으면서, 나는 개인의 재능을 적절하게 칭송하고 동시에 일할 때 영향을 끼치는 다른 중요한 요소들의 복잡한 관계를 상세하게 설명하는 보다 미묘한 성공 서사가 필요하다는 것을 깨달았다.

부의 창출과 관련된 위인설을 대체할 논리는 있는가? 개인의 역할을 인정하되, 다른 요소들을 더 정확하게 바라볼 수 있는 보다 균형 잡힌 성공 서사는 있는가?

개인의 노력은 **정말로** 중요하다. 따라서 우리는 마땅히 그것을 칭송해야 한다. 어떤 이들은 자신의 노고와 남다른 노력, 총명함, 창의성, 신실함, 희생 등을 바탕으로 엄청난 부를 축적한다. 그리고 리더십은 특히 거대하고 복잡한 조직들을 관장할 때 빛을 발한다. 지나치게 높은 연봉과 단기적인 이윤 추구에 급급하여 우리의 미움을 받는 일부 최고경영자들도 그런 경우에 속한다.

우리 사회는 리더십 능력이 뛰어난 이런 개인들을 필요로 하는데, 그들의 그런 노련함이 없다면 세상은 가난하고 피폐해질 것이다. 그들의 노력은 사회적으로 마땅히 인정받고 칭찬받아야 한다. 그리고 그에 따른 합리적인 물질적 보상도 뒤따라야 한다.

아인 랜드Ayn Rand는 흔히 정부와 관련해 극단적 개인주의와 자유주의를 주장하는 대표자로 여겨지는 인물이다. 그녀의 저서에 녹아 있는 그러한 철학은 우리 시대의 정치-문화 전쟁에서 여전히 꼬리를 물고 이어지는 논쟁의 대상이다. 하지만 나는 『파운틴헤드(마천루)』와 『아틀라스』를 읽고 나서 아인 랜드에 대해 좋아하는 것이 있는데, 그것은 그녀의 책에 등장하는 개인들이 영웅적이라는 점이다. 그들은 대세를 거스르고, 남들이 잘 안 다니는 길을 따라 간다. 그들은 열심히 그리고 신중하게 일한다. 그들은 자부심을 가지고 일하며, 새로 철로를 놓고, 제철소를 돌아가게 하고, 고층건물들을 세운다. 그들은 행동하는 사람들이다.

어떤 무리를 아무 생각 없이 따라가지 않고, 자유와 개인의 양심을 중요하게 여기는 품성을 가진 사람들을 나는 높이 평가한다.

그러나 아인 랜드가 거기서 놓친 것은 사회의 역할, 그리고 부의 창출과 유지를 위한 조건들을 조성하는 데 있어서 공적 기반시설과 공공 투자가 갖는 중요성이었다. 그녀가 창조해낸 인물들과 부합하는, 현존하는 유명 인사들과 그들이 이룬 성취들은 그들의 존재와 활동을 가능케 하는 사회적·생태적 공유지 바깥에서 둥둥 떠다니는 것처럼 보인다. 그 인물들은 존경받을 만하지만, 그들에 대한 이야기는 그것만으로는 불완전하다.

"나 혼자 다 했다"는 식의 이야기들을 현실 세계에서 수없이 들으며 알게 된 것은, 그런 이야기를 하는 사람들의 목소리는 상처받은 사람들의 것이라는 사실이다. 그러한 영웅적 행동 뒤에는 많은 희생과 상실이 자리하고 있다. 열심히 일한다는 것은 달리 말하면 인생을 즐길 수 있는 다른 기회들을 놓친다는 것이다. 그것은 한 사람의 가정과 사랑하는 사람을 잃는 것이고 그의 건강과 삶의 균형을 희생한다는 것을 의미한다.

크리스티아 프릴랜드Chrystia Freeland는 저서『금권주의자Plutocrats』에서 딸의 대학 졸업선물로 킬로만자로산에 함께 올랐다는 매우 야심만만한 한 기업체 고위임원의 이야기를 소개한다. 지금까지 두 사람이 함께 보낸 시간을 따져보면 그것이 거의 다였다. 만일 내가 너무 열심히 일하느라 딸의 어린 시절을 함께 하지 못했다면, 그러한 희생의 대가를 충분히 보상받아야 한다고 굳게 믿을지도 모른다.

사람들이 정당한 보상이라는 자기 서사, 다시 말해서 "내가 너무 많은 보수를 받는다는 것은 절대 있을 수 없는 일이다"라거나 "나는 이 모든 부에 대한 권리가 있다"라는 믿음을 떠올리는 것은 바로 그러한 상처 때문이다. 그런 이야기들에 공감하며 귀를 기울이는 것은 어려운 일일 수 있다. 그것들은 특권층의 칭얼대는 불평과 매우 흡사하게 들린다. 그러나 한 개인이 부를 축적하는 과정에 사회가 어떻게 기여했는지에 대해서 마음을 터놓고 그들과 진심으로 대화를 나누기 위해서는 그들의 이런 상처와 관련된 이야기들을 듣고 인정하는 것이 그 첫 단계다.

문화적인 의미에서, 우리는 개인적 성취의 제단에 꽃다발을 바칠 필요가 있다. 부와 소득 분계선의 맞은편에 있는 사람들 모두가 바친 희생의 진실을 인정하기 위해서 말이다. 우리가 그러한 개인의 역할—자기가 맡은 책임을 묵묵히 수행하는 크고 작은 영웅적 행동들—을 무시한다면, 부와 성공을 구성하는 사회적 인자들과 대화를 나눌 수 없을 것이다.

당신은 이렇게 질문할지도 모른다. 그런 희생들은 겨우 집세를 내고 가족들을 먹여 살리기 위해 두 가지 일을 함으로써 성장 과정의 자녀들에게 중요한 순간들을 함께 하지 못하는 최저임금 노동자의 희생들과 다르지 않은가? 그것은 바로 수많은 저임금 노동자들의 이야기인데, 그들은 자신의 영웅적 행동의 결과로 보여줄 만한 부와 안정된 삶이 거의 없다. 엄청난 부의 축적으로 이어지지는 않지만 매우 중요한 방식으로 세상에 기여하는 재능 있는 사람들도 많이 있다. 또 더 많은 봉급을 받을 수 있는 다른 직업을 택하지 않고 다음 세대 육성을 위해 교사나 운동 코치, 음악 강사 직업을 택한 사람들은 어떠한가? 우리의 환경을 보호하거나 다른 사람들의 삶을 향상시키기 위해 비영리단체에서 일하는 사람들은 또 어떠한가? 이들은 자신이 하고 있는 일의 중요성을 생각하며 얼마간 자기 일에 대한 대가를 보상받는다고 느끼지만, 그들은 종종 과소평가되고 때로는 기초생계비보다 적은 봉급을 받는다.

3루에서 태어난 나 같은 사람들의 경우는 그런 성취를 혼자 힘으로 하지 않았다는 것을 쉽게 알 수 있다. 그러나 내가 아는 1세대 기업가들로 시선을 돌리면 상황이 좀 복잡해진다. 우리는 그들 개개인의 기질, 사회적 특전, 그리고 우리의 삶에 찾아온 행운 같은 다양한 실타래를 어떻게 풀 것인가? 개인의 자질, 창의성, 번득이는 재능 같은 갖가지 능력을 최우위에 두고 끝까지 고수하려는 것처럼 보이는 개인들이 일부 있다는 것을 부인할 수 없다. 하지만 그러한 개인적 능력이 역사적 시점 일치, 사회적 투자, 경제적 환경 같은 것보다 우위에 있음을 입증하기는 어려울 수 있다.

말콤 글래드웰Malcolm Gladwell의 저서 『아웃라이어: 성공 이야기Outliers: The Story of Success』가 보여주는 아주 훌륭한 분석들 가운데 하나는 부의 형성에 기여하고 개인의 성취에 대해 사회적으로 칭송하는 수많은 요소들을 그가 풀어내는 방식이다. 글래드웰은 이렇게 말한다. "우리는 성공이 개인의 뛰어난 능력과 관련이 있으며, 우리 모두가 성장하는 세상과 사회적으로 정한 규칙은 전혀 중요하지 않다는 생각에 매달린다." 그가 예로 든 성공담과 사례 연구들은 개인의 근면성을 가리키지만, 운 좋게도 그 시점이 일치했음을 보여준다. 그는 이렇게 결론짓는다. "더 좋은 세상을 만들기 위해서는 오늘날 성공을 결정하는 개인의 여러 가지 행운과 자의적인 이점들의 조각보—타고난 복과 역사적 행운의 우연한 만남—를 모두에게 기회를 주는 사회로 대체할 필요가 있다."[2]

미국 문화는 그 방정식에서 "개인" 부분에 주목하는 것처럼 보인다. 우리는 거의 모든 것을 사회가 아닌, 개인의 행동이라는 관점으로 본다. 경제 잡지들과 토크쇼 인터뷰, 민간전승은 "나"라는 말로 시작되는 자수성가의 대명사로 불리는 허레이쇼 앨저Horaito Alger의 소설(1870~80년대 미국 경제공황기에 자수성가, 아메리칸 드림의 진수를 보여준 『골든보이 딕 헌터의 모험Ragged Dick』을 말함 - 옮긴이)에 나오는 현대판 인물들의 증언들로 가득 차 있다.

어쩌면 이러한 개인을 중심에 두는 편향성이 기본적으로 우리의 다음과 같은 온갖 질문들에 들어 있는지도 모른다. **웰치씨, 말씀해주세요. 당신은 어떻게 140억 달러에 불과했던 제너럴일렉트릭을 4,100억 달러의 다각화된 복합기업으로 성장시켰나요? 주커버거씨, 처음에 페이스북 사업을 시작할 때 무슨 생각을 하고 있었나요? 그런 일이 가능해진 것은 당신의 어떤 개인적 자질과 성격적 특성 덕분이었나요?**

오늘날 들려오는 여러 부자들의 성공 스토리들을 생각할 때, 그들이 자신을 매우 특별하고 총명하다고 생각한다는 것은 전혀 놀랄 일이 아니다. 알랑거리며 칭찬하는 이들에 둘러싸여서 사람들이 당신이 언급하는 모든 말을 떠받들고 그것이 마치 당신의 전부인 양 믿게 만드는 그런 상황을 상상해보라. 그러한 환경은 인간의 겸손을 유지하지 못하게 위협하는 조건을 만든다.

공공의 부 알기

　　　　　　　　　재산법이나 규제를 받는 자본시
장체제 같은 부의 창출을 가능하게 하는 보이지 않는 시스템과 관련해서
인간미 넘치고 공감이 가는 이야기를 하기는 무척 어렵다. 사회적 합의에
의해 만들어지고 관리되는 기관들 덕분에 개인이 막대한 부를 축적할 수
있다고 주장하는 의견이나, 기술혁신을 위한 사회적 투자의 영향을 생생하
게 보여주는 아주 간단한 사례를 발견하기도 쉽지 않다. 그렇다면 공공의
부는 무엇과 같은 것일까?

나는 힐스버러의 찰리와 같은 사업하는 사람들과 이야기를 나눌 때, 개
인을 칭송하고 그들의 희생에 존경을 표하지만, 동시에 우리 주변에 있는
주목할 만한 공공의 부를 인지하게 함으로써 균형을 유지하려고 애쓴다.

"축하합니다, 찰리." 내가 말을 꺼낸다. "당신의 노고와 헌신, 그리고 당
신의 사업이 성공한 것에 대해 경의를 표합니다. 나는 당신이 온갖 희생을
했고 오랜 시간 일했다고 말한 것을 믿습니다. 그리고 500만 달러의 재산
을 모았고 심지어 상속세까지 고려해야 할 정도로 재산이 많다는 것을 우
선 축하드립니다."

"그러나 찰리, 그건 당신 혼자 힘으로 한 것이 아닙니다. 당신이 사업을
영위하고 부를 축적할 수 있는 기반이 되는 지금의 이 매우 비옥한 토양은
우리 사회가 조성한 것입니다. 이 말은 당신이 열심히 일했다고 말한 것을
깎아내리려는 의도가 아닙니다. 다만 나는 당신이 현재 하나의 파도를 타
고 있음을 말하고자 하는 겁니다. 미국 정부가 2차 세계대전 이후로 매우
신중한 공공 투자를 통해 가능하게 만든 경제 성장의 파도를 타고 있다는
의미입니다. 지난 70여 년 동안 우리 정부는 이 나라의 모든 산업을 신장
시키기 위해 연구와 기반시설, 기술에 수십억 달러를 투자했습니다. 우리

가 내는 세금도 그러한 사업 개발과 부의 창출을 위한 매우 기름진 땅을 일구어냈습니다."

"그래서 당신이 한 일은, 찰리, 확실히 감명 깊고 고무적입니다. 칭송받아 마땅하고 경제적인 대가로 당연히 받아야 합니다. 그러나 우리 경제에 대한 막대한 규모의 공공 투자가 없었다면 현재의 당신의 부도 이루어지지 않았을 겁니다."

"따라서 상속세는 그것에 대한 대가를 지불하는 가장 공정한 방법 가운데 하나입니다. 공공 투자로부터 가장 많은 혜택을 입어 수백만 달러를 번 사람들은 그저 부모의 재산을 물려받는 사람들만이 아닌, 다음 세대 모두가 기회를 가질 수 있도록 자기 소유 재산의 일부분을 사회에 돌려줄 것을 요청받고 있는 겁니다."

그러나 경제적으로 공공 투자를 통해 찰리의 재산처럼 사적인 부가 어떻게 늘어나는지 설명하는 것이 오늘날 우리 미디어의 당파적 비판 문화에서는 잘 먹혀들지 않기 마련이다. 오바마 대통령이 2012년 대선 기간에 민간 기업을 위한 기반 조성에서 맡는 공공 투자의 역할에 대해 이야기했을 때, 그의 반대편은 문맥과 상관없이 인용문구 하나를 따로 떼어내서 오바마를 반기업적 정치인으로 묘사하는 데 써먹었다.[3]

상속재산 엘리트층

나처럼 3루에서 태어났지만 자기 능력으로 성공한 사람인 양 스스로를 재포장한 사람들이 많이 있다. 태어날 때부터 남들보다 유리한 위치에 있는 사람이 그 사실을 주위에 알리고 싶어 하지 않는 마음은 충분히 이해한다. 우리 대다수는 살아가면서 자신이 무임승차를 했다거나 엄청나게 유리한 조건에서 인생을 시작했다는 사실을 고백하고 싶어 하지 않는다. 그러나 특히 그들이 공직에 선출되고 싶어 한다면, 스스로를 열심히 일하고 충분히 자격을 갖춘 사람으로 일부 특이하게 변조하는 과정을 거친다.[4]

전 대통령 조지 W. 부시는, 당시 텍사스 주지사였던 앤 리처즈Ann Richards가 매우 흥미진진하게 설명한 것처럼, 은수저가 아닌 은발을 입에 물고 태어난 대단히 부유한 집안 출신이었다. 부시는 대통령 선거 운동을 하면서 자신을 "성공한 기업가"로 포장했다. 기자들에게 자기 가문과 각종 연고 관계들이 자신에게 기회의 문을 활짝 열어주었을 수 있지만, 자신이 기업가로서 성공한 것은 "성과와 실적"의 결과였다고 말했다. 부시는 정유업을 시작할 때, 돈 많은 투자자들을 유치하기 위해 가문의 인맥을 활용했다. 그러나 그의 가장 큰 재산 증가는 텍사스 레인저스팀 전용 야구장 건설을 위해 세금을 낸 텍사스주 알링턴의 납세자들로부터 나왔다. 부시는 가문의 명성 덕분에 다른 팀 구단주들에 의해 그 팀의 실질적인 주요 구단주로 천거되었다. 알링턴시는 시유지를 기부하고, 세금 감면 혜택을 제공하고, 야구장 건설을 위해 재산세를 올려 부과했다. 총 2억 달러에 이르는 지방정부 보조금을 받은 셈이다. 부시는 자기 돈 600,000달러를 투자하고 나중에 레인저스팀의 자기 지분을 1,490만 달러에 팔았다. 부시의 재산 증식은 자력에 의한 것보다는 부유한 가문 친구들과 납세자 보조금의 도움을 더 많이 받았다.[5]

밋 롬니는 아메리칸 모터스American Motors의 최고경영자이자 미시간 주지사의 아들이었다. 나는 그의 아버지 조지 롬니가 우리 집 근처 골프장에서 조깅을 하는 모습을 자주 보곤 했다. 그의 가족은 크랜브룩스쿨과 브리검영대학에 그의 등록금을 내주었다. 2012년 롬니는 플로리다 보카 래턴Boca Raton에서 열린 한 고액기부자 행사장에 참석한 사람들에게 자신이 "

상속받은 것은 아무것도 없습니다"라고 이야기했다. "앤과 내가 현재 소유하고 있는 모든 재산은 예전 방식으로 벌어들인 것들로, 모두 열심히 일한 덕분입니다"라고 말하자 박수갈채가 쏟아졌다.[6] 그러나 사실 롬니는 유산 상속의 수혜자다. 앤 롬니가 〈보스턴글로브〉에 설명한 것처럼, 두 사람이 가족과 함께 생활했던 시기에는 "밋은 필요할 때 조금씩 매각할 수 있는 주식 투자를 통해 충분한 돈이 있었기 때문에, 우린 둘 다 직업을 가질 필요가 없었죠." 앤 롬니는 부연해서 말했다. "그 주식은 밋의 부친에게서 받은 겁니다."[7]

롬니는 미국의 공공의 부에 마땅히 내야 할 돈을 낸 것이었다. 그는 보카 래턴 행사장 청중들에게 "솔직히 말해서, 저는 은수저를 물고 태어났습니다. 그것은 여러분이 가질 수 있는 가장 큰 선물인데, 미국에서 태어난 것이 바로 그것입니다. (…) 이 나라에서 태어난다는 것은 인생의 95퍼센트가 이미 여러분을 위해 준비되어 있다는 것을 의미합니다"라고 말했다.

도널드 트럼프는 자주 자신의 사업 성공담을 이야기한다. 그러나 그는 대개 자신의 인생이 이미 금빛으로 빛나는 길을 가도록 정해져 있다는 사실은 빼먹는다. 그의 부친 프레드 트럼프는 뉴욕시티에서 연줄이 든든한 성공한 부동산개발업자였다. 트럼프의 아버지는 연방주택관리국FHA이 재정을 투입한 브루클린 신규 주택 건설에 참여하여 큰돈을 벌었다. 그는 2차 세계대전 동안 미국 동부 해안에 있는 주요 조선소들 인근에 미 해군 병사들을 위한 FHA 주택 건설 계약을 수주했다. 도널드 트럼프는 4,000만 달러에서 2억 달러에 상당하는 부동산제국을 상속받았을 뿐 아니라, 기업연수원과 각종 사회관계망, 금융계 인맥들도 물려받았다.[8]

자기가 태어날 조건이나 가족을 바꿀 수 있는 사람은 세상에 없다. 또 누가 대저택에서 태어났든, 다세대공영주택에서 태어났든, 그들이 통제할 수 없는 어떤 일을 가지고 그 사람을 판단해서는 안 된다. 그러나 어느 개인의 일대기에서 인생의 시작부터 유리한 위치에 있었던 것이나 유산을 상속받은 내용을 의도적으로 빼는 것은 문제가 있다. 그것은 부분적으로 거기 등장하는 다른 사람의 이야기들도 바꿔야 하는 상황을 만들기 때문이다.

작가 그웬돌린 파커Gwendolyn Parker가 말하는 것처럼, "부시 주지사가 그냥 자신은 행운아다, 정말 운이 좋은 사람이라고 인정하고 그 정도에서 끝났다면, 나는 그를 하찮게 생각하지 않았을 것이다. 그러나 자신에게 주어진 행운과 특권을 자기 이마에 흐르는 땀으로 억지로 재구성하려고 애쓰는 대통령 후보자에 대해서는 우려하지 않을 수 없다. 나는 특히 그가 자신에 대해 말하고 싶은 것을 계속해서 이야기하려고 얼마나 많은 미국인의 삶을 왜곡해야 할지 걱정스럽다."[9]

소셜벤처네트워크Social Venture Network와 인베스터스서클Investors' Circle(현재는 두 단체가 인베스터스서클 소셜벤처네트워크로 통합됨 – 옮긴이) 같은 비즈니스업계 네트워크에 자연스럽게 가입하는 부유한 가문 출신의 사람들이 수백 명에 이른다. 그들의 모임에서는 부자들이 기업주들을 만나 사회적으로 유익한 기업들에 투자 자본을 제공하는 경우가 종종 있다. 자신을 기업가로 설명하는 것은 "나는 부자로 태어났다"는 말에 비해 훨씬 더 높은 사회적 존경이 뒤따른다. 그렇게 하면, 나는 한낱 "유산 상속자"에서 유능한 "벤처자본가"로 순식간에 변신할 수 있다.

개인이 처한 환경에 따라 그 개인의 노력이 달라진다는 것은 의심할 여지가 없는 사실이다. 그것은 개인의 서사를 정당화하고 그 이야기 속에서 반복적으로 일어난다. 그러나 캐나다 주류업계 거대기업 시그램컴퍼니Seagram Company Ltd.의 상속자인 에드가 브론프맨Edgar Bronfman이 말했듯이, "100달러를 110달러가 되게 하는 것은 노동이다. 하지만 1억 달러가 1억 1,000만 달러로 되는 것은 저절로 이루어진다."

만드는 자와 가져가는 자

행동의 정당성에 대한 이 같은 신화에 대한 한 가지 강력한 사례는 "만드는 자" 대 "가져가는 자"의 서사다. 미국의 불평등을 이렇게 양자 구도로 나누는 설명에서, 고결한 "만드는 자"는 일자리 창출을 위해 열심히 일하는, 기관차의 엔진 같은 존재들로, 세금의 대부분도 이들이 낸다. 반면에 "가져가는 자"는 무임승차하는 사람과 같은 존재들로, 경제에 아무런 기여도 하지 않으면서 정부의 보조금만 축내는 사람들이다.

내 고등학교 동창인 밋 롬니는 2012년 대통령선거에서 졌다. 그 패배의 원인 중 하나는 플로리다 보카 래턴에서 열린 50,000달러의 고액 정치기부금을 내는 행사 자리에서 이러한 세계관을 아무 생각 없이 뇌까리다 몰래카메라에 잡힌 사건이었다.[10] "무슨 일이 있어도 현직 대통령[오바마]에게 투표할 국민들이 47퍼센트가 있어요"라고 롬니는 넋두리를 늘어놓았다. "그들은 정부가 자기들을 보살필 책임이 있다고 믿는, 피해의식에 젖은 사람들이죠. (…) 그들은 소득세를 한 푼도 내지 않는 사람들입니다. (…) 나는 이 사람들에 대해서 걱정하지 않아요. 그들에게 자기 삶은 스스로 책임지고 보살피라고 결코 설득하지 않을 겁니다."

그 비디오테이프 유출 사건 직후, 롬니의 2012년 부통령후보 폴 라이언 Paul Ryan은 한 보수적인 청중에게 이렇게 말했다. "미국은 한계점에 가까워지고 있습니다. 이 사회의 '가져가는 자' 대 '만드는 자'의 대결 구도에서 우리가 결국 다수를 차지할 수 있을지도 모릅니다."[11]

이 이야기들에는 미국인의 거의 절반이 세금을 한 푼도 안 내고 있다는 지긋지긋한 유언비어를 포함해서 부정확한 사실들이 많이 들어 있다.[12] 그러나 여기서 중요한 점은 부자를 게으른 "가져가는 자"에게 보조금을 주는 고결한 "만드는 자"로 의기양양하게 그리는 이 서사의 강력한 영향력이다. 아인 랜드는 훨씬 더 신랄한 어조로 미국 사회를 도덕적으로 올바른 "견인차 역할을 하는 사람들"과 그들에게 무임승차하는 "기생충 같은 존재"로 나눈다. 백인 인종차별주의자의 사고방식은 이 "가져가는 자들"을 황인종과 흑인종, 그리고 무임승차하는 이민자들로 규정한다.

이러한 역학 관계를 바꾼 한 단초는 폴 라이언의 심경 변화와 이후 "만드는 자-가져가는 자"라는 표현을 사용하지 않으면서 주어졌다. 라이언은 위스콘신주 제인스빌의 자택에 있으면서 록카운티의 4-H클럽 박람회에 참석하고 있었다. 그는 사람들과 악수를 하며 담소를 나누고 있었는데, 그때 한 남성이 그에게 다가오더니 질문을 던졌다.

그 남성은 라이언이 〈월스트리트저널〉에 실린 한 기사에서 언급한 것처럼, "정확하게 누가 가져가는 자입니까?"라고 물었다.[13]

"뭐라고요?" 라이언이 되물었다.

"만드는 자와 가져가는 자 말입니다." 그 남성이 말했다. "만드는 자가 누군지는 알겠는데, 가져가는 자는 도대체 누구를 말하는 거냐고요? 직장을 잃고 실업수당을 받고 있는 사람을 말하나요? 이라크 전쟁에 참전했다가 다쳐서 재향군인관리국VA을 통해 의료급여를 제공받는 상이용사들이 그들인가요? 당신이 말하는 가져가는 자란 정확하게 누구를 가리킵니까?"

라이언은 국민들이 세금으로 내는 것에 비해서 정부로부터 받아가는 혜택의 크기를 비교하는 비영리단체 조세재단Tax Foundation이 발표한 한 연구 보고서를 읽은 뒤 "만드는 자와 가져가는 자"라는 표현을 쓰기 시작했다.

조세재단은 미국인 가운데 세금으로 내는 것보다 정부로부터 더 많은 혜택을 입는 60퍼센트의 국민을 "받아가는 자"라고 꼬리표를 붙였다. 나머지 40퍼센트의 국민은 "주는 자"로 여겨진다.

라이언은 박람회에서 그 남성이 던진 질문을 듣고 그 표현이 사람들에게 실제로 어떻게 들릴지 처음으로 생각하게 되었다고 고백했다. 라이언은 "누가 가져가는 자였지?"라고 썼다. "누가 현재 노인의료보험 수혜를 받고 있지? 바로 우리 어머니. 아버지가 돌아가신 뒤 대학에 들어가기 위해 우리가 받은 사회보장 유족급여를 쓴 사람은? 열여덟 살 때의 나. 실직했을 때 다시 일어서기 위해 직업훈련수당을 받은 사람은 누구? 내 친구. 그 표현은 전혀 의도한 건 아니었지만 사람들에게 모욕감을 주었다."

라이언은 지금도 여전히 정부 지출을 대폭 축소하고 사회보장과 의료보험 혜택들을 민영화할 것을 강력하게 주장하고 있다. 그러나 그는 세상을 "만드는 자"와 "가져가는 자"로 나누는 것은 나쁜 정치이며 국민 정서를 이해하지 못하는 행위라는 점을 인정한다. 진짜 사람 사는 이야기들이 등장하자마자, 그 이야기는 힘을 잃고 만다. 그러나 "만드는 자"와 "가져가는 자"라는 꼬리표들은 라디오 토크쇼의 수다와 술집 카운터 앞의 논쟁에서 여전히 단골로 등장한다. 이러한 꼬리표들이 아직도 영향력을 발휘하는 것은 사람들이 "우리"와 "그들"을 추상적으로, 느낌으로 나누기 때문인데, 그 말을 듣는 사람은 자기가 겨냥하는 사람이면 누구든 "그들"의 범주에 넣을 수 있다.

이러한 기억하기 쉬운 서사는 누군가를 응징하는 것을 암시한다. 그것은 우리 사회에서 가장 취약한 위치에 있는 사람들—청년, 노인, 정신적 질병이나 신체적 장애가 있는 사람들—을 포함해서 주위의 도움을 필요로 하는 사람들에게 수치심의 오명을 뒤집어씌운다. 정말로 어려움에 처해 있어간절하게 도움을 청하거나 고백하는 사람들에게 낙인을 찍는다. 그리고 그것은 또한 성공한 것으로 칭송받는 사람들이 자기들도 실은 그 과정에서 그런 도움을 받았음을 고백하는 것을 막는다.

그 대안은 "우리가 함께 해냈다"는 서사다. 우리가 일생을 통해 겪는 어려움이나 받은 은혜는 모두 함께 공유하는 것들이다. 우리는 모두 의존적이며 서로에게 기댄다. 정제되지 않은 경제적 수치로 평가하는 비인간적인 꼬리표로 사람들을 단순하게 양분할 수 없는 주고받음의 가변성이 우리 사회에는 있다.

우리 사회의 투자가 없다면 아무도 재산을 축적하지 못한다.
미국 고유의 재산권 보호와 공공 기반시설, 교육기관들이 없었다면
현재 얼마나 많은 부가 존재하겠는가? 우리는 상속세를
"경제적 기회의 재활용" 제도로 마땅히 칭송해야 한다.
선배 세대들이 우리를 위해 투자를 했으니,
이제 우리가 그 선물을 후배 세대들에게 전해줄 차례다.
상속세를 강화하는 것은
우리의 민주주의를 위해 중요한 일이다.

– 빌 게이츠 시니어 Bill Gates Sr.

5 장

한배를 타고 : 빌 게이츠와 함께한 여행

"빌, 모자를 써야 해요"라고 말하자, 그는 괜찮다고 했다. 그는 도로변에 눈이 1미터 가까이 쌓여 있는 곳을 달리는 렌트한 사륜 승용차 블레이저의 옆 유리창을 열고 밖을 내다보며 대답한다. 메인주 포틀랜드의 몹시 추운 정월 아침이다. 빌 게이츠 시니어와 나는 한 조찬모임에 참석하기 위해 눈이 제법 내린 그곳을 차를 몰고 이동하는 중이다.

"체감온도가 영하 15도는 되는 것 같군요." 나는 걱정이 되어 한 마디 한다. "어디 들러서 따뜻한 양털 모자를 하나 사드릴까요?" 나는 그와 함께 몇 주 동안 계속 여행을 하면서, 이 다재다능한 훌륭한 양반이 혹시 병에라

도 걸리면 어쩌나 책임감을 느꼈다.

"괜찮아요." 완고한 입장이다. "**그다지** 춥지 않아요."

우리는 한 호텔에 차를 세웠다. 그곳에는 상속세 관련 조찬 토론회에 참석하기 위해 250명의 중소기업주들이 모여 있었다. 조찬모임 티켓은 모두 팔린 상태였다. 빌과 나는 그 모임의 초청 연사였다.

"와우, 이거 대단하군." 빌은 차 안에서 빙판 위로 튀어 오르듯 나오며 말한다. "오늘 퍽 재미있겠군."

상속세 지키기

2003년 1월과 2월 두 달 동안, 나는 빌 게이츠 시니어와 공저한 책 『부와 공공의 부: 미국은 왜 축적된 재산에 세금을 부과해야 하는가』를 홍보하면서 함께 여행했다. 조지 W. 부시가 백악관에 있고 의회를 공화당이 장악한 상황에서 상속세 폐지를 위한 또 한 차례의 강력한 시도가 있었다. 게이츠와 나는 각종 기자회견, 인터뷰, 토크쇼에 참여했고, 이따금 주요 대도시들에서 저녁 무렵 600~700명의 청중들이 모인 강연회에 나서기도 했다. 우리는 상속세를 존속시키기 위한 우리의 운동에 수천 명의 사람들을 끌어들였다.

우리가 처음으로 찾아간 곳은 워싱턴 DC였다. 몇몇 상원의원들이 공동으로 의회 의사당에서의 비공개 오찬에 조지 소로스와 빌, 그리고 나를 초청하여 상원의원 15명과 함께 하는 자리를 마련했다. 우리가 상속세 존속을 주장하는 발언을 마치자, 테드 케네디 상원의원이 가장 먼저 손을 들고 한 마디 했다.

"음, 동의합니다." 매사추세츠주 상원의원인 그가 말했다. "전 여러분이 지적하신 그 모든 점들에 동의합니다. 국가 재정상 세금을 깎는 것은 무책임한 일이 될 것이라는 점, 맞습니다. 그리고 그것은 자선을 베푸는 기부 활동에도 큰 타격을 입힐 겁니다. 그러나 마지막으로 지적하신 부분에 대해서는 정말 이해가 안 됩니다." 그 상원의원은 장난기 섞인 웃음을 지으며 말했다. "말씀하신 **세습된 부와 권력의 위험**이란 무슨 뜻입니까?" 그 자리에 모인 상원의원들이 일제히 웃음을 터뜨렸다.

전 세계에서 가장 부유한 사람들 명단의 최상위에 자주 오르는 아들을 둔 은퇴한 변호사 빌은 사람들과 잘 어울린다. 우리의 여행 내내, 그는 온갖 종류의 질문들을 끝까지 차분하게 들어주었다. 그리고 하룻밤 사이에 들어온 20여 건의 기부 요청에 대해서도 친절하게 받아넘겼다. "제가 여기에 온 것은 재단 일 때문이 아닙니다." 빌앤멜린다게이츠재단의 공동이사장인 그는 그렇게 조심스레 설명하곤 했다. 그는 자신의 개인 이메일이 기재된 명함들을 사람들에게 나누어줬다.

어느 날 밤, 뉴욕시티에 있는 유서 깊은 윤리문화협회Society for Ethical Culture에서 열린 상속세 관련 프로그램이 끝난 뒤, 나는 환영 만찬 자리에 빌이 없는 것을 알아챘다. 텅 빈 강연장에서 한 여성과 대화를 나누고 있는 그를 발견했는데, 강단 위를 비추는 조명 말고는 모든 전등이 꺼진 상태였다. 강한 불빛이 그들을 환히 비추고 있었다.

그 여성은 검은색 롱코트에 연푸른 양털 모자를 쓰고 있었고 그 아래로 희끗희끗한 검정 머리카락이 헝클어진 채 내려온 모습이었다. 그녀는 눈을 크게 뜨고 마치 느린 동작으로 나는 새처럼 두 팔을 위아래로 흔들었다. "오, 안 돼." 나는 속으로 생각했다. "빌을 그녀와 단 둘이 있게 놔두면 불안해." 시애틀에 있는 그의 비서는 그가 위험 가능성이 있는 사람들과 함께 있지 않도록 보호해달라고 내게 공손하게 부탁했다. 나중에 몇 차례 살해 위협을 받은 뒤부터는 비밀보안요원 한 명이 우리 행사의 일부에 참석하기 시작했다.

빌은 그녀 쪽으로 등을 구부린 채 그녀의 말을 경청했다. 그는 두 손으로 강단 바닥을 짚고 긴 두 다리를 강단 끄트머리 아래로 내린 모습으로 무대 모서리에 걸터앉아 있었다.

"어떤 것을 원하세요?" 그 여성은 눈도 깜빡이지 않고 빌을 응시하며 물었다. 빙빙 돌리는 그녀의 두 손에는 스냅사진들이 들려 있었다. 사무실 건물의 처마 장식, 출입구 일부분, 부서진 공원벤치가 찍힌 사진들이었다. 그 사진들은 모두 초점이 맞지 않은 것들이었다. "당신이 원하면 어떤 것이든 선물로 줄 수 있어요."

"실례합니다, 부인." 나는 단호하게 말했다. "게이츠씨는 지금 떠나야 합니다."

"어떤 걸 원하죠?" 그녀는 나를 무시한 채 물었다. "이건 어때요?" 그녀는 회색 콘크리트 벽 사진 한 장을 빌에게 건넸다. 빌은 고개를 이리저리 흔들며 그것을 신기한 듯이 바라보았다.

"자, 빌. 떠날 시간입니다." 내가 슬쩍 그의 팔을 잡아당기자 천천히 무대에서 미끄러지듯이 내려왔다. 그는 똑바로 서면 2미터 가까운 장신이었다.

"알았어요." 그가 말했다. 그는 그 여성에게 몸을 기울이고 "이걸로 할게요"라고 말했다. 빌은 하늘을 배경으로 한 건물의 모서리를, 초점이 안 맞은 사진 한 장을 들어올리며 "정말 고맙습니다"라고 인사했다.

우리는 돌아서서 출구로 걸어갔다. 나오면서 뒤를 돌아보니 그녀는 무대 위에 사진들을 늘어놓고 있었다. 마치 전시를 준비하고 있는 것 같았다.

"그녀가 내게 선물을 주고 싶어 했어요." 빌은 만면에 미소를 지으며 말했다. "내가 어떻게 거절할 수 있겠어요?"

사망세에 대한
선처를 호소하다

메인주 포틀랜드에서 우리는 기업인 조찬모임을 주최했는데, 나는 본론으로 들어가기 전에 분위기를 띄우는 이야기를 했다. 지난 3주 동안, 나는 그런 자리를 스무 차례나 마련하면서 상속세와 그에 따른 대가, 그것의 정치적 맥락을 둘러싼 신화들에 대해서 설명했다. 내가 맡은 역할은 우리 행사에 오는 사람들이 우리와 함께 운동에 참여하도록 하는 일이다. 그러나 이날 아침은 평소와 분위기가 달랐다. 청중 가운데 많은 사람들이 옷깃에 공화당 배지를 단 기업주들이었기 때문이다. 그들은 아마도 상속세가 폐지되는 것을 알고 좋아했을 것이다.

빌이 강연할 차례가 되었을 때, 그는 사례 하나를 들며 이야기를 시작했다. "나와 같은 이름을 가진 사람은 가끔 곤란한 상황에 부딪칠 수 있습니다." 빌은 눈을 가늘게 뜨고 청중들을 바라보면서 말한다. "내 딸 리비는 자신과 두 자녀의 스키 장비를 사러 스키 용품점에 갔습니다. 그녀가 신용카드로 비용을 지불하려고 했을 때, 그 가게 점원 남성이 그녀의 가운데 이름이 게이츠라는 것을 알았어요. 그 점원은 '그와 친척 간이신가요?'라고 물었습니다. 리비는 세상에 널리 알려진 자기 남동생에 대해서 이야기할 기분이 아니었어요. 그녀가 아니라고 하자 그 점원은 '아닌 거 같은데요'라며 '더 좋은 스키를 사실 분이 맞는데요'라고 했답니다."

행사장에서 웃음이 터져 나온다. 빌도 그들을 보며 빙그레 웃는다. 그러고는 메모해온 것을 내려다보면서 고개를 가로저으며 매우 진지한 표정으로 그들을 쳐다본다.

"여러분 가운데 많은 분들이 아마도 상속세, 또는 여러분이 사망세라고 부를지도 모르는 것의 폐지를 원하실 것입니다." 그가 운을 떼자 장내는 조용해진다. 몇몇 사람들이 자기 좌석으로 이동하고 커피 잔을 내려놓는다. "그러나 저는 우리가 그것을 교수대로 끌고 가기 전에 선처할 것을 여러분 앞에서 한 번 더 말씀드리고자 합니다."

내 좌석은 빌의 옆자리 주빈석이다. 나는 청중들과 그들의 얼굴 표정을 주의 깊게 살펴본다. 그들 대다수는 정장과 드레스 차림의 남성과 여성으로 균등하게 나뉘어 있다. 그들의 두 눈은 모두 마이크로소프트 창립자의 아버지를 주시하고 있다.

"1,000만 달러나 5,000만 달러, 또는 500억 달러의 재산을 가진 사람은 왜 상속세를 내야 할까요?" 그는 청중을 향해 질문을 던지며 만면에 미소를 짓는다. "실제로 저는 500억 달러의 재산을 가진 사람을 딱 한 명 압니다." 청중들이 다시 킥킥거린다. 그의 성공한 아들에 대한 이야기라는 것을 알기 때문이다.

"여러분이 수천만 달러, 수억 달러, 아니 수십억 달러를 모았다면, 그것은 저마다 혼자서 한 일이 **아닙니다**. 여러분은 도움을 받았습니다."

"물론 이는 그 사람으로부터 어떤 것을 빼앗아 가려는 게 아닙니다. 여러분처럼 사업을 하는 사람들은 성공하려면 무엇이 필요한지 압니다. 그들은 아마도 많은 것을 희생하면서 열심히 일하고 창의적인 분들일 겁니다. 물론 그들의 리더십이나 기업가정신은 정당한 보상을 받을 만합니다. 그러나 그들이 거기까지 간 것은 혼자의 힘만으로 된 것이 아닙니다."

"우리가 함께 건설한 이 환상적인 경제 체제가 없었다면, 그들은 지금 어디에 있을까요? 사회기반시설, 도로 및 통신망에 대한 공공 투자, 우리의 재산권 제도, 그리고 그것들을 강제하는 법률 체계가 없었다면, 그들은 어디에 있을까요? 신기술에 대한 공공 투자가 없었다면, 그들은 얼마나 많은 부를 일구었을까요? 이러한 발전은 우리가 소프트웨어 디자이너이든, 음식점 주인이든, 동네 부동산업자든 우리 모두를 더욱 잘 살게 만들었습니다."

"오늘날 세상에서 가장 위대한 벤처자본가는 누구입니까?" 빌은 잠시 말을 멈추고는 이 질문을 다시 반복했다. 그는 다시 자세를 바로잡으며 안경테 너머로 청중들을 살펴본다. 그들은 그의 이야기에 완전히 몰입해 있다.

"아닙니다. 그는 스탠퍼드대학 아래 샌드힐로드에 살고 있는, 신생 벤처기업들에 투자하는 그런 엔젤투자자들 가운데 한 사람이 아닙니다. 가장 위대한 벤처자본가는 바로 엉클 샘입니다." 그는 다시 한 번 말한다. "엉클 샘이라고요."

"여러분의 사업은 이런 공공 투자들 덕분에 더욱 생산적이 되었나요? 물론입니다." 빌은 인터넷과 월드와이드웹을 만들어낸 것은 바로 기술에 대한 초기의 정부 투자였다고 설명한다. 그는 제트 엔진과 공적 자금이 투입된 대학 연구, 그리고 인간 유전체에 대해서 이야기를 이어간다.

"우리가 함께 경작한 비옥한 토지가 없었다면, 지금 우리는 어디에 있을까요? 만일 우리가 그와 다른 토양에서 땀을 쏟는다면, 지금처럼 풍요롭고 성공적인 삶을 살 수 있을까요?" 창밖으로 하늘이 컴컴해지면서 눈이 점점 더 많이 내리기 시작하지만, 거센 눈보라 때문에 운전하기 어려울 상황을 피하기 위해 자리를 슬그머니 빠져나가는 사람은 아무도 안 보인다.

"최근에 저는 나이지리아에 갔습니다. 지미 카터와 저는 에이즈 위기를 종식시킬 방법을 찾기 위해 아프리카 지도자들을 만났습니다." 그는 최근에 다녀온 여행에 대해 설명한다. 참석자 대다수는 아마도 빌이 그의 커다란 두 팔로 에이즈에 걸린 한 유아를 부드럽게 안고 있는, 많은 신문들에 실린 사진을 보았을 것이다.

"저는 거기서 만난 사람들의 정신과 풍부한 지혜에 깊은 감명을 받았습니다. 그러나 아부자에서의 사업을 위한 사회기반시설과 조건들은 메인주 포틀랜드 이곳과는 매우 다릅니다. 여러분의 열정과 재능을 활용해서 아부자나 킨샤사에서 사업을 일으키고 성장시키려고 해보십시오. 몇 년 후, 여러분은 여전히 땀을 흘리며 고생하고 있겠지만, 보여줄 것은 거의 없을 겁니다."

"우리 대다수는 사회의 각종 투자로부터 이익을 얻습니다. 그리고 재산을 1,000만 달러 또는 100억 달러 모은 사람들은 그것으로부터 **훨씬 더 많은** 이익을 얻었습니다. 저는 그런 부의 3분의 1을 상속세로 거둬서 다음 세대들에게 넘겨주는 것이 공정한 일이라고 생각합니다. 그것은 우리 사회에서 그런 부를 늘리는 특권에 대한 합리적인 징수입니다."

나는 전에도 빌이 이런 종류의 말을 하는 것을 여러 차례 들었지만, 오늘 그는 평소보다 더 마음 깊은 곳에서 자신의 생각을 끌어올리고 있는 것처럼 보인다. 물을 한 모금 마실 때 그의 손이 살짝 떨리는 듯하다.

"상속세는 부자가 사회에 은혜를 갚을 수 있는 적절한 기제입니다. 우리에게 부여된 놀라운 기회들에 대한 감사를 표하는 수단이라는 말입니다."
감사─우리의 기업 잡지들에서 거의 찾아볼 수 없는 단어다. 오늘날 우리는 풍족한 공공의 부를 담고 있는 경이로운 시스템 속에서 살고 있다. 하지만 우리는 주변에서 그것을 보지 못한다. 우리는 우리보다 앞서 살았던 사람들로부터 그것의 일부를 물려받는다.

나는 청중들을 둘러보았다. 사람들의 표정이 부드러워졌다. 몇몇 여성들은 조용히 눈물을 흘리고 있고, 몇몇 남성들은 눈가에 맺힌 눈물을 훔친다. 여기서 도대체 무슨 일이 일어나고 있는 걸까?

"캘리포니아에서의 강연이 끝난 뒤, 한 여성이 제게 다가왔어요." 빌은 목소리를 대화 말투로 바꾼다. "그녀는 '게이츠씨, 제가 듣기로 당신의 말은 우리가 모두 한배를 타고 있다는 것이더군요'라고 했어요."

"맞아요. 우리는 모두 한배를 타고 있습니다. 사람들을 뒤에 남겨두고 떠나면 우린 멀리 가지 못할 겁니다. 혼자 힘으로 부를 이루는 사람은 아무도 없습니다. 만일 자신이 자수성가한 사람이라고 이야기하는 이를 만난다면, 그에게 섬에서 홀로 살면서 부를 일구고 늘려보라고 해보세요. 우리의 부는 오로지 우리를 둘러싼 공공의 부와 사회적 투자의 좋고 나쁨에 따라 결정됩니다."

"우화 하나를 말씀드리며 이야기를 맺고자 합니다. 여기서 말씀드리는 우리의 만드는 자 이미지 때문에 상처받는 분이 없기를 바랍니다. 하느님이 자기 사무실에 앉아 있는 모습을 상상해보십시오."

모든 사람이 웃는다. 몇몇 여성들은 박수를 치며 환호한다.

"하느님은 정말로 불안하고 초조해하고 있습니다. 하늘나라의 금고가 고갈된 것처럼 보입니다. 아마도 기술주에 지나치게 많은 투자를 했던가 봅니다." 더 큰 폭소가 터져 나온다.

"하느님에게 문득 해결책이 하나 떠오릅니다. 하느님은 다음에 지구에 태어날 두 존재를 자기 앞에 소환합니다. 이 두 영혼에게 한 명은 미국에서 태어날 것이고, 다른 한 명은 남반구의 가난한 나라에 태어날 거라고 일러줍니다. 하느님의 수익 모델은 미국에 태어나는 특권을 경매로 파는 것입니다."

사람들은 만면에 미소가 가득하다. 바깥 주차장에 세워놓은 그들의 자동차들이 끊임없이 내리는 눈 속에 파묻히고 있는데도 그것을 걱정하는 사람은 아직까지 아무도 없다. 그들은 메인주 주민들이라서 결국 지자체에서 제설기로 눈을 치워줄 거라고 믿고 있기 때문이다.

"물론 하느님은 국수주의자도 아니고, 문화적 우월성을 신봉하지도 않습니다. 하지만 하느님은 미국이 공중보건, 안정성, 교육, 기회를 증진시키는 시장 구조의 발달된 사회기반시설을 가지고 있다는 사실을 알고 있습니다. 하느님은 그런 사회에 태어나는 것이 특권이거나 유리하다고 생각하는 사람들이 있다는 것을 이해합니다. 그 두 영혼은 그들이 죽는 날에 하느님의 금고에 그들이 소유한 순자산의 몇 퍼센트를 바칠 것인지 써내도록 지시를 받습니다. 가장 높은 비율을 써내는 사람이 미국에 태어날 행운을 가지게 될 것입니다."

빌은 청중들을 조용히 바라본다. "좋아요. 여러분도 죽는 날, **당신**이 소유한 순자산 가운데 몇 퍼센트를 하느님에게 바칠지 종이에 써보시기 바랍니다. 미국에서 사업을 하는 것이 **당신**에게 얼마만한 가치가 있습니까?" 그는 사람들이 종이에 숫자를 적을 시간을 주기 위해 잠시 말을 멈춘다.

"자, 한 번 확인해보죠. 25퍼센트라고 쓰신 분은 몇인가요?" 그는 주위를 돌아보며 기분 좋게 웃는다. "아무도 없군요."

"50퍼센트는 어떤가요?" 다시, 손을 든 사람이 아무도 없다. "그건 현재 상속세보다 많은 금액이죠. 현재 세율은 30퍼센트입니다."

"75퍼센트는 어떤가요?" 세 명이 손을 든다. "네, 몇 분 계시네요."

"그리고 100퍼센트 쓰신 분!" 그 자리에 있는 나머지 사람 모두가 손을 든다. 그중에는 교실에서 자신감 가득한 아이들이 그러는 것처럼 손을 번쩍 들어 올리는 사람도 몇 명 보인다.

"100퍼센트. 이 놀랄 만한 사회에서 여러분이 사업을 한다는 것이 얼마만한 가치가 있는 겁니까? 도대체 미국인이라는 것이 얼마만한 가치가 있는 거란 말입니까?"

빌이 자리에 앉는다. 뜻밖의 상황에 놀라 잠시 정적이 흐른다. 그러고 나서 사람들이 자리에서 벌떡 일어나더니 박수갈채를 보낸다. 몇몇 청중은 앞으로 나아가 빌과 악수를 나누거나 그의 팔을 잡는다.

나는 실내에 감도는 뜨거운 감동의 물결에 놀라움을 금치 못했다. 빌은 도대체 무슨 말로 이 사람들을 감동시킨 것일까? "우리 모두는 하나의 몸입니다"라는 말이, 또는 "우리는 서로가 없으면 아무것도 아닙니다"라는 말이 영혼을 울리는 진실이었던 걸까? 그들이 늘 듣던 "위대한 성취를 이룬 기업인" 이야기의 진부함을 떨쳐버리는 신선한 감흥을 준 것이었을까? 빌을 하느님의 말씀을 전하는 사자로 느꼈기 때문은 아니었을까?

그것이 무엇이었든 간에, 빌은 이들의 마음 깊은 곳에 있는 중요한 어떤 것, 우리가 서로 연결되어 있다는 보편적인 어떤 진실을 건드렸다. 그는 선하고 공명정대한 행동에 대한 인간의 기본적 감성을 이용했다. 어쩌면 그들은 살면서 처음으로 우리 모두가 도움을 받는다는 사실을 인정했을지도 모른다.

○

"빌, 스무 명쯤 되는 사람들이 내게 다가와서 자신들이 공화당원이지만 이제 우리의 의견에 동의한다고 말했어요." 우리는 차에 올라 한 라디오방송국으로 운전해가고 있었다. 앞선 조찬모임에서 내가 받은 명함이 50장쯤 되었다. 그들은 상속세 폐지를 막으려는 우리의 운동에 유보적 태도를 보이는 메인주 상원의원 두 명에게 전화를 걸어 의견을 전달하겠다고 약속까지 했다.

"그래요. 우리가 그들의 마음을 바꿨군요"라고 빌이 말했다.

"빌, 저는 당신이 했던 '그것은 당신 혼자서 한 일이 아닙니다'라는 그 말을 마음에 새기고 계속 그렇게 살 것입니다. 사회의 투자와 관련해서 당신이 사례로 들었던 모든 것은 아주 훌륭했습니다." 사람들이 그 개념을 이해할 수 있다면, 세금에 대해 그들과 진지한 대화를 나눌 수 있을 것이다.

"그것이 사람들의 심금을 울리는 것 같았어요." 그도 내 말에 동의한다. 그는 정면을 주시하며 빙그레 웃으면서 바지 주머니 안의 동전들을 만지작 거리며 짤랑짤랑 소리를 낸다. "와, 이번 모임은 몇 년 동안 치렀던 것 중에 서 가장 즐거웠어요."

3부

남보다 유리한 조건에 있다는 것의 의미

당신이 늘 누리던 권리와 특권을 다른 사람들이 가질 때,
당신은 공격의 대상이 되지 않는다.

• 더셰인 스토크스 박사Dr. Dashanne Stokes •

특권은 평탄한 도로를 달리고 있지만
그것을 알지도 못하고 있다.

– 앰퍼샌드 Ampersand[1]

6장

특권이라는
약물

밝고 화창한 6월의 어느 날 아침, 나는 행복하다. 지금 홀로 케이프코드레일트레일 자전거도로에서 자전거를 타고 있는 중이다. 그 포장도로는 케이프코드의 풀이 무성한 모래 언덕 한가운데를 달리며 남쪽으로 이어져 있는데, 도중에 깊은 담수 연못들을 만나며 이리저리 돌아서 나아간다.

10마일 표지판을 지날 때 기분이 아주 좋다. 달리는 속도감과 몸이 아직 건강하다는 느낌이 기분을 좋게 한다. "생각보다 몸 상태가 좋군." 속으로 그런 생각을 한다.

오늘은 당초 계획했던 것보다 더 멀리 가보기로 한다. 시속 25마일 이상의 속도로 페달을 밟고 있는 중이다. 마일 표지판들이 휙휙 지나간다. 10마일 더 페달을 밟는다. 20마일 표지판을 지난 뒤, 자전거를 멈추고 그래놀라 바를 하나 먹으며 잠시 휴대폰을 본다. 이제 야영장으로 돌아갈 시간이다. 방향을 돌려서 왔던 길로 되돌아가기 시작한다.

갑자기 맞바람이 불기 시작한다.

북쪽으로 2마일을 달린 뒤, 힘이 점점 빠져나가는 느낌이 든다. 잠시 멈춰서 물 한 모금을 마시고 지도를 본다. 18마일을 더 달려야 한다. 제기랄, 맞바람이라니! 언제부터 불기 시작했지?

약간의 차이는 있겠지만 처음부터 바람은 늘 일정했을 수 있는데, 내가 미처 그것을 알아채지 못했다는 것을 깨달았다. 처음에 자전거를 탔을 때 바람이 등 뒤에서 불어왔기 때문에 의식하지 못했다. 이제 거꾸로 되돌아가면서 바람이 정면으로 불어오자 의식하지 않을 수 없게 된 것이다. 맞바람을 맞으며 2마일을 더 달린 뒤, 나는 기진맥진해졌다. 이제 시속 10마일 정도의 속도로 달리고 있다. 휴대폰을 들고 우리 모임 구성원들 가운데 자동차로 나를 태워갈 수 있는 사람이 있는지 물색한다.

차를 기다리는 동안 풀밭에 누워 있는데 나도 모르게 웃음이 나왔다. 특권을 설명할 수 있는 적절한 은유라는 생각이 들어서다. 특권은 등 뒤에서 불어오며 나를 앞으로 나아가게 하는 바람을 닮았다. 물론 내 자전거가 앞으로 나아가는 것은 페달을 밟고 있기 때문이라고 주장할 수 있다. 하지만 그 바람은 엄청난 차이를 만든다. 그리고 여기서 나는 그 바람이 나에 대한 모든 것이라고 생각했다.

등 뒤에서 불어오는 바람

우리가 하나의 사회로서 함께 부의 창출을 위한 비옥한 땅을 어떻게 일구는지 설명한 뒤에도, 일부 사람들은 어전히 쫓아와서 "이봐요, 누구든 내가 한 일을 할 수 있었을 겁니다. 그런데 그들은 어째서 그렇게 하지 않았죠?"라고 묻는다. 다시 말해서 모든 이가 똑같은 사회적 투자를 동등하게 이용하지 않았느냐? 그러한 투자를 바탕으로 실제로 무언가를 한 사람이 바로 우리 같은 일부 의욕적인 사람들 아니냐?

다시 한 번 말하지만, 개인의 진취적인 의지와 행동은 충분히 칭송받을 만하다. 그러나 종종 이런 질문은 특권에 대해 혼동을 일으킴으로써 진의를 흐려놓는다. 모든 사람이 부를 창출할 수 있는 사회적 자원에 대한 동등한 접근권을 갖는 것은 아니다. 또한 우리 모두가 일을 이뤄내게 하는 주인의식을 똑같이 공유하고 있는 것도 아니다.

우리 사회에서 특권을 가진 사람들은 다양한 이유 때문에 자기 등 뒤에서 불어오는 바람을 알지 못한다. 동시에 다른 사람들이 맞바람을 맞는 것도 알지 못한다.

만일 당신이 나와 같은 조건의 사람이라면, 당신은 항상 머릿속에서 다른 사람들을 판단한다. 더 열심히 일하는 게 어때? 운동은 왜 안 하니? 더 좋은 음식을 먹지 그래? 이런 성급한 판단 속에서, 나는 대개 내 수중에 있는 중요한 특권들에 대해 까맣게 잊어버리게 된다. 건강식품과 교외의 넓은 공간, 풍부한 경험에 이르기까지, 나는 유치원에 들어가기 전부터 아주 오랫동안 엄청난 후원을 받았다. 그러나 나와 같은 환경에서 자란 대다수의 사람들처럼, 나는 때때로 내가 3루에서 태어났다는 사실을 까먹는다. 내가 온전히 자력으로 이 자리에 왔다고 쉽게 생각한다.

많은 사회학자들은 "특권의 세대 간 이전"에 대해 이야기하는데, 부자 부모는 자기 자식들에게 취학 준비, 대학 입학, 전문직 취업기회 등에서 다양한 방식으로 남보다 유리한 조건들을 제공한다. 나는 운 좋게도 두 가지 실질적인 특권, 즉 계급과 인종적 특권을 물려받아 소수정예 학급, 개인교사, 여름방학 특별수업, 고가의 건강 및 치아 관리 등의 혜택을 누렸다. 그러한 계급과 인종적 특권이 등 뒤로 부는 보이지 않는 바람처럼 내 어린 시절에 영향을 끼쳤던 방식은 그야말로 수없이 많았다.

부잣집 아이들을 위한
공공사업관리

내가 태어난 고향 미시간주 블룸필드힐스의 부자 동네에는 청년들을 위한 미숙련 일자리가 많았고, 돈도 많이 벌 수 있었다. 그것은 잔디 깎기, 생울타리 정리, 테니스장 쓸기, 헛간 페인트칠, 화단 가꾸기, 짐 나르기, 수영장 청소, 애완견 산책, 잡초 뽑기, 덤불 정리, 산책로 조성, 낙엽 치우기, 길가에 버려진 쓰레기 치우기 같은 그야말로 "십대를 위한 공공사업관리"였다. 그 동네에는 막대한 재산을 소유한 은퇴자들이 많았는데, 그들은 동네의 젊은 일꾼들을 위한 일자리를 만들어주는 것 말고는 달리 할 일이 없어 보였다. 여성들의 경우는 아기 보는 일자리가 많았고, 청소년들을 야외운동시설에 데리고 가서는 선탠로션을 발라주고 익사 사고가 일어나지 않게 지켜보는 일을 했다.

서로 이웃집 아이들을 고용했기 때문에, 동네 어른들은 대개 이웃집 십대들이 처음으로 하는 일자리 경험을 친절하게 지도해주었다. 어느 여름날, 아버지는 온 가족이 잘 아는 가까운 친구의 딸을 자신의 사무실 손님 안내 직원으로 고용해서 일을 시켰다. 그러자 아버지의 친구는 내게 여름방학 동안 창고 페인트칠, 정원 관리, 사냥개 조련 보조 같은 잡일을 시킴으로써 아버지의 지원에 화답했다. 나는 날마다 1시간 동안 다른 일들을 중지하고 들판에 나가 날개 깃털을 짧게 잘라 날지 못하는 살아 있는 새들을 공중으로 던지는 일을 했다. 그러면 사냥개들이 그 새들을 찾아내는 훈련을 받았다. 십대였던 우리 둘은 그 과정을 통해 기본적인 직무 기술을 배웠는데, 시간 엄수와 명확한 업무 소통, 중간에 그만두지 않고 꾸준히 일하는 자세, 임금 협상 방법 같은 것들이었다.

당시에 내 업무를 관리하고 지도해준 사람들은 우리 가족을 잘 아는 친절하고 배려심 많은 어른들이었다. 그러나 그들은 또한 누구의 부모를 위해 일하는 것 이상으로 역동적인 남다른 책임감을 보여주었다. 이러한 경험은 내가 골프 캐디로 취직하거나 조경과 잔디 깎기 사업을 시작하고 다른 여러 일자리에 지원했을 때, 남보다 대단히 유리한 위치에 있게 했다. 내가 열여섯 살 이전에 경험했던 고향 동네에서의 그러한 취업 기회들은 성인이 되고 노동의 세계로 나아가는 길의 디딤돌 역할을 했다.

반면에 지금 내가 사는 보스턴 도심의 동네는 젊은 남녀들에게 거의 일할 기회를 제공하지 못하고 있다. 대다수 어른들은 모든 일을 손수 한다. 돈을 아끼기 위해서 눈 치우는 일을 비롯하여 온갖 잡일을 자기 손으로 직접 한다. 그리고 음식점과 패스트푸드점, 소매점의 점원 대다수가 나이든 성인들인 것처럼 보인다. 청년 하계 구직 프로그램이 있기는 하지만, 일할 능력이 있는 십대 청소년들의 일부만이 고용된다. 미국 전역에 걸쳐 지난 10년 동안 노동시장이 크게 위축되면서, 가장 큰 피해자는 청년들이었다. 열여섯 살에서 열아홉 살까지의 십대들 취업률이 가장 크게 곤두박질쳤는데, 2000년에 45퍼센트에서 2011년에 26퍼센트로 급락했다. 2차 세계대전 이후 가장 낮은 십대 취업률이다.[2] 그리고 도시의 유색인종 청년들의 취업 기회는 그보다 훨씬 더 많이 줄어들었다.

다양한 직무 기술을 준비하는 것 말고도, 나는 그것이 박람회를 기획하는 일이든, 집에서 만든 지구의 날 광고전단을 배포하는 일이든, 모든 일에서 스스로 차별화된 영향력을 발휘할 수 있다는 주인의식을 갖도록 가르침을 받았다. 초등학교 때 내게 어려서부터 환경 의식을 마음속 깊이 갖게 도와준 열성적인 과학 교사 한 분이 있었다. 그녀는 우리에게 환경 운동에 참여하고 행동하는 실천가가 될 것을 촉구했다.

특권층 십대들이 갖게 되는 이런 유리한 조건들은 가속화되는 것처럼 보인다. 반면에 그 밖의 다른 청년들에게 떠넘겨지는 불리한 조건들은 점점 더 악화되는 경향이 있는데, 특히 형사사법제도와 불공정하게 얽힐 경우 그 불리한 조건들은 더욱 가중된다. 많은 특권층 사람들에게, 이 겉으로 드러나지 않는 유리한 조건들은 자신이 이른바 더 좋은 가치들을 가진 지역사회에서 성장한 덕으로 돌려진다. 이것은 "이 다른 사람들이 우리를 더 많이 닮는다면" 그들도 잘살 수 있을 텐데 하는 생각을 싹트게 한다. 우리는 등 뒤에서 부는 바람을 보지 못한다.

특권을 인지하는 것은 어렵다. 그것은 단순히 부자들만의 시험대가 결코 아니다. 계급과 인종적 특권은 사람들 간의 관계를 끊어내는 약물이다. 그것은 사람들을 마취시켜 우리를 서로 멀어지게 한다. 특권은 타인의 고통에 대해서 무감각하게 만든다. 그것은 완충재로 우리를 감싸 외부와 차단함으로써 우리 주변 사람들의 울부짖음으로부터 감정적으로 거리를 두게한다. 그러한 특권은 우리가 받은 것이 선물임을 인지하게 될 때 기억상실증을 유발시킨다. 미국에는 특이하게도 자신이 남보다 유리한 조건과 위치에 있다는 사실이나, 우연히 시기가 맞아떨어져 정부 지원을 받아 혜택을 입었다는 사실을 인정하는 것에 대해 매우 난처하게 여기는 문화가 있다.

자립과 개인주의에 대한 나의 예찬은
나를 능력주의 신화의 손쉬운 표적이 되게 했고,
내가 진실이라고 아는 것을 내 마음속에서 가리게 했다.
내가 갈망했던 가족, 친구, 동료, 심지어 이방인과의 깊은 상호 교감은
인간이 살아가는 데 가장 중요한 요소다.
상호의존성은 우리의 생명선이기 때문이다.

- 데비 어빙 Debby Irving

7장

정부보조금을
가장 많이 받은
세대

"안녕하세요, 여러분." 매사추세츠주 보스턴 외곽의 노우드Norwood에 있는 해외참전용사 기념관 회의장의 한 탁자에 둘러앉은 여섯 명의 남성들에게 인사를 건넨다.

장내는 접이식 둥근 탁자들에 나누어 앉아 서로 담화를 나누거나 커피를 마시고 있는 150명쯤 되는 남성들로 시끌벅적하다. 아는 사람이 한 명도 없다.

한 지인이 노우드 은퇴자 클럽에서 부의 불평등이나 부자들에게 세금을 부과하는 것과 관련한 내 활동에 대해서 강연해달라고 요청했다. 나는 이

런 프로그램들을 진행하면서 사회 각계각층의 사람들이 하는 말을 듣는 것을 좋아한다. 그러나 내가 주로 강연하는 대상은 노동조합, 교회, 진보적인 시민단체들이다. 교외에 거주하는 65세 이상의 백인 남성 집단에게 강연하는 것은 아무래도 내겐 신경이 많이 쓰이는 일이다. 강연할 내용을 미리 준비하긴 했지만, 필요하면 즉흥적으로 대응할 생각이다.

"오늘 아침 우리에게 강연하실 분이 당신이군요." 2차 세계대전 당시 전함인 'USS 워싱턴' 글자가 새겨진 모자 아래로 삐져나온 숱이 많은 희뿌연 머리카락과 짙은 갈색 눈을 가진 한 남성이 내게 말을 건다. 내 나이는 여기 참석한 어떤 남성들보다 아마도 25년은 더 어릴 것이다. 그래서 그는 내가 자기네 회원이 아닐 거라고 지레 짐작했을 것이 분명하다.

"난 필립이에요." 그는 인사를 건네면서 자기 옆 좌석을 토닥거린다. "여기 앉아요." 필립은 잘 생긴 영화배우 숀 코너리를 닮아 보이는데, 좀 마른 체형이고 지팡이를 들고 있다는 것이 다를 뿐이다. 그 탁자에 앉은 모든 이들이 차례로 자신을 소개한다. 필립은 탁자 위에 있는 유리병에서 짙은 커피를 한 잔 따라서 내게 준다.

"오늘 여기서 부자와 가난한 자에 대해서 이야기할 거요?" 그가 빙그레 웃는다.

"네, 선생님." 내가 눈치를 살피며 대답한다.

"저기 로니를 봐요." 필립은 가녀린 손가락으로 탁자 건너편에 나비넥타이를 매고 보청기를 끼고 앉아 있는 한 대머리 남성을 가리킨다. "그는 이곳에서 엄청난 부자라오. 노우드 땅의 절반이 그의 것이지. 그가 바로 당신이 비판할 대상이오!" 좌중의 모든 사람이 웃는다. 특히 로니가 껄껄 웃는다.

"지미 스튜어트가 나온 영화 〈멋진 인생It's a Wonderful Life〉를 아는가 모르겠소?" 필립이 계속 이야기를 이어간다.

"물론이죠. 잘 알지요." 내가 대답한다.

"그가 바로 포터씨Mr. Potter(영화에 나오는 욕심쟁이 부자 노인 – 옮긴이)요." 필립이 우스갯소리로 말한다. "그는 이곳이 포터 마을이 되기를 바라지. 이곳을 장악하고 우리 모두를 쥐어짜고 있단 말이오!"

"아이고." 나는 로니를 바라보고 미소를 지으며 말한다. "그럼 조지 베일리George Bailey(영화 주인공으로 포터에 맞서 선한 일을 하는 사람 – 옮긴이)는 누구죠?"

"나머지 우리 모두지." 다른 한 사람이 말한다. 모두가 가볍게 고개를 끄덕인다.

의장이 개회를 선언한다. 모두가 모자를 벗고 휠체어에 앉은 일부 장애인들을 제외하고 일어서서 국기에 대한 맹세를 한다. 회계담당자가 은행 잔고가 254달러라고 보고한다. 그리고 어느새 이미 나는 『99 대 1: 부의 불평등은 세상을 어떻게 망가뜨리고 우리는 그것에 대해서 무엇을 할 수 있을까』의 저자로 소개되고 있는 중이다.

장내를 둘러보면서, 나는 내가 아버지를 만나러 북부 미시간의 소도시 릴런드Leland를 방문할 때면 오전 10시에 정기적으로 소방서에 모여 커피를 마시며 한담을 나누는 모임에 나를 데리고 갔던 것이 기억났다. 나는 거기서의 정감 어린 농담, 푸념, 고리타분한 유머, 격의 없는 친밀감을 즐겼다. 하지만 나는 늘 그 자리에서 정치에 대해 이야기할 정도로 어리석지는 않았다.

"정유회사 설립자인 J. 폴 게티가 예전에 이런 말을 했습니다. 부자가 되는 것은 그다지 힘들지 않다고 말입니다." 나는 이렇게 강연을 시작한다. "여러분은 세 가지만 하면 됩니다. 첫째, 날마다 일찍 일어나십시오." 나는 청중들을 둘러본다. "오늘 아침 일찍 일어나신 분은 몇 분이나 됩니까?"

모든 사람이 손을 번쩍 든다.

"오늘이 쓰레기 수거하는 날이었기 때문이지." 한 회원이 한 마디 내뱉는다.

"게티의 말에 따르면, 두 번째는 온종일 열심히 일해야 합니다. 저는 여러분이 은퇴하신 분들인데도 열심히 일한다는 것을 압니다. 그렇죠?"

대다수 사람들이 손을 든다.

"대개 술 마시느라 바쁘지." 농담 잘 하는 사람들 가운데 한 명이 우스갯소리를 했다.

"J. 폴 게티에 따르면, 거부가 되기 위한 세 번째 열쇠는 **석유를 발견**하는 것입니다."

장내에 폭소가 터진다.

그 뒤 30분 동안, 나는 부와 소득의 양극화가 점점 심해지는 현재 상황과 그것이 그들의 자식들과 손주 세대에게 어떤 의미일지에 대해서 이야기했다. 임금이 오르지 않거나 오히려 떨어지면서 많은 가정과 개인들이 더 오랜 시간을 일해야 하거나, 추가로 빚을 내거나, 가족과 보내는 시간을 더 줄여야 한다. 이러한 일자리 불안정에 더해서 중산층의 생활수준도 점점 추락하고 있는 상황이다.

"개인적으로 여러분께 몇 가지 묻고 싶은 게 있습니다." 갑자기 그 단체 사람들에게 물어볼 질문이 떠올랐다. "2차 세계대전이 끝나고 여러분 중 얼마나 많은 분이 저리 주택담보대출 덕분에 집을 사셨나요?" "연방주택관리국이나 재향군인관리국, 또는 농민주택관리국 같은 곳에서 지원한 주택담보대출 보조금이나 보험 같은 것 있잖아요?"

장내의 청중 가운데 약 4분의 3이 손을 든다.

"그게 없었다면 난 아직도 세입자 생활을 하고 있을 거요." 휠체어에 앉아 있는 한 회원이 말한다.

"제대군인원호법이나 또 다른 연방교육보조금제도 덕분에 학자금 대출을 받지 않고 대학을 졸업한 분이 몇 분이나 되시나요?"

또 다시 4분의 3 정도가 손을 든다.

나는 이어서 또 질문을 던진다. "여러분 중 얼마나 많은 분이 중소기업청 보조금이나 대출, 건물 재정비를 위한 정액 보조금, 직원 교육을 위한 정부 기금 같은 기업 활동을 돕는 공공 지원을 받았나요?"

4분의 1 이상이 그런 도움을 받았다고 반응한다.

"이러한 정부 프로그램들이 납세자들이 낸 세금을 낭비하는 거라고 생각하시는 분들이 계시나요?"

빙그레 웃는 사람들이 몇 명 있지만, 손을 드는 사람은 하나도 없다. "기가 막히게 훌륭한 투자지요." 강연장 뒤쪽에서 한 회원이 소리친다.

"그건 미국을 위한 마셜플랜이었죠." 또 다른 회원이 2차 세계대전이 끝나고 전쟁으로 파괴된 유럽을 재건한 경제원조계획을 언급하며 자기 생각을 말한다.

"내 생명을 구했소." 재향군인 휘장이 달린 녹색 조끼를 입은 또 다른 회원이 말한다.

"네, 그것은 **훌륭한** 투자였습니다." 나도 열렬히 호응한다. 2차 세계대전이 끝나고 수십 년 동안, 우리나라는 유례없는 정부 지출을 통해 중산층을 확대했다. 그 결과 수백만 가구의 미국인들이 아메리칸 드림을 이룰 수 있었다.

중산층으로 가는
마법의 양탄자

1994년 공포된 제대군인원호법은 2차 세계대전에 참전했다 돌아온 남녀 병사들에게 교육훈련 장학금, 주택 및 농지 구입과 사업 지원을 위한 대출담보, 1년 동안의 실업수당, 그리고 직업훈련지원금을 제공했다. 미국은 그동안 참전용사들, 특히 상이군인과 전쟁미망인들을 열심히 돌보았다. 그러나 세대가 바뀌면서 그 노력은 점점 기대에 미치지 못하는 수준으로 떨어지고 있다. 2차 세계대전 직후 미국이 국민을 대상으로 베푼 복리후생제도는 그 이전이나 이후 어느 때보다도 가장 후했다.

의회에서 제대군인원호법의 제정을 지지했던 많은 의원들은 본인들이 1차 세계대전의 참전용사들이었는데, 그들은 전쟁터에서 고향으로 돌아온 병사들이 대규모 실업과 경제적 어려움, 부족한 연금으로 고통 받을 경우 사회적 대혼란과 가정 파탄을 유발한다는 것을 누구보다 잘 알고 있었다. 1932년, 1차 세계대전 참전용사 약 17,000명이 워싱턴에서 "보너스 행진 Bonus Marches"(1929년 대공황으로 생활이 어려워진 재향군인들이 자신들에게 정부가 지급하기로 한 보너스 지급 일정을 앞당겨달라고 요구하며 시위를 벌인 사건 – 옮긴이)을 조직해 가두시위를 벌이며 그들의 가난에 대해 항의했다.[1]

퇴역하고 사회에 복귀했지만 일자리가 없어 극빈층으로 전락한 재향군인들은 역사적으로 보더라도 제대로 쉬지 못한 집단이었다. 1차 세계대전 이후 독일에서부터, 이슬람국가의 씨앗을 뿌리며 2004년 이후 이라크 군대를 해체시키기로 한 미국 정부가 형편없는 결정을 내린 오늘날의 이라크전에 이르기까지 정말 쉴 새가 없었다.[2] 미래를 생각하는 계획자들은 전쟁 후에 벌어질 상황들을 미리 생각한다. 제대군인원호법이 재향군인들에게 제공한 교육 혜택은 2차 세계대전 참전용사 수백만 명의 직업 기술 신장에 기여했고, 그들을 전후 노동력으로 시차를 두고 흡수하도록 도왔다.

그러나 제대군인원호법은 자칫 통과되지 못할 뻔했다. 의회에서 공화당은 그것이 재정에 너무 부담이 되며 재향군인들 사이에 나태함을 부추길 것이라고 주장했다. 명문 대학들은 그것이 교육 수준의 저하를 초래할 것이라고 경고했다. 하버드대학 총장이었던 제임스 코넌트James Conant는 그 법안이 "전쟁 세대들 가운데 가장 유능한 인재가 아닌 가장 능력이 낮은 사람들이 미국의 고등교육기관들에 쏟아져 들어가도록"[3] 부추길 것이라고 말했다. 시카고대학 총장이었던 로버트 허친스Robert Hutchins는 "미국의 대학들이 교육부랑자들의 밀림으로 바뀌는 것을 보게 될"[4] 것이라고 우려했다. 그 법안은 의회를 가까스로 최종 통과했고, 미국 재향군인회American Legion의 잘 조직된 운동 덕분에 프랭클린 루스벨트 대통령은 1944년 6월 마침내 그 법안에 서명했다.

"요즘 사람들은 2차 세계대전이 끝나고 시행된 정부 시책에 대해서 이야기들을 하나요?" 나는 이 노우드의 노병들에게 질문을 던진다. "여러분의 자녀들은 제대군인원호법과 그 밖의 다른 교육 및 주택 정책들이 자신들이 자랄 때, 그리고 지금까지도 그들에게 어떤 영향을 주는지 알고 있습니까?"

"아니요." 그 모임의 의장이 대답한다. "다들 모르는 것 같습니다."

"제대군인원호법은 정말 놀라운 계획이었습니다." 나는 메모해온 몇 가지 통계수치들을 흘낏 보며 강연을 이어간다. "1945년에서 1955년 사이에 사회로 복귀한 재향군인 780만 명 이상이 학자금 대출 없이 대학을 다니거나 직업 교육을 받았습니다.[5] 같은 기간에 430만 명의 재향군인들이 주택을 구입했습니다. 1950년대 말에는 재향군인관리국의 주택담보대출로 1,100만 가구가 집을 마련할 수 있었습니다. 재향군인들은 중소기업 운영 자금으로 수백만 달러를 지원받았습니다. 그리고 실업에 직면해 있던 재향군인들은 최대 1년 동안 매주 20달러를 실업수당으로 받을 수 있었습니다."

"우리는 그것을 20/52 실업보험(52주, 즉 1년 동안 20달러씩 받는다고 해서 붙인 이름 – 옮긴이)이라고 불렀죠." 아직 젊어 보이는 동안의 은퇴자 한 명이 소리친다. 옆 사람들이 웃음을 터뜨리고 기억을 떠올리며 조용히 서로 속삭인다. "그것은 당시 내겐 큰돈이었지."

"얼마나 많은 분들이 군대에 다녀오셨나요?"라고 묻자, 3분의 2가 손을 든다.

"나머지 분들도 군복무와 상관없이 정부의 도움을 받았습니다." 정부가 보증하는 주택담보대출은 그들이 재향군인이든 아니든, 3,500만 명의 미국인들에게 전후에 부를 증식하는 열차에 올라탈 수 있는 승차권을 제공했다.[6]

"1940년에서 1960년 사이에 주택을 보유한 미국인의 비율은 44퍼센트에서 62퍼센트로 증가했습니다.[7] 전체 인구의 5분의 1이 세입자에서 주택 소유주로 바뀌었습니다. 이것은 한 세대 안에서 일어난 엄청난 인구통계학적 변화입니다. 정말 믿기 어려울 정도입니다."

이 정부 시책들은 납세자의 세금을 낭비한 것이 전혀 아니었다. 2차 세계대전 역사가 스티븐 앰브로스Stephen Ambrose는 1990년대에 그것을 "미국 의회가 지금까지 통과시킨 법안 가운데 최고의 것"[8]이라 부른다고 기술했다. 1947년 〈뉴욕타임스〉에 실린 한 기사에 따르면, 전쟁터에서 돌아오고 있는 참전용사들은 대학의 교육 수준을 떨어뜨리는 것이 아니라 "우등생 명단을 독차지"하고 있었다.[9] 1986년에 발표된 한 정부보고서는 제대군인원호법에 따라 투자된 1달러가 5달러에서 12달러까지 세수를 늘렸다는 것을 보여주었다.[10] 제대군인원호법의 수혜를 입은 유명인사로는 가수 해리 벨라폰테Harry Belafonte, 영화배우 데이비드 블링클리David Brinkley, 유머 작가 아트 버크월드Art Buchwald, 대법관 윌리엄 렌퀴스트William Rehnquist, 코미디언 자니 카슨Johnny Carson, 영화배우 폴 뉴먼Paul Newman, 소설가 조지프 헬러Joseph Heller, 빌 게이츠 시니어를 들 수 있다.

그렇지만 이러한 제대군인원호법과 각종 주택담보대출 지원 제도들이 전후 미국 경제 번영의 토대를 마련하는 데 기여한 정부 지원책의 전부가 아니었다. 1947년, 미국 역사에 유례없는 국가기간시설인 장장 37,000마일에 이르는 고속도로 건설이 시작되었다. 1956년에는 주간고속도로법 Interstate Highway Act에 따라 추가적으로 42,500마일의 고속도로 건설에 재정이 투입되었다. 이러한 새로운 국가 계획들은 수백만 개의 일자리를 창출했고 교외 주택단지 건설을 위해 시골의 땅을 이용할 수 있게 했다. 1950년 한 해에 미국 정부가 모든 차원에서 투입한 공공사업 관련 지출은 총 지출의 거의 20퍼센트를 차지했는데, 이는 국가 경제 확대를 위한 엄청난 활력소 역할을 했다.[11]

또 다른 사회적 지원이 비록 문제는 많지만 이익도 많은 군산복합체의 출입구를 통해서 왔다. 수십억 달러의 세금이 과학 연구에 투입되었다. 냉전의 시대가 최고조에 달했을 때, 소련이 미국을 과학기술에서 앞지르려고 쏘아올린 최초의 인공위성 '스푸트니크'가 성공한 것에 미국 정부가 불안을 느꼈기 때문이다. 국가방위교육법National Defense Education Act은 미국의 산업과 고등 교육에 정부보조금을 공급하면서 과학 교육을 전면 개편했다. 그 시기에 대한 한 설명에 따르면, "정부가 500억 달러가 넘는 막대한 재정을 투입한 전시의 수많은 발명과 생산 공정들이 전후에 민간 기업들로 이전되었고, 완전히 새로운 고용 부문들이 창출되었다."[12]

그러나 이날 재향군인들이 모인 자리에서는 이런 추가적인 설명을 할 필요도 없었다.

세대 간 도움

"자녀들이 주택을 구입하거나 사업을 개시할 때 계약금이나 착수금을 보조해서, 다시 말해 자녀들 대신에 돈을 내주어 도움을 주고 있는 분이 여기 몇 분이나 계시나요?"

"그게 내가 하는 것 전부요." 한 회원이 말한다.

"나는 우리 손주들의 현금자동입출금기요." 또 다른 회원이 말한다.

거의 모든 회원들의 손이 위로 올라간다. 장내는 옆 사람들과의 대화로 시끌벅적하다. 그들은 모두 자녀와 손주들을 경제적으로 돕고 있다.

한 세대 내의 매우 많은 사람들—2차 세계대전 참전용사와 또래 집단—의 부의 증식을 위한 미국 정부의 노력이 여러 세대에 걸쳐 헤아릴 수 없는 이익을 가져다주었다는 것을 보여주는 생생한 증거가 바로 이곳에 있다.

나는 그 소란스러운 청중들에게 이어서 묻는다. "그래서 여러분의 자녀와 손주들 가운데 자신을 정부가 지원한 보조금의 수혜자 2세라고 생각하는 사람들이 얼마나 되나요?" 이런 질문이 논란을 불러일으킬 것이라는 사실을 나는 알고 있다. "제 말씀은, 그러니까 여러분은 모두 자녀들을 돕고 계신 거죠, 그렇죠?"

"그것이 그들이 노우드에 머물 수 있었던 유일한 방법이라오." 베레모를 쓴 재향군인 한 명이 말한다.

"이런 형태의 도움, 즉 이런 **정부보조금**들은 비용이 많이 들었습니다." 내가 말한다. 최초의 제대군인원호법—"중산층으로 가는 마법의 양탄자"로 묘사되었다—은 하버드대학 1년 학비가 500달러였을 때, 한 번에 145억 달러의 재정 지출이 필요했다. 그러나 그 마법은 매우 진보적인 연방 세금 체계를 통해 실현되었다. 1953년, 공화당의 드와이트 아이젠하워 대통령 아래서 부자들에 대한 최고 소득세율은 400,000달러, 지금 돈으로 환산하면 약 350만 달러가 넘는 소득에 대해서 92퍼센트였다.[13] 오늘날은 최고세율이 39.6퍼센트에 불과하다. 1953년에 법인세율은 52퍼센트였던 데 비해, 오늘날은 35퍼센트다(그리고 〈포춘〉지 선정 500대 기업의 평균 유효세율은 세법상의 다양한 허점들 때문에 20퍼센트 미만에 불과하다).[14]

2차 세계대전 후 미국의 세금 체계는 집중된 부와 권력의 증식에 제동을 걸었다. 반면에 일반 국민 대상으로 하는 부의 유례없는 확대 정책을 위한 재정 조달로서의 세수는 크게 증대했다. 미국 역사에서 이에 비견할 만한 유일한 사건은 남북전쟁 당시 100만 명이 넘는 새로운 이주민들에게 미국 땅의 10퍼센트 이상을 무상으로 나누어준 1862년의 자영농지법Homestead Act(실제로는 북미 대륙의 원주민들을 대거 학살하고 그들의 터전이었던 땅을 주인 없는 땅이라 규정한 링컨 대통령이 백인 이주민들만을 대상으로 토지를 무상 분배하는 데 근거가 된 법이라는 비판이 있기도 하다 – 옮긴이)이다.

나는 이 대목에서 이 문제와 관련해 가장 민감한 사항인 인종적 차원의 이야기를 해볼 생각이다. 중산층의 어려운 상황에 대해 이야기하는 것과 인종적 차원에서 불평등 문제를 논의하는 것은 전혀 다른 차원이기 때문이다. 나는 우리 백인들이 그동안 누렸던 이점들이 그것을 누릴 만한 자격이 있어서 그 결과로 나온 것이 전혀 아니라는 내 지적에 대해 어느 정도 반발이 있을 것으로 예상한다.

나는 심호흡을 한 번 크게 한 뒤, 입을 뗀다. "우리가 잘 이야기하지 않는 부분이 있는데, 그것은 정부가 지원한 부의 증식을 위한 정책들이 압도적으로 백인들에게만 초점이 맞춰져 있었다는 사실입니다. 2차 세계대전이 끝난 뒤, 미국의 대부분 지역에서 아프리카계와 라틴계 미국인 참전용사들을 맞이한 것은 흑인을 차별하는 짐크로Jim Crow 관련법들과 인종 분리 교육 제도였습니다. 그들은 유색인종에 대해 여전히 차별적이었던 주택담보대출 관행과 지역사회의 적대적 태도 때문에 여러분 중 일부가 받았던 주택 마련 프로그램을 이용할 수 없었습니다."[15]

"저런, 뭐 하는 거요." 한 남성이 의자에서 반쯤 일어서며 항의한다. "인종차별에 대한 백인의 죄책감 같은 이야기는 하지 말아요."

"그냥 입 다물고 저 양반이 이야기하는 거나 들어봅시다." 뒷자리에서 단호한 목소리가 나오며 응수한다. 다른 사람들이 술렁거리며 동의를 표한다.

"제게 그것은 죄책감이 아닙니다. 저는 정부 지원을 받은 재향군인들은 그것을 받을 만한 분들이라는 사실에 추호의 의심도 없습니다. 이 자리에서 여러분께 드리고 싶은 이야기는 그러한 마법의 양탄자에 올라탈 기회를 박탈당했던 사람들을 도울 의무가 이제 우리에게 있다는 것을 인정하자는 말입니다."

나는 현재 백인의 자가 소유 비율이 72퍼센트인 데 비해, 아프리카계 미국인은 43퍼센트, 라틴계 미국인은 45퍼센트라는 사실을 제시한다. "만일 한 세대 전에 사람들을 부의 증식 열차에 올라타지 못하게 막았다면, 그것은 그들의 다음 세대가 미래에 성공할 가능성을 크게 제약할 겁니다."

중산층의 행복을 가늠할 수 있는 지표가 있다면, 그것은 바로 자가 소유 비율일 것이다. 미국 전체의 자가 소유 비율은 2005년에 69.1퍼센트로 최고 수준이었는데, 그 이후로 계속해서 하락했다. 2014년 말에는 64.4퍼센트로 떨어졌다.[16]

내 말이 그 재향군인들에게 감명을 줄지, 또는 예의상 하는 말로 끝났는지는 알 수 없다. 인종 문제를 거론하는 순간, 마땅히 받을 만한 자격이 있다는 신화는 약간의 우여곡절을 겪기 마련이다. 나는 이곳이 노예제 배상과 관련된 문제를 거론할 장소가 아닐 수 있다는 생각에, 부의 격차를 줄이기 위한 보편적인 해결방안이라는 안전한 논의 주제로 화제를 돌린다.

나는 또 다른 강연 목적인 상속세를 확대하고 극소수에게 집중되고 있는 부를 좀 더 많은 사람들에게 분배하는 계획들을 재개하기 위한 운동에 대해 이야기하는 것으로 강연을 마무리한다.

"우리가 그것을 재개하지 않을 이유가 없습니다"라고 말하며 끝을 맺는다.

정부보조금은 금기어다

"여기 자리에 다시 좀 앉아요, 젊은 친구." 필립이 말한다. 그는 지금 두 다리 사이에 지팡이를 두고 앉아 있다. 나는 자리에서 일어나 접이식 의자를 접은 상태였다. 모임은 끝났다. 참석자 대다수는 밖으로 나가려고 출구 쪽으로 줄지어 서 있다.

"난 당신의 발표가 좋았어요." 그가 말한다. "지금의 부자와 가난한 자의 격차는 정말이지 끔찍합니다. 나는 해군으로 남태평양에서 복무했죠. 그리고 당신이 이야기한 제대군인원호법의 지원도 받았어요. 난 전쟁이 끝나고 우스터 폴리테크닉Worcester Polytechnic 대학에 다녔어요. 그리고 재향군인관리국의 주택담보대출을 받아 바로 여기 노우드에 집도 한 채 샀소." 필립은 광학기사로 레이시언컴퍼니Raytheon Company에서 수십 년을 일했다고 자신을 소개했다. 그는 톰 브로코Tom Brokaw가 여러 책에서 언급한 "가장 위대한 세대"—대공황 시대에 굶주림과 결핍을 알며 성장했고, 2차 세계대전을 겪었고, 지금의 미국을 세운 미국인 남녀―에 속하는 사람이다. 필립이 그런 어려움을 겪으며 살았는지 나는 잘 모른다.

"나는 당신이 말한 것 가운데 반대하는 것이 하나 있소." 필립은 지팡이로 바닥을 톡톡 치며 조심스레 말한다. "당신은 그러한 혜택들을 설명하기 위해 **정부보조금**이라는 단어를 썼죠."

나는 필립에게 이렇게 설명한다. "제가 말씀드린 그 단어는 그저 '도움'을 뜻하는 겁니다. 사람들과 사회가 서로 돕는 것 말입니다."

"**정부보조금**은 일종의 금기어입니다." 필립이 부드럽게 말한다.

"왜죠?" 나는 정말로 궁금해서 묻는다.

"그 말은 마땅히 그것을 받을 만한 자격이 없다는 소리처럼, 마치 가난한 사람들에게 거저 나눠주는 돈이라는 것처럼 들리기 때문입니다."

"저는 그 말로 조금도 무례하게 굴 생각이 없었습니다." 나는 오늘 얼마나 많은 청중들이 그 말에 발끈했을지 생각하며 말한다. "저는 재향군인들이 그런 혜택이 받은 것이 정말 잘된 일라고 생각합니다. 그것은 우리 사회가 참전용사들에게 보답할 수 있는 최소한의 것이었습니다."

"그렇지 않아요." 필립이 다정하게 말한다. "내 말을 이해하지 못하는군요. 나는 내 전투 수당보다 더 많은 보상을 기대하지 않았소. 나는 그저 내 나라를 위한 의무를 다한 것뿐이었소. 재향군인관리국의 주택담보대출이나 폴리테크닉에서 받은 학위는 놀라운 보너스였죠. 그리고 그것은 **모든 것**을 바꾸었지."

필립은 잠시 멈칫하더니 빈 강연장을 둘러보고는 약간 당혹스러운 목소리로 말한다. "당신을 붙잡아두려고 한 것은 아니었소."

"아닙니다. 괜찮습니다." 나는 의자 등받이에 깊숙이 기대며 말한다. 나는 2차 세계대전이나 한국전쟁 참전용사들과 이야기를 나누면서 그들이 깊은 희생정신과 사명감을 가지고 있다는 것을 알고 있다. 그들 옆에 있으면 마치 내가 아직도 어린애인 것처럼 느껴져 당황스럽기까지 할 때가 있다. 미국이 내게 요청했던 유일한 희생은 세금을 내는 것과 3년에 한 번씩 배심원 의무를 수행하는 것이다. 단순히 나와 필립 사이뿐 아니라, 필립과 더 최근에 국가를 위해 일한 수없이 많은 미국 남녀들 사이에는 정말로 세대 차이가 있다. 징병제가 아닌 오늘날 미국에서 군대에 가는 사람들은 사회의 아주 작은 부분으로서 황인종과 흑인종, 시골 사람과 가난한 도시 빈민들이 주를 이룬다. 그리고 그들을 위한 사회적 지원들은 명백하게 감소했다.

이 위대한 세대와 함께 성장한 미국은 여러 면에서 사라졌다. 지금도 여전히 자신을 희생하는 많은 미국인들이 있다. 그런데 오늘날 탈영병들은 대개 부유한 사람들이다.

"웃기는 게 뭔지 알아요?" 필립이 말한다. "당신이 무상 교육과 정부의 주택 지원, 사업 대출을 받은 사람들이 누구냐고 물었을 때, 그 자리에는 그 세 가지 혜택을 다 받았지만 손을 들지 않은 사람들이 있었어요."

"왜 그랬다고 생각하세요?"

"개인 사정이 있겠지요, 뭐. 제기랄, 우리 나이 또래 늙은이들은 자기가 모든 것을 혼자 했다고 생각하는 걸 좋아하지. 우리는 누구의 도움을 받았다고 인정하는 걸 수치스럽게 생각한다오."

혼자 힘으로 했다. 다시 자수성가의 신화가 발동하는 것이다.

"도움을 받는 것이 부끄러운 일은 아니잖습니까." 내가 말한다. "뭐든 혼자 힘으로 하는 사람은 아무도 없습니다."

"맞아요." 필립이 맞장구를 친다. "하지만 그것은 **입에 올리기를 꺼리는** 작은 비밀이죠."

자신을 정부보조금 수급자로 생각하고 싶어 하는 사람은 우리 중에 아무도 없다. 필립과 그의 동료 집단에게 그것은 보너스였다. 그들의 자녀들에게 그것은 가족 선물이었다. 우리 세대 가운데 지금 이루어진 모든 것이 정부의 계획들 덕분이었음을 인정하고 그 관계를 연결시키는 사람은 아직까지 거의 없다.

진실을 말하다

내가 제안하는 것은 이것이다. 다음 세대를 위한 제대군인원호법 같은 제도는 자신의 나라를 위해 일하는—그것이 군대에 가는 것이든 그 밖의 다른 일이든 상관없이—사람들의 가족에게 존경을 표시하는 가장 좋은 방법이다. 이번에는 모든 사람에게 골고루 그 혜택이 돌아가야 한다. 인종을 비롯한 그 어떤 차별 없이 재향군인뿐 아니라 교사와 간호사, 소방대원, 과학자들의 다음 세대가 모두 학자금 대출 없이 대학 교육을 받고 생애 최초 주택 마련을 위한 정부 지원을 받을 수 있게 해야 한다. 군복무나 국가를 위한 일을 마치는 청년들은 교육을 받고 부를 증식할 수 있는 기회를 가져야 하고, 우리는 연방상속세를 계속 유지하고, 그 세수를 그들에게 제공하는 프로그램들에 충당함으로써 그러한 기회들에 대한 비용을 지불할 수 있다.

그러나 우리가 여기까지 어떻게 해서 왔는지, 특히 그 수혜자 자신들이 과거를 되돌아보며 현실을 더 잘 이해하지 않고는 그런 일은 결코 일어나지 않을 것이다. 그리고 행운이란 온전히 개인의 노력 덕분이 아니라, 어떤 종류든 정부의 지원이 거의 언제나 중요한 역할을 한다는 사실을 인정해야 한다.

제대군인원호법의 수혜자들은 앞에 나와서 자신들이 받은 도움과 격려를 증언할 필요가 있다. 재향군인들과 그들 세대에게 교육 기회를 제공하기 위해 적극적으로 로비활동을 벌였던 제대군인원호법동우회는 지금 어디에 있는가?

제대군인원호법 수혜자들의 자녀와 손주들 또한 그들의 부모와 지역사회가 받은 교육이나 주택, 중소사업 투자 지원 덕분에 자신들의 가족이 누리게 된 혜택들을 인정해야 한다.

인종 간의 부의 격차 문제를 바로잡는 첫 단계는 제대군인원호법 같은 정부의 구호 징책에서 배제된 사람들에게 어떤 일이 일어났는지 먼저 이해하는 일이다. 역사가 아이라 카츠넬슨Ira Katznelson은 저서 『차별철폐조처가 반동적이었을 때When Affirmative Action Was White』에서 이런 혜택들이 적용되는 인종차별적 방식들이 인종 간의 부의 격차를 더욱 악화시켰다고 언급한다. 흑인 재향군인들 다수는 짐크로 법이나 문화 때문에 흑백으로 갈라진 지역사회로 돌아왔고, 고등교육을 받을 기회는 "흑백으로 분리되고 불평등"하거나 아예 존재하지 않는 경우도 많았다. 그리고 연방정부가 보증하는 주택담보대출 제도는 정말 지독하게도 인종차별적이었다.

다른 많은 사람들처럼, 나는 등 뒤에서 부는 순풍을 맞으며, 즉 남들보다 유리한 위치에서 수많은 혜택에 힘입어 성장했다. 군대에 가지 않은 우리 가운데 많은 이들도 생애 최초 주택 마련 지원이나 학자금 대출 없이 대학교육, 중소기업대출 프로그램 등 직간접적으로 정부보조금의 혜택을 받았다. 이러한 보조금들은 미국의 수백만 가구가 중산층과 심지어 상류층으로 진입할 수 있는 날개를 달아주었다.

사람들이 어떻게 직접적인 정부보조금이나 저리 대출 같은 아주 명백한 보조금을 받았다는 사실조차 알지 못하는지 내겐 신기할 따름이다.

필립의 말은 옳다. 그가 입에 올리기를 꺼리는 작은 비밀은 이 나라가 정부보조금 수혜자들의 나라라는 것이다. 그러나 우리는 그것을 인정하지 않는다. 더군다나 우리는 정부보조금을 받고도 그 사실을 까먹거나 부인한다. 그리고 대개는 그것을 무시하거나 심지어 우리가 받은 것과 똑같은 도움이 필요한 다른 사람들에게 등을 돌리기까지 한다.

우리는 **우리**가 받는 정부보조금은 마땅히 받을 만하다고 본다. 그러나 다른 사람들이 받는 정부보조금은 "후생복지"나 "낭비" 또는 "거저 주는 돈"이다. 내가 받는 중산층 보조금인 주택담보대출이자공제는 세법에 명시되어 있다. 그러나 해마다 의회의 예산위원회는 가난한 사람들의 임차료지원 주택보조금에 대해 면밀한 조사가 필요하다는 이유로 지원 규모를 삭감하고, 수혜자들을 조사하면서 그들의 수치심을 유발한다.

그 결과 우리는 미국에서 다소 기이한 장면들을 보게 된다. 아무런 조건 없이 기업에 주는 다양한 특혜들을 받고 법인세 보조금은 착복하면서 임금은 계속해서 깎는 기업주들은 못 본 체하고, 실업자나 편부모 노동자들이 "실업수당을 받고" 있는 것에 대해서는 손가락질을 한다.

연간 200억 달러의 정부보조금에 기대어 농업 경영을 하는 농장주와 목축업자들은 자기네 트랙터에 몸을 젖히고 시답지 않게 다른 사람들에게 근면의 미덕과 작은 정부에 대해 강의를 한다.[17]

인디애나, 노스다코타, 루이지애나 같은 주들이 그런 곳들인데, 그곳 주민들은 1인당 연방정부에 내는 세금보다 연방정부의 지출과 보조금으로 두 배는 더 돌려받는다(사우스캐롤라이나는 거의 8배 정도를 더 돌려받는다). 그러나 그들은 연방정부의 규모를 줄이고 주정부의 권한을 강화하기 위해 워싱턴에 정치인들을 파견한다. 뉴욕이나 미네소타, 일리노이 같은 주들은 연방정부에 내는 세금보다 돌려받는 돈이 훨씬 적음에도, 연방정부의 지출을 강화하고 주정부와 권한을 공유하는 것을 지지하는 의원들을 매번 선

출한다.[18]

정부보조금 수혜자들의 나라

상속세 폐지를 막기 위해 노력하
는 동안, 나는 때때로 "사망세" 철폐 운동의 포스터 모델로 등장하고 있는
농장주들과 맞붙게 되는 경우가 있었다. 상속세는 재산이 1,080만 달러 이
상인 가구에 대해서만 부과되기 때문에, 실제로 상속세를 낼 농장주들은 극
히 적다. 따라서 상속세는 대개 금융 자산이 많은 부자들이 낸다. 만일 어떤
사람의 주된 부가 농장과 같은 생산적 자산과 연계되어 있다면, 그들을 보
호하고 상속세를 최소화하거나 연기할 수 있는 과세특례 조항이 있다. 그
러나 그것으로 상속세 반대 로비스트들이 농장주들을 부추기는 것을 막을
수는 없다. 농장주들의 일부는 역설적이게도 정부보조금을 엄청나게 많이
받는 사람들임에도 불구하고 말이다.

2014년, 공화당 선거단체들은 현직 상원의원 미치 매코널Mitch McConnell을
다시 당선시키기 위한 광고비로 180만 달러를 썼다. 그 광고에는 켄터키주
버번Bourbon의 농장주 존 매언John Mahan이 등장해서 이런 말을 한다. "미치 매
코널은 우리의 켄터키 가족 농장들을 지킬 수 있도록 돕기 위해 사망세를
철폐하는 투쟁을 벌여 왔습니다. 우리의 가족 농장들이 살아남기 위해서는
이 투쟁에 동참해야 합니다." 그런데 그 광고에서 밝히지 않은 것은 매언이
켄터키주의 그의 지역에서 농장보조금을 16번째로 많이 받은 사람이라는
사실이다. 그는 1995년에서 2012년 사이에 수표로 받은 보조금 138,310
달러를 현금화했다. 만일 당신이 여러 세대에 걸쳐 농장보조금을 받고, 죽
었을 때 1,000만 달러가 넘는 재산을 보유했다면, 당신은 정부에 어떤 것

이든 갚아야 할 것이 있는 게 아닌가?

지역사회의 노동자 일자리 유지를 위해 정부가 제공하는 일종의 뇌물이라 할 수 있는 "감세 혜택"은 덜컥 받으면서, 지역개발사업에 정부가 지출하는 것에 대해서는 투덜대는 고용주들이 우리 사회에 많다.

무엇보다 최악의 상황은 우리가 집단적으로 부정직한 태도를 보인다는 점이다. 우리는 정부가 재정을 투입하는 대상의 대다수가 **우리**라는 사실을 인정하지 않고, 조세 부담과 정부의 낭비에 대해서 불평한다. 도로, 공중 안전, 학교, 노인을 위한 보건과 의료, 노후생활보장, 국방, 화재 예방, 주식시장 감시, 수송체계, 국립공원 관련 예산이 모두 우리 국민을 위한 것들이 아닌 게 없다. 우리의 연방 예산 가운데 가장 큰 부분은 연방정부 부채에 대한 막대한 규모의 이자다. 갈수록 기꺼이 세금을 내려 하지 않고 있기 때문이다.

나는 이런 모습을 우리 가족에게서도 본다. 내 남동생은 10년 넘게 미시간에서 정신건강 치료, 즉 상담, 약물치료, 그리고 두 차례에 걸친 장기 입원 치료를 받아야 했다. 한 번은 미시간주 플린트에서 동생을 담당하고 있는, 업무량이 과도하게 많은 사회복지사 리타와 면담하기 위해 아버지와 함께 그녀를 방문했다. 아버지는 그녀의 업무 능력과 사명감에 정말이지 감동을 받았다. 하지만 몇 시간 뒤, 우리는 미시간주의 징세 반대 계획에 대해 아버지가 지지의사를 보이는 문제를 두고 정치 토론을 벌였다.

"아버지, 리타의 봉급을 누가 지급한다고 생각하세요?" 내가 물었다. "그것과 관련된 모든 예산 삭감으로 이미 그녀의 업무 부하는 두 배로 가중되었어요."

아버지는 잠시 조용히 앉아 있었다. 그러더니 "그것에 대해서는 정말 생각해보지 않았구나"라고 말했다. 우리 아버지는 사려 깊고 동정심 많은 분이다.

　우리는 정부가 "우리를 그냥 내버려두기"를 원한다고 말한다. 하지만 우리가 곤경에 처하면, 정부가 우리를 구제해주기를 바란다. 우리는 "사회복지 규모를 줄이더라도 감세 정책을 실시starve the beast"하기를 원한다. 하지만 이 나라에 재난이 닥치면, 정부가 신속하게 구조하러 달려오기를 바란다.

　우리는 우리가 내는 세금이 실제로 어떻게 쓰이는지 알려고 하지 않는다. 오히려 세금 반대에 대한 우리의 주장을 정당화하기 위해 아주 사소한 낭비와 정부의 멍청한 실책 사례들을 지적하기 바쁘다. 우리는 연방정부가 대개 국방 관련 사업을 제외한다고 해도, 일종의 거대한 사회보험회사라는 사실을 인정하지 않는다. 사실 정부의 그 밖의 다른 지출은 아주 미미한 수준에 불과하다.

　우리가 국민적 고해성사를 한다면 마땅히 이래야 할 것 같다.

　나는 정부보조금을 받았습니다. 일생을 통해 정부보조금을 받아왔습니다. 나는 백인입니다. 우리 가족은 아마도 유색인종의 가족보다 더 많은 정부보조금을 받았을 것입니다. 도움을 받는 것은 수치스러운 일이 아닙니다. 품위 있는 가정과 사회라면 서로를 위해서 하는 일이 바로 그것입니다. 그것은 우리를 **진정한** 우리로 거듭나게 합니다. 우리는 모두에게 기회를 제공합니다. 우리는 가장 곤경에 처한 사람들을 돕습니다. 우리는 가난하게 태어난 사람들에게 기회의 사다리를 제공합니다. 우리는 노인과 장애인, 미망인과 고아처럼 도움을 필요로 하는 사람들을 위해 그런 기회를 제공합니다. 우리 모두가 살면서 어느 순간 불행을 만나고, 언젠가는 모두 장애인과 노인이 될 것이기 때문입니다. 여기에는 **부끄러움이 전혀 없습니다.** 우리는 모두 한배를 타고 있습니다.

○

회의장은 이제 현관 주위를 빗자루로 쓸고 있는 관리인 한 사람을 빼고 텅 비어 있다. 나는 필립이 그가 남태평양에서 겪은 일들에 대해서 하는 이야기에 귀를 기울이고 있다.

"그래요. 우린 과달카날섬에서 벌어진 대규모 무장헬기 전투에 참전했소." 필립이 말한다. "아주 기겁을 했죠."

"자, 다시 정부보조금 이야기로 돌아갑시다." 그가 계속 말한다. "당신은 내 자식들을 생각나게 했소이다. 슬하에 아들 둘에 딸 하나가 있지요. 지금은 모두 결혼해서 아이들을 낳았어요. 그들의 삶은……" 그는 적당한 말을 찾느라 잠시 말을 멈추었다. "그들의 삶은 지금 정상이 아니에요. 그들은 너무 미친 듯이 일해요. 나도 그 나이 때 열심히 일했죠. 하지만 지금은 부모가 둘 다 일하잖아요. 그리고 아이들을 데리고 축구장이다 체육관이다 과외다 사방으로 뛰어다니기까지 해요."

필립의 두 눈은 감정이 북받쳐 붉어지며 물기가 번진다. 갑자기 화가 치미는 듯 목소리에 날카롭게 날이 서 있다.

"자식들을 도와서 손주들을 대신 봐주려고 애쓰죠. 큰아들은 밤 8시에 일이 끝나 귀가해요. 가방 안에 서류를 하나 가득 들고 와요. 그리고 대출도 많아요. 제기랄, 신용카드에 두 번째 주택담보대출에 아이들 '대학 학자금 마련 저축'까지. 게다가 의료비도 겁나게 많이 나가요."

"그리고 그들은 모든 것을 세부적인 것까지 읽어야 하죠. 그래서 신용카드 회사에 온갖 문의를 하고, 통신회사를 상대로 과다청구 건을 가지고 싸

위야 합니다. 모든 이가 그들에게 인색하게 굴거나 수수료를 부과하려고 하니 싸울 수밖에 없어요. 도대체 누가 이러고 있을 시간이 있겠소?"

"세상에." 그는 고개를 절레절레 흔든다. "내가 한창 때는 매일 밤 6시면 저녁식사를 위해 집에 있었다오. 그리고 아내는 직장에 다닐 필요도 없었지. 우리는 집 마련을 위해 재향군인관리국이 보증하는 주택담보대출만 받았지 다른 빚은 없었소. 우리가 살던 때는 지금과 무척 달랐다는 말이오."

"이 아이들은 그런 도움을 받을 수 있었소." 필립이 내게 하소연하듯 말한다. "내 말은 지금도 여전히 대학기금과 여름캠프 비용 등으로 그들을 돕고 있다는 말이오. 하지만 그때는 그들이 괜찮은 교육을 받기 위해 한 아이 당 40,000달러를 저축할 필요가 없었다는 것을 알기나 하면 좋으련만."

"제가 알기로는 100,000달러에서 130,000달러가 넘습니다." 내가 중간에 조용히 끼어들어 말한다.[19]

"사람들은 우리 세대를 '가장 위대한 세대'라고 불러요. 젠장. 내 생각에 우리는 **정부보조금**을 가장 많이 받은 세대인 것 같소."

"정부보조금이라는 금기어를 또 쓰시네요." 내가 장난치듯 말한다. "욕을 잘 하시는군요."

필립은 **활짝** 웃으며 "정말 즐거운 시간이었소"라고 말하고는 지팡이로 바닥을 톡톡 두드리며 자리에서 일어난다. "낮잠 자러 갈 시간이군."

누가 그리고 무엇이 오늘날 흑인들에게 그들이 투쟁하고 있는 박탈의 조건들을
초래했는지 이제 우리 모두가 그 진실을 서로 터놓고 이야기할 때입니다.
인간관계에서 진실을 찾기는 어렵습니다.
대다수의 인간 집단이 스스로를 기만하고 있기 때문입니다.

- 마틴 루터 킹 주니어 Dr. Martin Luther King Jr.
『우리는 여기서 어디로 가는가: 혼돈이냐, 공동체냐?
Where Do We Go From Here? Chaos or Community』

8장

흑인의 부,
황인의 부,
백인의 부

캐시는 인종에 대한 편견을 지닌 사람이 아니다.

그녀는 미국 대선에서 버락 오바마를 두 번 다 찍었고, 매사추세츠 최초
의 흑인 주지사인 더발 패트릭Deval Patrick에게도 두 번 표를 던졌다. 백인들
중에서 그들의 인종적 특권 문제들을 해결하기 위해 애써 온 많은 이들처
럼, 그녀는 배울 점이 많은 사람이다. 그러나 캐시는 자신이 유색인종 사람
들보다 이점이 많다는 주장을 들으면 발끈한다. 예순 살이 다 돼가는 여성
으로서 그녀는 경험이 많았다. 그녀의 표현을 빌리자면, 그녀는 인종관계
의 "좋은 점, 나쁜 점, 추한 점"을 알고 있다. 남부의 노동계급 집안에서 성

장한 그녀는 일생을 유색인종 사람들과 함께 놀고 일했다.

퍼거슨 및 스태튼아일랜드에서 비무장 흑인 남성들이 총격을 당한 사건에 반발하여 2014년에 일어난 '흑인의 생명도 소중하다Black Lives Matter' 운동은 캐시에게 격한 감정을 불러일으켰다.

"우리 사회가 인종주의의 유산을 극복하려면 갈 길이 멀다는 것을 압니다." 캐시는 오랜 시간 차를 함께 타고 가면서 내게 말했다. "하지만 지금은 흑인차별정책을 펼치던 때의 미국이 아닙니다. 우리는 언제쯤이나 모든 면의 인종주의에 대한 비난에서 벗어나 다음 단계로 나아갈까요?"

나의 백인 친구들이 수많은 대화 끝에 "인종 문제에 대한 피로감"을 호소하며 말하는 것을 듣거나, 우리가 얼마나 많은 진전을 이루었는지에 초점이 맞춰진 "인종차별에 얽매이지 않는" 견해를 취하는 것은 드문 일이 아니다. 캐시는 "이제 셀마Selma(마틴 루터 킹이 흑인 투표권 확보를 위해 위대한 행진을 시작했던 앨라배마주의 지역 – 옮긴이) 같은 곳은 더 이상 존재하지 않아요. 조지 월리스George Wallace(앨라배마 주지사를 여러 차례 역임한 인종분리정책 지지 정치인. 나중에 인종차별철폐로 돌아섬 – 옮긴이) 같은 이는 오늘날 선출될 수 없을 겁니다"라고 지적한다(이때는 2016년 트럼프가 대통령에 출마하기 전이다). "우리는 이제 계급에 대해서 더 많이 이야기해야 합니다."

디트로이트에서 성장한 나는 사람들의 삶에 인종과 계급 문제가 서로 얽혀 있다는 것을 안다. 계급적 특권과 인종적 특권 사이의 복잡한 상호작용을 풀어 헤쳐서 그중 어느 하나가 다른 하나보다 낫다는 걸 보여주는 것은 불가능하다. 그렇다면 우리는 무엇이 진실이라고 알고 있을까?

꿈의 현재 상황

우리는 법적으로 인종차별이 끝났으며 공공연한 차별은 감소했다고 알고 있다. 그러나 마틴 루터 킹 주니어가 공개적으로 밝힌 꿈, 특히 그것을 경제적 기회와 관련해서 말할 때, 그 꿈의 현재 상황은 어떠한가?

백인과 유색인종 간의 소득 불평등은 지금도 여전히 지속되고 있다. 35세 이하의 아프리카계 미국인들은 또래의 백인들이 1달러를 벌 때 75센트밖에 못 번다. 라틴계 미국인 청년들이 버는 돈은 68센트에 불과하다.[1]

그러나 소득만 비교하는 것은 지구의 구조적 변화를 날씨로만 이해하려는 것과 같다. 소유한 재산, 즉 순자산—총자산에서 총부채를 뺀 것—은 우리에게 여러 세대에 걸친 부의 추이를 들여다볼 수 있는 창을 제공한다.

놀랄 일도 아니지만, 연구자들에 따르면 부와 경제적 안정 사이에는 높은 상관관계가 있다. 저축과 투자 그리고 주택 형태로 소유하고 있는 부는 곤경에 처했을 때 충격을 완화해줄 수 있는 완충장치를 제공한다. 자가 소유는 특히 한 가정의 기반이 되는 자산으로서 자식들에게 물려줄 수 있다.

퓨리서치센터Pew Research Center의 연구 결과에 따르면, 2013년 미국의 백인 가구가 보유한 평균 자산은 흑인 가구의 그것보다 무려 13배나 더 많았는데, 2010년에 8배였던 것에서 격차가 더 크게 벌어졌다. 라틴계 미국인 가구보다는 10배가 더 많았다.[2]

인종 간의 부의 격차는 2007년에서 2009년까지의 세계 금융 위기 이후에 확대되었다. 유색인종의 평균 보유 자산은 급격하게 감소한 반면에, 백인의 평균 자산은 약간 늘었다.

2013년 흑인 가구의 평균 보유 자산은 11,000달러였는데, 2010년에 16,600달러였던 것에서 무려 33.7퍼센트나 급감했다. 반면에 백인 가구는 2013년 평균 보유 자산이 141,900달러였는데, 2010년에 138,600달러였던 것에서 2.4퍼센트 늘었다. 2010년에서 2013년 사이에 라틴계 미국인의 평균 자산은 16,000달러에서 13,700달러로 14.3퍼센트 줄었다.[3]

모든 인종의 미국인들이 2008년 금융 위기 동안 순자산이 급감하는 것을 경험했지만, 백인들은 유색인종들보다 훨씬 더 빨리 회복했다. 백인들은 주식과 채권 같은 금융 자산을 더 많이 보유하는 경향이 있기 때문에 그 영향이 부분적이었고, 2009년 이후로 다시 일어설 기회를 잡을 수 있었다. 하지만 유색인종 가구가 보유한 가장 큰 자산에 해당하는 주택의 가치는 그와 같은 속도로 회복되지 못했다.

이런 통계들의 이면에는 주택과 직업, 저축, 생활의 안정을 잃은 사람들의 압박감에 쫓기는 삶의 이야기들이 있다. 중산층의 부의 붕괴는 모든 인종에 영향을 주었지만, 유색인종의 지역사회에 끼친 충격은 무엇보다 매우 심각했다.

미국에서 백인과 유색인종 사이의 부의 격차가 그렇게 극적으로 확대된 것은 가장 최근의 경제 위기만으로 설명될 수 없다. 따라서 그 사연은 부모, 조부모, 나아가 더 먼 조상 세대까지 거슬러 올라간다. 오늘날 미국의 백인과 유색인종 사이의 부의 격차는 여러 세대에 걸친 약탈과 차별의 역사 속에 새겨진 경제고고학적 표지다.

백인 우대 정책

"이제 우리 모두가 그 진실을 서로 터놓고 이야기할 때입니다." 1967년에 킹 박사는 말했다. "누가 그리고 무엇이 오늘날 흑인들에게 그들이 맞서 투쟁하고 있는 박탈의 조건들을 초래했는지."[4] 그 진실은 우리 가운데 일부가 다른 사람들의 희생으로 이익을 챙겼다는 사실이다.

흑인의 부도 소중하다. 우리가 백인과 유색인종 사이의 부의 격차 문제에 대한 진실을 서로 터놓고 이야기할 때까지, 킹이 바랐던 꿈의 실현은 여전히 뒤로 미뤄질 것이다. 그러나 진실을 말하는 것은 늘 그렇듯이 쉽지 않다. 킹 박사가 말한 것처럼, "인간관계에서 진실을 찾기는 어렵다. 대다수의 인간 집단이 스스로를 기만하고 있기 때문이다."

백인들이 인종 간의 부의 격차 문제를 이해하기 위해서는 부의 창출에 대한 우리 자신의 서사에 박혀 있는 신화적 요소를 얼마간 제거해야 한다. 내게 그것은 부의 강탈이라는 참상의 전모에 주목하는 것을 의미한다. 나는 현재의 불평등을 야기한 약탈의 역사를 알기 위해 노력했다. 〈애틀랜틱〉 잡지는 흑인 작가 타너하시 코츠Ta-Nehisi Coates가 블로그에 쓴 글 "배상금을 위한 소송The Case for Reparations"을 소개하면서 그것을 다음과 같이 간명하게 요약했다. "노예제 250년. 짐크로법 90년. 분리되었지만 동등하다던 시절 60년. 인종차별적 주택 정책 35년. 우리의 점점 더 악화되고 있는 도덕적 채무를 처리할 때까지, 미국은 결코 완전체가 되지 못할 것이다."[5]

노예제가 공식적으로 철폐되고 100년이 지난 1965년, 아프리카계 미국인들은 중산층 진입을 위해 부를 증식하도록 도움을 주었던 정부 정책들로부터 대부분 배제되었다. 2차 세계대전이 끝나고 나서 10년 동안 미국은 앞에서 설명한 것처럼 학자금 대출 없이 대학을 다니고 저리의 주택담보대출을 지원하기 위해 유례없는 대대적 공공 투자를 단행했다. 이러한 미국 정부의 부 증식 지원 정책들은 대체로 수백만 백인 가구들에게 그 혜택이 돌아갔다.

미국 전역에 걸쳐 주택담보대출에서의 공공연한 차별과 흑백 분리 및 불평등한 교육 제도에 직면한 유색인종 사람들은 일반적으로 이러한 혜택들을 공유하지 못했다. 연방정부가 제공하는 많은 주택담보대출들은 대출 방식과 주택거래 조건 양쪽에서 모두 심대한 인종적 편견 속에 시행되었다. 흑인과 라틴계 미국인들이 주택담보대출을 받을 자격을 갖췄을 경우, 그들은 대개 부동산 가치가 높고 편의 시설을 갖춘 동네들에서 멀리 떨어진 곳의 주택에 한해서 구입 가능했다. 학자금 대출을 받지 않고 교육을 받을 수 있도록 지원하는 프로그램과 관련해서도, 그러한 제대군인원호법에 의해 교육 혜택을 받은 유색인종은 극히 일부에 불과했다. 그러나 흑인을 차별하는 남부의 교육 체계로 돌아간 많은 재향군인들은 이러한 기회들도 공유하지 못했다. 흑인들은 백인 중산층을 위한 급행열차가 떠난 기차역에 덩그마니 서 있었다.

마침내 백인의 주택보유율은 75퍼센트까지 크게 상승했지만, 흑인의 주택보유율은 46퍼센트가 최고치였다. 그 30퍼센트의 격차는 지금까지도 그대로 유지되고 있다. 그것은 백인 가정이 여러 세대에 걸쳐 그 반대편에 있는 흑인 가정이 오랫동안 다가서지 못한 부를 누렸다는 것을 의미한다.

2004년 이후로 주택보유율은 전체적으로 꾸준히 감소했는데, 2014년 3/4분기에 69퍼센트에서 64.4퍼센트로 떨어졌다. 흑인의 경우는 2010년 45.6퍼센트에서 2014년 3/4분기에 42.9퍼센트로 하락했고, 라틴계 미국인의 경우는 같은 기간에 48.5퍼센트에서 45.6퍼센트로 떨어졌다. 백인의 경우는 74.5퍼센트에서 72.6퍼센트로 감소했다.[6]

나는 상위 1퍼센트의 부자로 태어난 사람으로서 우리 집안의 여러 세대에 걸친 부의 축적 과정을 흑인의 부를 강탈한 역사와 나란히 놓고 보려고 노력했다. 우리 가족의 부를 약탈한 사람은 아무도 없었다. 1921년 시카고 세드윅스트리트Sedgwick Street에서 일어난 폭동에서 그곳에 있던 독일 상점들을 파괴한 성난 폭도들은 없었다. 오클라호마 툴사Tulsa에서 백인 폭도들이 그 도시의 "흑인 월스트리트"라고 부르는 지역에 있던 학교와 병원, 교회, 그리고 그 밖의 흑인 지역사회의 주요 시설들은 말할 것도 없고 그곳의 상점 191군데와 1,200채가 넘는 흑인 주택들을 거의 대부분 불태운 것과 확연히 다른 모습이었다. 이듬해 6월, 툴사 주민들은 폭동과 관련해서 180만 달러 이상의 배상을 청구했다. 지금 돈으로 환산하면 2,600만 달러 상당의 금액이었다.[7]

또 다시 나의 역사는 그 자체가 유색인종 사람들과 백인 노동계급의 복잡하게 얽힌 불이익을 바탕으로 여러 세대에 걸쳐 남들보다 많은 이점들을 누리며 살아온 이야기다.

인종 간의
부의 격차 이해하기

나는 캐시에게 백인과 유색인종 간의 부의 격차가 왜 2009년부터 커졌다고 생각하는지 물었다. "아마 여러 세대에 걸쳐 다양한 형태로 가해진 충격들 때문이 아닐까요"라고 그녀는 대답한다. "예컨대 인종차별, 점점 낮아지는 연간 소득, 일자리 부족 같은 것 말이죠." 하지만 또 그녀의 말은 은연중에 문화적 설명으로 초점이 바뀐다. "그런데 그 바탕에는 지속되어온 빈곤의 문화, 교육 부족, 당장의 소비를 참고 절약할 줄 모르는 생활태도, 일해서 돈을 벌어오는 남성의 부재, 많은 미혼모와 홀어머니 같은 현상들이 있지요."

"사람들은 늘 무언가를 설명할 때, 기본적으로 개인적인 이야기로 시작합니다." 자메이카플레인에 사는 내 이웃 중 한 명으로, 얼떨결에 인종 간의 부의 격차 문제와 관련해 국내에서 전문가가 된 톰 샤피로Tom Shapiro의 말이다. "인종 간의 부의 격차에 대한 데이터를 가지고 왈가왈부하는 사람은 없습니다. 그러나 그것에 대한 설명은 사람마다 다 달라요. 그것은 일종의 인종 간 로르샤흐 검사Rorschach test(개인의 심리 및 인성 검사의 일종으로, 잉크 얼룩이 대칭으로 있는 데칼코마니를 보여주고 수검자의 정신적 상태, 인지적 특징, 내면의 충동, 억압, 심리적 방어를 진단하는 방식 – 옮긴이)입니다."

나는 올라 카페에서 샤피로를 만나 커피를 마셨다. 나는 그가 또 한 명의 사회학자 멜 올리버Mel Oliver와 함께 『흑인의 부, 백인의 부Black Wealth, White Wealth』라는 획기적인 책을 쓴 1995년부터 그를 알고 지냈다. 그는 인종 간의 부의 불평등과 관련해서 그 원인이 무엇인지를 놓고 대중매체나 개인들과 하루에도 10여 차례씩 대화를 나눈다. "대부분의 설명들은 개인의 책임과 그럴 만한 이유가 있다는 이야기들뿐입니다. 나는 이런 문제들에 대해 이야기할 때 모든 사실을 분명하게 다 설명해야 한다는 것을 배웠습니다. 그러지 않으면 어떤 사람들은 설명이 안 된 부분에 스스로의 이야기를 채워 넣거든요."

캐시의 경우처럼, 그들의 설명에는 돈을 절약하지 못하고, 당장의 소비를 자제하지 못하고, 결혼을 하지 않고 아이를 낳는 사람들이 포함된다. 샤피로는 아주 많은 시간을 들여서 이 다양한 개인들의 서사를 분석한다. "예컨대, 인종 간의 부의 격차가 미혼의 흑인 여성들과 남편 부재의 결과라고 가정해봅시다. 이제 미혼 흑인 여성 한 명에게 흑인의 평균 순자산을 보유한 흑인 남편 한 명이 생긴다고 합시다. 그런데 지금과 같은 인종 간의 부의 격차 문제를 끝내고자 한다면, 흑인 여성 한 명당 네다섯 명의 남편이 필요할 겁니다. 그것도 의사 남편들로 말입니다."

나는 샤피로에게 노우드 은퇴자 클럽을 방문해서 거기서 정부 지원에 대한 비공식적인 여론조사를 했던 이야기를 했다. "사람들은 자신이 그런 지원을 받을 만한 자격을 지니고 있다고 생각합니다." 그는 자기 의견을 말했다. "당신에게 정부 정책의 도움을 받았는지 물었을 때, 손을 드는 것은 쉬운 일입니다. 그러나 가족들 사이에서 자식과 부를 나누는 방식이 일종의 특권이라는 사실을 인정하기는 무척 어렵습니다."

샤피로는 한 백인 가족을 상대로 그들 집안의 주택 소유 내력과 관련한 자신의 연구의 일부로 진행했던 한 면담에 얽힌 이야기를 내게 해준다. 그 가족은 샤피로에게 자신들이 "더 좋은 동네로 이사 가기를 간절히 바란다"고 말했다. 그들은 일요일마다 중고물품을 내다팔았고, 외식하러 나가지 않는 것을 포함해서 돈을 절약하며 열심히 일했다. 그 집안의 어머니들 가운데 한 명과 저녁식사를 하는 사이에 그들은 자신들이 이사를 가기 위해 얼마나 노력하고 다각도로 방법을 알아보고 있는지 언급했다. 그러자 그 어머니는 수표책을 꺼내더니 30,000달러짜리 수표를 끊어서 그들에게 주었다.

면담이 끝나갈 때쯤, 샤피로는 이 부부에게 자기 집을 마련하는 데 가장 중요한 요소가 무엇인지 요약해서 말해달라고 요청했다. 그들은 자신들이 치른 개인적 희생과 일요일 중고물품 판매를 반복해서 말했다. 결정적으로 중요한 가족의 자금 지원에 대한 사실은 쏙 뺀 채로 말이다. 샤피로는 은근슬쩍 가족의 지원은 어떻게 생각하는지 물었다. 두 사람은 요지부동이었다. 그건 중요한 요소가 아니었다. 그들에게 중요한 것은 자신들이 집을 마련하기 위해 열심히 일했다는 사실이다.

이 이야기는 내게 뉴햄프셔주 힐스버러 출신의 찰리와 나눈 대화를 떠올리게 했다. 우리는 자신이 겪은 고생과 희생은 기억하지만, 외부에서 받은 도움은 잘 기억하지 못한다. 우리는 개개인의 노력에 대한 이야기에 깊이 천착하지만, 가족이나 정부의 도움이나 지원 이야기가 나오면 갑자기 기억

상실증에 걸리는 문화에 살고 있는 것처럼 보인다.

회복과 배상

"배상은 먼 과거의 문제가 아닙니다." 할렘의 유서 깊은 마더아프리칸감리교시온교회Mother AMZ Zion Church의 연단에 선 론 다니엘스Ron Daniels 박사가 말했다. "일본계 미국인 지역사회는 1980년대 말, 그들이 2차 세계대전 시기에—그들 자신의 정부였던—미국 정부로부터 받은 불법적 차별대우에 대한 배상을 요구했고, 결국 그 배상금을 받아냈습니다."

"그리고 러시아 의회와 그리스 의회는 나치가 그들에게 입힌 피해를 독일이 보상할 것을 요구하는 투표를 진행 중입니다." 다니엘스는 계속해서 연설을 이어갔다. "따라서 이 문제는 아직 끝나지 않았으며 그래서도 안 됩니다. 특히 아프리카계 미국인들과 관련해서는 더더욱 그렇습니다."

서늘한 4월의 저녁이다. 역사의 급물살이 나를 관통해 흐르는 것 같은 느낌이다. 나는 지금 1796년에 세워진, 미국에서 가장 오래된 아프리카계 미국인 교회의 다 낡은 의자에 앉아 있다.

"만일 당신이 심장의 고동소리 사이사이에 귀를 기울인다면, 예전에 도망치던 노예들의 존재를 느낄 수 있을지 모릅니다." 나이든 목사 리처드 채플Richard Chapple 박사가 예배를 시작하는 기도를 한다. "이 교회는 지하철이 달리는 한 역이었습니다. 소저너 트루스Sojourner Truth(19세기 미국 노예 출신 여성으로, 노예폐지운동과 여권운동을 벌임 – 옮긴이)도 이 교회 신도였고, 폴 로브슨Paul Robeson(아버지가 탈주한 노예 출신으로, 컬럼비아대학 법대를 졸업한 변호사 출신의 흑인 배우이자 가수 – 옮긴이)도 여기서 찬송가를 불렀습니다."

나는 지금 카리브해 지역 및 미국의 지식인과 사회운동가들의 모임인 국제배상정상회의International Reparations Summit의 개회식에 참석하고 있다. 나는 랜달 로빈슨Randall Robinson(미국 정계에 아프리카계 미국인 문제와 관련해 영향력을 끼치는 트랜스아프리카TransAfrica 단체를 창립한 아프리카계 미국인 변호사, 작가, 정치운동가 - 옮긴이)이 "부채"라고 부르는 것, 즉 우리가 노예제라는 범죄행위 때문에 아프리카계 미국인들에게 빚지고 있다는 문제의식을 숙고해온 사람들의 역사적 감성을 함께 느끼는 몇 안 되는 백인들 가운데 한 명이다.

1988년, 로널드 레이건 대통령은 미국 정부가 일본계 미국인들을 강제 억류한 역사에 대해 공식적으로 사과하고, 시민자유법Civil Liberties Act에 따라 피해자들에게 1인당 20,000달러의 배상금을 지불했다. 그러나 노예제에 대해서는 심지어 그것이 범죄행위라는 것에 아무런 이의가 없는 상황임에도, 그리고 과거 노예 노동으로 창출된 부가 현재 우리 주변의 수많은 건물과 시설, 그리고 예금 계좌의 형태로 존재하고 있음에도 미국 정부는 그것에 대해 어떤 배상도 한 적이 없었다.

국제배상정상회의가 열리는 이곳에서 나는 1923년 플로리다주 로즈우드Rosewood에서 일어난 흑인 대학살 사건의 피해자들에 대한 배상의 전모를 알게 되었다. 로즈우드 주민의 후손인 리지 젠킨스Lizzie Jenkins가 설명한 것처럼, 그날의 공격은 "그 주에서 발생한 가장 피비린내 나는 테러 행위 가운데 하나로, 공식 기록으로는 7명이 죽었고, 많은 부상자와 산산이 부서진 꿈, 궤도를 벗어난 삶, 도둑맞은 집들, 그리고 완전히 불태워진 마을의 모습이 그 결과"였다.[8] 수십 년 동안의 침묵을 깨고, 그 후손들은 로즈우드 흑인 구역에 대한 백인들의 폭동과 파괴 행위를 기록으로 남기며 재산권 침해에 맞서 소송을 제기했다. 1994년, 플로리다주 의회는 210만 달러의 배상법안에 서명함으로써 9명의 생존자들에게 기금을 전달하고 로즈우드의 후손들을 위한 주립대학 장학기금을 조성했다.

나는 배상과 회복 문제를 생각하면, 머릿속에 많은 목소리들이 들린다. 인종 간의 부의 격차를 입증하는 중요한 사실들은 이제 부인할 수 없다. 린든 존슨 대통령의 표현대로, 그것은 "고대의 잔혹함, 과거의 불평등, 그리고 현재의 선입견"이 빚어낸 결과다. 분명히 빚진 것은 있지만, 다른 많은 백인들처럼 나 또한 그 부채를 상환하는 방법에만 머물러 있다. 그저 사람들에게 수표만 발행하면 되는가? 어떤 사람들에게? 저소득층 백인들이 크게 반발하지 않을까? 그 돈은 어떻게 마련하지?

전에 캐시와 대화를 나누며 배상 문제를 제기했을 때의 상황이 머릿속에 떠오른다. "이봐요, 난 노예를 소유한 적이 없어요. 그리고 내 선조들도 마찬가지라고요." 그녀는 그들의 하얀 피부색이 갖는 이점을 보여줄 만한 것이 은행에 거의 없는 보통의 많은 노동계급 출신 백인들의 통념을 대변하며 빈정거렸다. "그것의 공소시효는 언제 만료되나요?"

그녀의 반응은 그 조상들이 어려운 상황을 피해서 여기에 도착한 미국인 1~2세대로부터 전해 들었던 질문들을 떠올리게 했다. 그들은 자신이 노예제와는 상관이 없다고 느낀다. 하지만 그들은 자기네 아버지와 어머니, 조부모가 이 해안가에 백인으로 도착하지 않았다면 그들의 삶이 어떻게 바뀌었을지는 좀처럼 생각하지 않는다. 그것은 또한 유대교 랍비 아브라함 헤셸Abraham Heschel의 말을 떠올리게 했다. "죄지은 사람은 거의 없지만, 모두에게 책임이 있습니다."

내 조상들은 노예무역에 연루되지 않았고 그들 대다수는 남북전쟁과 노예해방 이후까지 미국에 없었다. 나 자신의 책임과 무관심에 대해 깊이 성찰하거나 대면하지 않으면서 노예제에 대한 죄책감을 노예주의 후손들이나 공공연한 인종차별주의자들에게로 돌리는 것은 쉬운 일이다. 나는 북부 지역 태생으로서 남부기를 흔들고 흰색 군복을 입고 남군 편에 서서 싸우는 남부의 백인 인종차별주의자들 같은 부류의 사람이 아니라고 장담하며 우쭐해했다. 그러나 그것은 대서양을 횡단하는 노예무역의 역사를 알기 전까지의 일이었다. 그 무역을 주도한 사람들은 대개가 북부 지역의 산업가들과 선주들이었다. 뉴잉글랜드 전역에 걸쳐, 브라운대학에서 방적공장 소유주들의 대저택에 이르기까지 노예무역으로 창출된 부의 상징물이 여기저기에 산재해 있다.

나의 친구 데드릭 무함마드Dedrick Muhammad는 언젠가 기발한 상상력으로 그것을 설명했다. 한 시간 동안 카드놀이를 했는데, 그동안 우리가 조작된 카드로 놀이를 했다는 사실을 깨달았다고 상상해보라. 카드를 돌릴 때마다, 우리 가운데 일부는 여분의 카드를 받았음이 밝혀진 것이다. 당연히 조작된 카드를 받은 사람들은 돈을 많이 땄다. 우리는 새로운 카드로 규칙을 지켜 공정하게 카드놀이를 다시 시작하는 것에 모두 흔쾌히 동의한다. 그러나 딜러가 새로운 카드를 뒤섞기 시작할 때, 참가자 중의 한 명이 불편한 문제를 제기한다. "아까 몇 사람이 엄청나게 따간 칩들은 어떻게 하지?"

사흘 동안 진행된 회의 내내, 나의 내면에서는 이런 복잡한 감정이 끊임없이 이어졌다. 여러 사람의 발표들을 들으면서 나는 배상의 형태가 개인과 문화 시설들을 위한 기금, 장학기금, 부의 증진을 위한 특화된 보조금 지원 등으로 다양할 수 있다는 것을 알았다. 그러면서 미국 정부가 아프리카계 미국인 후손들이 물려받은 부당한 유산에 대한 그들의 배상청구권을 인정해야 한다는 내 확신은 더욱 깊어졌다.

배상 없이는 어떤 회복이나 화해도 이루어지지 않을 것이다. 노예무역의 역사와 극심한 고통의 전모를 밝히지 않고는 능력주의와 "동등한 출발선"이라는 잔인한 속임수는 영원히 계속될 것이다. 타너하시 코츠가 그의 유명한 〈애틀랜틱〉 기사에 쓴 것처럼, 배상은 "우리가 스스로를 정직하게 대면하기 위해 지불해야 하는 대가"다. "배상은 우리가 오만에 빠지는 것을 거부하고 미국을 있는 그대로, 즉 언제라도 오류를 범할 수 있는 인간들이 만들어낸 결과물로 바라보라고 손짓한다."

그는 "볼 것을 일부러 보지 않는 미국은 과거에 저지른 죄뿐 아니라 현재 저지르고 있는 죄와 미래에 저지를 것이 분명한 죄도 무시하고 있다. 배상금 지불은 그저 아프리카계 미국인에게 한 차례 수표를 끊어준다는 것에 있는 게 아니다. 그보다 더 중요한 의미는 미국이 아무 죄가 없다는 유년기의 신화에서 벗어나 미국의 건국자들에 어울릴 법한 지혜로운 국가로 성숙했음을 보여준다는 것이다"라고 썼다.[9]

국제배상정상회의에서 상을 받은 사람들 가운데 한 명이 미국 하원의원인 존 코니어스John Conyers다. 그는 1989년부터 HR 40이라는 법안을 제출했는데, 그것은 노예제의 영향을 연구하고 배상 문제를 검토하는 국가위원회를 설립하기 위한 근거가 되는 법안이었다. HR 40에서 40이라는 숫자는 예전에 노예가 된 아프리카인들에게 지급하기로 했지만 약속을 이행하지 않은 "40에이커의 땅과 노새 한 마리"를 암시한다. 그 법안은 1989년 이래로 지금까지 투표도 하지 않고 방치된 채로 있다.

나는 수년 동안 코니어스 의장과 함께 다양한 입법 운동들을 전개했다. 언젠가 우리는 "경제 인권"이라는 운동의 일환으로 배우 데니 글로버, 가수 해리 벨라폰테, 그리고 여러 선출직 공무원들과 함께 버스를 타고 하루 종일 조지아주의 시골 지역을 순회했다.

"맙소사." 코니어스의 노력에 경의를 표하며 그 운동에 참여하면서 들었던 느낌이다. HR 40 법안을 통과시키고 국가위원회를 설립하는 것은 우리가 해야 할 최소한의 일이다. 왜 우리는 과거에 미국 정부가 법으로 승인한 국가연구위원회를 만드는 일에 주저하는가? 우리는 공적 문서에 기록된 자세한 사실들을 모두 알아낼 필요가 없다. 국가위원회가 하는 일이 바로 그것이기 때문이다. 코츠의 말처럼, 국가위원회는 "정신적 갱신으로 이끌 국가적 판정"을 우리에게 제시할 수 있을 것이다.

개인의 부에 관한 이야기 속에 우리의 조상들은 현존한다. 미국의 노예제와 인종차별의 유산을 무시하는 것은 백인들의 입장에서 자신의 과거를 부정하고 스스로를 약화시키는 일이다. 그 이후에 다른 나라에서 이주해온 조상을 둔 백인들, 특히 부의 피라미드의 정점에 있는 우리 같은 사람들의 경우도 마찬가지다.

9장

더 큰 성공으로 나아갈 특별한 기회를 갖게 될 가능성이 매우 큰 사람은
(…) 성공한 사람들이다. 세금을 가장 많이 감면받는 사람은 부자들이다.
가장 훌륭한 가르침을 받고 사람들의 관심을 가장 많이 받는 사람은
가장 우수한 학생들이다. 가장 많은 운동 교습과 훈련을 받는 아이는
덩치가 가장 큰 9~10세 어린이들이다. 성공은 사회학자들이
"누적이익accumulative advantage"이라고
부르기 좋아하는 것의 결과다.

– 말콤 글래드웰Malcolm Gladwell
『**아웃라이어: 성공 이야기**
Outliers: The Story of Success』

불평등한
기회

우리 동네에 있는 울라 카페는 사람들이 모이기에 아주 좋은 장소다. 자메이카플레인의 오래된 맥주 양조장들이 모여 있는 유서 깊은 하펜레퍼 브루어리Haffenreffer Brewery 단지에 위치한 울라는 "모든 이가 당신의 이름을 아는" 동네 술집 같은 곳이다. 나는 거기서 뜻밖의 사람들을 만나기도 하고, 사업 관련 회의를 하기도 하고, 때로는 사람들 눈에 띄지 않게 뒤편 탁자에 앉아서 야구 모자를 깊숙이 눌러쓰고 뭔가에 집중하기도 한다.[1]

추수감사절 무렵 어느 날 아침, 나는 바리스타인 토니에게 차 한 잔을 주문했다. 나와 그의 아버지는 20년 넘게 알고 지내는 사이였다. 토니는 한

바리스타 대회에서 우승한 것을 자랑하며 목수 수습생으로 일하고 있는 자신의 부업에 대해서 이야기했다.

나는 내 딸 노라와 동네 연극 공연을 함께 하고 십대 때 자주 우리 집에 와서 저녁을 먹기도 했던 한 젊은 여성 코넬리아에게 손을 흔든다. 그녀의 아버지 제리와 나는 청소년 축구를 함께 지도했다. 그녀는 울라 카페의 주방에서 일하고 있다.

자리에 앉으면서 가족끼리 잘 아는 서로 다른 집의 자녀들인 마르쿠스와 미란다가 눈에 들어온다. 두 사람은 뉴잉글랜드 북부에 있는 대학에 다니는데, 추수감사절 휴가를 즐기기 위해 고향에 왔다. 그들은 미국 최초의 공립학교인 보스턴라틴학교Boston Latin School를 노라와 함께 다녔다.

나는 중서부 지역 출신 친구들과 가족에게 보스턴라틴학교가 설립된 해가 언제인지 물어보고는 그들이 깜짝 놀라는 모습을 보는 걸 좋아한다.

"음 (…) 보스턴이라, 정말 오래된 곳인 것은 분명해요." 그들은 예상한 대로 "아마도 1830년?"이라고 보통 대답한다.

그들은 200년이나 엇나간 대답을 한다. 보스턴라틴학교는 1635년에 설립되었다. 하버드칼리지Harvard College(하버드대학의 학부과정 – 옮긴이)가 1636년에 설립되었으니까, 보스턴라틴학교를 졸업한 학생들 가운데 더 공부하고 싶은 사람은 갈 곳이 생긴 셈이었다.

나는 이 네 명의 청년들에 대해서 꽤 잘 안다. 그들은 모두 보스턴 공립 고등학교를 졸업했고, 성적이 우수한 학생들이다. 모두 백인이며, 20대 초반이고, 자메이카플레인 동네에 살고 있다.

나는 또한 그들 한 명 한 명의 가족이 경제적으로 어떤 계층의 환경 속에 살고 있는지도 어느 정도 알고 있다. 그들이 저마다 앞으로 어떤 인생행로를 가게 될지를 상상해본다. 요즈음 내 나름대로 경제적 계층과 기회에 대한 사회학적 연구에 푹 빠져 있기 때문이다. 유감스럽게도 최근 30년 동안의 불평등은 사회적 이동성의 물리학을 바꾸었다.

그들 모두 아직 앞날이 창창한 청춘들이지만, 나는 감히 그들의 장래 직업과 삶의 궤적이 서로 급격하게 다른 방향으로 갈리고, 대체로 이 시점에 정해진다고 추측한다. "정해진다"는 말을 쓰는 것이 몹시 비미국적이고 삐딱하게 들릴지 모른다. 그러나 미국에서 사회적 이동성은 점점 동맥경화 상태로 가고 있다.

이 네 젊은이들 가운데 한 명은 우리 사회의 최고 소득 계층으로 빠르게 진입할 가능성이 크지만, 나머지 세 명은 불안정한 중산층과 노동계급으로 힘겹게 살아갈 것이다. 그들의 미래의 삶이 이렇게 갈리는 것은 조상으로부터 물려받은 이점의 역할이 점점 커지고 있음을 말해준다. 부유한 집안은 그 자녀들이 남들보다 앞서가도록 도와주는 투자를 아끼지 않는다. 이것은 가난한 집안 자식들에게 돌아갈 기회의 기반을 상대적으로 약화시키는 역학으로 작용한다. 오늘날 우리는 2008~2009년 경제 붕괴와 기회를 촉진할 공공 투자 예산 삭감이 맞물리면서 부자들의 이익은 가속적으로 증대되는 반면에, 나머지 모든 이의 불이익은 점점 더 악화되는 모습을 두 눈으로 똑똑히 목격하고 있다.

예컨대, 내 짐작에 미란다는 학자금 대출 한 푼 받지 않은 채 4년제 사립대학을 졸업할 것이다. 그녀는 세 차례의 여름방학 때마다 여러 기업체에서 무급 인턴과정을 이수할 것이고, 그것은 그녀가 진로를 택할 때 큰 자산 역할을 할 것이다. 그녀의 부모는 그녀의 언니들에게도 한 것처럼, 자동차 구매 대금과 주택 마련을 위한 임대보증금을 보조해주고 아파트 임대차계약에 보증을 섬으로써 도움을 줄 것이다. 경제적으로 풍요로운 전문직업인인 미란다의 부모는 그녀가 인맥 관계를 형성할 다른 집안들과 전문가 집단 명단을 그녀에게 제공했다. 그녀는 의료보험이 되는 직장을 구할 때까지 그녀의 부모가 가입된 의료보험 적용을 그대로 받을 것이다.

내가 미래를 정확하게 맞히는 수정 구슬을 가지고 있는 것은 아니지만, 10년 안에 미란다는 보수가 높은 직장에 취직해서 또 다른 전문직업인과 어깨를 나란히 할 것이고, 대학을 졸업한 전문직업인들이 사는 동네에 집이나 콘도를 얻을 것이다. 그곳의 부동산은 대부분 백인이 사는 안정된 동네에 위치해 있기 때문에 시간이 흐를수록 가치가 상승할 것이다. 그녀의 부모는 부모계약금지원제도Parental Down Payment Assistance Program를 활용해서 그녀가 주택담보대출을 저리의 고정금리로 받을 수 있게 하면서 집을 살 때 보조금도 줄 것이다. 달리 말해서, 미란다는 상위 10퍼센트에 해당하는 고소득 특권층 대열에 안착할 텐데, 그녀의 부모가 그녀에게 바라고 기대하는 것이 바로 그것이다. 만일 그녀에게 어떤 차질이 생기지 않는다면, 그녀에게는 자신의 예정된 계급 신분을 유지할 수 있게 도와주는 거대한 가족 안전망이 있다.

지금 미란다와 함께 울라 카페에 앉아 있는 또 다른 대학생은 마르쿠스다. 그가 초등학생일 때 내가 그의 축구 코치였다. 지금 보니 갑자기 깨달은 게 있는데, 나보다 키가 약 30센티는 더 큰 것 같다. 마르쿠스는 몇 달 뒤에 대학을 졸업하는데, 학자금 대출과 한도가 다 찬 신용카드로 부채가 85,000달러가 넘는다고 하며, 나름대로 대출금을 갚기 위해 시간제로 식당일을 대단히 많이 했다고 내게 이야기한다. 오로지 학업과 전문적 직무 기술 능력 개발에만 매진할 수 있는 미란다와 달리, 마르쿠스는 여름방학 동안 돈벌이와 공부를 동시에 신경 써야 한다. 학교에서는 시간을 아껴서 공부할 수 있었다. 그는 무사히 학위를 딴다고 해도, 그의 전공 분야에서 직무 경력을 거의 쌓지 못한 채 졸업할 것이다.

마르쿠스에게는 미란다의 경우처럼 가족이 제공하는 안전망이 없다. 그는 졸업 후 국가보조금이 지원되는 의료보험을 찾을 것이고, 학자금 대출금을 갚고 다른 사람과 함께 쓰는 아파트의 월세를 내려면 여전히 시간제 일자리를 두 개나 뛰어야 할 것이다. 앞으로 10년 동안, 마르쿠스는 아마도 여전히 저임금 직장에서 일하면서 아파트에 세 들어 살고 있을 것이다. 학생 때 진 빚은 그의 선택지를 좁히고 집을 살 가능성을 차단할 것이다. 그는 자신의 전공 분야에서 인맥을 넓히려고 하다가 직업적 한계로 좌절을 느낄 가능성이 높다. 그는 또 여러 가지 건강 문제나 경제적 어려움 때문에 추가로 빚을 내면서 자기 집 마련의 기회가 사라지는 걸 지켜볼 것이다. 이게 다 이십대 때 큰 타격을 받은 그의 신용기록 때문일 것이다.

바리스타인 토니는 사립대학에 다니려고 학자금 대출을 받아야 하는 상황을 피할 수 있다. 그도 마침내 지역의 공립대학을 다니며 강의를 들을 것이다. 그러나 그의 소득과 취직 기회는 사립대학의 학위가 없기 때문에 매우 제한적일 것이다. 그는 건축업을 배워서 스스로 사업을 시작하려고 여러 차례 시도하다가 결국 꾸준하지만 보수가 낮은 직장에 취직할 것이다.

토니의 부모가 대학 졸업자이거나 부자는 아니지만 보통의 퇴직연금 수혜자들인 안정된 중산층이라는 사실은 토니에게 다행이다. 토니의 부모는 50여 년 전에 그의 조부가 재향군인관리국이 보증을 선 저리의 주택담보대출로 마련한, 현재 부채가 전혀 없는 집을 한 채 소유하고 있다. 토니의 부모는 아들에게 무상으로 잠잘 곳을 제공해서 그가 돈을 저축할 수 있게 했다. 이 집은 장차 토니가 경제적으로 안정을 이루는 데 중요한 요소임을 입증하게 될 것이다. 결국 그가 이 집을 물려받을 것이기 때문이다.

주방에서 일하고 있는 코델리아는 사회적 신분 이동과 상승 면에서 토니보다 기회가 훨씬 적다. 그녀의 부모는 대학을 나오지 않았고 재산도 별로 없다. 그들은 현재 임대아파트에 살고 있다. 그녀는 보스턴에 있는 또 다른 공립학교인 잉글리시고등학교English High School를 다녔고 자기 학급에서 성적이 가장 높았는데, 원하는 좋은 대학에 가는 것은 꿈도 꾸지 못했다. 일단 학비를 감당하기 어려워 보였고, 그녀의 친구나 친척 가운데 대학을 가려고 하는 사람은 아무도 없었다. 경제적 지원을 포함해서 그녀가 사립대학에 응시할 수 있는 다른 선택지들을 고를 수 있도록 도와줄 가까운 어른이나 진로지도 전문가들이 없었다. 사실 그런 사립대학들 가운데 일부는 등록금과 학비 전액을 장학금으로 지급하는 학교도 있었다.[2] 그래서 그녀는 결국 지역의 2년제 전문대학에 다니고 있다. 그녀는 거기서 낯익은 얼굴들을 많이 만난다.

코넬리아는 앞으로 건강 문제로 어려움을 겪을 것이다. 건강보험개혁법 Affordable Care Act(일명 오바마케어로, 2014년부터 시행된 전 국민 건강보험가입 의무화를 핵심 내용으로 하는 미국의 의료개혁법 – 옮긴이)이 통과되기 전, 그녀는 여러 차례 건강에 이상이 있었으나 적절한 치료를 제때 받지 못한 까닭에 성인이 될 때 건강이 악화될 가능성이 높기 때문이다. 시간이 흘러도 그녀는 계속해서 보수가 낮은 직장에서 일할 테지만, 앞으로 새로운 가족 구성원들이 늘어나면 가난한 가족들에 대한 그녀의 생계 부담은 더욱 커질 것이다.

3루에서 태어난다는 것의 의미

물론 이 네 명의 청년들이 미국의 청년 전체를 대표하는 것은 전혀 아니다. 유색인종, 전과자, 장애인, 그리고 성적이 우수하지 않은 학생들도 미국의 청년들이다. 예컨대, 시골과 소도시에 사는 청년들은 그 자체로 여러 난관, 이를테면 고를 수 있는 직업의 한계

같은 어려움에 직면한다. 그들은 대도시의 청년들보다 군에 입대하는 경우가 훨씬 많고, 장애연금을 받는 사람들이 계속 늘어나고, 사회안전망이 거의 없는 동네에서 살아갈 가능성이 높다.[3]

불평등한 기회와 관련된 이 이야기에는 내 경우처럼 부자 부모가 자식들을 명문 사립학교에 보내면서 벌어지는 훨씬 더 커다란 사회적 격차는 포함되어 있지 않다. 그런 사립학교들은 때때로 자유주의적 감수성을 심어주는 한편, 의식적으로 학생들에게 특권과 권력, 엘리트들 사이의 사회적 인맥을 맺게 해주는 역할을 하고 있다. 이런 사립학교들에 대한 한 사회학적 연구는 제목이 "권력을 위한 준비"다.

미란다, 마르쿠스, 토니, 그리고 코넬리아의 미래를 정하는 데 가장 결정적 역할을 할 요소는 그들 가족이 소유한 재산이다. 그것은 오늘날 청년 세대가 저마다의 기회의 궤적을 따라 서로 다른 길을 가게 만드는 데 지대한 역할을 하는 요소다.

최초의 갈라섬은 훨씬 더 이른 나이에 시작된다. 부자 집안은 자식이 태어날 때부터 그들의 성공 가능성을 높이는 수많은 기제들을 포함해서 "특권의 세대 간 이전"이 일어나고 있음을 보여주는 연구들이 점점 더 많아지고 있다.[4] 이러한 조건들은 교육수준이 높은 부모들이 자녀가 어릴 때부터 책을 더 많이 읽어주거나 그들과 차분히 이야기를 나눌 가능성이 높다는 사실을 뛰어넘는 유리한 점들이다. 여기에는 자녀의 풍요로운 삶, 학습 준비, 정규 학교 교육, 대학 접근성, 졸업 후 취업 지원을 위한 부모의 다양한 경제적 투자가 포함된다. 반면에 부모가 그런 투자를 제공할 수 없는 집안의 아이들은 경쟁에서 멀리 뒤처지기 마련이다.

달리기 경주에 참가한 선수들이 부모의 교육수준, 소득, 부에 따라 서로 다른 출발선에 서는 기이한 규칙이 있는 10마일 육상 대회를 상상해보라.

경제적 우위에 있는 선수들은 그렇지 못한 주자들보다 몇 백 야드 앞에서 달린다. 선수들은 저마다 다리에 1파운드짜리 추를 10개씩 달고 달리기 시작한다. 경주가 시작되고 유리한 위치에 있는 선수들은 빠르게 앞으로 치고 나간다. 규칙에 따르면, 반마일마다 표지판이 있는 곳에서 맨 앞 선두 그룹에 있는 20명의 주자들은 추를 2개씩 제거하되, 맨 하위 그룹에 속하는 절반의 선수들은 추를 2개씩 추가로 더 매단다. 몇 마일을 통과하면, 선두 그룹 선수들은 추가 하나도 없이 달리는 반면에, 뒤처진 선수들은 다리에 20파운드 무게의 추가 더 달려 있다. 경주가 중반에 이르면, 선수들 사이에 놀랄 정도로 큰 격차가 벌어진다. 선두 그룹이 결승선에 도착할 때쯤이면 마지막 절반의 선수들은 아직도 2마일 넘게 더 달려야 한다.

출발선부터 유리한 위치에 있는 선수는 점점 더 유리해지고, 불리한 위치에 있는 선수는 점점 더 불리해지는 이런 경주는 물려받는 특권을 매우 정확하게 은유한 것이다. 실제로 우리의 현실에서 볼 수 있듯이, 남보다 아주 뒤에서 출발하여 앞으로 치고 나와 여러 난관을 헤치고 경쟁력을 확보하는 예외적으로 뛰어난 주자들에 대한 널리 알려진 이야기들이 있다. 그리고 반대로 처음에 선두 주자로 달렸으나 초기의 남보다 유리한 이점들을 헛되이 날리는 바람에 경쟁에 뒤처지는 사람들도 있다. 그러나 전반적으로 볼 때, 계급을 기반으로 하는 불평등은 계속해서 그 격차가 점점 더 커진다. 자식과 기회에 대한 최근의 사회학적 연구는 일단 불평등 격차가 생기면 그것은 시간이 흐를수록 거의 줄어들지 않는다는 데 의견이 일치한다.[5]

동등한 기회를 소중히 여기는 건강한 민주주의 사회라면, 공평한 경쟁의 장을 만들기 위해 강력한 공공 투자를 통해 오랜 세월에 걸쳐 유효성이 검증된 개입으로 이러한 난관을 잘 헤쳐 나갈 수 있을 것이다. 실제로 "미국에서 정부보조금을 가장 많이 받은 세대"에 관한 우리의 초기 역사에서 보는 것처럼, 우리는 과거에 백인 중산층을 확대하기 위해 그런 사회적 투자를 한 적이 있다.

그러나 오늘날 점점 더 강화되고 있는 금권주의 정치 체계 속에서, 바로 그 부자들은 사회적 기회를 마련하는 기제들에 별로 관심을 쏟지 않는다. 그들의 자녀와 손주들이 민영화된 시스템들을 통해 앞서나가는 데 문제가 없기 때문이다. 이들 부유층은 부자 감세를 실시할 것인지, 아니면 공교육에 대한 투자를 유지할 것인지와 같은 국가 정책의 우선순위를 정할 때, 막강한 영향력을 발휘한다. 여러 조사 결과에 따르면, 상위 1퍼센트의 상류층은 나머지 국민들보다 정치적 기부자와 지지자로서 더 적극적으로 참여해, 선출직 공무원들에 대해 자신들의 영향력을 행사하고, 규제 완화와 무조건적인 시장 중심의 해결책, 그리고 정부 투자보다는 민간 자선 활동을 더 열렬히 옹호한다.[6] '시민연합 대 연방선거관리위원회Citizens United v. FEC' 같은 연방대법원 판례(2010년 1월 미국 연방대법원이 내린 정치자금 관련 판결로, 기업이나 개인의 '소프트머니'(간접적 정치자금 기부) 제한 규제를 상당 부분 철폐한 결과, 거액의 정치자금을 출연하여 TV 광고 등을 통해 정치적 영향력을 키우는 기업과 거부들이 등장하기 시작함 – 옮긴이)와 결부되어 부자와 "정체불명의 정치자금" 기부자들의 영향력은 국가 정책의 우선순위를 왜곡시켰다.[7] 오늘날 우리는 이른바 물려받은 특권의 새로운 정치학에 의해 돌아가는, 갈수록 점점 더 기회가 줄어드는 쳇바퀴에 걸려든 상태다.

점점 커지는 사적 가족복지와
점점 줄어드는 공적 사회복지

모든 차원에서 정부의 예산 삭감

은 2차 세계대전 후 경제와 인종 차원에서 사회적 혜택을 받지 못한 가정들을 위해 공평한 경쟁의 장을 마련하기 시작한 공공 투자의 기반을 해체했다. 그 가운데 가장 큰 타격을 입은 것은 고등교육 분야다. 2008년 이래로 고등교육 분야에 대한 주정부의 예산 삭감은 학생 1명당 지출을 평균 20퍼센트 줄였다. 그동안 대학 학비의 53퍼센트를 주정부와 지방자치체 예산으로 충당했기 때문에 이것은 문제가 아닐 수 없었다. 그 결과 교육의 질은 위태로운 상황에 빠졌고, 대학의 수업료는 평균 29퍼센트 인상되었다. 그중에서도 캘리포니아주와 애리조나주는 수업료가 70퍼센트 넘게 급상승했다.[8] 미국의 비영리교육단체 칼리지보드College Board는 최근 20년 동안 4년제 대학 학비가 연방정부의 학자금 지원과 조세 보조를 고려하더라도, 중위소득 성장 속도보다 더 빠르게 상승했다고 지적한다. 1994년 이래로 중위소득은 약 2퍼센트 상승한 반면에, 공립대학의 학비는 사립대학 학비의 증가율 약 38퍼센트보다 더 높은 45퍼센트가 상승했다.[9]

미국은 당신이 어떤 인종이나 계급으로 태어났느냐보다 현재 무엇을 하고 있느냐가 더 중요한, 사회적 이동성이 높은 사회인 것을 스스로 자랑스럽게 생각한다. 실제로 2차 세계대전이 끝나고 30년 동안, 1947년에서 1977년까지 사회적 이동성은 크게 높아졌는데, 특히 백인 노동계급의 경우 더욱 그러했다. 노우드 은퇴자 클럽의 회원들처럼, "정부보조금을 가장 많이 받은 세대"는 유례없이 급격한 사회적 이동성을 경험했다. 이것은 미국의 국가 정체성을 이동성이 높은 능력주의 사회로 각인시켰다. 특히 유럽의 오랜 "카스트 사회", 즉 그들의 정체된 계급 신분 제도나 상대적으로 석회화된 사회적 이동성과 병치시킴으로써 그 차이를 선명하게 드러내고자 했다.

유럽과 미국의 사회적 이동성에 대한 그런 비교는 이제 상황이 정반대로 바뀌었다. 오늘날 각종 사회적 안정망을 갖추고 유아교육에 대한 투자를 아끼지 않는 유럽 국가들과 캐나다는 미국보다 더 큰 사회적 이동성을 경험하고 있다. 사회적 이동성에서 캐나다는 현재 미국보다 3배 더 높다.[10]

아메리칸 드림은 오랫동안 돈을 모으고, 휴가를 가고, 집을 사고, 죽기 전에 은퇴하고, 자식들에게 뭔가 유산을 물려줄 수 있는 능력으로 정의되었다. 만일 당신이 아메리칸 드림을 머릿속에 그리며 살고 싶은데 부자 집안에 태어나지 못했다면, 캐나다에서 태어나는 편이 더 나았을 것이다.

사람들의 미래가 경제적으로 사전에 결정될 수 있다는 생각은 미국인의 감정을 매우 불쾌하게 만든다. 우리는 개인의 용기와 투지가 중요하며, 한 사람의 창의성과 노력, 그리고 지성이 경제적 성공으로 이어진다고 믿고 싶어 한다. 엄청난 난관들을 영웅적으로 헤쳐 나가며 노력하고 분투하는 사람들의 극도로 예외적인 이야기들은 정작 그런 현실로부터 우리의 눈을 돌리게 한다. 하지만 그 거대한 대세의 흐름은 오늘날 반론의 여지가 없다.

태어날 때부터 시작되는
부모의 투자

미란다, 마르쿠스, 토니, 그리고 코델리아에 대해 생각할 때, 나는 그들 집안의 서로 다른 경제적 환경의 영향을 고려한다. 그중 누군가가 대학에 입학하기 오래 전에 이미 그들은 저마다 상이한 활공 경로를 날고 있었다. 부채가 없는 미란다는 학업과 사회적 성공을 위해 그녀를 준비시킨 부모의 투자 혜택을 받은 사람이다. 그녀는 자신과 함께 보낼 여가 및 휴가 시간이 많은, 대학을 졸업한 부모와 대화도 많이 나누고 집안에 책이 가득한 환경에서 자랐다. 여름방학 때면 메인주와 케이프코드를 찾아가서 생태적으로 자연 그대로인 환경을 즐기며 많은 시간을 보냈다. 또한 남들보다 더 다양한 취미활동과 건강관리, 건강식을 누렸다. 두뇌 개발에 대해 잘 알고 있었을 그녀의 부모는 다른 경제 계층의 부모들보다 훨씬 더 풍성한 어휘를 구사해서 태어난 지 몇 달 안 된 그녀에게 말을 걸었을 것이다. 그녀가 부모로부터 떨어져 있을 때면, 그들은 집에 있을 때와 다름없는 보육 환경을 제공하기 위해 돈을 썼을 것이다.[11]

연구원 메레디스 필립스Meredith Phillips는 여섯 살 먹은 부잣집 아이들은 여행이나 음악 교습, 박물관 방문, 여름캠프 같은 아동의 지능과 감성을 풍요롭게 해주는 활동을 가난한 집 아이들보다 1년에 1,300시간 더 많이 한다는 것을 알아냈다. 이것은 수학과 독해력, 그리고 훗날 여러 분야에서 남들보다 훨씬 더 높은 성취도를 가져다준다. 이 아이들은 취학 준비에서 결코 경쟁력을 잃지 않는다.[12]

사회적 자본이나 시민 참여와 관련해서 부유한 집안의 아이들이 상대적으로 유리한 위치를 차지하는 일은 최근 30년 동안 가속화되었다.[13] 예컨대, 장래 성공할 것으로 예상되는 미란다는 가난한 또래 친구들보다 중요한 사회적 자본을 개발할 기회가 더 많았다. 부모와 보낸 시간이 더 많았고, 수도원이나 시민단체 같은 사회기관들의 행사에 참여하고 다양한 과외활동으로 많은 시간을 보낸 덕분이다. 『나 홀로 볼링Bowling Alone』의 저자인 정치학자 로버트 퍼트넘Robert Putnam과 그의 연구팀은 그것에 대해 이렇게 기술한다.

청년층의 계급 차이가 가장 큰 바로 그 요소들(시민 활동과 사회 참여, 사회에 대한 신뢰, 부모와 함께 보낸 시간, 학업 성취도)은 인생의 성공을 가늠하는 강력한 척도다. 상류층과 중산층 청년들은 언제나 유리한 위치에 있었는데, 최근 30년 동안 그들의 상대적 이점은 크게 증가했다. 집안 배경은 이제 그 어느 때보다 그들 청년의 사회적 자본과 시민 참여를 더 잘 예견할 수 있는 척도가 되었다.[14]

수십 년 동안 정체된 임금을 벌충하기 위해 부업을 여러 개 뛰어야 하는 부모와 함께 사는 노동계급 청년들은 사회적으로 단절되는 경우가 많다. 그 결과 그들은 직업과 관련된 인맥 형성이나 직장에서 유용한 "대인 관계 능력"을 개발할 기회를 많이 갖지 못한다.

앞에서 말한 네 명의 청년들이 한때 공평한 기회를 부여하는 훌륭한 방법이라고 여겨졌던 K-12 교육과정(유치원에서 고등학교까지의 교육 – 옮긴이)을 거치는 동안 그들 사이의 격차는 오히려 더 커졌다. 오늘날 부잣집 부모들이 어린 자녀들의 읽고 쓰기 교육을 위해 쏟아 붓는 노력은 단순히 저소득층 자녀들뿐 아니라 그 밖의 다른 모든 학생들과의 차이를 크게 벌려 놓는다.[15] 계급에 따른 차이가 인지 능력의 차이로 바뀌고 있는 것이다. 부잣집 아이와 그 밖의 아이의 독해력 및 수학 시험 점수차의 확대 폭은 1970년대부터 점점 더 커졌는데, 그것은 국민의 소득과 부의 격차를 반영한다. 사회학자 숀 리어던Sean Reardon에 따르면, 고소득 가정과 저소득 가정 아이들 간에 나타나는 학업 성취도의 격차는 1976년에 태어난 아이들보다 2001년에 태어난 아이들 사이에서 30~40퍼센트쯤 더 크다.[16]

미국 전체에서 학업 성적 상위 4퍼센트 안에 드는 학생들인 "학업성취도가 높은 아이들" 가운데 34퍼센트는 연간 소득수준이 120,776달러가 넘는 상위 25퍼센트 집안 아이들이다. 연간 소득수준이 41,472달러 이하인 하위 25퍼센트 집안 아이들 가운데 그 그룹에 속한 아이들은 17퍼센트에 불과하다.[17] 학업성취도의 격차 문제에서 소득은 이제 인종보다 더 큰 역할을 한다. 50년 전부터 그 관계는 역전되었다. 이것은 인종에 상관없이 고소득 부모들이 아이들의 인지 능력 개발에 투자하고 있는 중이라고 설명할 수밖에 없는 현상이다.[18]

그렇지만 어린 시절의 인지 능력 개발에 대한 투자를 똑같이 했다고 해서 나중에 그 아이들이 청년 노동자가 되었을 때 똑같은 소득을 보장받는 것은 아니다. 앞에서 설명한 것처럼, 35세 이하 아프리카계 미국인 노동자들은 또래 백인 노동자들이 1달러를 벌 때 75센트밖에 못 번다. 라틴계 미국인 노동자들이 버는 돈은 68센트에 불과하다.[19] 모든 청년 노동자들에게 대학을 나오는 것은 중요한 "임금 프리미엄" 요소다. 최근 40년 동안, 학사 학위가 있는 사람은 고졸자보다 임금이 56퍼센트 더 높았다.[20]

대학 진학과 불평등의 관계

미란다, 토니, 코델리아, 그리고 마르쿠스는 모두 보스턴에 있는 고등학교들을 다니며 학급에서 상위 5등 안에 드는 우수한 성적으로 졸업했다. 그러나 그들의 고등학교 생활은 그들이 입학시험을 보고 성적순으로 학생을 선발하는 이른바 명문 입시 공립 고등학교 가운데 한 곳에 들어갔는지 아닌지에 따라 매우 달랐다.

자식의 교육에 대한 부모의 투자, K-12 교육 제도, 대학 입시 준비 지원에 영향을 끼치는 부모의 소득과 부의 차이가 대개 그 집안의 아이가 대학을 갈지, 어느 대학에 들어갈지를 결정하는 데 있어서 중요한 열쇠라는 연구 결과가 있다.

2차 세계대전 이래 70년 동안, 대학 진학은 취직 기회와 평생 수입에서 중요한 역할을 했다. 그동안 대학입학률은 50퍼센트 이상 올라갔고, 25세에 대학을 졸업하는 비율은 무려 4배나 높아졌다. 그러나 1980년부터 소득의 차이가 대학 졸업에 끼치는 영향력이 크게 상승했다.[21]

1980년경에 태어난 저소득층 학생들은 대학졸업률이 4퍼센트밖에 늘어나지 않은 반면에, 고소득층 집단은 18퍼센트나 상승했다. 그중에서도 여성들 사이의 불평등 차이가 가장 컸는데, 고소득 가구의 딸들은 대졸자 수가 크게 늘어난 반면에, 가난한 집안의 딸들은 대학에 들어갈 기회조차 얻지 못했다.[22]

마르쿠스의 집안은 미란다의 집안과 마찬가지로 대학 진학과 입시 준비를 매우 중요하게 여겼다. 마르쿠스와 미란다는 둘 다 시험을 봐서 들어가는 공립학교인 보스턴라틴학교를 다녔다. 그 학교는 대학 입시를 준비하는 학생들에게 대학 인정 학점을 취득할 수 있는 고등학습과정과 대학 진학 관련 상담 서비스를 제공하고, 부모들을 위한 세미나도 열었다. 마르쿠스의 집안은 미란다의 집안만큼 부유하지는 않지만, 두 집안 모두 자기 자녀들의 대학수능시험 점수를 올리기 위해 현재 급성장하고 있는 학원업계에 기꺼이 돈을 지불했다. 그러나 마르쿠스는 집안이 그다지 부유하지 않아서 고등학교를 졸업한 뒤 부모의 지원이나 가족의 경제적 안전망 없이 자력으로 대학을 다니며 수업을 듣고 돈벌이를 했다.

부잣집 딸 미란다와 바리스타인 토니는 마르쿠스가 받지 못한 부모로부터의 강력한 지원을 받았다. 그들의 부모는 저마다 자기 자식에게 경제적 준비와 재산을 관리하는 방법을 전수했다. 두 사람은 어렸을 때부터 부모에게서 용돈을 받아 관리하는 방법을 배우고, 은행에 계좌를 개설해서 돈을 저축하도록 교육을 받았다. 초기 연구에 따르면, 일생 동안 재산을 모으고 노후자금을 마련하는 것과 관련해서 돈을 다룰 줄 아는 능력이 학교 교육보다 더 중요한 요소일 수 있다.[23] 토니는 절약하고 빚을 지지 않는 생활을 배웠다. 이러한 지식과 능력은 규제받지 않는 탐욕스러운 대출기관들과 선택 가능한 25종의 대학 학자금 대출 상품이 존재하는 현재의 금융 대출 환경에서 무엇보다 더 중요한 요소다.

토니는 이전 세대의 사회적 투자, 특히 그의 조부가 받은 정부보조금이 투여된 주택담보대출 덕분에 그리 대단하지는 않지만 집안의 재산을 물려받는다. 토니는 샐리 코슬로Sally Koslow가 저서 『성년으로 가는 힘든 여정 Slouching Toward Adulthood』에서 "중산층 신탁기금"이라고 부르는 것, 즉 부모가 공짜로 제공하는 숙식과 유선방송, 인터넷 접속을 활용할 것이다.[24] 토니의 부모는 그를 위한 이런 지원을 조상으로부터 물려받은 유리한 조건이라고 생각하지 않는다. 그들은 현실이 자기네 아들에게 불리하게 짜여 있어서 그가 복권에 당첨되거나 돈 많은 여성과 결혼하지 않는 한 결코 부자가 되지 못할 것이라고 믿는다. 그들이 살고 있는 가설주택과 토니에게 줄 대단치 않은 선물들—구매할 트럭 한 대와 목수 자격증 취득을 위한 돈—은 그의 경제적 신분 하락이나 빈곤을 막을 최소한의 방지책이다.

코넬리아의 부모는 딸의 미래를 더 유망하게 하기 위해 그들이 할 수 있는 것을 다 했다. 좋은 초등학교에 보내고 학교에 자주 찾아가 교사들을 만나기도 했다. 그들은 경제적으로 지원 가능한 여름 일일캠프를 비롯해서 딸에게 유익한 경험들을 제공하기 위해 애썼다. 하지만 코넬리아가 대학을 생각할 시기가 왔을 때, 그녀는 부모의 도움을 받지 못했다. 이것은 부모의 방치나 무관심 때문이 아니었다. 코넬리아의 부모는 대학을 나오지 않았기 때문에, 고3 대학 탐방, 수능 준비, 대학 지원신청, 각종 장학 제도를 포함해서 대학 선정과 입학 절차에 대해 잘 알지 못했다. 그들은 사립 명문대는 비록 딸이 공부를 잘해도 자신들이 경제적으로 감당하기 어렵다고 상정했고, 코넬리아의 대학 선택을 어떻게 지도하고 지원해야 할지 알지 못했다.

소득 분포에서 최하위 25퍼센트 집단에 속하는 우수한 성적의 고3 학생들 가운데 미국의 명문대 238개 대학 중 한 곳에 들어간 학생은 34퍼센트에 불과하다. 하지만 최상위 25퍼센트 소득 집단에 속하는 성적 우수 학생들이 명문대에 진학한 경우는 78퍼센트에 이른다.[25] 코델리아는 저소득층 집안의 대학생 대다수의 경우와 마찬가지로 결국 대학을 졸업하지 못했다.[26] 그녀가 그렇게 된 가장 중요한 원인은 그녀의 학교와 집에서 효과적인 대학 진학 지도가 이루어지지 못했기 때문이다.

젊은이들이 대학 학비를 조달하는 방법은 같은 방식이라고 해도 차이가 있다. 저소득층과 소수민족 학생들도 적절한 진학 지도를 받으면 대개 사립대학에서 상당히 많은 장학금을 받을 수 있고, 졸업할 때 공립 종합대학을 다니는 학생들보다 부채가 더 적을 수 있다.[27] 미란다의 부모는 딸의 학비 전액을 부담했다. 혼자 힘으로 대학 당국의 학자금 융자 제도의 밀림 속을 헤매고 있던 마르쿠스는 결국 학교로부터 학자금 지원을 거의 받지 못했고, 시간이 흐를수록 높아지는 이자율 때문에 대출 상환이 지연될 경우 정상적으로 상환할 때보다 대출금의 최대 2배를 지불해야 하는 대출 상품에 서명했다. 만일 마르쿠스가 40년 전에 대학을 다녔다면, 낮은 수업료와 공공 학자금 지원 제도 덕분에 대출을 받지 않고 졸업했을 것이다.[28]

오늘날 4,000만 명의 미국인들이 학자금 대출 때문에 총 1조 2,000억 달러의 부채를 안고 있는데, 2022년이면 부채 규모가 2조 달러로 늘어날 것으로 예상된다.[29] 이는 미국 가구 다섯 집 가운데 한 집 꼴로 학자금 대출 부채가 있는 것으로, 총 신용카드 부채액을 초과하는 규모다.[30]

학자금 대출로 생긴 부채는 미래에 큰 영향을 끼친다. 대학을 졸업한 사람의 평균 부채액은 약 35,000달러에 이른다. 일부는 100,000달러가 넘는 어음 빚을 진 경우도 있다.[31] 연구조사에 따르면, 학자금 대출 부채는 가정 형성, 주택 마련, 위험을 무릅쓴 벤처사업 시도를 뒤로 미룬다. 그것은 또한 저축, 부의 창출, 경제적 안녕을 어렵게 한다.[32]

미란다가 가족의 도움으로 무급 인턴과정을 밟을 수 있었던 반면에, 마르쿠스 같은 다른 대학생들은 그의 경력 개발과 무관한 일터에서 돈을 벌기 위해 수업이 없는 시간에는 늘 일을 해야 했다. 개인의 전공 분야에서의 무급 인턴과정은 학교를 졸업하고 직장에 취직하는 과정에서 극히 중요한 가점 요소로, 부잣집 자식들이 누릴 수 있는 거대한 이점 가운데 하나다. 오늘날 회사에서는 갓 입사한 신입사원들이 해당 분야의 직무 경험이 있기를 기대한다.[33] 조사 결과에 따르면, 대학 졸업자 입사자의 절반이 학생 때 인턴과정을 밟았던 그 회사에 들어간다.[34]

집안의 재산은 성년에 진입한 청년들이 장기 실업이나 신용 불량, 건강이나 중독 문제, 범죄행위로 인한 체포, 자동차 고장이나 사고, 또는 이른 나이에 부모가 되는 것 같은 잠재적 곤경에 처할 때 일종의 보험 역할을 하기도 한다. 아직 나이 어린 청춘들은 잘못된 판단을 하거나 예상치 못한 환경에 직면할 수 있다. 하지만 집안이 부유하면 거의 대부분의 경우 그들에게 법률적 지원을 해주거나 치료비를 대거나 정기적으로 돈을 부쳐주면서 그들이 다시 정상적인 생활을 하고 살 수 있도록 도와줄 것이다.[35]

타고난 이점의 격차 줄이기

부잣집 부모가 자기 자식들이 교육기관의 학교 배정이나 관심 분야의 인턴과정, 졸업 후 신입 직장, 적정 가격의 주택 같은 여러 자원들을 두고 경쟁할 때, 그들에게 주는 수많은 특전과 이점들을 상쇄하려면 어떻게 해야 할까?

첫 단계는 미국에서 이동성과 기회가 줄어들고 있는 문제의 심각성을 이해하는 것이다. 극단적 불평등의 30년이 흐른 이제야 겨우 그 심각성을 이해하기 시작했다는 사실은 큰 문제가 아닐 수 없다. 2차 세계대전 후 사회적 이동성에 대한 이미지는 지금도 여전히 사람들의 가슴에 남아 있고 미국인, 특히 50세 이상의 백인들에게는 불변의 신화로 자리 잡고 있다. 그러나 오늘날 미국에서 부의 불평등과 기하급수적으로 누적된 인종 문제의 충격은 다음 두 세대를 위한 공평한 기회의 가능성을 근본적으로 바꿔버렸다.

보수주의자 레이한 살람Reihan Salam은 "소득 분포에서 상위 5분의 3에 속하는 비흑인 가정들은 우리의 성장 전망에 악영향을 끼칠 수 있는 방식으로 그들의 자녀에게 허접한 친구들과 어울리는 것을 막는 유리한 조건들을 제공하고 있을 가능성이 있다"[36]고 말하면서, 부자 집안들의 "현직 보호 전략incumbent-protection strategy"(현직 의원들이 당의 의사와 무관하게 자기네에 유리한 후보자 선정 권한을 갖는 선거법Incumbent Protection Act을 빗대어 말하는 것으로 생각됨 - 옮긴이)을 인정한다. 보수주의자들은 대개 "반反성장"이라고 생각하는 정책들을 거부한다. 그런 정책들이 세금과 규제를 통해 부와 권력을 재분배하려 한다고 믿기 때문이다. 반면에 그들은 기회를 신장하고 투지와 재능을 가진 사람들이 능력에 따른 보상 체계를 통해 일어설 수 있도록 격려하는 정책들을 선호한다. 그러나 살람이 말한 것처럼, 남들보다 경제적으로 우위에 있는 집안들이 스스로 열렬히 옹호하는 능력주의의 기반을 어떻게 약화시키고 있는지에 대해 정직하게 인정하는 사람들은 그들 가운데 거의 없다. 우리가 이 장에서 확인한 많은 기제들을 통해서 부자 집안들은 자기 자식들에게 유리한 조건들을 마구 퍼줌으로써 만인이 공평한 기회를 누릴 수 있게 하는 기반을 무너뜨린다.

불평등이 늘어나고 사회적 이동성이 줄어들면서, 미란다의 부모와 같은 처지에 있는 사람들은 자기 자식들이 사회적으로 뒤처지지 않도록 일종의 안전망을 제공하기 위해 그들이 할 수 있는 모든 것을 하도록 요구하는 압력을 강하게 받게 되기 마련이다.

부가 제공하는 유리한 조건들이 끊임없이 승패를 가르는 현실에서 모든 사람에게 공평한 경쟁의 장을 만들어주기 위해서는 기회에 대한 지속적인 공공 투자가 필수적이다. 그러나 민간 부문과 개인의 개입으로도 불공평한 기회의 폭주를 막을 수는 있다.

여러 산업 국가들이 보건과 교육, 가족 복지에 대한 공공 투자를 통해 민간 부문에서 빈부 격차에 따른 복지 혜택의 차별 문제를 상쇄하고 사회적 이동성을 향상시킨다는 것을 입증했다. 그것은 그저 공정성을 촉진할 뿐 아니라 경제를 건강하고 탄력 있게 유지할 수 있게 한다. 할렘칠드런스존 Harlem Children's Zone이라는 비영리단체의 "베이비 칼리지Baby College"(0~3세 부모들을 대상으로 하는 육아 교육 프로그램 - 옮긴이), 헤드스타트Head Start(저소득층 자녀를 위한 미국의 공립 어린이집 - 옮긴이), 영국의 간호사-가정협력제도Nurse-Family Partnership Program(처음으로 아기를 낳은 산모와 간호사를 무료로 연결시켜주는 보육 프로그램 - 옮긴이), 그리고 프랑스와 덴마크에서 모든 아이에게 적용되는 유치원 제도 같은 공공사업들은 학업성취와 그에 따른 급여의 격차를 부분적으로나마 줄이는 데 기여한다.[37]

질 높은 어린이집 교육, 적절한 의료와 영양 공급, 양질의 K-12 공공 교육, 학습 장애아와 장애인에 대한 조기 진단 등은 공평한 경쟁의 장을 만들기 위한 아주 중요한 공적 개입 조치들이다. 많은 유럽 국가들에서는 건강한 신체 단련과 지역사회 스포츠 및 활동 문화 조성에 기여하는 공공 대응 시설들에 많은 투자를 하고 있다.

오늘날 기회의 불평등이 학교생활을 시작할 때 가속화된다는 사실은 모든 차원에서 공공 교육을 지지하고 투자기금을 확대하는 일이 시급하다는 것을 보여준다. 하지만 대학에 재학 중인 학생의 4분의 3 이상이 공립 대학에 다니고 있는 현실에서, 그 대학들은 현재 최악의 정부 예산 삭감에 직면해 있다.[38]

많은 자선 재단들은 젊은이들의 능력 강화, 예술과 스포츠 프로그램, 하계캠프, 방과후 프로그램 촉진과 같은 계획을 시행할 공공 및 민간 기금을 확보하기 위해 민간 부문이나 문화 기관들과 협력할 수 있다. 이것은 또한 사회적으로 가장 단절된 가정들의 자녀가 이러한 기회를 이용할 수 있도록 하기 위해 기관들의 적극적인 지원이 필요하다. 그러나 이 부문에서의 자선활동이 이러한 기회의 불평등 문제를 해소하는 데 있어서 적절한 과세와 공공 투자의 역할을 대체하지는 못한다.

미국 노동부는 무급 또는 보수를 제대로 주지 않는 인턴과정 시장을 철저히 감시하고 감독함으로써, 유급 일자리를 무급 일자리로 대체하려는 기업들을 엄중 단속해야 한다. 특히 무급 인턴과정을 경력 네트워크의 디딤돌로 여기는 언론계나 정치계, 예능계 같은 특정 부문은 노동계급과 중산층 청년들에 대한 광범위한 배제를 넌지시 내비치는 것에 대해 깊은 자기반성을 해야 한다.[39] 인턴과정을 제공하는 민간 부문과 정부기관들은 집안이 부유하지 않은 청년들이 인턴과정에서 공평한 기회를 가질 수 있도록 보장하는 급여와 보상 관리 제도를 주도적으로 내놓아야 한다.

일부는 특권층 집안들이 자기 자식들에게 돈과 사회적 자본을 집중적으로 쏟아 붓는 것은 생물학적으로 매우 자연스러운 현상이므로 그것에 대해서 할 수 있는 일이 거의 없다고 주장할 것이다. 자식을 지원하는 일은 부모가 할 수 있을 때 하는 것이다. 미란다의 부모는 그들의 부모가 그들에게 했던 것처럼 미란다가 남들보다 빠른 출발을 할 수 있도록 돕고 있다. 역경을 많이 겪으면 그 당사자는 풍부한 지략과 능력을 개발할 기회를 많이 갖게 된다. 내 딸의 성장 환경은 다른 어떤 또래 친구들보다 미란다의 경우와 매우 비슷하다. 나는 내 딸에게 물려줄 것이 없을 테지만, 그녀는 사회적 자본과 어릴 적 자기계발의 혜택을 많이 받았다. 그러나 그녀에게 무제한적인 선택의 기회가 주어진 것은 아니었다. 그녀는 중3 때부터 방과후에 아르바이트 일을 했다. 거기서 번 돈을 모아서 여러 차례 여행을 다녔고, 1년을 휴학하면서 일도 하고 여행도 다녔다. 그녀는 일찌감치 마음을 정하고 한 칼리지에 응시해서 학비 지원을 많이 해주는 학교 프로그램을 통해 입학했다. 그러나 실제로는 자신이 희망하는 생활수준을 유지하기 위해 돈을 벌어야 하고 약간 열심히 일해야 할 것이다.

그러나 자식들이 성인이 되는 과정에서 겪게 될 어려움을 피할 수 있도록 길을 열어주고 도와주고 싶은 마음은 부모라면 누구라도 자연스럽게 가질 수 있다. 따라서 불평등하게 타고난 특권 문제를 해결하기 위한 가장 중요한 공적 개입은 교육과 기회 보장을 위해 적절한 투자를 하고, 거기에 필요한 예산 확보를 위한 누진세를 지지하는 데 매진하는 것이다. 과세 체계에 더욱 과감한 누진성을 복원하는 일은 부유한 집안들이 공공시스템에 꾸준히 기여할 수 있게 보장할 것이다. 기회 확대를 위해 부유세를 부과하는 것도 하나의 우아한 해법이 될 것이다. 부동산과 상속재산에 대해 강력한 누진세를 부과하여 얻은 세수로 이민 1세대 대학생들에게 학자금 대출 없는 대학 교육을 제공하는 "교육 기회 신탁 기금"을 조성할 수 있을 것이다.[40]

또 다른 공적 개입은 사립학교와 대학에 낸 기부금에 대한 세금공제제도를 폐지하거나 액수 한도를 정하는 일이 될 것이다. 다만 그 돈이 사회적 혜택을 받지 못한 청년들에게 직접 제공되는 장학금으로 사용되었을 경우는 예외로 한다. 그것은 사립학교 교육에 대한 기부 활동 때문에 공공 재원에 들어갈 돈이 줄어드는 것을 막겠다는 의지의 표현이라 할 수 있다. 이것은 우리가 다음 장들에서 검토하게 될, 현재 미국 사회에서 일어나고 있는 현상이다.

사회적 이동성이 감소하는 것을 우려하는 부자 집안들은 자신들의 특권을 활용함으로써 부자들끼리만 경쟁하는 행태를 막아야 한다. 이러한 극단적 불평등을 가속화하고 증대시키는 행위는 경제적으로 최상층에 있는 사람들을 포함해서 모든 이를 위한 공정성과 우수성의 기반을 약화시킨다. 우리는 진정 다음 세대가 엄격한 계급 갈등이나 인종차별이 횡행하는 사회에서 성장하기를 바라는가? 부자들이 지금과 같은 "승자 독식"의 행태를 계속 보이고 아무 협조도 하지 않는 한, 다른 이들이 공정한 교육 체계에 책임성 있는 태도를 취할 것을 기대할 수는 없다. "집으로 돌아오기"의 원칙 가운데 하나는 자기 자식들이 누리는 기회를 더 넓은 지역사회의 모든 아이들이 똑같이 누릴 수 있게 보장하는 것이다. 그들은 가족에게 제공하는 보조금 규모 수준을 정부에 내는 세금과 공평한 경쟁의 장을 만들기 위해 애쓰는 단체들에 대한 기부금의 규모와 맞추어야 한다.

부자들은 자신들이 관심을 갖고 있는 비영리단체들이 인턴과정을 운영할 수 있도록 기금을 조성해서, 거기서 더 많은 젊은이들이 인턴과정을 밟을 수 있도록 기부해야 한다.

그러한 의도적인 개입이 없다면, 미국은 기회와 직업, 사회적 신분이 인종과 계급에 따라 균열된, 물려받은 특권을 기반으로 하는 계급 사회가 되는 방향으로 더 멀리 흘러갈 것이다.

```
            ╳
        ╳ ╋ ╳ ╋ ╳ ╋ ╳
       ╳ ╋ ╳ ╋ ╳ ╋ ╳ ╋
      ╋ ╳ ╋ ╳ ╋ ╳ ╋ ╳ ╋ ╳ ╋
     ╳ ╋ ╳ ╋ ╳ ╋ ╳ ╋ ╳ ╋ ╳ ╋ ╳
    ╋ ╳ ╋ ╳ ╋ ╳ ╋ ╳ ╋ ╳ ╋ ╳ ╋ ╳
   ╋ ╳ ╋ ╳ ╋ ╳ ╋ ╳ ╋ ╳ ╋ ╳ ╋ ╳ ╋
  ╳ ╋ ╳ ╋ ╳ ╋ ╳ ╋ ╳ ╋ ╳ ╋ ╳ ╋ ╳ ╋ ╳
 ╳ ╋ ╳ ╋ ╳ ╋ ╳ ╋ ╳ ╋ ╳ ╋ ╳ ╋ ╳ ╋ ╳ ╋ ╳
╋ ╳ ╋ ╳ ╋ ╳ ╋ ╳ ╋ ╳ ╋ ╳ ╋ ╳ ╋ ╳ ╋ ╳ ╋ ╳ ╋
```

4부

불필요한
샛길로 빠지다

선물은 주는 자가 스스로에게 주는 것이다.
그것은 대부분 반드시 그에게 되돌아오기 마련이기 때문이다.

◆ 월트 휘트먼Walt Whitman ◆

```
╋ ╳ ╋ ╳ ╋ ╳ ╋ ╳ ╋ ╳ ╋ ╳ ╋ ╳ ╋ ╳ ╋ ╳ ╋ ╳ ╋
 ╳ ╋ ╳ ╋ ╳ ╋ ╳ ╋ ╳ ╋ ╳ ╋ ╳ ╋ ╳ ╋ ╳ ╋ ╳ ╋ ╳
  ╳ ╋ ╳ ╋ ╳ ╋ ╳ ╋ ╳ ╋ ╳ ╋ ╳ ╋ ╳ ╋ ╳ ╋ ╳
   ╋ ╳ ╋ ╳ ╋ ╳ ╋ ╳ ╋ ╳ ╋ ╳ ╋ ╳ ╋ ╳ ╋
    ╋ ╳ ╋ ╳ ╋ ╳ ╋ ╳ ╋ ╳ ╋ ╳ ╋ ╳ ╋
     ╳ ╋ ╳ ╋ ╳ ╋ ╳ ╋ ╳ ╋ ╳ ╋ ╳
      ╋ ╳ ╋ ╳ ╋ ╳ ╋ ╳ ╋ ╳ ╋
        ╳ ╋ ╳ ╋ ╳ ╋ ╳
          ╳ ╋ ╳ ╋ ╳
            ╳
```

민간 재단의 목적은 영원히 사는 것이 아니라,
의미 있는 삶을 사는 것이다.

- 레이 메이도프 Ray Madoff

10장

화장실에 걸린
미로의 그림:
자선산업복합체와의
조우

펠리스 예스켈은 "내가 어릴 적에 우리 가족이 살던 아파트 전체가 여기 현관만 했어요"라고 내게 속삭인다. 우리는 정부보조금을 위탁받아 관리하는 한 재단의 이사로 있는 사람이 거주하는 뉴욕시티 어퍼이스트사이드의 한 르네상스 스타일 아파트 건물의 5층에서 엘리베이터를 내린다.

격자무늬의 엘리베이터 철문이 우리 뒤에서 철커덕 소리를 내며 닫힌다. 바닥과 천장이 온통 거울이고, 벽에는 화가들의 작품들로 장식되어 있고, 한쪽에 거대한 그리스 시대 항아리가 하나 놓여 있는 널따란 복도에 우리 둘만 서 있다는 것을 문득 깨달았다.

"이것 좀 봐요." 예스켈은 고개를 들어 예술작품들을 가리키며 작은 목소리로 말한다. "우린 아직 아파트 안에 들어가지도 않았어요!"

앞에서 말한 것처럼, 예스켈은 내가 가장 좋아하는 친구 가운데 한 명이다. 우리는 불평등을 줄이는 데 헌신하는 전국 단위의 단체를 함께 설립했다. 그녀는 유대인이고 동성애자이며 뉴욕시티 로우어이스트사이드에 있는 노동계급 동네에서 자랐다. 기독교인이고 이성애자이며 부자들이 사는 디트로이트 교외 지역에서 특권층 청년으로 자란 나와는 모든 면에서 상반되는 출신 성분의 사람이다.

예스켈은 자신이 헌터칼리지 부속초등학교를 다닐 때 부잣집 급우들이 살던 파크애비뉴의 친구 집들을 방문했던 이야기를 즐거운 추억처럼 들려주었다. 그녀는 초등학교에 다니는 동안 자기 집에 친구를 한 명도 초대하지 않았다. 그녀의 가족이 사는 아파트가 너무 초라해서 부끄러웠기 때문이다. 나는 그녀가 느꼈던 빈부 격차를 상상할 수 있다.

나는 "복도가 이 정도라면, 거실은 과연 어떨지 궁금하네요"라고 말한다.

예스켈과 나는 두 사람을 만나러 뉴욕시티에 왔다. 우리가 계획하고 있는 프로젝트에 60,000달러의 기부를 고려하고 있는 한 자선재단의 실무자 한 명과 이사 한 명을 만나기로 약속이 되어 있었다. 우리는 지금 재단의 세계와는 처음 대면한다. 그래서 자리에 어울리게 가지고 있는 옷 중 최고로 좋은 것을 차려입고 왔다. 예스켈은 푸른색 조끼에 거기 어울리는 바지를 입고 평소 매고 다니던 소형 배낭 대신 가죽가방을 들고 있다. 나는 정장 윗도리에 넥타이를 매고 단정하게 머리를 다듬고 왔다.

우리는 바로 한 시간 전에 메트로폴리탄 미술관 계단에 앉아서 회의 준비를 하며 옷을 더럽히지 않으려고 애썼다.

예스켈은 시간을 재확인한 뒤—우리는 약속 시간 정각에 도착해 있었다―초인종을 누른다. 부르르 떨리며 초인종 울리는 소리가 현관 안쪽에서 들린다. 나는 갑자기 엘리베이터 쪽으로 급히 되돌아가고 싶은 충동을 느낀다. 주름이 많이 잡힌 앞치마를 두른 무뚝뚝한 표정의 여성이 현관으로 나와 문을 열고 아파트 안으로 우리를 안내한다. 그 아파트는 건물 한 층을 모두 차지하고 있다. 저쪽 끝으로 따라가면서 보니, 실내의 넓이가 6,000제곱피트(약 1,800평)는 되어 보인다. 커다란 벨벳 커튼으로 칸막이가 되어 있는 방마다 회화 작품들과 조각품, 골동품 가구들이 가득하다.

이 아파트에 사는 유일한 사람인 재단 이사는 서류 파일들이 쌓여 있는 주방의 식탁에 앉는다. 그녀는 가냘픈 몸매에 백발의 머리를 한 줄로 단정하게 땋은 60대 여성이다. 그녀 옆에는 재단의 행정책임자인 칼이라는 남성이 앉아 있다. 그는 이전에 사전 미팅에서 만난 사람이다. 그는 붙임성 있는 사람인데 줄담배를 피우는 골초라서 손가락마다 누런 담뱃진 얼룩이 져 있고 턱수염이 희끗희끗하다. 두 사람 모두 평상복 차림이고, 칼은 스웨터 조끼를 입고 있다. 가정부는 시선을 맞추지 않으며 우리에게 차와 커피를 가져다준다.

"따질 일이 하나 있어요." 재단 이사는 불쑥 이야기를 시작한다. "여러분은 우리의 지시를 따르지 않았습니다."

예스켈과 나는 서로 실망스러운 표정으로 눈을 마주친다. 우리는 우리가 하는 일에 대해서 의견을 전달하기 위해 보스턴에서 먼 길을 달려왔다. 벌써 심사에서 탈락했다는 말인가?

"쓰레기를 줄이려고 제안서를 프린트용지 양면에 출력해서 제출해달라고 요청했는데요." 그녀는 계속해서 말을 이어갔다. "저는 열성적인 재활용주의자입니다."

"그건 유감입니다만." 내가 떠듬거리며 대답한다. "우린 제안서 쓸 용지도 낭비하고 싶지 않습니다."

서로 편잔주는 일은 이제 끝내고, 우리의 프로젝트 작업과 불평등에 대한 국민들의 인식이 어떤지 쪽으로 논의가 넘어간다. 부의 집중이 어떻게 우리의 민주주의를 갉아먹는지 더 많은 사람들에게 알리려 하는 우리의 노력에 대해서 실질적인 대화를 나눈다. 한 순간, 예스켈이 오늘날 점점 유행하고 있는 온라인을 통한 가상 조직화의 한계와 비교할 때 일대일 대면 교육의 경험이 얼마나 중요한지에 대한 이야기를 한다.

"칼, 보세요." 재단 이사는 기금 관리자인 칼을 바라보며 말한다. "제가 말했던 것이 바로 이겁니다." 그녀의 흥분은 예스켈의 통찰력에 대한 것이라기보다는 칼이 잘못하고 있다는 사실에 더 맞춰져 있는 것처럼 보인다.

"네, 이사님 말씀이 맞아요." 칼이 대답한다.

회의가 끝날 무렵, 나는 양해를 구하고 화장실에 다녀왔다. 화장실에 가는 도중에 몇 군데 다른 방들을 살짝 들여다보면서, 그렇게 재활용을 중시하는 재단 이사가 그녀의 개인 미술관을 냉난방 하느라 도대체 얼마나 많은 에너지를 쓰고 있는지 의구심이 들지 않을 수 없었다. 화장실에는 스페인 초현실주의 화가인 미로Miro의 원화 작품 한 점이 변기 위에 걸려 있었다.

나는 그 아파트 건물을 빠져나오는 길에 예스켈에게 "화장실에 걸려 있는 미로의 작품을 봤어요?"라고 물었다.

"미러(거울을 뜻하는 'mirror'로 잘못 들은 것처럼 하는 말장난 – 옮긴이)라고요?" 그녀는 어리둥절한 표정으로 되묻는다. 엘리베이터 안이라 다행이다.

"그래요, 미로의 작품 말이에요. 변기 위에 걸려 있던."

"아니요."

예스켈과 나는 상류층 아이들이 자신의 계급적 신분을 남들에게 과시하기 위해 그들의 엘리트 문화 코드를 어떻게 사용하는지에 대해 종종 이야기를 나눈다. 어떤 이들은 조지 엘리엇이 『미들마치Middlemarch』라는 소설을 썼고, 피카소가 〈게르니카Guernica〉라는 작품을 그렸다는 것을 아는 사람과 모르는 사람으로 세상을 구분하기도 한다. 아마 예스켈은 미로의 작품을 몰랐을 수도 있다. "미로는 추상화를 그리는 스페인의 실험주의 화가였죠. 난 지금 그 재단 이사가 자기 집 화장실에 미로가 그린 원화 한 점을 걸어 놓았다고 말하는 겁니다." 내가 그 말을 다시 했던가? "어쩌면 그건 계급적인 문제일지도 몰라요." 내 생각을 말했다.

"미로가 누군지 알아요. 시시해요. 하지만 나는 그게 젠더 문제와 더 관련이 있다고 생각해요." 이번에는 내가 어리둥절해 한다. "알겠지만." 예스켈이 미소를 지으며 말한다. "서 있는 것 대 쭈그리고 앉는 것?"

"좋은 지적이네요." 나는 마침내 무슨 말인지 이해하고 대답했다. "어쩌면 그녀는 남성들에게 더 깊은 인상을 주고 싶어 하는지도 몰라요."

"난 그렇게 생각 안 해요. 피카소 작품은 봤어요?"

"아니요, 정말? 어디에?"

"같은 화장실, 변기 맞은편 벽에."

"맙소사."

"변기에 앉았다면 그것을 확실히 봤겠죠."

자선산업복합체

막대한 부에 대한 논의는 필연적으로 자선에 대한 논의, 즉 개인의 사적 부조금의 일부를 사회와 나누는 문제에 대한 논의로 흘러가기 마련이다.

자선을 베풀고 싶은 충동은 긍정적인 것이며 칭송받아 마땅한 일이다. 우리 사회는 너그러운 마음을 표시하고 선물이 주는 영향력을 기쁘게 받아들일 것을 요구한다. 하지만 이런 일이 "자선산업복합체"를 통해서만 일어날 필요는 없다. 실제로 대부분의 자선 행위—그리고 선물경제gift economy(재화나 용역이 금전적 이득이 아니라 공동체나 명망을 위해 소비되는 경제 체제 - 옮긴이)의 가장 중요한 요소—는 정부의 조세제도가 장려하는 틀 밖에서 일어난다.

선물경제에서는 사람들이 나눔과 자원봉사, 스포츠 지도, 경력 상담, 그리고 상호부조 활동을 통해 헤아릴 수 없을 정도로 많은 시간과 돈을 사회를 위해 바친다. 일상에서 관대함을 표시할 줄 아는지 여부는 극도로 원자화된 냉담한 사회에서의 삶과 풍요로운 시민생활을 영위하는 삶의 차이를 가르는 기준이다.

자발적으로 아이들의 운동을 지도하고 청년들에게 인생 경험을 상담해주는 사람들을 생각해보라. 그들 가운데 어느 누구도 그러한 행위의 대가로 세금 감면을 요구하지 않는다. 대다수 저소득층 사람들은 세법에 대한 어떤 고려도 없이 자선사업과 어려운 이웃들을 위해 기꺼이 돈을 낸다. 그들은 기부 명세서를 작성하지도 세금 감면을 요구하지도 않는다. 미국의 소도시에 있는 지역민 소유의 편의점을 어디든 들어가 보라. 거기에는 모금 항아리가 하나씩은 있을 것이며, 거기에는 누군가 어려운 삶을 사는 사람이나 지역 단체에 기부할 지폐와 동전들이 채워져 있을 것이다.

그러나 부자들 가운데는 단순히 자선을 베풀고 싶은 충동 때문이 아니라 합법적으로 세금을 피하기 위한 전략에서 공식화된 자선 행위를 하는 사람들이 차고도 넘친다. 1993년에서 2012년 사이에 상위 1퍼센트 상류층의 연소득 증가율은 14퍼센트에서 22퍼센트로 상승했다.[1] 같은 기간에 자선단체의 설립도 같은 수준으로 폭발적으로 증가했다. 1993년 민간재단의 수는 43,956개로 총자산 규모는 1,920억 달러(2012년 기준으로 환산하면 3,050억 달러)였는데, 그중 실제로 기부가 이루어진 금액은 205억 달러(2012년 기준으로 환산한 금액)였다. 2012년 재단의 수는 86,192개로 늘어나고 총자산 규모도 7,150억 달러로 증가한 반면에, 실제로 기부된 총액은 520억 달러에 불과했다.[2]

2014년에 자선단체들에 모금된 총 기부액(개인과 기업을 합쳐)은 3,583억 8,000만 달러였다. 그중 개인이 기부한 금액은 2,585억 1,000만 달러, 재단의 기부액은 539억 7,000만 달러, 기업의 기부액은 177억 7,000만 달러였다. 유언으로 기부된 금액이 그 나머지인 281억 3,000만 달러였다.[3]

그 3,580억 달러가 실제로 흘러드는 곳은 어디인가? 전체의 약 3분의 1은 종교모임들이나 단체로 간다. 나머지는 대강 이렇게 나뉜다. 교육(15퍼센트), 인적 봉사(12퍼센트), 보건(8퍼센트), 공공사회 자선행사(7퍼센트), 예술·문화·인문 분야(5퍼센트), 국제 문제(4퍼센트), 환경과 동물(3퍼센트). 그리고 남은 12퍼센트는 재단들로 간다.[4]

재단들은 기부금을 제공할 때 대체로 일반 대중과는 초점이 다르다. 종교 자선단체로 가는 금액은 약 2퍼센트(4억 6,800만 달러)에 불과하다. 2012년에 재단들이 실제로 기부한 총액 520억 달러 가운데 22퍼센트는 보건과 교육 분야(각 50억 달러), 16퍼센트(35억 달러)는 인적 봉사 분야, 12퍼센트(27억 달러)는 공무/사회 자선행사 분야, 10퍼센트(22억 달러)는 예술과 문화 분야, 7퍼센트(16억 달러)는 환경과 동물 분야로 갔다. 나머지 11퍼센트는 국제 문제, 과학과 기술, 종교, 사회 과학 분야가 복합적으로 어우러진 분야로 갔다.[5]

개인과 재단이 기부한 돈의 대부분은 기존의 건실한 대형 교육기관이나 병원, 예술단체들로 흘러든다. 전체의 약 3~5퍼센트에 해당하는 아주 적은 금액만이 가장 생활이 어렵고 시민권이 박탈된 사람들을 도와주는 단체들로 간다. 게다가 우리 사회가 직면한 가장 큰 과제인 불평등 심화, 임금 체계의 붕괴, 생태계 파괴, 그리고 위기 상황에 처한 청년층 문제의 구조적 뿌리를 처리하기 위한 "자선이 아닌 변화" 노력에 투입되는 돈은 거의 없는 상태다.[6]

자선산업복합체의 골치 아픈 측면 중 하나는 부를 창고에 저장하고 있는 행태다. 현재 약 6,000억 달러가 자선 재단들에 보관된 채로 필요한 곳에 기부되기를 기다리고 있다.[7] 피델리티인베스트먼트Fidelity Investment 같은 거대 뮤추얼펀드 투자사들에는 기부자조언(자선)기금donor-advised charitable fund 형태로 훨씬 더 많은 기부금이 실제로 쓰이지 않고 잠겨 있다.

이기적인 자선단체

부자들은 주로 자선 기부재단들과 그들이 기부금을 설계하는 다양한 수단들을 통해 기부한 만큼 "돌려받을 수 있다"는 개념을 긍정적으로 홍보하는 내용이 언론에 많이 소개되고 있다. 그들은 우리에게 이런 관대함을 칭송하도록 부추긴다. 그리고 그러한 자선 행위의 한계에 대해 비판하는 사람들은 모두 기피 대상으로 낙인찍힌다.

그러나 자선산업복합체를 통해 이동하는 지나치게 많은 돈은 기부자의 엘리트 신분과 특권적 이해관계를 강화하는 데 동원될 뿐, 근본적인 문제는 해결하지 못하는 것이 작금의 현실이다. 게다가 일부 자선 활동은 불평등을 완화하는 것이 아니라 오히려 악화시킨다.

자선 활동은 불평등 심화와 생태계 파괴를 포함해서 우리 사회의 가장 어려운 문제들을 해결하는 데 실패하고 있다. 나는 30년 동안 자선 활동의 최전선에 서서 그 한계를 지켜보며 그것의 좋은 점과 나쁜 점, 무성의와 무모함을 두 눈으로 직접 목격했다.

우선 나쁜 점에 대해 이야기하자. 나는 부자 집안들이 자신들의 취미 활동이자 언론 홍보 수단으로 활용하는 허영심을 충족시키는 기관으로 설립된 가족형 재단들을 많이 알고 있다. 그런 기관들은 부자 집안들이 자신에게 부과되는 납세 의무를 축소하고 특권 신분을 유지하기 위해 집안의 재산을 보존하려는 전략의 일환으로 운영되고 있다.

어느 가족형 재단은 나를 비행기에 태워서 콜로라도의 한 산꼭대기에 있는 고급 휴양지로 초대했다. 거기서 자기네 재단의 이사 여덟 명을 대상으로 강연을 해달라고 부탁했다. 나는 그들과 함께 산맥이 뻗어나가고 굽이치는 강물이 내려다보이는 널따란 나무 발코니에서 서부지역 카우보이 방식인 "취사 마차chuck wagon"식 아침식사를 했다. 내가 거기서 알게 된 것은 그들의 자선 재단이 그 호화로운 환경에서 해마다 두 차례 갖는 가족 상봉 모임에 모든 비용을 댄다는 사실이었다. 그들이 재단 이사회를 거기서 몇 시간 동안 진행하는 것은 가족 모임 비용을 정당화하기 위한 꼼수였다.

"우리는 모두 소중한 시간을 기부합니다. 하지만 그 비용은 우리가 다 댑니다." 일흔 살의 나이 지긋한 그 집안의 노부인이 뭔가 헌신하는 사람 같은 표정을 지으며 설명했다. 그녀는 카우보이 부츠를 신고 챙이 넓은 모자를 쓰고 있었다.

잠깐 추산해보니 재단 이사 여덟 명과 그들의 대가족을 콜로라도까지 비행기에 태워서 가고, 4박 5일 동안 고급 휴양지에서 숙식을 제공한다고 할 때, 적어도 45,000달러에서 50,000달러에 이르는 비용이 들 것이다. 안마 서비스와 들꽃 가이드 도보여행, 골프장 입장료까지 포함하면, 그 비용은 훨씬 더 높아졌다. 게다가 그들은 겨울이면 카리브해 지역 휴양지로 은밀히 떠나서 콜로라도에서 가졌던 가족 모임을 반복한다. 따라서 그들은 그다지 창의적이지도 않은 일반적인 자선 활동에 200,000달러를 기부하려고 최소 90,000달러의 돈을 비용으로 쓰는 셈이다. 기금의 절반은 그들의 모교에 기부된다. 이런 사실을 알아내는 일이 어떻게 어려울 수 있겠는가? 게다가 이 모든 일이 과세 대상에서 제외된 기금으로 이루어진다는 사실을 잊지 말라.

납세자의 지원을 받는 이런 호화여행들은 그 재단이 충당하고 있는 이사회 비용을 실제로 감시하는 사람이 아무도 없기 때문에 가능한 일이다. 법령에 따르면, 자격을 갖춘 재단들은 그들 자산의 5퍼센트를 기부해야 한다. 그러나 그들은 각종 회의나 여행, 사무실 비용 같은 간접비를 이런 "지출금"에 포함시킬 수 있다.

물론 결단력 있게 재단의 군살을 빼고 적격한 자선단체들에 상당액의 기금을 이전하는, 효율적으로 운영되는 가족형 재단들도 있다. 그리고 일부 재단들은 전문가들을 직원으로 채용하고, 이사회를 가족이 아닌 전문인들로 구성하여, 매우 전략적이고 영향력이 큰 기금을 운영하기도 한다. 그러나 이런 재단들 가운데 기금 제공과 관련해서 그들 무리로부터 이탈하는 곳은 거의 없다. 그들은 전통적인 자선 활동의 가장 안전한 형태를 고수한다. 대부분이 자산의 최소 5퍼센트를 기부해야 한다는 법적 지급요건을 초과하지 않는다. 그것을 최소한도가 아닌 최대치로 보고 있는 것이다.

오늘날 거의 모든 억만장자들은 자신의 자선 재단과 다양한 자선단체들을 보유하고 있다.[8] 일부는 특정 목적—크랜브룩스쿨 동창인 존 스트리커 Jon Stryker는 성소수자 권리와 아프리카의 유인원 보호를 위해 수백만 달러를 쏟아 붓는다—을 가지고 설립하지만, 나머지 다수는 자선을 그들의 영향력과 이해관계를 확대하기 위한 도구로 활용한다.

종종 이기적인 목적과 자선 사이의 경계선이 희미해지는 때가 있다. 부자 포브스 집안의 상속자이자 〈포브스〉 잡지 편집장인 스티브 포브스Steve Forbes는 2000년 자신의 대선 출마를 위한 정치 강령을 만든, 세금이 면제되는 누뇌집단에 상당한 기금을 기부했다. 좌파든 우파든 성치와 관련된 기부자들은 정치적 현안과 선거에 영향력을 발휘하기 위해 "하드머니hard money"(미국에서 개인이 정치인 개인에게 직접 기부할 수 있는 상한선이 정해진 선거자금 - 옮긴이) 선거 기부금과 함께 비과세 자선기금을 정치계에 제공함으로써 선거법의 의도를 회피한다. 예컨대, 코흐Koch 형제가 설립한 기부자 조직은 정치활동위원회와 선거출마자들을 노골적으로 후원하면서, 비과세 기부금을 볼모로 여론조사기관이나 두뇌집단, 연방소득세가 면제되는 국세청법 501(c)4에 속하는 비영리단체들에 자신들의 정치적 목표를 던진다.

많은 부자 집안들은 그들이 졸업한 사립 고등학교와 대학, 그들 집 주변의 경관을 보존하고 개인 부동산을 관리하는 토지신탁기관, 그리고 그들이 직접적으로 누리는 문화 자선단체에 기부한다. 많은 기부자들이 아주 좋은 의도로 기부를 하는 것은 맞지만, 기본적으로는 전략적 문제 해결을 위해 애쓰는 단체들보다는 사회적 의무나 친선, 친숙함에 기반을 둔 자선단체들에 기부한다. 그 결과 그들은 결국 자신과 자기가 속한 지역사회가 주된 수혜자인 곳—그들의 기부를 높이 평가하고 인정하는 곳—인 자기 "뒷마당" 같은 가까운 이해관계에 따라 기부한다.

사립 교육기관에 대한 기부는 대개 기부자의 자녀와 후손들의 해당 학교 기여 입학을 보장한다. 이제 명문 대학에 들어가는 것은 상류층 진입 수단으로서 토지 재산과 장자상속을 대체했기 때문에, 부자 집안들은 자선 기부를 통해서 자기 자녀들이 최소한의 입학 기준만 갖춘다면 명문 대학 입학 자격을 보장받기를 바란다. 돈을 기부하는 것—언론인 다니엘 골든Daniel

Golden이 대학 입학에 영향력을 발휘하는 "부의 효과wealth effect"라고 부르는 것—은 유산 상속자들뿐 아니라 그 뒤를 이어 부를 승계할 후손들에게도 기회의 문을 열어준다.⁹

자연환경기금의 가장 좋은 몫을 받는 토지신탁기관들에 대한 기부는 기부자들이 사는 곳의 아름다운 풍광을 보호하지만, 때로는 그것에 기대어 그들의 개인 부동산까지 보호받기도 한다. 우리 가족은 센트럴메인의 해안가에서 몇 년을 보냈는데, 부자 집안들은 그들의 집 주위 땅을 토지신탁기관에 기증하여 땅값이 오른 것에 대한 막대한 세금을 공제받고 그 부동산을 납세대장에서 지울 것이다. 이런 소유물들은 일반인들이 전혀 접근하지 못하기 때문에, 그들은 결국 실질적으로 납세자의 세금으로 운영되는 완충지대를 조성하는 셈이다.

부유한 예술후원자들은 소유 중인 예술 작품들을 미술관에 기증함으로써, 가치가 상승한 그들의 미술품들에 대한 세금을 전액 공제받는다. 나는 사실 부자들에게 구걸하는 행위를 완곡하게 표현하는 상류층 사람들의 말 가운데 하나인 "진흥기금 모금부서Advancement Office"에서 어느 주요 도시미술관에서 일하는 익명의 직원과 이야기를 나누었다. 그는 자기가 일하는 미술관과 주요 미술품 수집가, 미술품 감정사, 법률사무소 사이에 존재하는, 은밀하게 사적인 이익들을 도모하는 이기적 세계에 대해 설명했다. 그들이 공유하고 있는 임무는 부자 고객과 예술후원자들을 위해 세법의 한계를 최대한 활용해서 과세 의무를 줄이는 것이다. 그들은 서로 협력해서 예술품의 가치를 부풀려 올린 뒤, 그것을 미술관에 기증함으로써 절세 효과를 최대로 높이기 위해 노력한다. 그는 예술품 수집가들이 서로 담합하여 경매 작품의 가격을 올린 뒤, 구매자가 최대한의 절세 효과를 보기 위해 나중에 그 작품을 미술관에 기증할 수 있게 하는 과정에 대해서 설명했다.¹⁰

이 미술관 직원은 전문세무사들이 마련한 조세회피 일정에 따라 장차 조금씩 소장 예술품을 기증하기로 약속한 "후원자들"에게 엄청난 특전(비공개 기획전, 전시되지 않은 예술품들을 다룰 수 있는 기회, 무료 주차 서비스, 다양한 축제 행사)을 제공하는 미술관의 관행에 대해 설명했다. 그는 또 후원자들이 어떻게 소장품을 기증하는지도 설명했는데, 그들은 기증에 따른 세금 공제를 다 받은 뒤에 약속한 소장품 일체를 전달하는 데 성의를 보이지 않는다고 했다. 그래서 아직 약속한 소장품이 모두 기증되지 않고 "예약"된 상황에서, 미술관 직원들은 후원자의 집에 기증하기로 약속한 작품들을 빠뜨리지 않고 가져가기 위한 어색한 작업 과정을 시작한다. 고가 장신구를 기증한 어떤 사람은 심지어 그것이 미술관 소유가 된 뒤에도 행사 때 그것을 착용할 수 있는 권한을 가지고 있었다.

기증하는 것이 토지든 예술품이든, 이 모든 거래 때 "납세자들은 어떻게 생각할까요?"라고 묻는 사람은 아무도 없다. 거기서 몇 블록 떨어지지 않은 초등학교 아이들을 대변해서 "이것이 정말 납세자들이 낸 세금을 가장 잘 쓰는 겁니까?"라고 묻는 사람은 거기에 없다.

우리의 현행 세제—그리고 현재 용인되는 자선의 정의—아래서, 이 모든 단체들에 대한 기증은 볼티모어의 가난한 아이들에게 먹을 것을 제공하기 위한 기부의 경우와 동일한 세금 혜택을 적용받는다.

신중하지 않은 자선단체 간사들

주류 자선 활동의 문제는 기부금이 어디로 흘러가는가의 문제보다 더 크다. 전체 "자선산업"은 매우 빠른

속도로 우리 주위로 확대되고 있는데, 그에 따른 권력의 남용과 믿기 어려울 정도의 비효율성도 함께 커지고 있다. 필요한 곳에 벌써 분배되어 수많은 사람들의 일상생활에 보탬이 되었어야 할 돈이 가족형 재단들의 금고나 기부자 집안과 "절친한" 변호사들이 관리하는 은행계좌에서 여전히 잠자고 있다.

사람들은 정부의 예산 낭비에 대해 이것저것 불평하지만, 자선 사업의 실적과 관련해서는 국민의 철저한 감시가 없기에 그냥 묻혀서 지나간다. 재단들의 권력 남용을 제한하기 위해 그들에 대한 더 철저한 감독이 이루어져야 할까? 재단들은 영원히 망하지 않고 살아남아야 하고 부를 보존하는 쪽으로 나아가야 하는가? 그들은 부자들이 하는 것처럼, "(무조건) 기부금 원금을 날리지 않고 지키려고" 해야 마땅한가?

。

2002년, 나는 폴앤버지니아캐벗자선신탁Paul and Virginia Cabot Charitable Trust의 아무 표시 없는 사무실 문을 두드렸다. 당시 나는 지역의 재단들을 조사하고 있었는데, 그 신탁회사에서는 내가 전화를 걸거나 문의를 해도 아무 응답이 없었다. 그래서 별다른 특징이 없는, 보스턴에 있는 그들의 사무실 건물을 찾아가서 직접 그곳 사람을 대면 조사하기로 했다.

유행하는 얄팍한 안경을 쓴 한 여성이 문을 딸깍하고 살짝 열고는 틈새로 나를 빼꼼히 내다보았다.

내 소개를 한 뒤, "자선신탁의 기금 조성에 대한 정보를 얻고자 왔습니다"라고 말했다.

"딱히 드릴 게 없는데요." 그녀는 나를 아래위로 훑어보며 대꾸했다.

"저, 재단에 대해 말씀해주실 분을 만날 수 있을까요?" 내가 물었다.

"송구하지만, 안 됩니다." 그녀는 문을 닫으며 말했다. "그럼, 이만."

"저기, 그럼 제가 어떻게 해야……?"

딸깍하고 문이 닫혔다.

결국 그날 나는 아무 정보도 얻지 못했지만, 1년 뒤 〈보스턴글로브〉에 폴앤버지니아자선신탁에 대한 폭로 기사가 하나 실렸다. 로마가톨릭 보스턴 대교구 사제들의 성적 아동학대 추문을 폭로한 바로 그 유명한 "스포트라이트 팀"이 취재한 내용이었다.[11]

그 자선신탁은 보스턴의 부유한 투자금융인이자 하버드대학 회계담당자였던 폴 캐벗이 설립했는데, 그는 1994년에 95세의 나이로 죽었다. 미국 북부 뉴잉글랜드 지방의 전통인 근검절약하는 사람으로 유명했던 그는 늘 칼라의 끝이 헤진 셔츠를 입고 다닐 정도로 소박한 생활을 했다. 내가 사무실을 찾아갔을 당시에 그 자선신탁은 그의 아들 폴 주니어가 관리를 책임지고 있었는데, 신문 기사에 따르면 그는 플로리다의 보카 래턴 휴양지에서 치른 딸 결혼식에 200,000달러를 뿌렸다.

사치스러운 결혼식은 흥미로운 기삿거리가 아니다. 하지만 캐벗 주니어가 자선신탁 자금 140만 달러를 자기 봉급으로 책정했다는 사실은 기삿감이었다. 그는 자기 입으로 "결혼식을 위해 스스로 봉급 인상"을 했다고 실토했다.

〈보스턴글로브〉에 따르면, 캐벗은 1998년부터 2002년까지 자선신탁 기금에서 500만 달러가 넘는 돈을 자기 봉급으로 가져갔다. 당시 비슷한 자산 규모의 재단 이사장들의 평균 임금 수준은 59,750달러였다. 같은 기간, 캐벗 재단이 매년 주로 동일한 자선단체들에 기부한 금액은 연평균 400,000달러에 불과했다. 〈보스턴글로브〉에서 그 사건을 탐사 보도한 기자가 캐벗에게 대놓고 딸 결혼식 비용을 재단에서 지불했는지 물었을 때, 캐벗은 "네, 그럼요. 재단에서는 내가 하는 것은 무슨 일든 다 비용을 지불합니다"라고 거침없이 대답했다.

나는 재단의 이사들에게 임금을 지불하는 비영리자선재단들을 정말 기이하다고 생각한다. 지난 20년 동안, 나는 비영리재단 열네 군데 이사회의 이사를 맡아 일하면서 아무 대가도 받지 않았다. 실제로 내가 관여한 대부분의 재단들에서는 봉급을 받는 이사들이 있는 자선단체는 지원 대상에서 탈락시킨다.

그러나 그 세계의 관행은 재단 이사들이 봉급을 받는 것이 전혀 이상한 일이 아님을 보여준다. 오늘날 미국에서 운영되고 있는 자선 재단 86,000곳 가운데 28퍼센트가 재단 이사들에게 대가를 지불한다. 그중 가장 큰 재단 50곳 가운데 38곳의 경우 2014년에 재단 이사들에게 지불한 봉급이 총 1,100만 달러였다.[12] 납세 신고 내역은 무수히 많은 재단들에서 가장 중요한 수혜자들은 정작 외부의 보조금 수령자들이 아닌 내부의 이사와 변호사들임을 보여준다. 그들에게 지급되는 비용이 합리적인지 부적절한지를 판별할 명확한 지침이나 법적 한도가 현재 전혀 없는 상황이다.

2013년, 미네소타에 본사를 둔 오토브레머신탁Otto Bremer Trust은 3,800만 달러의 보조금을 지출하는 결정을 내리면서, 신탁기금을 관리하는 이사 세 명에게 총 120만 달러를 지급했다. 그 세 명의 이사 중에서 브라이언 립출츠Brian Lipchultz와 다니엘 리어던Daniel Reardon 두 사람은 스스로에게 각각 465,000달러 이상을 지급했다.

즉각 대응하는 자선을 위한 전미위원회National Committee for Responsive Philanthropy의 집행위원장 애런 도프먼Aaron Dorfman은 "그것은 신탁기금을 관리하는 일을 한 대가로는 지나치게 높은 수준입니다"라고 말했다.

"이 기관들은 엄청난 세금 특혜를 받고 있습니다." 그는 〈파이오니어프레스〉와의 인터뷰에서 이렇게 말했다. "그리고 그들이 누리는 비과세기관 지위 때문에 나머지 우리가 더 많은 세금을 내고 있으며, 그 돈으로 비영리 비과세 자선 재단들에 보조금을 지급하고 있는 셈입니다."

재단에서 보수를 받는 이사들은 특정한 법적 의무를 지고 근무하지만, 그것은 그다지 힘든 일이 아니다. 예컨대, 필라델피아에 있는 조지주니어앤해리엇이우드워드신탁George Jr. and Harriet E. Woodward Trust의 신탁증서에는 2,800만 달러의 신탁기금에서 매년 동일한 일곱 군데 자선단체들이 동일한 금액의 보조금을 수령하는 것으로 되어 있다. 여기서 이사회가 하는 일은 크게 부담이 될 만한 것이 없다. 그러나 두 명의 우드워드 집안 이사들은 1년에 평균 100,000달러가 넘는 보수를 챙겼다.[13]

세금 공제와 관련해서, 허리케인 샌디 피해자들의 구호 원조에 기여하는 기부가 특권층 아이들이 다니는 사립 고등학교에 영상제작설비를 제공하는 기부와 동급의 무게로 다루어져야 할까? 사회적으로 어떤 것이 우리를 위해 투자할 가치가 있는 것인지, 즉 우리 사회를 위해 무엇이 최선인지를 결정하는 사람들이 반드시 부자들이어야만 할까?

정부 관리가 보수와 관련해서 그런 형태로 직권을 남용한―시간당 2,400달러의 비용을 지불하고 간접비로 수백만 달러를 낭비한―사실이 발각된다면, 수많은 조사와 감독 청문회, 견책, 해고 같은 일이 벌어질 것이다. 그러나 이러한 관행이 합법적이고, 미국 국세청이 해마다 100개 재단만을 골라서 감사를 하는 불투명한 재단의 세계에서는 그런 일이 일어나지 않는다.[14]

이른바 "자선산업"계는 신탁자금을 관리하는 사람에게 지급되는 비용을 통제하는 것과 같은 지침을 불투명하게 유지하면서 외부의 감시와 감독을 최소화하기 위해 활발한 로비 활동을 벌인다. 글로벌 기업들이 규제를 막기 위해 로비 활동을 벌이는 것처럼, 자선산업계도 자율적 규범과 자기 감시를 줄기차게 주장한다. 그들의 일반적인 태도는 "제발 그냥 내버려 둬라. 우리가 가장 많이 알고 있다"라는 것이다.

자선이 아닌 변화

　　　　　　　　　　　　관대하고 사려 깊은 자선 활동이 우리 미국의 역사에서 사회 진보를 어떻게 자극하며 견인했는지를 잘 보여주는 사례들이 많이 있다. 존 D. 록펠러의 기부는 의료 연구와 교육의 발전에 엄청나게 큰 촉매작용을 했다. 앤드루 카네기의 기부는 2,000개가 넘는 공공도서관의 설립으로 이어졌고, 세계 평화에 기여했다. 오늘날 빌앤멜린다게이츠재단은 어린이들의 말라리아 감염을 극적으로 줄였고, 조지 소로스의 동유럽 지원 기금은 개방 정치와 투명한 정부의 실현에 크게 기여했다.

　수백만 명의 일반 국민들의 그다지 대단치 않은 기부 행위는, 그들 대다수가 세금 공제도 받지 않지만, 자연 재해로 고통 받는 사람들의 아픔을 가라앉혔고 보스턴공공도서관 같은 위대한 지식문화시설들을 세웠다.

　나를 비롯해서 세 명의 저자가 함께 쓴 『로빈훗이 옳았다: 사회 변화를 위한 기부 가이드Robin Hood Was Right: A Guide to Giving Your Money for Social Change』에서, 우리는 독자들에게 사회 변화 해결을 위한 자선과 전통적인 자선을 구분할 것을 권했다. 그리고 지역사회 재단들처럼, 특권층 배경 출신이 아닌 사람들과 권력을 공유하는 기부 구조를 찾으라고 말했다. 책의 한 부분에서 우리는 변화를 위한 기부와 전통적인 자선 사이의 차이점에 대한 몇 가지

예를 들었다.

자선: 방학 기간에 아이들이 갖고 놀 장난감 마련 기금 조성
변화: 부모들이 자기 자식들에게 장난감을 사줄 수 있도록 최저생활임금
운동을 조직하기 위한 기금 조성

자선: 대학 진학을 앞둔 고등학생에 대한 장학기금 지원
변화: 모든 사람이 대학 교육을 받을 수 있도록 하기 위해 활동하는 학생
협의체에 자금 지원

자선: 암 연구에 기부
변화: 환경 독소들을 제거하고 발암물질을 버리는 공해유발기업에 압력
을 가하기 위해 활동하는 집단에 기부

자선: 과테말라의 아이 한 명을 돕기 위해 하루에 1달러 기부
변화: 지역 경제와 임금 체계를 악화시키는 기업의 자유무역정책을 멈추
기 위한 조직 사업에 기부

전통적인 자선은 기존의 관련 기관들을 유지하고 직접적인 봉사를 제공
하는 데 중요한 역할을 한다. 그러나 우리 앞에 놓인 과제는 그보다 더 발
전하는 것이고, 각종 사회 문제들을 야기하는 권력 관계들을 면밀히 살펴
보는 것이다.

단순히 기존의 자선 활동을 바로잡는 것만으로는 충분하지 않다. 우리는
이제 부자들이 자선 활동을 세금을 피하기 위한 전략으로 활용하는 시스템

자체를 손볼 필요가 있다. 자선적 기부를 통제하는 규칙들을 투명성과 책임성을 강화하는 방향으로 바꿀 필요가 있다. 그리고 자선적 기부가 불평등을 심화시킬 때, 민주적 자치 사회에서 그것의 역할에 대한 매우 어려운 질문들을 던져야 한다.

부유한 기부자들은 이렇게 물을 수 있다. 사람들은 자기 돈으로 자기가 원하는 것을 할 수 있어야 하는 거 아닌가? 정부와 그 밖의 다른 사람들이 그들 일에 "참견"하지 말아야 하는 거 아닌가? 그렇다면 다음 장도 계속 읽기 바란다. 이러한 자선 활동의 그늘진 부분에 대한 검토에 이어 나는 우리 사회가 왜 부자들의 자선 활동에 대해 이런저런 요구를 하고 발언권을 가져야 하는지 살펴본다.

정의로 행해야 할 것을 자선의 이름으로 행하지 마시오.

– 교황 요한 23세, 1965년

오늘날 재단과 개인들이 행하는 많은 자선적 기부가
정작 우리 자선단체들의 요청에는 응하지 않고,
우리의 가장 절박한 공공의 요구도 처리하지 못하고 있다.

– 파블로 아이젠버그Pablo Eisenberg[1]

11장

자선 활동이
정의를 파괴할 때

"오! 선생님은 정말 천생 부자시군요!" 스코틀랜드 전통의상을 정식으로 차려입은 경매인이 말한다. 그는 방금 누군가가 부른 입찰가에 깜짝 놀란 몸짓을 한다.

매사추세츠주 웨스턴Weston에서 열린 학교 자선 행사의 첫 번째 경매 물품은 버몬트 시골 여인숙에서의 2박 숙박권이다. 경매인은 200달러로 입찰을 개시한다. 몇 분 뒤, "지중해식 특별 요리"로 가득한 접시의 음식을 맛보려고 할 때 낙찰가가 5,000달러로 마감된다. 입이 딱 벌어진다.

내 딸이 보스턴의 공립 초등학교를 다닐 때 행사 준비를 도왔던 기금모금 행사들을 떠올린다. 당시 입찰식 경매와 복권 추첨, 게임을 포함해서 학교의 연례 기금모금 행사의 총 모금액은 약 4,000달러였다. 지금 여기 웨스턴 교육발전기금위원회 행사장에서 첫 번째로 낙찰된 경매 물품 가격보다 낮은 금액이었다.

나는 이 상류층 자선 행사장에 눈에 띄지 않는 참관인으로 참여하고 있다. 4월 초의 차가운 날씨에도 불구하고, 웨스턴에서 최고 부유층에 속하는 일부 시민들은 도금 시대Gilded Age(1870년대에서 1890년대까지 철도의 비리와 부패 정치의 만연으로 미국 산업 발전의 병폐가 적나라하게 드러났던 시기 - 옮긴이)의 충격적인 불평등을 재연하는 듯, 민소매 드레스를 입고 있다. 메리와 나는 "광란의 1920년대로 가는 발걸음"이라는 제목의 이 기금모금 경축행사에 참가하기 위해 최소입장료인 185달러를 각각 지불하고 입장권을 구매했다. 다른 참가자들의 경우, 다이아몬드급 후원자는 입장권이 2,500달러이고, 사파이어급 기부자는 1,000달러다.

웨스턴은 매사추세츠의 어느 곳보다 부유층 동네다. 중위소득이 177,000달러이고 평균 주택가가 134만 달러다. 이 행사에서는 이미 매사추세츠주에서 최고의 시설을 갖춘 곳 중 하나인 웨스턴 공립학교 체제를 위한 기금을 모을 예정이다.

광란의 1920년대 정신을 보여주기 위해, 남성들은 『위대한 개츠비The Great Gatsby』에 나오는 주인공들처럼 여름 정장과 밀짚모자 차림을 한 사람들이 많았고, 여성들은 깃털목도리 스카프를 두른 채 1920년대 신여성 머리띠를 매고 모자를 쓰고 있었다. 우리가 행사장 안으로 들어가자, 클럽 같은 곳에서 담배 파는 소녀들이 입는 전형적인 복장을 하고 허리에 상자를 묶어 맨 한 여성이 다가오더니 복권을 사라고 권했다. 당첨되면 3,000달러 상당의 보석 장식 목걸이를 단다.

"얼마죠?" 내가 물었다.

"25달러고요, 여성분은 이 가운데 하나를 고를 수 있어요." 그녀는 허리에 매단 상자 안에 들어 있는 커다란 다이아몬드—사실은 그 안에 반짝이는 불빛이 박힌 플라스틱—반지들을 손가락으로 가리켰다. 메리는 사양했다. 그러나 행사장 주변에는 그 빌어먹을 반짝이는 큰 반지를 낀 여성들이 수십 명이나 있었다.

세 번째 경매 물품도 주인이 결정되었다. 이탈리아 움브리아에서의 1주일 숙박(항공편 포함)은 8,000달러에 낙찰되었다. 나는 자리에서 일어나 입찰식 경매 물품들이 진열되어 있는 탁자들 사이를 돌아다닌다. 그중 두 개가 눈길을 끈다. 첫 번째 것은 "스트레스 없는 졸업"으로 이 고등학교 6월 졸업식에서 맨 앞 열에 예약된 네 자리다. 두 번째 것은 "웨스턴의 경찰관 차를 타고 등교"하기다. 거기에는 "당신의 자녀와 친구 한 명이 웨스턴의 경찰관이 운전하는 순찰차에 타고 학교에 갈 수 있다"라고 설명하는 문구가 붙어 있다.

커다란 깃털 모자를 쓰고 1920년대 신여성 복장을 한 여성 두 명이 졸업식 앞 열 좌석 경매에 입찰할 건지를 놓고 상의하고 있다. "졸업식을 보기 위해 몇 시간을 기다릴 필요가 없을 거예요." 한 여성이 다른 여성에게 조언한다.

나는 매사추세츠주에서 가장 부자 동네에 속하는 곳에서 열린 행사의 기획자들이 과연 미국에서 극단적이고 과시적인 부의 불평등의 마지막 시기를 기리는 것이 품위 없는 행동은 아닌지 잠시라도 진지하게 생각해보았는지 궁금하다. 광란의 1920년대는 흑인 차별 정책이 펼쳐지던 미국의 흑인들에게 그렇게 위대한 시기가 아니었다. 그러나 오늘날 1920년대 스타일이 다시 유행하고 있는 것은 명백한데, 그것은 일종의 도금 시대에 대한 향수라고 할 수 있다. 어쩌면 〈위대한 개츠비〉의 리메이크 영화의 과장된 내용들이 그 향수에 불을 붙였는지도 모른다.

내 의도는 파티에 가는 것을 즐기는 이런 사람들을 놀리려는 게 아니다. 웨스턴은 내가 성장했던 부유한 미시간 동네와 많이 닮았다. 그리고 여기에 참가한 사람들은 공립학교 체제를 지지하고 있다. 웨스턴의 슈퍼리치들은 자녀를 그냥 사립학교에 보낸다. 공립학교 제도는 아예 무시한다.

그러나 나는 오늘날의 한 가지 골치 아픈 추세—자선기금이 기존의 부자들의 특권을 더욱 강화하는 데 쓰이는 경향—를 직접 경험하기 위해 지금 여기에 왔다. 우리의 조세 체계가 고안해낸 자선적 기부에 대한 세액 공제 제도 때문에 기존의 불평등이 더 심화되어서는 안 된다. 그것은 오히려 그런 불평등을 축소하는 역할을 해야 한다.

그날 저녁 행사의 공동의장을 맡은 앨리슨 재피Allyson Jaffe는 참석한 모든 이에게 감사 인사를 하며 "우리가 오늘밤 모으는 모든 돈은 여러분의 자녀들에게 그 혜택이 직접 돌아갑니다"라고 상기시킨다.

그 진행방식은 이런 식이다. 부유층 자녀들이 있는 학군은 세금 공제 혜택이 주어지는 기부를 받기 위해 자선교육재단들을 계속해서 설립하고 있다. 심지어 웨스턴 펀드는 기부자들이 자기가 내는 기부금을 그 지역 내 어느 특정 학교로 보낼지도 지정할 수 있게 한다.

자기 자식을 돕는 것은 어쩌면 생물학적 충동일 수 있다. 스탠퍼드대학의 롭 라이히Rob Reich는 이렇게 말한다. "부유층 부모와 도회지 사람들이 자기 자식과 지역 기관들이 최선을 다하기를 바라는 것을 누가 나무랄 수 있겠는가? 다만 그들의 노력이 자기 자녀와 그들보다 불리한 조건에 있는 학군에서 자라는 아이들 사이의 격차를 더 벌릴 수 있다는 사실은 유감스럽게도 그들이 의도한 것은 아니지만 자신들이 베푼 관용의 부작용이다."

매사추세츠는 주정부 차원에서 지방 재산세를 기준으로 전적으로 교육 예산을 배정하는 구식 체계에 뿌리를 둔 교육 기금의 심각한 지역 격차를 줄이기 위해 애썼다. 그런 빛바랜 구식 재정 지원 방식은 재산 가치가 높은 지역이 전통적으로 재산 가치가 낮은 지역, 즉 적절한 교육 기회를 제공하기 위해 안간힘을 쓰는 지역보다 더 높은 교육 예산을 배정받았음을 의미했다. 그러나 오늘날 이런 자선교육재단들은 사방에서 불쑥불쑥 생겨나고 있다. 그리고 그들은 교육의 평등성을 진작시키려고 애쓰는 주정부의 시도를 효과적으로 건너뛴다. 파티에 가는 것을 좋아하는 이들은 자녀가 다니는 학교에 기부하여 주정부와 연방정부의 세금고지서의 액수를 낮춤으로써 그 격차를 악화시키고 있다.

길 아래쪽에 있는 또 다른 부자 동네들인 도버Dover와 서본Sherborn은 데드햄 폴로클럽에서 연례행사인 "카지노의 밤"을 개최하고 있다. 입장권 가격은 너무 비싸서 안에 들어가 살펴볼 엄두도 나지 않는다. 광란하는 1920년대의 불평등과 카지노 경제 정책 사이에서, 나는 기금모금행사들이 부적절하다고 생각한다. 자기 자식들을 위한 일을 하기 위해 움직이는 대다수 부모들은 그들이 결국 자신의 행위가 마땅히 내야 할 세금을 자기 가족에게 빼돌리는 꼴이라는 것을 이해하지 못한다. 그들은 또 노골적으로 "오늘밤 나는 불평등을 축하할 거야!"라고 생각하는 1920년대 신여성처럼 옷을 화려하게 차려입은 것도 아니다. 실제로 위험은 겉으로 드러나지 않는 이 모든 저의와 돈을 빼돌리는 행태를 아무도 의식하지 않는다—심지어 기부자나 파티에 참가한 사람들도 알아채지 못한다—는 사실에 있다.

미국의 부유층 동네 가운데 하나인 캘리포니아주 힐스버러의 학부모들은 **공립**학교 체제를 지원하는 힐스버러학교재단Hillsborough Schools Foundation에 매년 2,300달러의 자선기부금을 내도록 요청받는다. 그 재단에 따르면,

2012년에 학급의 학생 수를 줄이고, 사서와 미술, 음악 교사를 추가로 채용하고, 각 학급에 스마트 설비를 설치하는 데 345만 달러의 기부금이 투입되었다.

학교재단을 연구한 스탠퍼드대학의 라이히는 "공립학교에 지원되는 사립학교 기부금은 빈부의 격차를 더욱 확대한다. 그것은 재정 투입에서의 불평등을 심화시킨다. 그것은 기존의 부유층에게 혜택을 주는 자선 활동이기 때문이다"라고 주장한다.[2]

현행 조세 정책은 자기 자녀가 다니는 학교에 기부금을 내는 부자 학부모들에게 실질적으로 정부보조금을 지급한다. 학교재단에 기부금을 내는 기부자들은 세금을 공제받기 때문에, 주정부와 연방정부가 세금을 거둬들여 모든 학교에 분배할 몫이 줄어드는 꼴이 된다. 주정부의 자선적 기부금법은 대부분 연방정부의 규칙들을 따르는데, 양쪽 다 교육 재원을 감소시키는 세금 공제 조항들이 있다. 라이히가 주장하는 것처럼, "주정부와 연방정부는 조세 정책 때문에 기존의 불평등을 심화시키는 일에 연루되는 것처럼 보이지만, 애초에 세금이 줄어들게 된 것은 표면상으로는 정부에 책임이 있다."

내 돈, 우리 돈

몹시 추운 어느 겨울날, 나는 공유 차량인 집카Zipcar를 한 대 렌트해서 보스턴칼리지법학대학원으로 몰고 간다. 거기서 자선적 기부와 조세 정책에 대해 많은 글을 쓴 법학교수 레이 메이도프와 이야기를 나누기 위해서다. 그녀는 책장에 책이 줄지어 꽂혀 있는 연구실에서 컴퓨터 앞에 앉아 혼자 뭔가에 열중하고 있다.

나는 그녀가 어떻게 생각하고 있을지 궁금했다. 자선 활동의 이러한 추세가 우리가 하는 일의 일부인가? 부자들이 그들의 개인 돈으로 무엇을 하고 있는지가 정말 중요한 문제인가?

레이는 자선적 기부에 대한 세금 공제가 기부금을 내거나 재단을 설립하는 개인과 기업에 실질적으로 정부보조금을 지급하는 것이라는 의견을 밝힌다. 그래서 사회는 이러한 기부에 대해 감독하고 그 기부금들이 실제로 자선 목적에 걸맞게 쓰이는지 마땅히 확인할 책임이 있다.

그녀는 "실제로 조세 보조는 훨씬 더 큽니다"라고 열정적으로 설명한다. "만일 상속세 세수 손실까지 포함한다면, 조세 보조 규모는 50퍼센트에 가깝습니다." 이것은 달리 말하면, 최고의 부자들이 기부금을 내면 그들이 내야 할 세금의 절반을 일반 납세자의 세금으로 메우는 꼴이라는 의미다.

레이는 자신의 연구와 『영생과 법Immortality and the Law』 같은 저서들에서, 죽은 자가 신탁재산과 자선단체들을 통해 살아 있는 사람에게 어떻게 호령하는지를 탐구한다. 기부금 공제와 영속적인 자선 신탁은 레이의 표현에 따르면, "미국의 납세자들이 부자들의 일시적 기분에 보조금을 지급케 하고, 그들의 영생에 대한 환상을 구현해주는" 두 가지 기제다.[3]

더 부유할수록 그들이 받는 보조금은 더 높아진다. 그리고 바로 그 부자들이 재단을 설립하면, 그들의 경우 시간이 흐르면서 과세 대상이 되는 재산도 줄어든다. 부자 집안들은 자선기부금을 항목별로 나누고 세금을 공제받을 가능성이 더 높다. 연소득이 50,000달러에서 75,000달러 사이인 납세자의 약 절반만이 항목별 세금 공제를 신청하는 반면에, 연소득이 200,000달러가 넘는 납세자의 경우는 거의 100퍼센트가 항목별 세금 공제를 신청한다.[4] 중산층과 노동계급은 부유층보다 자기 소득에서 종교단체를 비롯해 자선단체에 기부하는 돈의 비율이 더 높은데도 불구하고 그들에게 돌아가는 세금 혜택은 거의 없을 가능성이 높다.

최고의 부유층 사람들이 어떤 자선 활동을 선택하느냐는 문제가 우리 모두에게 중요한 이유가 두 가지 있다. 첫째 이유는 집중된 권력에 대한 일반적인 우려다. 오늘날 소수의 부유층이 우리의 문화, 민주주의, 시민생활에 심대한 영향을 끼치는 지나치게 많은 권력을 가지고 있기 때문이다. 지난 수십 년 동안 정부가 담당했던 많은 공공서비스가 민영화되고 자선단체 부문으로 이전되면서, 그들이 관리하는 이런 기금들이 어떻게 분배되고 쓰이는지에 대한 대중의 관심은 더욱 커지고 있다.

　둘째 이유는 이 장에서 보다 중점적으로 다루고 있는 자선 활동, 특히 부자들 사이에서 이루어지는 자선 활동이 사실은 그 밖의 모든 이들의 세금으로 보조되고 있기 때문이다. 2014년, 의회의 한 심의위원회는 개인의 자선 활동에 대한 세금 공제 때문에 재무부가 입을 세입 손실이 436억 달러에 이를 것이라고 추산했다.[5] 사실 여기에는 주정부의 세입 감소와 재단 설립으로 인한 시간 경과에 따른 재산세 감소 비용은 포함되어 있지도 않다.

　일부 사람들은 그것이 정부의 돈이 아니라고 불평할 것이다.[6] 나도 그것이 개인의 돈이라는 것을 인정한다. 그리고 자유 사회에서는 당연히 개인이 자기 돈을 자기가 좋아하는 곳에 기부할 수 있어야 한다. 그러나 만일 그들이 정부의 조세 보조를 원한다면, 이젠 공익을 고려해야 한다. 이런 공익이 정부에 의한 사생활 침해라고 느끼는 사람이 있다면, 대답은 간단하다. 세액 공제를 항목별로 분류하지 말고, 그에 따른 세금 감면을 받지 말라. 그런 다음, 세후 나머지 돈을 당신이 원하는 대로 쓰면 된다.[7]

　내가 자연보호토지신탁에 100,000달러를 기부해 그 비영리단체가 우리 집 옆에 공터를 구매할 수 있다면—그리고 내 소득이 450,000달러가 넘는다면, 나는 그 기부 행위 덕분에 세금이 거의 40,000달러 줄어들 것이다. 달리 말하면, 정부는 내가 낸 기부금 3달러당 2달러의 세금을 보조한다. 게

다가 우리 집 주변의 전망은 완전히 보호받게 된다.

또한 우리 딸이 명문 사립 고등학교에 다니고 내가 그 학교에 최신식 컴퓨터실 설치 용도로 500,000달러를 기부한다면, 무슨 일이 일어날까? 미국의 일반 납세자들은 실질적으로 그 기부 가운데 200,000달러를 기부하는 꼴이 될 것이다. 이것을 두고 과연 납세자들이 낸 세금을 가장 적절하게 사용한 것이라고 말할 수 있을까? 그리고 만일 내가 세금을 내는 대신에 기부를 한다면, 그것은 내게 있던 납세 의무를 다른 사람들에게 떠넘기는 게 아닐까? 그 밖의 누군가는 국방과 고속도로 건설, 국립공원 보호 같은 공익 사업을 위해 계속해서 세금을 내고 있다.

예전에 어느 억만장자와 나누었던 대화가 떠오른다. "나는 내 돈을 그냥 아무렇게나 써버릴 정부에 주느니 자선단체에 기부하는 게 낫다고 생각해요." 그는 그 이유를 이렇게 설명했다. "내가 내리는 결정이 정부의 결정보다 더 낫고 효율적일 것이기 때문이죠."

그것은 부자들 사이의 공통된 견해다. 그렇다면 바로 그 부자들의 애완동물 자선 활동 같은, 겉으로 드러내지 않은 숨겨진 욕망의 실현을 지원하기 위해 정부가 세금을 보조해줘야 하는 걸까? 아마도 아닐 것이다. 또한 빈부 격차를 심화시키는 자선 활동에 연방보조금을 투입하는 것도 물론 해서는 안 된다.

자선 활동이
할 수 있는 것과 없는 것

대다수의 사람들은 과세제도와 정부의 문제 해결 능력에 대해 의구심을 품고 있기 때문에, 자선 활동이나 독립적인 비영리부문이 우리의 문제를 해결해주기를 바라는 기대가 높다. 그러나 자선 활동이 과연 극단적 불평등과 생태계 파괴 같은 가장 절박한 문제들을 처리할 수 있을까?

나는 훌륭한 자선 활동의 "연구 개발" 기능을 높이 평가한다. 그것은 우리가 새로운 활동 영역을 탐색하고, 신선한 아이디어들을 육성하고, 마침내 정식으로 확대 시행할 수 있는지 여부를 가리기 위한 시범 사업들을 실험할 수 있게 한다. 그러나 어떻든 간에 자선 활동이 지방, 주, 지역, 국가, 그리고 세계의 차원에서 실질적인 정부를 대체할 것이라는 생각은 위험한 망상이다.

보스턴의 유명한 의료 단지인 롱우드메디칼구역Longwood Medical Area에서 미션힐Mission Hill 동네로 걸어가면서, 나는 내 생각이 확실히 옳다는 것을 다시 한 번 느낀다. 여기서는 우리 도시에서 자선기금으로 진행되는 프로젝트들과 공공 기반시설 투자 사이의 엄청난 간극을 볼 수 있다. 보스턴의 롱우드메디칼구역은 지금 갑자기 건설 호황기를 맞고 있다. 자선단체들이 병원과 대학, 미술관을 짓는 데 기부금을 투입하면서 크레인들이 여기저기서 하늘 높이 치솟고 있다. 보스턴미술관은 신관을 건설 중이고, 주요 병원 네 곳이 저마다 건축 부흥기를 맞이하고 있다.

나는 혼잡한 교통으로 시끄러운 도심과는 전혀 다른 조용한 완충지대의 매끄러운 유리 건물들로 둘러싸인 하버드공중보건대학원의 교정을 이리저리 거닐고 있다. 지하의 스프링클러가 잘 자란 푸른 잔디밭을 흠뻑 적신다. 야외 공간임에도 "금연"이라고 쓴 매우 상세한 안내판이 곳곳에 보인다. 견고한 나무 벤치들이 보행자 길을 장식하고 있고, 수술복을 입은 연구자들과 의대생들이 거기 앉아서 이야기를 나누고 있다.

대학원 구내와 그 옆의 저소득 동네를 나누는 경계선 역할을 하는 헌팅

턴애비뉴와 워딩턴스트리트의 모퉁이에 다다랐다. 보스턴의 노후화된 지하철 시스템(T)의 일부인 그린라인 열차 한 대가 끼익 하는 금속성 마찰음을 내며 정차한다. 신호등이 녹색으로 바뀌자, 녹슨 열차는 현대적 대중교통수단이라기보다는 19세기 전차처럼 종을 울리며 요동치듯 나아간다. 2015년 겨울 폭풍이 여러 차례 들이닥쳤을 때, T 지하철은 사실상 운행을 중단했다. 수십 년 동안 사회기반시설에 대한 투자가 이루어지지 않은 결과였다.[8]

미션힐 동네로 가로질러 들어가자, 전혀 다른 세상이 눈앞에 나타난다. 그곳에 난 풀들은 바싹 말라 있거나 군데군데 뜯어 먹힌 것처럼 자라나 있다. 가로수 하나 없는 블록을 지나자 다음 블록은 싸구려 콘크리트 벽돌로 지은 저층 공영주택들로 꽉 차 있다. 언덕 위로 더 올라가니 벼랑 끝에 서 있는 마당 없는 다세대주택과 당장 수리가 필요해 보이는 마룻바닥이 다 꺼진 3층 목조 건물들이 즐비한 들쭉날쭉 움푹 팬 거리들이 여러 군데 있다.

보스턴에서 95번 국도를 따라 내려가는 뉴헤이븐시에서도 자선기금으로 짓는 건물들과 투자가 중단된 사회기반시설 사이의 격차는 마찬가지로 충격적이다. 〈뉴욕타임스〉 기자 루이스 유키텔Louis Uchitelle은 예일대학이 받은 수십억 달러의 자선기부금이 지금 그 도시에서 진행 중인 70여 건의 건설 공사와 함께 현재의 건설 호황에 어떻게 불을 지피고 있는지 상세히 보도한다. 반면에 뉴헤이븐의 공공기반시설은 깊은 시름에 잠겨 있다.[9] 예일대학 인근에 있는 다리들은 폐쇄되어 차량이 다닐 수 없을 정도로 노후화된 상태다.

유키텔는 "민간 자금이 도심 기반시설의 항목을 정한다"라는 제목의 폭로 기사에서, "점점 더 많은 최고 부유층 집안들이 선뜻 후원하는 민간지출 규모가 전통적인 공공투자 규모에 근접하고 있다"고 지적하면서 그 방식을 자세히 묘사했다.

뉴헤이븐은 주민 1인당 연방도시재개발기금을 가장 많이 사용하는 도시이지만, 이곳의 공공투자는 현재 민간투자에 추월당한 상태다. 이것은 미국 전역의 추세를 반영한다. 대중교통기반시설에 대한 정부 지출은 1962년 국민총생산GDP의 3퍼센트에서 현재 1.6퍼센트로 감소했다. 자선기부금은 1995년 국민총생산의 1.5퍼센트에서 현재 2.5퍼센트로 급상승했다. 이 돈의 대부분은 부유한 개인의 주머니에서 나오고 있다.[10]

정책적 관점에서 보면, 우리는 세금을 자선기금으로 대체할 수 없다. 각각의 자금은 사용처의 우선순위가 다르며, 용도도 저마다 다르다. 유키텔이 기사에 쓴 것처럼,

> 자선기부금 지출은 주로 병원이나 도서관, 미술관, 공원, 대학 건물, 극장과 공연장 같은 시설을 늘린다. 공공기반시설—고속도로, 다리, 철도, 상수도, 공립학교, 항만설비, 하수관, 공항, 에너지 공급망, 터널, 댐과 제방—은 대부분 세금에 의존한다.

도시에 투자되는 돈이 이렇게 공적 자금에서 개인의 부로 무게중심을 옮김으로써 미국 도시들은 새로운 모습으로 바뀌고 있다. 미국토목학회American Society of Civil Engineers는 미국의 사회기반시설의 상태에 대해서 'D+' 점수를 주면서, 그저 현재의 기반시설을 유지하기 위해서라도 적어도 2020년까지 3조 6,000억 달러를 투자해야 한다고 주장했다.[11] 현재 사회기반시설 사업에 자금을 대는 자선 재단은 한 곳도 없다. 미시간주 플린트의 상수도 시설을 재건할 정도의 재원을 가진 재단은 없다. 과세 권한이 있는 정부만이 그런 대단위의 장기적 투자를 할 수 있다.

우리 사회에 점증하고 있는 불평등을 해결하기 위해서는 공공기반시설과 도시기반시설 모두에서 발생하는 적자 문제를 해결해야 한다. 그리고 그것은 또한 우리에게 기회일 수도 있다. 아메리칸 드림이 미국보다 캐나다에서 더 실현 가능성이 높은 까닭은 유아교육과 국민건강에 대한 국가의 조기 관여, K-12부터 대학까지 학자금 대출 없는 교육에 대해 캐나다 정부가 미국보다 더 큰 책임의식을 가지고 있기 때문이다. 이런 차원에서의 투자는 자선 활동을 통해서 일어나지 않는다. 이러한 과제들을 우선순위에 두고 있는 자선단체는 확언컨대 현재 단 한 곳도 없다.

빈곤을 완화하기 위한 정부 지출―국민건강보험, 푸드스탬프food stamp 제도, 긴급피난처 등―은 자선 활동으로 감당하기에는 규모가 너무 크다. 미국은 영양보충지원계획Supplemental Nutrition Assistance Program―푸드스탬프로 널리 알려진―을 통해 2015년에 4,500만 명의 저소득층에 식료품을 공급했는데,[12] 그 비용이 무려 750억 달러가 넘었다.[13] 같은 해에 미국의 재단들이 기부한 총액은 490억 달러에 못 미쳤다.

사실상 아무 규제도 받지 않는 현행 세금 공제 제도가 그대로 유지되는 한, 기부 행태는 거의 바뀌지 않을 것이다. 그리고 많은 기부들이 선의로 제공된다는 사실에도 불구하고, 그것들은 부자들의 지위를 유지하는 데 기여할 것이다.

자선 활동 바로잡기

미 의회도 이러한 자선기금의 남용을 알기 때문에 주기적으로 일부 의원들이 관련 제도를 개혁하려고 시도한다. 2000년, 미 의회는 재단들이 해마다 합법적 지출로 인정받는 비용

항목 가운데 일반관리비와 간접비 항목을 제외하는 것을 포함하는 재단개혁법안을 제출했다. 재단이 한 해에 의무적으로 기부해야 하는 법적 지출금 한도는 보유 자산의 5퍼센트에 불과하다. 이 법안이 통과되면 재단들은 그 법적 지출 한도 금액을 간접비로 남용할 수 있는 기회를 잃게 될 터였다. 재단들에게 그보다 더 중요한 문제는 이러한 마법의 지팡이를 휘두를 경우, 약 200억 달러의 돈을 비영리단체에 주는 보조금 형태로 더 내놓아야 한다는 사실이었다. 재단협의회와 "자선업계" 로비스트들은 그 법안에 강력히 반대했고 결국 의회 통과를 무산시켰다.

2013년, 미 상원재무위원회는 제안된 개혁안들에 대한 포괄적인 백서를 발표했다.[14] 또한 즉각 대응하는 자선을 위한 전미위원회 같은 기관들도 제도의 변화를 촉구했다.[15]

이러한 남용 행위를 줄이고 더 많은 재원을 불평등을 없애는 데 쓰기 위해 자선 부문을 개혁하는 방안으로 내가 선호하는 방식 한 가지를 여기 소개한다. 상위 1퍼센트의 부유층에 속하는 사람들—그리고 자선단체들—은 이러한 개혁을 달성하고자 압력을 가하는 일에 앞장서야 한다.

소비세를 기부금 지불한도와 연동시킨다. 레이 메이도프는 〈뉴욕타임스〉 기사에서 "5퍼센트 한도는 자선기부금의 최저한도를 설정하기 위해 제정되었지만, 대다수 민간재단들은 그것을 최대한도로 사용한다"고 썼다.[16] 재단들이 단순히 이러한 필요조건을 충족하면, 해당년도에 그들이 투자해서 번 총소득에 대해서 표준 2퍼센트의 연방소비세를 낸다. 그들이 과거 평균보다 기부금을 더 많이 지불하면, 1퍼센트만 세금으로 낸다. 메이도프는 재단이 해마다 더 많은 돈을 기부하도록 권장하기 위해 소비세를 조정할 것을 제안한다. 기부금을 6~8퍼센트로 내는 재단들에 대해서는 소비세를 1퍼센트로 낮추고, 8퍼센트 넘게 내는 재단들에 대해서는 소비세를 즉시

면제하는 방안이다.

기부금 지불한도를 올린다. 재단의 자산은 지난 30년 동안 최고 부유층의 재산 증대와 병행해서 매우 크게 증가했다. 그러나 재단들은 기부금 지불 최소한도를 올리려고 하는 정책 제안들을 모두 거부했다. 그들은 이것이 재단의 자본금을 잠식하고 조직의 영속성을 해칠 것이라며 반대했다. 그러나 많은 연구 결과에 따르면, 보유자산의 7~8퍼센트까지 기부금 지출을 해도 재단은 자산이 줄지 않을 것임을 보여주었다. 그리고 더 중요한 것은, 재단이 반드시 영원히 존속해야 한다는 전제를 깔지 말아야 한다는 것이다. 파블로 아이젠버그가 언급한 것처럼, "영속성에 대해서 지레 겁먹을 이유가 전혀 없다."

재단의 간접비를 기부금 지출한도에서 제외한다. 재단의 기부금 지불한도에서 재단의 간접비 비용을 빼야 한다. 그렇게 할 경우, 지나치게 높은 재단 임직원의 봉급과 기타 일반관리비에 들어가는 과도한 내부 경비를 줄일 수 있을 것이다.

재단 이사들에 대한 보상을 없앤다. 유급 재단 이사가 있으면 재단의 실적이 올라간다는 것을 보여주는 연구 결과는 없다. 비영리단체 자문위원 두 명이 언급한 것처럼, "보상은 재단 이사들을 '내부자'로 만들어, 공익을 위해 행동하고 필요할 때 반대할 줄 아는 그들의 능력을 약화시킨다." 자선 단체들은 언제나 외부의 전문가들을 고용할 수 있지만, 고용된 전문가들은 조직 내부의 문제들에 관여하지 말아야 한다.[17]

독립적인 이사회를 요구한다. 재단이 진정으로 공익 조직이라면, 이사회에 가족 구성원이나 유급 직원을 참여시키지 말아야 한다. 미국의 많은 주에서는 법인 이사회를 구성하는 이사들의 51퍼센트가 독립적인 인사들일 것을 요구한다.[18]

세금 혜택의 이원화. 의회는 자선단체를 두 종류로 나누고 그들에게 서로 다른 세금 혜택을 주어야 한다. 빈곤을 완화하고 불평등을 줄이고 환경 파괴와 같은 긴박한 사회 문제들을 다룰 자격을 갖춘 자선단체에 대한 기부는 기존의 자선단체 세제 아래서 세금 전액을 공제해야 한다. 그러나 다른 형태의 비영리단체나 협회들에 대한 기부는 세금 혜택을 축소해야 한다.

시효 종료 재단과 기부자조언기금. 재단과 자선신탁은 영원히 존속하면 안 된다. 기부자조언기금은 5년 안에 분배되게 해야 한다. 재단의 정관은 예컨대 10년이나 20년으로 수명을 제한해야 한다. 이것은 포드재단이나 맥아더재단과 같은 곳에 조성된 거대 기금들이 재단의 장기적 자기 보전이 아닌, 당면한 사회 문제들을 푸는 데 초점을 맞추어 지출되어야 한다는 것을 의미한다.

우리 중에 기부할 재산을 소유한 사람들은 그런 개혁방안들—조직의 시효 종료를 포함해서—을 지지하고 솔선수범하는 자세를 보여주어야 한다. 당신이 가족형 재단의 이사라면, 더 신속한 기금 분배와 더 많은 기부금 지출을 요구하라. 최근에 애틀랜틱 필란스로피스Atlantic Philanthropies가 한 것처럼, 재단 자산을 10년 동안 "전부 지출"할 것을 제안하라. 면세품 가맹점 사업으로 번 돈으로 애틀랜틱 필란스로피스를 설립한 기부자 척 피니Chuck Feeny는 영구적인 자선단체를 만들고 싶어 하지 않았다. 그는 또한 자식들에게도 짐을 지우고 싶어 하지 않았다. 피니는 "처음부터 나는 그들이 스스로 태어난 것이 아니라, 내가 생명을 준 것이기에 이렇게 그들의 운명을 정해 주리라고 생각했어요."라고 말했다.[19]

피니와 애틀랜틱 필란스로피스는 오늘날 점점 수가 늘어나고 있는, 정해진 기간 안에 기금을 처분하는 "생전 기부giving while living"를 지향하는 자선단체들과 함께 한다. 자선 활동 자문위원 에이미 마컴Amy Markham과 수전 울프

덧코프Susan Wolf Ditkoff는 "재단의 종료 시점을 정했다면, 이제 재단이 지불하는 보조금 한 푼 한 푼은 자금이 소진되기 전까지 끊임없이 사회적 변화를 불러오기 위한 시도인 셈입니다"라고 기술한다.[20]

당신의 그 망할 놈의
세금을 내라

최고의 부자에 속하는 상위 1퍼센트에 부탁한다. 그냥 당신들이 내야 할 세금을 내라. 자선 활동은 세금의 대체수단이 아니다. 자선 활동만으로는 공공기반시설과 경제적 기회 마련과 같은, 기본적으로 우리 사회에 절실히 필요한 것들을 해결하지 못할 것이다.

우리는 정부의 낭비에 대해서, 또는 우리가 낸 세금으로 했거나 하지 않았기를 바라는 것들에 대해서 이러쿵저러쿵 투덜댈 수 있다. 그것은 시민의 참여를 적극적으로 불러일으키기 위한 것이지, 세금 회피를 합리화하기 위한 변명의 자리가 아니다. 과거에 상당히 많은 세금을 냈던 부유한 우리가 대규모 자선 공제를 활용해서 마땅히 내야 할 세금을 내지 않아도 된다면, 과거 세대들의 사회적 이동성을 창출한 공공투자와 우리 모두가 의존하고 있는 사회기반시설에 대한 투자는 중단되고 말 것이다.

우리는 제한된 공중에게만 혜택을 주는 애완동물 자선 사업으로 수십억 달러가 흘러들 때, 그런 자선 활동을 고결한 것이라고 인정할 수 없다. 가진 것을 나누고자 하는 누군가의 너그러운 충동이나 의지를 꺾을 사람은 아무도 없다. 다만 교외 지역의 토지신탁기관이나 미술관, 사립학교에 기부를 해야 한다면, 그에 따른 세금 공제를 받지 말라. 우리에게는 더 긴급하게 세금을 투입해야 할 일들이 있다. 그 세금이 당신이 우선적으로 생각하는 일 때문에 우선순위에서 밀리지 않게 하라.

          ∘

　전통적인 자선 활동이 현재 우리의 당면한 문제들에 긴급하게 대응하지 못하고 있다면, 앞으로 우리는 어떻게 해야 할까?

　지금까지 우리는 사회 변화에 크게 기여할 부와 권력을 가진 사람들이 그 과정에 참여하는 데 방해가 되는 것들에 대해서 이야기했다. 우리는 현재 부가 창출되는 방식에 대한 신화와 사연들에 지나치게 푹 빠져 있고, 특권에 중독되어 있다. 그것은 우리의 공감 능력과 인간적인 다양한 반응 기제들을 무력화한다. 우리는 지금 극단적 불평등의 근본적인 생성과정을 잘못 이해하고 있다. 그래서 계급과 인종적으로 유리한 이점들이 누적된 결과가 현재의 불평등에 끼치는 영향을 볼 줄도 모르고 인정하지도 않는다. 이러한 상황에서 전통적인 자선 활동으로 문제 해결을 위해 개입하기에는 힘이 못 미친다.

　현재의 자본주의 체제에서 사람들은 단순히 자신의 노동력이나 기여뿐 아니라, 그들의 부를 가능케 한 공유지 전체의 가치 덕분에 지나치게 후한 대가를 받는다. 은유적으로 표현하자면, 마크 주커버그는 아이스크림 가게에서 컵에 담긴 아이스크림 위에 체리를 얹는 일을 하고 있다. 그는 세 숟가락이면 다 떠먹는 아이스크림을 팔아 돈을 벌고 있지만, 아이스크림 가게도 모두 자기 것이라고 주장하고 있는 셈이다. 우리는 이제 새로운 보상 체계가 필요하다.

　다음에 도래할 시스템은 무엇일까? 그리고 거기로 나아가기 위해서 우리는 무슨 역할을 할 수 있을까?

5부

부富, 집으로
돌아오게 하기

우리는 삼중의 위기에 창의적으로 대응하는 동시에
인간성 말살과 경제 불평등, 생태계 파괴 또한 극복할 수 있으며,
또 반드시 그렇게 해야 한다.

— 반다나 시바Vandana Shiva —

우리는 국가가 경제력을 급진적으로 재분배하지 않고는
해결할 수 없는 문제들을 다루고 있습니다.

- 마틴 루터 킹 주니어

미래의 눈들이 우리를 뒤돌아보며 우리가 현 시대를
뛰어넘어서 보기를 간절히 기도하고 있다.

- 테리 템페스트 윌리엄스
  Terry Tempest Williams

함께 있어야 할
순간

중요한 친구이자 스승인 가 알페로비츠Gar Alperovitz는 "여러 면에서 상황
이 점점 악화되고 있어요"라고 말한다. 우리는 워싱턴 DC에 있는 비콘 그
릴에 가면 늘 앉는 안쪽 좌석을 차지하고 있다.

"소득과 부의 불평등, 기후 변화, 전쟁, 팽창하는 군국주의." 그는 한숨을
내쉰다. "그리고 우리는 이 나라에서 진짜 탄압을 보게 될 겁니다. 자유의
상실은 이미 시작되었죠. 그것은 매우 끔찍한 조합이에요. 우린 거기로 가
고 있어요."

지난 근 30년 동안 내가 소중히 여겨왔던 관점의 주인공 입에서 나온 정

신이 번쩍 들게 하는 말이었다.

사회 정의에 초점을 맞춘 종교 잡지인 〈소저너스Sojourners〉에 게재된 알페로비츠의 기고문을 처음 읽은 것은 내가 스물여덟 살 때였다. 1988년 당시 나는 매사추세츠주 그린필드에 살면서 지역의 공동체 개발 프로젝트들을 지원하는 한 단체에서 일하고 있었다. 버나즈턴의 할랜과 메리 패로 부부처럼 공원 내 이동주택에 임차인으로 사는 사람들이 공원들을 직접 구입하고, 주민자치조합을 결성하여 그 공원들을 관리하도록 돕는 일이 내가 맡은 임무 중 하나였다.

알페로비츠는 당시 내가 하고 있던 지역의 공동체 개발의 중요성과 그것이 더 거대한 시스템을 바꾸는 데 어떤 역할을 하는지에 대해 이야기를 나누었던 사람들 가운데 내게 깊은 인상을 남긴 유일한 인물이었다.

'이 사람이 누구지?' 그의 책과 그가 이야기한 것들을 찾아 읽으면서, 문득 머릿속에 그런 생각이 떠올랐던 것이 기억난다. 그로부터 수십 년 동안, 나는 대개 바로 이 비콘 그릴의 안쪽 깊숙이 칸막이가 된 작은 공간에서 광범위한 주제와 관련해 그의 조언을 들었다. 나는 내게 무슨 꼬리표─자본주의자, 기독교인, 사회주의자, 불교신자, 무정부주의자 따위─를 붙이는 것을 좋아하지 않는다. 하지만 언론과 인터뷰할 때 나는 내가 알페로비츠 추종자라고 말하곤 한다.

"그 체제는 이제 선택의 여지가 없어졌어요." 그는 단호하게 말한다. "진정 끔찍한 세상이 되느냐, 아니면 근본적인 변화를 이룰 것이냐 둘 중의 하나라는 말이에요. 나는 현재 둘 다 진행되고 있다고 봐요. 상황은 점점 끔찍해질 테지만, 새로운 방향에서의 근본적인 변화 가능성도 있어요. 지금은 매우 기이한 시기죠. 그래서 적극적인 참여가 필요한 중대한 때입니다."

함께 있어야 할 순간

나도 그와 똑같은 끔찍한 상황을 상상한다. 내가 가장 적극적으로 대면하는, 서로 결부된 두 가지 문제―기후 변화와 부의 불평등 심화 ― 는 마치 폭포수가 떨어지듯 우리의 통제 범위를 벗어난 것처럼 보인다.

2016년이 시작되면서 나는 잉글랜드와 미국 중서부에서 발생한 끔찍한 홍수, 아프리카와 미국 서부의 가뭄, 그리고 우리 집 뒷마당에 있는 너무 일찍 꽃이 핀 과일나무들에 충격을 받았다. 또한 최근 부의 집중 추세에 대한 일련의 보고서들이 막 발표되면서 거기에 나온 불평등에 대한 새로운 통계에 침잠해 있는 상태였다.

그리고 부가 기하급수적으로 소수에게 집중되면서, 법의 허점을 노려 농간을 부리는 세력들은 그들의 집중된 부와 권력을 활용해서 인류의 생존과 행복을 위해 긴급하게 필요한 개혁들을 가로막는 일에 더욱 박차를 가할 것이다. 이것은 인류의 평등과 자연 생태를 모두 점점 더 빠르게 악화시킨다. 거기에 전쟁과 테러가 조금만 가미되면, 또 다른 끔찍한 조합이 나올 수 있다.

풀뿌리 민중의 차원에서 우리의 집단적 대응은 단편적이고 점진적이고 분리되어 있다. 대부분의 사회 운동은 저마다 분야별로, 예컨대 환경, 인권, 선거정치, 노동과 경제 포퓰리즘, 민주주의 개혁 등으로 나뉘어 따로따로 움직인다. 이런 활동은 상당수가 전통적인 미디어의 관심 밖으로 밀려남으로써 대중의 시선에서 벗어나게 된다. 반면에 우리의 문화는 전반적으로 유명인 문화에서 (직접 참여하는 스포츠가 아닌) 검투사 시합을 지켜보는 관중 문화, 그리고 충격과 공포의 대통령 정치에 이르기까지 국민의 시선을 다양하게 다른 곳으로 분산시키는 데 여념이 없다.

그러나 지금은 행동해야 할 때다. 상위 1퍼센트에 속한 사람들은 이러한 전환이 일어나도록 하는 데 중요한 역할을 할 수 있다. 따라서 우리 사회의 변화 가능성과 그런 운동에서 부자들이 맡을 수 있는 역할을 세심히 살펴보자. 그들의 역할은 정책 주창자로서, 운동자금의 후원자로서, 그리고 체제 변화의 이해당사자로서 해야 할 일을 하기 위해 힘없는 사람들과 동행하는 것까지 다양하다.

기후 재앙 막기

기후 위기는 지금 우리 앞에서 진행되고 있다. 매주 이상 기온 날씨, 초강력 폭풍, 가뭄, 홍수, 해양 불안정, 질병 등의 형태로 새로운 차원에서 모습을 드러내고 있다. 가장 최근에 발표된 '기후변화에 관한 정부 간 협의체Intergovernmental Panel on Climate Change'의 보고서에 나온 내용을 직접 인용하면 다음과 같다.

기후 체계에 인간이 영향을 끼친 것은 명백한 사실이다. 그리고 최근에 인간이 배출한 온실가스는 역사상 최고 수준이다. 최근의 기후 변화는 인간과 자연계에 광범위한 충격을 주었다.
계속되는 온실가스 배출은 사람과 생태계에 심각하고 만연하며 돌이킬 수 없는 영향의 가능성을 증대시키는 가운데, 지구온난화를 더욱 가속화하고 기후 체계의 모든 구성요소들에 지속적인 변화를 야기할 것이다. 기후 변화를 어느 정도 제한하는 일은 온실가스 배출량을 상당 부분, 그리고 지속적으로 줄일 것을 요구한다. 그래야 우리는 새로운 환경에 적응하는 것과 함께, 기후 변화가 초래할 각종 위기들을 제한할 수 있다.

기후 변화는 자연계와 인간계에 현존하는 위기를 증폭시키는 동시에 새로운 위기를 초래할 것이다. 위기는 고르지 않게 배분되며, 대개 모든 개발 차원에서 혜택을 받지 못한 사람들과 공동체에 더 큰 영향을 끼친다.[1]

프란치스코 교황이 말하는 것처럼, 우리는 "우리가 함께 거주하는 공동의 집을 보살펴야" 한다.[2]

거대 화석연료 기업들─석유, 가스, 석탄 대기업─은 지구의 온도를 섭씨 2도 이상 올리지 않으면서 안전하게 태울 수 있는 것보다 4배나 더 많은 탄소저장량을 보유하고 있다. 섭씨 2도가 지구가 재앙적인 기후 변화를 피하면서 용인할 수 있는 최대한도의 온도 상승이라는 사실은 합리적 당사국들이라면 누구나 다 인정한다. 실제로 2015년 12월 파리 기후 정상회의에 참석한 186개국 대표들은 목표 수준을 1.5도로 더 낮추기로 했다. 비록 그 목표를 달성하기 위한 온실가스 배출량을 더 낮추는 구속력 있는 합의에 이르는 데는 실패했지만 말이다.

화석연료 거대기업들은 오히려 그 황당한 상황을 더욱 악화시키면서, 새로운 유전과 가스 및 석탄 매장 장소를 발굴하기 위해 한 해에 6,000억 달러 이상을 쓰고 있는 까닭에, 우리가 바라고 기원하는 탄소 자산의 수준은 결코 이루지 못할 것이다.[3]

탄소 배출을 얼마나 할지는 현재 자동조정 모드로 작동되고 있는데, 강력한 권력을 가진 기업들이 화석연료를 얼마나 채굴하는지에 달려 있다. 그들은 또한 그들의 막강한 정치적 영향력을 활용해서 자신들의 추진 방향을 바꾸려는 법안 통과를 막는다. 만일 탄소 배출이 현재의 궤적을 따라 지속된다면, 자연이 인간에게 내리는 기후 변화의 심판을 면치 못할 것이다.

불평등의 심화

우리는 현재 지구의 생태적 위기에 정면으로 부딪치고 있는 동시에, 지독히 위태로운 사회적 불평등에 직면해 있다. 우리는 앞에서 그러한 불평등이 날마다 우리 삶의 구석구석에서 어떻게 모습을 드러내고 있는지 보았다. 이제 그것이 우리의 삶에서 숫자로 어떻게 나타나는지 살펴보자.

미국에서 극심한 불평등의 진행 속도는 꾸준히 상승해왔다. 생산성이 급속도로 향상되었음에도 실질임금은 30년 넘게 제자리걸음이었다. 대부분의 노동자 가정에 이것은 일을 더 많이 할수록 부채는 점점 더 늘어난다는 것을 의미한다.

상위 1퍼센트의 미국 가구들에 흘러드는 소득의 몫은 1978년 9퍼센트에서 현재 22퍼센트로 늘어났다. 미국에서 가장 부자인 1퍼센트 사람들이 2012년 미국 전체의 부의 증가분 가운데 42퍼센트를 그들의 몫으로 가져갔다. 이러한 변화의 대부분은 상위 0.1퍼센트에 해당하는 최고 부자들 사이에서 일어났는데, 그들이 차지한 부의 몫은 1978년 7퍼센트에서 2012년 22퍼센트로 늘었다. 2009년 이래로, 증가한 부의 대부분이 상위 0.1퍼센트에 해당하는 최상류층에게 흘러들었다. 달리 말해서, 최고의 승자들은 상위 0.1퍼센트에 속하는 가구들인 셈이다.[4]

엄청난 규모의 부가 〈포브스〉 선정 400대 부자와 세계적인 억만장자 명단에 등장하는 그야말로 최고의 정점에 있는 상류층에 집중되어 있다. 〈포브스〉 선정 400대 부자의 총 순자산 규모는 2015년 약 2조 3,400억 달러였는데, 이는 현재 미국 인구의 하위 62퍼센트의 총 순자산 규모와 맞먹는다. 조시 혹시Josh Hoxie와 내가 공동으로 작성한 "억만장자 노다지: 〈포브스〉 선정 400대 부자와 미국의 나머지 사람들Billionaire Bonanza: The Forbes 400 and the Rest of US"이라는 연구보고서에 따르면, 미국 최고의 억만장자 20위까지의 최상류층 부자들―호화로운 걸프스트림 G650 고급제트여객기를 타고 다니기에 어울릴 만한 극소수―이 오늘날 소유한 부는 미국 인구의 하위 절반이 소유한 부와 거의 같다.[5]

미국에서 가장 부유한 100대 부자들은 오늘날 4,200만 명이 넘는 아프리카계 미국인 전체가 소유한 부와 거의 맞먹는 부를 소유하고 있다. 미국 최고 부자인 개인 186명이 소유한 부는 5,500만 명에 이르는 라틴계 미국인 전체의 부와 거의 일치한다.[6]

들어가는 말에서 언급한 것처럼, 프랑스 경제학자 토마 피케티는 저서 『21세기 자본Capital in the Twenty-First Century』에서 지금의 경제 작동방식에 개입하지 않는다면, 부의 불평등이 점점 더 심화될 것이라고 주장한다. 피케티는 여러 세기에 걸친 통계 자료에 대한 역사적 고증을 통해, 자본가에게 돌아가는 돈이 생산성 증가율과 노동계급에 돌아가는 돈을 훨씬 뛰어넘을 때, 부는 점점 더 소수의 손에 집중된다는 것을 보여준다. 그 결과 그가 "세습 자본주의patrimonial capitalism"라고 부르는 세습된 부와 권력이 지배하는 사회가 만들어진다. 전체 인구의 10퍼센트가 국가 전체의 부의 70퍼센트 이상을 소유하는 상황에 대해서 피케티는 이렇게 말한다. "그 조건은 '세습사회inheritance society'가 번성하기에 아주 이상적이다. 내가 말하는 '세습사회'란 부의 집중도가 매우 높고 세대 간 거대한 부의 이동이 상당 기간 지속되는 특징을 가진 사회를 의미한다."[7] 그러한 불평등이 날마다 심화되면서, 절망과 박탈감, 그리고 빈곤의 피해 또한 점점 더 심해진다. 우리는 이러한 불평등 체제에 강력하고 긴급하게 개입해야 한다.

변화를 위한
정책 운동에 참여하기

우리는 기후 위기와 극심한 불평
등을 모두 해결하기 위해 무엇을 해야 할지 잘 알고 있다. 기후 대재앙을 피
하기 위해 미국은 에너지 절약, 환경 친화적 건설과 대중교통 기반시설, 재
생에너지 발전과 송전 분야에 대한 투자를 아끼지 말아야 한다. 우리는 탄
소에도 가격을 매길 필요가 있다. 그것은 이러한 투자에 거대한 동기를 부
여할 것이며, 투자를 위해 필요한 세수의 일부를 창출할 것이다. 그리고 우
리는 어느 한 부문의 노동자들을 불리하게 하거나 저소득층 또는 중산층
가구에 경제적 부담을 가중시키지 않는 방식으로 이 일을 해야 한다. 그러
나 우리 사회가 기후 변화의 속도에 맞추어 이런 변화를 일으킬 것이라고
상상하기는 어려운 일이다. 미국 의회가 이미 화석연료 산업에 포획되어
있는 상태이기 때문이다.

따라서 우리가 풀어야 할 과제는 어떻게 해야 특권을 가진 사람들이 이
런 역학 관계를 바꾸는 일을 도울 수 있는가 하는 것이다. 우리 중 누구라
도 무력감을 느낄 수 있겠지만, 미국의 상위 10퍼센트에 속하는 부유층 사
람들은 지구상의 그 어느 누구보다 결과를 바꿀 수 있는 더 많은 힘을 가
지고 있다.

우리는 정의로운 전환을 위해 일하는 조직화된 운동에 기금을 제공할 수
있다. 탄소에 가격을 매기는 운동을 지지하고, 자연보호와 재생에너지 부문
에 투자할 수 있다. 화석연료 산업 부문에서 손을 떼겠다고 공식 발표를 할

수 있다. 그리고 재생에너지와 지역 경제 활성화에 재투자함으로써 식량과 에너지 같은 기본적 욕구 충족으로 인해 초래되는 탄소발자국의 양을 줄일 수 있을 뿐 아니라, 기후 변화와 불평등이 야기하는 문제들에 직면했을 때 현재보다 더 빠르게 회복하는 경제 체제를 구축할 수 있다.

그렇다면 불평등을 줄이는 운동에서 부자들의 역할은 어떠한가? 미국 역사와 전 세계 다른 나라들에서 모든 이에게 건전한 기회를 보장하고 경제 번영의 성과를 함께 나누기 위해 자본주의를 재설계하는 것은 가능하다.

매사추세츠 노우드에 사는 2차 세계대전 참전용사들을 방문했던 내 이야기를 떠올린다면, 미국이 교육과 주택, 사회기반시설, 기술에 막대한 공공투자를 함으로써 1945년에서 1975년 사이에 백인 중산층 확대에 기여했다는 사실을 기억할 수 있을 것이다.

캐나다, 덴마크, 독일 같은 다른 산업국들은 미국보다 훨씬 덜 불평등하다. 그들의 경제 규칙이 경제 번영의 성과를 함께 나누는 것을 장려하기 때문이다. 우리는 최저임금을 올리고, 공평한 경쟁의 장을 만들고, 집중된 부를 분산시킬 필요가 있다.

최저임금을 올려라. 더 강력한 사회안전망을 구축하여 사람들이 빈곤의 나락으로 떨어지지 않게 하라. 기본적인 소득과 의료, 기회를 보장함으로써 경제적 박탈과 불안정의 반복을 멈추게 하라. 여기에는 최저임금 인상, 보편적이고 저렴한 건강보험, 그리고 완전 고용이 가능하지 않을 경우의 최소한의 소득 보장과 같은 조치들이 포함된다. 매우 고도화된 산업 사회들은 기술의 발전과 세계화 때문에 기존의 직무들이 바뀌고 많은 일자리가 사라지는 현실을 고려해서, 현행 미국식 장애 및 실직 프로그램들보다 더 견실한 기본 소득 지원 프로그램들을 확립하고 있다.

공평한 경쟁의 장을 만들어라. 특정 사업이나 사회 부문에 우선권을 부여하지 않고 과거의 불평등 문제까지 처리하는 공정한 규칙을 제정하라. 우리에게는 공정한 세금 정책이 필요하다. 그래야 페더럴익스프레스FedEx와 유나이티드파슬서비스UPS 같은 서로 경쟁하는 택배 회사 두 곳이 동일세율로 과세될 것이다. (현재는 공격적인 절세 정책과 세법상 허점 때문에 FedEx는 사실상 법인세율이 4.2퍼센트인 데 비해 UPS는 27.5퍼센트다.)[8] 또한 우리의 정치 체제는 소수의 억만장자들이 실질적으로 수백만 명의 선거권을 박탈할 수 있는 막강한 정치적 영향력을 발휘하게 하는 이른바 "부의 효과"로부터 보호되어야 한다. 따라서 합법적으로 빠져나갈 구멍이 없는 선거자금조달 관련 개혁이 절실하다.

사회적 투자는 유아교육, 취학 준비, 명문 학교, 그리고 미래의 경제에 참여할 수 있도록 준비시키는 훈련에 대한 접근과 같은 진정한 기회의 평등을 보장해야 한다.

이것은 새로운 아이디어가 아니며, 또한 미국인 대다수에게 "급진적"인 것도 아니다. 그런데 왜 우리는 이런 생각들을 실행에 옮기지 못했을까? 많은 토론과 정책 운동 자원들이 "최저임금 인상"과 "공평한 경쟁의 장 마련"을 위한 규칙 바꾸기에 투입되기 시작하고 있다. 2014년과 2015년에 저임금 노동자들을 위한 주정부 차원의 최저임금 인상 운동이 성공을 거두었다. 하지만 그러한 진전들은 우리가 기대하는 그런 종류의 변화를 이루어내지 못하는 것처럼 보인다. 그것들은 진정으로 공평한 경쟁의 장을 만들거나 최저임금 인상을 이루어내지 못하고 있다. 집중된 부의 권력에 압도당해 힘을 못 쓰기 때문이다.

예컨대, 정치에 대한 자본의 영향력을 축소하기 위한 과거의 노력은 실패했다. 매케인-파인골드McCain-Feingold 법안 같은 선거자금조달 관련 개혁은 시민연합Citizens United과 민간자금이 정치로 유입되는 물꼬를 튼 여러 조치들

앞에서 힘을 못 썼다. 집중화된 부는 언덕 아래로 흘러내리는 물처럼 정치와 경제의 경계를 허물어뜨렸다. 댐을 쌓아 올릴 수 있다고 해도, 물은 결국 그것을 피해 돌아갈 방법을 찾는다.

따라서 공정한 규칙이 필요하지만, 집중화된 부를 먼저 해결하지 않으면 헛바퀴만 돌리는 꼴이 되고 말 것이다. **집중화된 부를 분산시키는 것은 우리의 민주주의를 지킬 유일한 길이다.**

부의 집중을 줄여라. 기본적으로 집중화된 부가 더욱더 부를 집중화시키는 파괴적 순환 과정을 막을 수 있는 두 종류의 규칙 바꾸기가 있다. 하나의 방법은 소득세, 부유세, 상속세에 누진세율을 적용하는 방식처럼, 부를 "재분배"하는 것이다. 또 하나의 방법은 부유층을 중심으로 확산되고 있는 직원들의 기업 소유권 확대, 최저생활임금 인상, 기회의 접근성 증대 같은 부의 "사전 분배" 방식이다.

극소수에게 부가 축적되는 것을 줄이는 규칙 바꾸기는 오늘날 우리 사회에서 가장 논란이 많은 주제다. 보수파 정치인과 경제전문가를 자처하는 이들은 "불평등"이나 "재분배"를 이야기할 때마다 "시기의 정치"니 "계급 전쟁"을 들먹이기 일쑤다. 지난 수십 년 동안 노동자들은 점점 더 많이 생산했지만 임금 상승은 억제된 채로 지나온 반면에, 기업의 최고경영자와 임원들의 연봉은 급속도로 상승하는 상향 재분배 곡선을 그리며 노동자들의 노력으로 맺은 열매들을 독식했음에도 그들은 늘 그런 식이었다. 또한 최근 몇 년 동안 우리는 노동계급과 중산층의 세금으로 2008년에 그들의 투기적 행태 때문에 발생한 경제 위기가 너무도 커서 그냥 망하게 내버려둘 수도 없어 보이는 기업들을 구제하는 광경을 보았다. 이 보수주의자들은 부와 권력의 현존하는 불균형보다 오히려 "기회의 평등"에 대해 이야기하곤 한다. 그러나 앞에서 논의했듯이, 너무 극심한 불평등은 기회와 사회적 이동성의 기반을 허물어뜨린다.

미국은 이미 1880년대에서 1915년에 걸친 1차 도금 시대 동안 다양한 차원에서 이런 극심한 불평등을 경험했다. 정파를 떠나 모든 정치 지도자들은 우리의 초기 자치공화국에 대한 위협을 강력하게 비난했다. 집중화된 부와 그것이 우리 사회에 미치는 왜곡된 영향력에 맞서는 많은 운동들이 나타났다.[9]

그때나 지금이나 기존의 부자들은 막힌 정치적 담론의 물꼬를 트는 데 기여했다. 1900년대 초, 앤드루 카네기와 시어도어 루스벨트 같은 상위 1퍼센트에 속하는 미국 최고의 부자들은 연방상속세 제정을 포함해서 정부의 누진세 정책을 지지했다.[10]

〈시카고트리뷴〉의 발행인이자 상위 1퍼센트에 속하는 헨리 디어메스트 로이드Henry Dearmest Lloyd는 "공공의 부에 맞서는 부Wealth Against Commonwealth"라는 폭로 기사를 썼다. 로이드는 스탠더드오일 같은 개인의 부와 거대 기업들이 "공공의 부"를 갉아먹고 있다고 지적했다.

로이드의 시대에 400개의 가문이 미국 경제의 모든 부문을 독점하는 극소수의 막강한 기업합동과 개별 기업들을 거느리고 미국의 부와 문화를 지배했다. 2차 도금 시대에 들어서면서 그 상위 1퍼센트 부자들이 중요한 역할을 한다. 이제 우리는 헨리 디어메스트 로이드처럼, 약탈적 부의 전횡에 맞서 공공의 부를 주장하고 지지할 필요가 있다.

시스템 문제 바로보기

"유감스럽게도 오늘날 많은 정치 활동들이 지금 당장 우리에게 필요한 근본적인 시스템 전환에 가 닿지 못하고 있어요." 비콘 그릴에 있는 우리의 공간에서 알페로비츠가 의자 깊숙이 몸을 기대며 말한다.

"너무 많은 정치적 문제들이 당면한 현실의 문제들을 모두 빨아들이는 바람에 우리가 집중해야 할 문제에 대한 관심을 흐트러뜨리고 있단 말이죠. 내가 정치를 무시해서 하는 말이 아닙니다. 특히 주정부와 지방정부 차원에서는 더더욱 그래요. 하지만 우리는 현재의 정치 시스템으로는 겉으로 보이진 않지만 시스템을 움직이는 핵심요소들을 바로잡는 데 한계가 있다는 것을 직시해야 해요."

알페로비츠가 여기서 말하고 있는 것은 현재 우리의 시스템이 작금의 문제들을 바로잡을 수 없다는 것이다. 비록 그의 말이 우리를 불안케 하고 심지어 우울하게 만들 수 있을지라도, 그는 어느 모로 보나 어떤 어려움에도 굴하지 않는 사람처럼 보인다. 실제로 오늘 알페로비츠는 밝고 환한 빛으로 이글거리는 활기찬 모습이다. 그는 자신이 곧 80세가 될 것이라고 말한다. 믿기지 않을 정도다. 그의 몸 상태 또한 깜짝 놀랄 정도로 좋다. 동네 수영장에서 거의 날마다 수영을 한다는 그는 결혼한 지 40년이 지났다. 지금은 그를 흠모하는 청년 활동가들과 바쁜 나날을 보내고 있으며, 그들 중 수십 명은 그가 공동으로 설립한 민주주의공동행동Democracy Collaborative을 통해 매달 여는 토론그룹에 참석한다. 그는 많은 글을 써내고, 여행과 강의로 일정이 늘 꽉 차 있다.

알페로비츠는 오늘날 우리 주변에 깊이 드리워져 있는 시스템의 위기에 직면해 영혼의 어두운 밤을 보냈다고 내게 이야기한다. 50대 초반에 그는 경제학자로서 여기저기 많이 불려 다녔다. 당시 최고의 방송 대담 프로였던 '밋더프레스Meet the Press'라는 TV 쇼에 출연 중이었고, 다른 대담 프로에서 인터뷰도 많이 했다. 〈뉴욕타임스〉에서는 정기적으로 그의 말들을 인용했다. 순회강연도 이어지고 있었다. 하지만 그는 뭔가 이건 아닌 것 같다는 느낌이 들었다.

"나는 잘나가고 있었고 그걸 즐기고 있었어요." 그의 고백이다. "나는 돈을 많이 벌었고 잘난 척 으쓱거리고 다녔어요. 그런데 어느 날, 그것을 더 이상 믿을 수 없었어요. 난 어떻게 해야 할지 몰랐죠. 나는 2층으로 올라가 닥치는 대로 읽고 마구 글을 쓰기 시작했죠. 언론매체와의 연락을 끊고 신문에 기고하는 것도 중단했어요. 그냥 무턱대고 그랬어요."

알페로비츠는 자신의 위치를 재정립하고 연구와 실천을 병행하기 시작했다. "여기서 잊지 말아야 할 중요한 점은 이것 가운데 어느 것도 쉽지 않다는 사실입니다. 시스템을 움직이는 핵심요소들을 직시하기 위해서는 사명감이 필요해요."

"이러한 시스템의 변화를 이끌어내는 데 있어서 부자들의 역할은 무엇일까요?" 그에게 던진 질문이다.

알페로비츠는 잠시 생각하더니 이렇게 답한다. "나는 그가 누구이든지 그의 역할이 무엇일까 하는 질문에서 시작합니다. 먼저, 우리는 관점이 있어야 해요. 우리는 지금 우리가 얼마나 중요한 순간에 서 있는지 대부분 깨닫지 못하고 있어요. 따라서 우리가 해야 할 일의 대부분은 터를 닦는 일입니다. 나의 영웅들은 1930~40년대 미시시피에서 활동했던 시민권운동가들이에요. 그때 시민권운동의 기반이 형성되었거든요. 정말 힘든 일을 해낸 겁니다. 일단 사람들이 움직이기 시작하면 운동에 합류하는 것은 쉬워요."

"또 하나 중요한 것은 지역사회에 관한 것이죠." 그는 장소의 중요성을 환기시키며 말을 이어간다. "우리는 진정한 지역사회를 재건해서 개인들이 고립된 상태에서 벗어나 서로의 관계를 회복하고 거기에 적절한 제도들을 만들어야 합니다. 그것은 심리적이면서 제도와 관련된 일입니다. 지역사회를 육성하는 제도를 우리는 어떻게 만들 수 있을까요?"

알페로비츠는 전통적인 미국의 변화 이론이 지난 세기 1930년대 뉴딜 모델에 뿌리를 두고 있다고 지적한다. 우리는 기업의 지배에 맞설 대항력을 갖출 노동-지역사회 연합을 구축할 수 있다고 생각한다. 그러나 각종 뉴딜 정책과 노동조합이 영향력을 발휘했던 1940년에서 1970년까지의 기간은 정도에서 벗어난 시기였다고 그는 강조한다. 오늘날 노동은 그때에 비해 훨씬 더 약해진 반면에, 기업은 훨씬 더 강해졌다. 게다가 이제는 거기에 기후 위기 문제까지 더해진 상태.

"우리는 지금 세계사에서 가장 강력한 기업자본가 체계에 맞서는 문제에 대해 이야기하고 있어요. 그리고 내 생각에 실현 가능하다고 믿는 체제 전환의 기반을 닦으려는 다양한 움직임들이 있어요."

다음에 올 새로운 시스템으로 나아가기 위해, 우리는 현재의 시스템과 그 특성 및 그것을 움직이는 핵심요소들을 잘 알아야 한다. 알페로비츠와 또 다른 경제사상가 거스 스페스Gus Speth는 미래에 대한 새로운 사고방식의 씨앗을 뿌리기 위해 '넥스트시스템프로젝트Next System Project'를 설립해 공동의 장을 맡았다. 스페스는 우리가 "치명적이고 점점 빠르게 압박의 강도를 높이고 있는 기업-소비지상주의적 자본주의를 촉발시켰다"고 기술한다. 우리는 한때 시장이 범접할 수 없는 신성한 분야라고 여긴 곳들을 포함해서 인간 활동의 모든 영역으로 부를 뽑아내는 촉수들을 쑤셔 넣고 있는 초착취자본주의의 국면에 있다.

"그것은 국내외를 막론하고 세상 모든 곳에 무자비한 상처를 입히고 있다." 스페스는 자신의 주장을 이어간다. "그 힘이 점점 강해지고 커지면서, 그러한 상처들은 더욱 깊어지고 크게 늘어나고 있다. 특히 미국의 흑인을 비롯한 소수민족공동체들이 심각한 타격을 입고 있다."[11]

그렇다면 다음 세대의 시스템은 무엇일까? 그것이 도래하도록 이끄는 데 있어서 특권층 사람들은 어떤 역할을 할 수 있을까? 알페로비츠는 미국 전역에 걸쳐 사회적 소유권의 네트워크, 그의 표현에 따르면 "부를 민주화하는 것과 관련된 각종 제도와 직장, 문화"를 지역별로 구축하는 활동에 매우 적극적이다. 미국의 많은 도시들에서 그런 작업이 진행 중이다.

"이 모든 일들은 언론에서 다루지 않아요. 그러나 이제는 임팩트 투자 imapct investing(재무 수익과 함께 사회에 긍정적인 영향을 주는 기업이나 단체, 펀드들, 즉 예측 가능한 사회나 환경 문제 해결을 위해 힘쓰는 곳에 대한 투자 - 옮긴이), 협동조합, 주택 공급을 위한 공동체토지신탁, 공공시설과 공영방송시스템을 인수하고 지역토지신탁을 사회화하는 사람들을 많이 볼 수 있지요. 필라델피아, 산타페, 덴버에는 공공은행과 지역저축은행을 설립하려는 운동들이 벌어지고 있습니다. 그런 일들은 이제 더 이상 실험이 아닙니다. 우린 이미 그런 실험을 오랫동안 해왔어요."

이 모든 계획의 핵심 요소는 부에 대한 소유권을 민주화하고 확대하는 제도다. 그것은 단순히 메인스트리트 경제로의 복귀가 아니라, 사업이 이루어지는 방식과 그것으로부터 누가 이익을 얻는가에 대한 깊은 숙고다. 경제학자 마조리 켈리Marjorie Kelly는 이처럼 새롭게 부상하는 경제모델을 약탈적 자본주의에 반대되는 "생성적 자본주의generative capitalism"라고 부른다.

동행

나는 알페로비츠와 논의하면서 그에게 현재 부와 소득의 불평등에 대한 정책 논쟁에 참여하고 있는 200명이 넘는 부자 기업가들의 모임인 '애국적 백만장자들'에 대해 이야기한다. 또한 그들이 그동안 화석연료에 투자하던 것을 철회하고 지역 경제를 뒷받침하는 친환경 에너지 및 벤처 사업으로 그들의 부를 이동시키는 다이베스트-인베스트 운동Divest-Invest Movement과 임팩트 투자에 대한 이야기를 나눈다.

이는 부자들이 새로운 경제 체제가 구축되고 있는 지역과 프로젝트에 적극 참여하면서, 부를 집으로 돌아오게 하는 한 가지 방법이다. 많은 부자들은 지난 10년 동안 점점 양극화되고 있는, 특히 인종별 거주 구역이 점점 분리, 강화되고 있는 도시와 대도시 지역에 살고 있다. 이제 그들이 문제 해결을 위한 행동에 나선다면 어떻게 될까?

나는 알페로비츠에게 다시 물었다. "이런 지역사회에 완전히 뿌리를 내리고 지역사회의 부를 일구는 계획에 전념하는 것이란 어떤 모습일까요?"

"팔을 걷어붙이고 나서는 겁니다." 그의 조언이다. "바닥에서부터 시작해 부를 민주화하고 지속 가능한 지역 경제를 구축하는 일에 나서야 해요. 돈 있는 사람으로 보이는 것은 가식처럼 여겨질 수 있어요. 당신은 돈 많은 부자로 비치기보다 그냥 한 사람이기를 원하기 때문입니다. 다만 그 실험에 참여하는 거예요.

"그게 쉽다고 말하는 건 아닙니다." 알페로비츠가 말했다. "그건 실제로 정말 힘든 일입니다. 게다가 그 일은 청사진 한 장 없어요. 다른 사람들과 동행하고 그 여정에 함께 하면서 무슨 일이 일어나는지 알아봐야 합니다."

동행하다. 알페로비츠는 내가 1980년대에 중앙아메리카에 머물던 시절 이후로 들어본 적이 없는 단어를 말했다. 나와 동료들은 엘살바도르의 난민촌에서 구호활동을 할 때 우리의 역할을 "동행"이라고 설명했다.

우리에게는 미국 여권을 소지할 수 있는 특권이 있었다. 그것은 우리가 미국에 있을 때, 우리의 역할이 공정한 외교정책을 위해 로비하는 것임을 의미했다. 그러나 엘살바도르에서 우리 정부 정책의 영향을 받는 사람들과 함께 살고 일하는 동안, 우리가 할 일은 그냥 그들 옆에 있고 동행하는 것이었다. 폴 팔머 박사가 쓴 것처럼, "누군가와 동행한다는 것은 그가 가는 곳에 함께 가고, 빵을 함께 나누고, 여행의 시작과 끝을 함께 하는 것이다."

시민권운동을 하는 백인으로서, 그리고 훗날 노동운동에 참여한 변호사로서 스토턴 린드Staughton Lynd는 자신의 일을 "동행하는 것"이라고 말한다. 그는 또 다른 동료의 말을 인용해서 말한다. "때때로 당신이 다른 사람들을 위해 할 수 있는 일은 그저 그들과 함께 비를 맞으며 서 있는 것이 전부다."

불법 해고당한 호텔 노동자들의 집회나 집을 강제 차압당할 처지인 이웃집 사람의 강제 퇴거를 막기 위해 동네사람들과 함께 출입 봉쇄 대열에 나섰을 때, 나는 그런 느낌을 받는다. 나에게는 그 어떤 특별한 권력이나 역할도 없다. 그저 목격자로서 거기에 몸을 둘 뿐이다. 불의에 맞서 싸우는 그들의 투쟁에 동행하고 있는 것이며, 그 과정에서 나 자신이 감동받고 마음이 움직여서 변화하게 될 것이다.

때때로 당신이 할 수 있는 것은 다소의 어색함과 비난을 무릅쓰고 동행하는 것이다. 알페로비츠와 나는 둘 다 잘 아는 친구인 조디 에반스Jodie Evans에 대해 이야기를 나눈다. 그는 십대 흑인 청년 마이클 브라운Michael Brown이 비무장 상태에서 경찰 총에 맞아 죽은 사건이 일어나자, 미주리주 퍼거슨으로 갔다. 그녀는 새빨간 머리의 백인 여성으로 퍼거슨 출신도 아닌 것이 분명했다. 하지만 그녀는 갑자기 나타나서 "내가 어떻게 도울 수 있죠?"라고 말했다.

"조디에 대해서 말하자면, 그녀는 진심이에요. 그래서 사람들이 그녀의 음성을 들을 수 있어요"라고 알페로비츠는 말한다. "만일 그것이 진심이 아니라면, 사람들은 들을 수 없죠. 조디 같은 사람들에게 가장 중요한 것은 현장에 가서 함께 있는 겁니다."

사람들은 이것을 알아내기 위해 고군분투하고 있다. 그들은 재산만 있는 것이 아니라, 모든 종류의 특권도 가지고 있다. 우리 중 많은 이가 고삐 풀린 불평등과 기후 위기의 위험으로부터 고통 받고 있지만, 시스템 즉 근본적인 체제 전환의 방법을 알지 못한다. 우리는 더 커다란 변화에 참여하기를 갈구한다.

정책과 관련한 운동을 펼칠 때, 우리는 메시지를 전달하는 사람과 해당 정책의 지지자로서 그 운동에 기여하기 위해 우리의 특권을 활용해야 한다. 또 때로는 지역사회 기반의 사업을 뒷받침하거나 정책 홍보와 선거 운동에 기부하기 위해 자본을 움직여야 한다. 그러나 우리는 또한 그들이 투쟁에 돌입하면 그들과 동행해야 한다.

이 책의 마지막 부분에서는 정확한 청사진이나 계획 하나 없이, 이런 다양한 역할들이 어떤 모습일지에 대해서 탐색한다. 집으로 돌아와 관계를 설정한다는 것은 무엇을 의미하는가? 다른 사람들과 동행한다는 것은 무슨 의미인가? 우리는 어떻게 해야 우리가 바라는 변화를 이루는 데 전념할 수 있을까?

알페로비츠는 나폴레옹이 한 말을 떠올리게 한다. 그 구절을 어설프게 번역하면, "일단 행동하고 나서 본다"는 것이다.

"망설이며 뒤로 물러나지 않고 앞으로 나서야 뭔가를 배워요." 그는 살며시 웃으며 말한다. "그리고 우리가 살면서 기대감으로 들뜨고 삶의 의미를 발견하는 때는 바로 그렇게 위험을 감수하고 도약할 때가 아닐까요."

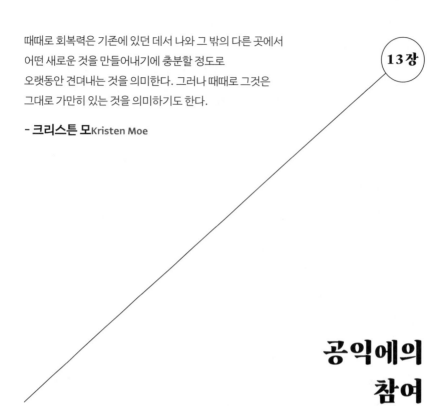

때때로 회복력은 기존에 있던 데서 나와 그 밖의 다른 곳에서
어떤 새로운 것을 만들어내기에 충분할 정도로
오랫동안 견뎌내는 것을 의미한다. 그러나 때때로 그것은
그대로 가만히 있는 것을 의미하기도 한다.

- 크리스튼 모 Kristen Moe

13장

공익에의
참여

"수영장에 들어가기 전에 몸을 씻어야 해." 나는 탈의실 벽에 붙어 있는
안내판을 가리키며 말했다.

일곱 살 먹은 딸 노라와 나는 우리 동네 지역문화센터 수영장의 남성 탈
의실에 있었다.

"그건 바보 같은 짓이야." 노라는 분홍색 원피스 수영복을 입고 거울 앞
에서 폼을 잡으며 대답했다. "수영장에 들어가면 젖을 텐데, 뭐."

탈의실은 냄새도 나고 엉망진창이었다. 여기저기 물 고인 웅덩이들과 모
래가 밟히는 바닥, 신발자국들, 때 묻은 수건들, 오줌 냄새와 아주 강한 염

소표백제 향으로 뒤범벅이었다. 노라는 눈치 채지 못한 것 같았다.

추운 겨울날 따뜻한 집을 나와 가족 수영시간을 운영하는 커티스홀 문화 센터까지 걸어가는 것은 큰 용기를 필요로 했다. 그러나 대다수의 아이들같이 노라는 물고기처럼 물에 뛰어들고 싶어 안달이 나 있었다. 노라는 늘 일단 물에 들어가면 수영장 밖으로 나오게 하기가 무척 힘들었다.

"음, 그건 규칙이야." 나는 샤워기 수도꼭지를 틀고 물이 따뜻해지기를 기다리며 말했다. "우린 몸에 약간만 물을 적시면 돼." 수영장 물은 바라건대 수영하는 사람들만 빼고 어떤 살아 있는 생물체도 거의 다 몰살시킬 수 있을 정도로 많은 염소표백제를 뿌려놓은 상태다.

우리는 온몸을 샤워기에 맡겼다. 그런 다음 수영장 물이 있는 곳으로 걸어 들어갔다. 성인 수영시간이 막 끝나고 수영모를 쓴 나이든 여성들이 물밖으로 나와 탈의실 쪽으로 걸어가고 있었다.

한 어머니와 어린 두 딸이 여성 탈의실에서 금방 샤워를 마치고 나왔다. 몇몇 다른 가족들이 "길쭉하게 생긴 스티로폼 튜브"와 킥보드를 들고 수영장 모서리에 서서 참을성 있게 기다리고 있었다. 나는 그들 가운데 노라와 내가 유일한 백인 가족임을 알아챘다.

"여러분, 죄송합니다." 고동색 문화센터 셔츠를 입은 한 남성이 클립보드를 들고 사무실 밖으로 나오며 말했다. "오늘은 가족 수영시간이 없습니다."

수영장 옆에 서 있던 아이들은 모두 어리둥절해 하며 얼굴을 찌푸렸다.

"왜죠?" 하고 내가 물었다.

"안전요원이 없어서요." 그가 대답했다. "한 명밖에 없던 안전요원이 여길 떠나야 합니다. 그 사람을 대체할 사람이 없거든요."

"이 건물에 아무도 없나요?" 나는 속에서 분통이 터지려고 하는 것을 느낄 수 있었다.

"네, 없어요. 죄송합니다. 규칙상 어쩔 수 없습니다." 그는 뒤돌아 사무실로 다시 들어갔다.

다른 부모들은 아이들에게 실망스런 소식을 알려주고 서둘러 수건들을 챙겨서 출구로 향했다.

나는 딸의 손을 잡고 있는 한 라틴계 어머니와 눈이 마주쳤다.

나는 미소를 지으며 그녀에게 "실망입니다"라고 말했다. "우린 모두 수영복으로 갈아입고 샤워도 했는데, 갈 곳이 없군요."

"맞아요, 정말." 그녀는 노라를 보고 미소를 지으며 말했다. "지난 주 토요일 가족 수영시간 때도 이런 일이 일어났어요. 여기 올 때마다 반 정도는 꼭 이런 일이 일어난다니까요. 안전요원이 없는 때 말이에요." 그녀는 체념한 듯 머리를 흔들었다.

"정말요?" 나는 깜짝 놀랐다. "그렇군요. 그럼, 안녕히 가세요."

나는 몸에서 물을 뚝뚝 떨어뜨리며 노라를 바라보면서 거기 서 있었다. 노라는 빈 수영장을 응시하고 있었다. 짓궂은 미소가 그녀의 얼굴에 피어올랐다. "저, 아빠. 나 그냥 물에 들어가면 안 될까?"

"흠." 나는 노라의 반항하고 싶어 하는 마음을 이해했다. 그러고는 사무실 쪽을 흘낏 보고 나서 "좋은 생각은 아닌 거 같아"라고 말했다.

가슴 속에서 분노가 치밀어 오르는 것을 느꼈다. 왜 여기 문화센터 사람들은 함께 행동하지 않는 걸까? 예산이 제대로 투입되지 않는 지역사회의 한 기관에 다짜고짜 화만 내는 또 한 명의 백인 부모로 찍히고 싶은 생각은 없었다.

내가 아는 상위 중산층 백인 부모들은 이미 오래전에 지역문화센터 이용을 포기했다. 그들은 사설 수영클럽이나 웨스트록스버리 YMCA에 회원으로 등록했다. 그곳의 가족회원권은 연간 500달러였다. 여름에는 그 지역의 한 사립학교인 파크스쿨의 야외 수영장을 한 가족이 이용하려면 시즌마다 600달러를 내야 했는데, 우리는 거기 고객이었다. 그곳은 늘 깨끗했고, 안전요원들도 많았다.

나는 수영장 사무실 쪽으로 천천히 걸어가서 창문을 통해 그 남성을 보았다. 그는 젊은 흑인 남성으로 컴퓨터 단말기 앞에 앉아 있었다. 나는 문을 두드리고 가능한 한 친근한 어조를 유지하기 위해 최선을 다했다.

"안녕하세요, 전 척 콜린스입니다. 이 아이는 제 딸 노라고요. 성함이 어떻게 되시죠?"

약간 놀란 듯, 그 남성은 컴퓨터 앞에 앉아서 우리를 쳐다보았다. "아, 안녕하세요. 전 앨버트입니다." 그는 미소를 지으며 노라에게도 손을 흔들었다.

"궁금한 게 있어서요. 다른 부모들 가운데 한 분이 가족 수영시간을 위한 안전요원 구하기가 어렵다는 말을 하더라고요."

"네." 그가 대답했다. "저는 일정관리를 책임지는 사람이 아니지만, 사람들에게 어쩔 수 없이 나쁜 소식을 전해야 하네요."

"아, 네. 정말 하기 싫으시겠어요." 내가 대꾸했다. "그럼 책임자는 누구죠?"

"무슨 말씀이신지?"

"누가 안전요원을 고용하고 일정관리를 하느냐는 말씀입니다."

"샌디 조던이 레크리에이션 부문 책임자입니다."

"그녀가 근처에 있나요?" 나는 성가신 존재가 되지 않으려고 최선을 다하고 있었다. "어쩌면 시당국으로부터 더 많은 예산을 따내기 위한 로비활동을 우리가 도울 수 있을지도 몰라요." 나는 정부를 비판하는 사람이 아니다. 대부분의 경우 지역에서 대민서비스를 운영하는 사람들에게는 예산이 늘었다 줄었다 하기 마련이다.

"그녀의 사무실은 2층에 있어요." 그는 활짝 웃었지만 신경이 쓰이는 모습이다. "오늘은 그녀를 보진 못했어요."

"고마워요, 앨버트." 나는 손을 흔들어 인사했다. "안녕히 계세요!"

노라와 나는 탈의실 주변에 있는 뿌연 물웅덩이들을 피해가면서 물기를 대충 닦고 옷을 다시 입은 뒤 몸을 가까스로 말렸다. 우리는 수영장을 나서며 관리사무실 옆을 지나갔다. 거기서 샌디 조던은 발견하지 못했는데, 대신에 거기서 그녀의 전화번호를 알 수 있었다.

그 뒤 이틀 동안 그 전화번호로 여러 차례 전화를 걸었고, 그녀가 남긴 음성메시지 내용대로 매번 공손하게 메시지를 남겼다. 하지만 그녀는 한 번도 답신 전화를 하지 않았다.

다음 한 주 동안 나는 그 수영장에 대해서 곰곰이 생각했다. 친구들에게 그동안 벌어진 불쾌한 일들을 토로하자, 그들은 모두 "시청과 싸울 생각하지 말라"는 식의 말만 주문처럼 되풀이하면서 사설 수영장에 등록하라고 권유했다. 집에 돈이 없어서가 아니라, 내게 그건 원칙이다. 지자체 지원을 받지 않을 수 없고 사설 수영장에 등록할 수 없는 다른 가족들은 모두 어쩌란 말인가? 공영 수영장은 안전요원이 한 명도 없어도 괜찮고, 주민들이 가기 좋은 장소가 되지 말아야 한다는 법이 있는가?

공공서비스인가,
서비스 민영화인가?

특권층에게 이것은 선택의 딜레마다. 우리는 발로 뛰고 돈을 기부하고 선거운동에 참여하며 투표한다. 우리는 지금 공공서비스체계에 관여하고 있는가? 아니면, 민영화된 서비스체계를 이용하느라 공공서비스에 대해 신경을 끄고 있는 것은 아닌가?

이런 종류의 작은 선택을 해야 하는 경우가 하루에도 수십 번 있다. 대중교통을 이용할 것인가, 자가용을 몰 것인가? 공공도서관에서 책을 찾을 것인가, 서점에서 살 것인가? 매우 큰 선택들도 있다. 우리 아이를 공립학교에 보낼 것인가, 사립학교에 보낼 것인가? 도시에 살 것인가, 교외 지역에 살 것인가?

그리고 중간 크기의 선택들도 있다. 지역 문화센터의 공영 수영장을 계속 다닐 것인가, 아니면 거기를 포기하고 사설 문화시설을 택할 것인가?

부자들은 대개 공공 투자에 자신들의 세금이 투입되는 것에 반대할 뿐 아니라, 지출 우선순위를 결정하고 공공서비스의 질을 향상시키는 문제와 관련된 민주적 절차에도 관여하지 않는다. 정부의 관료주의와 싸우는 것이 무의미하다고 느낄 수도 있지만, 누군가 우리의 현행 시스템과 싸울 기회가 있는 사람이 있다면, 그것은 시간과 사회적 인맥, 그리고 변화를 일으키는 데 기여할 능력이 있는 사람, 즉 기부자 계층이다.

사회가 경제적으로나 정치적으로 점점 양극화되면서, 우리는 대부분의 부와 권력, 인맥, 주인의식을 가진 사람들이 그 밖의 다른 모든 사람들이 의존하는 제도나 서비스의 기능에 관심을 갖지 **않는다**는 사실 때문에 이중으로 난관에 봉착한다. 그들은 공공서비스와의 관계를 끊고 자신들의 욕망을 민영화한다. 부자들은 늘 이렇게 해왔지만, 그 단절의 속도는 불평등의 심화와 함께 점점 더 빨라지고 있다.

부자들은 일반 공원이나 공영 수영장이 아닌, 자기 집 뒷마당 공원과 별장, 사설 컨트리클럽을 이용한다. 내가 자란 도시 블룸필드힐스에는 일반 공원이 없다. 시에서는 취미, 오락 생활을 즐길 장소로 크랜브룩(입장료를 내고 들어가는 사설 운동장)과 사설 클럽 네 곳, 블룸필드오픈힐스(승마를 즐기는 사람들이 자주 찾는다), 스토니크로프트힐스 골프클럽, 블룸필드힐스 컨트리클럽(내가 한때 캐디였던 곳)을 추천한다. 여성들은 회원제로 운영되는 빌리지클럽에 등록할 수 있다. 그곳은 "패서디나 캘리포니아 타운 클럽에서 점심을 먹은 뒤, 버밍햄 인근에 있는 비슷한 클럽을 보고 싶어 집으로 돌아온 메리언 길브레스Marian Gilbreath"가 1956년에 설립했다.[1] 그곳에서의 사회적 욕망과 취미, 오락 생활은 민영화된 서비스로 제공되며 회원제로 운영된다.

부자 집안들은 공립학교에 더 이상 관여하지 않으면서 사립학교와 개인 지도교사, 보충수업이나 우등반 운영, 엘리트 하계캠프, 음악과 미술 교육을 비롯해 정부가 지원하는 공공 영역 밖의 모든 교육을 포함하는 배타적인 활공 경로를 만들어낸다. 사설 경비원이 있고, 자연 풍경과 전망을 독점하고, 개별 쓰레기 수거 서비스를 받는 외부인 출입 제한 주택지에 사는 주민들처럼, 그들은 공공서비스에 관심이 없다. 그 결과 그들은 세금 납부를 거부하고 예산 삭감을 지지하는 로비활동을 벌인다. 심지어 공립학교와 공공서비스의 질을 높여야 한다고 주장하는 시민의식이 투철한 사람들조차 어떤 시스템이 자신의 개인적 일상생활과 관련이 없게 될 때, 이른바 "눈에 안 보이면 마음도 멀어진다"는 식의 악성종양에 걸린다.

공공서비스가 나빠지면, 민영화된 서비스를 찾는 것은 점점 더 합리적인 선택이 된다. 상류층 부자들이 공공서비스에서 빠져 나오면, 상위 중산층과 중산층 부모들이 그 뒤를 따르려고 애쓴다. 상류층 부자가 아닌 그들은 자식들에게 사립학교 입학과 같은 특별한 기회를 제공하기 위해 돈벌이에 더 힘을 쏟는다. 대개 시급이 더 높은 초과근무나 장거리 출퇴근도 마다하지 않고, 부채도 늘어난다. 저소득층 인구가 많은 도시 지역에서는 상위 중산층 부모들이 집단적으로 공공서비스를 외면하는 일이 "급증"하면서 공공서비스의 질은 점점 더 나빠지고 있다.

2003년에 빌 게이츠 시니어와 함께 쓴 『부와 공공의 부』에서 우리는 이렇게 말했다.

> 그러나 부자로 태어나지 못한 사람들에게 기회는 강력한 지역사회와 공공기관의 존재 여부에 달려 있다. 미국 중산층을 위한 기회의 사다리는 누구나 쉽게 이용할 수 있는 우수한 공공교육기관과 도서관, 주립공원, 지역문화센터가 운영하는 수영장에 의존한다. 그리고 미국의 빈곤층을 위한 기회의 사다리 역시 싸게 이용할 수 있는 보건의료시설, 양질의 대중교통수단과 육아 지원에 달려 있다.

학교는 관련된 이해당사자들의 영향력을 보여주는 가장 중요한 예다. 공립학교는 사회적 자본을 가진 부자 학부모들을 유치하지 못하면 영향력을 잃는다. 공립학교는 적은 예산 때문에 특별 교육 프로그램으로 여겨지는 음악, 미술, 연극과 같은 자기계발 교육을 하지 못한다. 능력이 뛰어난 정치인, 교장, 교사를 확보하기 위해 적극적으로 참여하는 학부모들이 없으면 공립학교의 교육의 질은 떨어지기 마련이다. 삐걱거리는 바퀴에는 기름을 치고, 우는 아이에게는 젖을 주는 법이다. 공립학교 체계에서 그 기름과 젖은 각종 교육 재원, 경험 많은 교사, 자기계발 특별교육 프로그램들이다.

불평등 심화는 도심의 고등학교와 교외의 고등학교 사이에 취미 오락 시설과 운동장의 극심한 질적 편차를 드러냈다. 나는 부모 자격으로 우리 지역의 고등학교 스포츠 행사에 줄곧 참가했다. 한 번은 나의 의붓아들 케일럽의 레슬링 팀이 참가하는 교외 지역 웨일랜드Wayland의 토너먼트 경기에 동행했다. 보스턴 도심의 학교에 다니던 소년들은 무려 4.5미터 높이의 거대한 출입구를 포함해서 웨일랜드 체육관의 엄청난 시설에 벌써 기가 죽어 있었다. 그들의 코치는 웨일랜드 홈팀이 그곳은 자기네 동네라고 "거드름"을 피울 것이라고 지혜롭게 설명하면서 지레 기 죽지 말라고 충고했다.

나는 뉴욕 센트럴파크의 건축가인 프레더릭 로 옴스테드Frederick Law Olmsted 가 설계한 약 2.1제곱킬로미터 넓이의 공원, 프랭클린파크에서 몇 블록 떨어지지 않은 곳에 살고 있다. 한때 프랭클린파크는 보스턴 노동자계층에게 공영 지상 낙원이었다. 그곳에는 최고의 동물원, 산책로와 승마길(값싸게 말을 빌려 탈 수 있는), 미국 최초의 공영 골프장도 있었다. 절벽 꼭대기에는 훌륭한 베란다와 5센트로 몸을 씻고 수건을 쓸 수 있는 샤워장, 그리고 썰매나 스케이트신발, 테니스 라켓 같은 것들을 빌려주는 곳이 있는 클럽하우스가 자리 잡고 있었다. 주말이면 그곳에 자녀들을 데리고 온 가족들이 여가의 풍요로움을 만끽했다.

하지만 오늘날 그 클럽하우스는 온데간데없고, 그 자리에는 깨진 유리와 잡목들로 뒤덮인 채 폐허가 된 돌계단만 남아 있다. 그 공원은 방치된 채 황량한 모습이다. 나는 규칙적으로 그곳을 산책하는데, 거기서 마주치는 사람은 거의 없다. 예산 지원이 절실한 동물원과 골프장은 일반 대중에게 개방 중인 세련된 새 클럽하우스와 함께 여전히 그 공원에 있다. 그러나 프랭클린파크는 예전의 웅장함을 잃었다. 프랭클린파크연합이라는 지역의 적극적인 시민단체가 그 공원의 명성을 되살리기 위해 애쓰면서 사람들을 끌어들이기 위한 여러 행사들을 조직하고 있다. 하지만 고급주택들로 둘러싸인 시내의 보스턴가든 지역과 달리 프랭클린파크에 관심을 갖고 참여하는 부자들은 거의 없다.

깊어지는 이해관계

나는 만일 내가 커티스홀 수영장을 이용하지 않는다면, 그곳은 금방 뇌리에서 사라질 것임을 알았다. 가난한 노동자계층 가족들이 저렴하게 이용할 수 있는 수영장이 없다는 사실 때문에 원칙적으로 내심 분노했을지도 모른다. 그러나 그렇다고 그 불평등을 바로잡는 일에 내가 개인적으로 깊이 관여하고 싶지는 않았을 것이다. 나의 무심함은 악의에서 비롯된 것이 아니라, 그저 관계의 단절에서 생겨난 것이다. "특권이라는 약물"이 내 기억을 바꾸었을 테고, 이런 시민의 불평등에 관한 내 감정을 무디게 만들었을 것이다. 나는 그 수영장에 대해서 까맣게 잊고 있었을 것이다.

그래서 나는 열정적으로 그 문제에 관여하기로 마음먹었다. 나는 커티스홀 수영장을 개인적 대의를 실천할 대상으로 정했다. 아무도 그 문제에 나서는 사람이 없었기 때문에, 나는 내면에서 큰 목소리로 압박하는 특권층 부모의 모습을 활용하기로 했다. 다른 부모들은 그 문제에 지속적으로 압력을 가할 시간과 주인의식, 사회적 자본, 물적 조건들을 가지고 있지 않은 것 같았다.

나는 또한 지역사회를 조직화하는 법—영향을 받은 다른 부모들을 모으고, 지도자들을 키우고, 문제를 분석하고, 누가 영향력을 가지고 있는지 파악하고, 운동을 계획하는 과정—을 알고 있었다. 일반 직장에 다니는 부모라면, 그렇게 하지 않았을 것이다. 나는 특권층을 활용한 손쉬운 방법을 쓰기로 했다.

한 주 동안 음성메시지를 여러 차례 남긴 뒤, 나는 커티스홀 문화센터의 관리 구조를 조사하기 시작했다. 그 결과 시청과 지방의회 차원에서 누가 책임자인지 알아냈다.

그 뒤, 노라와 함께 수영을 하러 갔을 때(그날은 안전요원이 있었다), 나는 앨버트에게 다시 이야기해서 지난 달 안전요원이 근무하지 않았던 날이 언제인지 그 목록을 받았다. 약 열이틀 정도였다. 나는 이곳의 안전요원들이 임금을 얼마나 받는지 알아보았는데, 수영장에 늘 직원들을 배치하며 관리하는 웨스트록스버리의 YMCA 수영장 안전요원의 임금과 전혀 차이가 나지 않았다.

나는 개인적으로 잘 알고 그의 선거운동에 기부금을 내어 지지했던 보스턴 시의회 의원에게 이에 대한 이야기를 했다. 그리고 문제점들을 요약한 편지를 써서 관계자 일동에게 보냈다. 나는 시청과 싸우면서, 삐걱거리는 바퀴, 즉 앞장서서 목소리를 높이는 사람이 되었다. 나는 주민으로서 마땅히 누려야 할 권리를 침해당한 것에 끓어오르는 분노를 억누르려 애쓰면서, 커티스홀 문화센터의 수영장이 깨끗한 탈의실을 갖추고 직원을 충분히 채용하는 데 필요한 재원을 조달하기 위해 할 수 있는 일을 다 하라고 강조했다. 그러나 속내를 자세히 들여다보니 근본적인 것은 돈 문제가 아니라는 생각이 들었다. 관리상 문제가 있었다. 누군가가 일을 제대로 하지 않고 있었다.

이 싸움의 돌파구는 우연한 계기로 마련되었다. 나는 당시 보스턴 시장이었던 톰 메니노Tom Menino를 한 지역사회 미술 행사장에서 우연히 만났다. 그는 품위 있으면서도 격식을 차리지 않는 스타일이었다. 무단결근하는 안전요원 문제에 대해 설명한 나는 "수영복을 입고 거기 서 있는 그 모든 아이들을 상상해보십시오"라고 탄원했다. 이런 모습을 떠올리는 것은 시장을 당황스럽게 만들었다. 그는 행사장에 있던 그의 최측근 한 명을 소개하면서 그와 이야기할 것을 권했다. 나는 그에게 상세한 이야기를 하고 그의 명함을 받아 집으로 돌아온 뒤, 그에게 이메일을 써서 보냈다.

다음날, 내 휴대폰이 울렸다. 시청에서 지역문화센터들을 관리하는 책임자로부터 걸려온 전화였다. 그녀는 안전요원 문제에 대해 전혀 알지 못하고 있었다고 했다. 그녀에게 민원을 제기한 사람이 아무도 없었던 것이다. 그녀는 내게 개인 휴대폰번호를 알려주면서, 앞으로도 그런 일이 일어나면 자신에게 연락해달라고 했다. 나는 그렇게 했다. 또 다시 안전요원이 무단결근하는 문제가 발생했을 때, 나는 그녀에게 지금 스물두 명의 보스턴의 아이들과 부모들이 물에 젖은 채로 거기 서서 가족 수영시간의 권리를 박탈당하고 있다고 연락했다. 그녀는 격분했다.

마침내 삐걱거리는 바퀴에 기름이 칠해졌고, 그 바퀴들은 다시 돌아가기 시작했다. 무단결근한 직원은 다른 지원부서로 재배치되었는데, 그다지 징계라고 할 수 없는 비상대책반의 사무직이었다(한숨이 절로 나왔다). 이제 탈의실은 깨끗해졌고, 안전요원들도 뽑을 예정이었다. 몇 년 뒤, 커티스홀은 탈의실 시설을 새롭게 수리하는 것을 포함해서 대대적인 보수공사를 했다. 그런 과정에서 나는 그저 작은 목소리를 낸 한 사람에 불과했다. 커티스홀은 이제 서민들의 컨트리클럽이다. 마땅히 그래야 하는 일이다.

내가 벌인 운동은 모두 합해서 10~12시간이 걸렸을 것이다. 그러나 그런 여유조차 부릴 수 있는 사람이 드물다. 내가 더 중요하게 생각하는 것은 누구든 당연히 메니노 시장에게 직접 이야기할 수 있고 책임을 물을 수 있다고 믿는 권리 의식이 내게 있었다는 사실이다. 결국에는 나 말고 다른 누군가가 그 사라진 안전요원 문제를 맡았을 수도 있고 그러지 않았을 수도 있다. 하지만 나는 그 시스템과의 관계를 계속 유지함으로써, 시스템이 더 광범위한 집단의 사람들을 위해 작동하도록 나의 유리한 조건들을 활용했다. 잘났다고 허풍 떨고 있는 것이 아니다. 왜냐하면 나는 그중 많은 것들이 내가 사는 곳과 어떻게 연결되어 있는지 이해하고 있고, 그것이 어떤 타고

난 또는 고결한 개인적 품성이 아니라는 것을 알고 있기 때문이다. 나는 지금의 시스템이 고장났다고 생각한다. 건강한 민주주의 사회라면 모든 이가 각종 제도와 공공시설들을 더 잘 작동케 할 수 있다는 주인의식에 서로 공감할 것이며, 변화를 이룰 수 있다는 것을 정부에 요구하고 생각하기에 충분한 자격이 자신들에게 있음을 느낄 것이다.

내 친구 스콧은 지하철의 정시 운행을 요구하는 또 다른 사회운동에 뛰어들었다. 보스턴 대중교통시스템—T 지하철—을 책임지고 있는 매사추세츠만교통국MBTA의 국장은 스콧의 이름을 알고 있는데, 그가 보낸 편지를 많이 받아보았고 그와 통화도 했다. 스콧이 기자들과 직접 소통함으로써 도발한 신문기사들을 읽었던 그는 스콧 관련 기사에 자극받은 주 하원의원들로부터 전화를 많이 받았다. 스콧은 예의바르고 존경받는 인물로서 의지가 굳은 사람이다. 하지만 교통국장의 입장에서 보면 그가 보스턴 시당국에 요구하는 수준이 높다는 점에서 그는 눈엣가시 같은 존재다. 그는 그냥 지하철을 포기한 채 자가용을 몰고 출근하지 않으며, 지하철이 늘 늦게 도착하거나 서비스가 나쁜 것을 숙명적으로 받아들이지도 않는다. 그는 문제를 발견하면 해결될 때까지 끝까지 가는 사람이다.

내 딸 노라는 한 해 동안 사립학교를 다닌 것 말고는 유치원부터 고등학교까지 보스턴의 공립학교들을 다녔다. 처음 몇 년 동안 나는 학교 운영에 적극 참여했다. 학부모 모임에도 나가고 교사 채용에도 관여했다. 학부모들은 학교지원금 신청서도 쓰고, 기금모금 행사도 조직하고, 다양한 미술 및 자기계발 프로그램 자원들을 학교에 유치하는 일을 했다. 나는 공립학교 체제에서도 특권층 학부모가 있는 학교가 그런 부자 학부모들이 없는 학교보다 학생들이 어떻게 더 좋은 점수를 얻는지 지켜보았다. 그런 학교들은 다른 학교들이 쇠락하는 동안 점점 더 좋아졌다. 특권층 학부모들이 기피하거나 추천하는 학교들에 대해 서로 의견을 나누면서 이러한 악순환은 더욱 심해졌다.

부유층 학부모들에게 공립학교를 선택하는 것은 매우 어려운 일이다. 자기 자식의 중요한 교육을 두고 사회적 실험을 감행하고 싶어 하는 사람은 아무도 없다. 부모 입장에서 사립학교의 선택을 정당화하는 특별한 환경—특별 교육이 필요한 아이가 있는 경우—이 종종 있다. 하지만 이것은 사립학교 선택을 거부할 수 없게 만드는 "지나치게 돈이 많은" 상황—잉여 소득, 상속 재산, 또는 기꺼이 수표를 발행하는 조부모—때문에 복잡하게 꼬일 수 있다. 그러나 나는 자기 자녀를 도심의 공립학교에 보내는 부자 학부모들을 많이 안다. 만일 당신이 이런 공립학교 체제에서 유리한 위치를 점하고 있고 적극적으로 참여하고 있다면, 당신은 문제를 해결할 수 있는 해법의 일부가 될 수 있다. 그리고 당신은 그 학교가 당신의 자녀를 위해 작동하게 함으로써, 그 학교에 다니는 다른 모든 아이들에게도 더 좋은 교육 환경을 만들어줄 수 있다.

그러나 이런 식으로 불평등을 해결해 나가야 하는 대상에는 학교만 있는 것이 아니다. 지역 차원에서 이런 불평등 해결 방식을 채택하고 지지할 필요가 있는 공공서비스들이 많이 있기 때문이다. 공립교육, 공공도서관, 공원, 공공미술, 공영 해수욕장과 수영장, 공중화장실, 건축물 준공검사, 지역치안, 쓰레기 처리 문제 같은 것들이 그것이다. 이런 공공서비스 문제에 앞장서서 목소리를 높이는 만국의 특권층이여, 단결하라!

고백하건대, 일부 공공서비스 문제와 관련해서 나는 제대로 성과가 나오지 않는 경우는 참지 못하고 그 일에서 손을 떼기도 한다. 수년 동안 보스턴의 공립학교들에 다니는 딸의 학부모 노릇을 하고 난 뒤, 나는 마침내 기력이 소진되었다. 그래서 그 문제는 이제 다른 사람들에게 넘기자고 결정했다. 보스턴의 건축법 같은 문제는 내가 감당하기에는 역기능 문제, 무책임성, 정실주의 같은 것들이 복잡하게 얽혀 있었다. 우리는 각자 자기가 싸울 수 있는 분야를 정해야 한다.

어떤 일에 관여하다보면 갖가지 좌절도 맛보기 마련이다. 시 당국과 충돌하기도 하고, 여러 가지 비효율적인 일들도 겪을 것이다. 물에 젖은 수영복을 입은 채 갈 곳 없이 서 있는 것으로 끝날 수도 있다. 그것은 때로는 기관들이 제대로 돌아가지 않는 것을 참고 견디거나, 한참을 줄을 서서 대기하거나, 연착하는 버스를 기다리는 것을 의미할 때도 있다. 당신은 무단결근하는 안전요원이나 수업 준비가 안 된 대체 교사도 만날 것이다. 그러나 그 반대로 정말 헌신적인 공무원, 열심히 일하는 활기찬 버스 기사, 공원 경비원, 교사, 정신병원 종사자, 가두 청소년 선도위원, 치안 경찰관처럼 우리의 지역사회를 더 건강하게 만들기 위해 날마다 애쓰는 사람들도 만날 것이다. 그들에게 감사하고 경의를 표하라. 자기가 맡은 일을 제대로 하지 않는 공무원들을 인정하고 존경할 여유를 가진 사람은 아무도 없다. 당신 눈앞의 시스템에 당신이 늘 함께 하며 관심을 갖고 참여하는 것이 모두에게 좋은 상황을 만들 것이다.

모두 집으로 돌아오기

동네 차원이든 지자체 차원이든, 시간과 재력, 영향력이 있는 개인은 큰 변화를 이루어낼 수 있다. 연방정부 차원에서는 다국적기업들이 우리의 정치 체제를 이미 장악했는지 모르지만, 지방정부 차원에서는 그렇게 하지 못했다. 그러나 확언컨대, 우리는 더 큰 민주주의 체제와 국내 정치를 포기할 수 없다.

나는 지난 수십 년 동안 우리의 연방 세금 체계에 누진세를 복원하기 위해 애썼다. 그것은 미국 최고의 부자들에게 60년 동안 세금을 감면해주었던 혜택을 집으로 돌아오게 하기 위한 노력이었다. 내가 부자들에게 세금에 대해 이야기하면, 그들은 틀림없이 정부의 낭비와 부패, 무능과 관련된 명백한 사례를 가리키며 반대할 것이다. 1조 5,000억 달러의 세금이 투입될 것으로 예상되는 F-35 전투기 사업—미 국방부의 한 관리가 "인수 과실acquisition malpractice"[2]이라고 규정한 어리석은 계획—같은 것에 들어갈 예산을 확보하기 위해 세금을 인상하는 것을 열렬히 환영하기는 물론 어렵다.

여기서 내가 깨달은 것은 우리가 공정하고 누진적인 과세 제도를 유지하는 것의 중요성과 그렇게 거둬들인 세금이 어떻게 쓰이는지의 문제는 서로 분리해서 생각해야 한다는 점이다. 그 둘은 서로 다른 종류의 싸움이다. 하나는 공정하고 적정한 세수 제도를 위한 것이고, 다른 하나는 강력한 군부 및 기업 로비활동으로부터의 입김을 막고 정부 지출의 우선순위를 정하기 위한 것이다.

부자들이 세금을 내지 않으려고 자신들의 정치적 영향력을 동원하는 탓에, 그들이 감당해야 할 납세 의무가 현재의 중산층과 (부채 덕분에) 장차 중산층이 될 납세자들에게 전가되고 있다. 부자들은 공정한 **세수** 제도를 지지하는 동시에, 정부의 **세출**이 적정한 우선순위에 따라 집행되게 하는 싸움에 적극 참여해야 한다. 만일 록히드 마틴의 로비스트들이 400억 달러의 정부 계약을 따내기 위해 미 의회를 대상으로 연간 360만 달러를 쓸 수 있다면, 누가 그것에 대항하는 세력으로 나서야 할까?

모두가 집으로 돌아오기 위해서는 우리 사회를 복잡하게 구성하고 있는 각종 제도와 서비스들에 각자가 더욱 깊숙이 관여하고 참여해야 할 것이다. 그것은 공공기관들이 더욱 책임성 있게 움직이고, 예산을 더욱 잘 사용하고, 사회 문제에도 적극 대응할 수 있도록 우리가 적극적으로 행동하고, 우리의 사회연결망과 돈, 주인의식을 활용할 것을 촉구한다. 이제 부자들은 멀리서 간접적인 자선에 만족하는 것이 아니라, 바로 가까이에서 직접적으로 문제 해결에 동참하며 우리의 공동체로 다시 돌아와야 한다. 그럴 때 비로소 우리는 진정으로 더욱 평등한 사회로 한 발 더 나아갈 것이다.

예전에 재난 상황을 연구한 적이 있는데, 그때 나를 몹시 놀라게 한 것은
그저 사람들이 그러한 상황에서도 감동적인 모습을 보여주었다는 사실이 아니라,
그러면서 그 안에서 기쁨을 발견했다는 사실이었다.
평소에는 말라죽었던 그들의 본성 안의 무언가가
최악의 조건에서 관대해지고 용감해지고 이상적 행동을 취하고
서로 연대할 수 있는 기회를 통해 영양을 공급받고
되살아난 것 같았다. 그렇게 영양 공급이
충분히 이루어졌을 때, 그런 폐허 속에서도
기쁨은 환하게 빛을 발했다.

- 리베카 솔닛Rebecca Solnit
『지옥에 세워진 낙원
A Paradise Built In Hell』

14장

진정한
안전망으로서의
이웃

"집세를 두 달치나 못 냈어요." 커피가 담긴 커다란 머그잔을 두 손으로
쥔 에디스가 말했다. "노인복지관에서 내가 하고 있는 일은 매우 불안정합
니다. 정리해고도 막 시작되었어요."

에디스와 나는 자메이카플레인에 있는 한 커피숍에 앉아 있었다. 그녀
는 자메이카플레인의 한 교회에 나와 함께 다니는 친구다. 당시에 그녀는
40대 후반으로 방이 하나인 작은 아파트에서 혼자 살고 있었다. 그때까지
나는 그녀가 얼마나 경제적으로 불안정한 삶을 살고 있는지 알지 못했다.

2008년 10월 초였다. 세계 경제는 붕괴 상황으로 가고 있었다. 몇 주 전,

9월 15일에 금융계 거물인 리먼브라더스가 파산했다. 마치 날마다 은행 하나가 결딴나고 있는 것처럼 보였다.

전 세계는 공포에 휩싸였다. 사기업, 특히 금융기관들 사이에는 벌써 정리해고가 잔물결처럼 퍼져나가고 있었다. 지방정부가 고용한 인력들에 대한 해고도 발표되기 시작했다. 주식시장은 10월 1일에서 10월 10일 사이에 다우지수가 2,399포인트나 곤두박질치면서 급락하고 있었다. 미 재무부 장관 행크 폴슨Hank Paulson은 미 의회에 대규모 구제금융법안을 통과시켜 줄 것을 호소했다. 조지 W. 부시 대통령은 7,000억 달러 규모의 구제금융법안이 의회의 승인을 받지 못하는 것을 지켜보면서, "만일 자금이 풀리지 않는다면, 이 멍청한 은행들은 침몰할지도 모릅니다"라고 외쳤다.[1]

"나는 저축을 많이 하지 못해요." 에디스가 한숨을 내쉬었다. "두 달 뒤, 나와 고양이는 노숙자 신세가 될 겁니다."

"걱정하지 말아요, 에디스." 나는 그 자리에서 바로 말했다. "당신이 거기서 나오더라도 우리와 함께 살 수 있어요."

에디스는 눈물이 그렁거리는 눈으로 나를 쳐다보았다.

"자, 할 수 있다니까요." 나는 그녀의 두려움에 사로잡힌 눈을 보며 더 차분하게 말했다. "우리는 당신이 노숙자가 되게 내버려두지 않을 겁니다."

에디스는 입을 가린 채 눈길을 돌리며 조용히 흐느꼈고, 눈물이 흘러내렸다. 나는 그녀의 어깨를 다독였다.

"우리가 집을 가지고 있는 한, 당신이 머물 곳은 있어요." 나는 이런 취약한 상황이 나 자신을 포함해서 우리 주변의 모든 사람에게 닥칠 수 있다는 점을 강조하면서 덧붙여 말했다.

며칠 뒤, 나는 교회에서 다과회 시간에 에디스를 보았다. "미안해요. 그날 내가 너무 감정에 사로잡혔나 봐요"라고 그녀가 말했다. "쑥스럽군요."

나는 "요즘은 어때요?"라고 물었다.

"알다시피, 혼자 고민하다보니, 어려운 시기에 **나를 붙잡아줄** 친구들이 내 주변에 많이 있다는 걸 까먹었어요."

"우리는 혼자가 아니에요. 확실히 그래요." 우리는 교회 안에 가득한 사람들을 둘러보았다. 어려운 상황에 처했을 때, 이 사람들이 서로를 붙잡아주지 않겠는가?

그날 다과회가 끝나고 우리 교회 목사님인 테리 버크Terry Burke가 경제 붕괴 상황에 대해서 함께 토의할 것을 요청했다. 토론을 위해 남은 50명이 넘는 사람들이 소집단으로 나뉘어서 저마다 어떻게 지내고 있는지 이야기했다. 그 결과 우리는 일종의 상호부조 모임인 가계회복지원단Resilience Circle이라는 조직을 만들기로 했다.

그때는 알지 못했는데, 내 개인적으로 이것은 내가 한 곳에 확고히 뿌리내리게 된 계기, 결정적인 연결고리가 되었다. 그때 나는 보스턴의 자메이카플레인 구역에서 17년째 살고 있었다. 그곳은 경제적으로 많은 변화를 겪은 지역사회였다. 1970년대에 자메이카플레인은 범죄와 방화가 횡행하고 투자 중단으로 몸살을 앓고 있던 황폐한 도심 지역이었다. 나는 서른 살 때 이곳에 정착해서 집도 장만하고 가족도 부양하면서, 주변의 모든 이를 위해 애쓰는 교회 신도와 이웃들에게 충실하게 대하며 살았다. 나는 한 곳에 머무는 것의 좋은 점들을 비로소 느끼기 시작했다.

진정한 안전망

같은 교회에 다니는 우리 열일곱 명은 1주일에 한 번씩 저녁에 만나기 시작했다. 1년 동안 정기적으로 모임을 계속한 뒤, 한 달에 두 번씩 모이는 것으로 바꿨다. 우리는 모일 때마다 돌아가면서 각자 어떻게 지내고 있는지 이야기했다. 나는 내가 잘 알고 있다고 생각했던 사람들이 경제적으로 어떤 상황에 있는지 알고는 몹시 당혹스러웠다. 예컨대, 이제 막 60세가 된 헤더는 건강보험에 가입되어 있지 않았다.

우리는 서로를 위해 "예산 조정"이라고 이름 붙인 것을 했다. 그것은 우리 모임의 구성원 가운데 한 명인 앨리스가 자신의 수입과 지출이 기록된 가계부 복사물을 가져와 다른 사람들의 의견을 들으면서 시작되었다. "나는 그저 먹고 살기도 힘들어요." 그녀는 솔직하게 말했다. "조언을 주시면 비용을 줄이는 데 활용할 수 있을 겁니다."

그 모임은 브레인스토밍을 통해서 돈을 벌고 저축하는 여러 가지 방법들과 가계 지출을 줄이는 방안들에 대해 조언했다. 결국 앨리스는 그녀의 자동차를 내다팔기로 했다. 토론이 끝난 뒤, 그녀는 자기가 나눠준 가계부 복사물을 거둬갔다. "이것들이 여기저기 돌아다니지 않았으면 해서요." 그녀는 품위 있게 말했다. 앨리스가 수치심을 무릅쓰고 매우 사적인 주요 문제를 남들과 상의하고 나자, 다른 세 사람이 앞으로 나섰다. "다음은 접니다! 나도 예산 조정을 원해요!" 해서가 말했다.

가계회복지원단 운동은 전국적으로 큰 인기를 얻었다. 시작된 지 6개월 만에 수십 개에서 수백 개의 모임이 생겨났다. 소속 단체인 '정책연구소'에서 내가 한 일은 새롭게 부상하는 이 네트워크 조직을 지원하는 프로그램을 운영하는 것이었는데, 그들의 활동을 기록하고 운동을 진행하며 얻은 교훈들을 서로 공유하는 일이었다. 동료 연구원인 안드레이 잘레스카Andrée Zaleska와 사라 번스Sarah Byrnes는 신생 모임의 조직 운영 방식에 대한 안내 자료를 만들었다.[2] 그리고 나는 메인주와 메릴랜드주를 비롯해서 미시간주와 워싱턴주까지 다른 지역 동네들을 돌아다니며 가계회복지원단을 조직하는 방법에 대한 연수회를 지도했다. 오리건주 포틀랜드에서는 한 동네에 가계회복지원단이 네 개나 생겨났다.[3]

6개월 뒤, 우리는 한 걸음 뒤로 물러나 이 가계회복지원단이 세 가지 목적―공동 학습, 상호부조, 사회적 행동―을 수행하고 있는 것처럼 보인다는 사실을 알았다. 참가자들은 경제에서 무슨 일이 일어나고 있는지 몹시 알고 싶어 했다. 그들은 자신들이 과거에는 이른바 "전문가"라고 하는 사람들, 정치인이나 금융인들을 신뢰했지만, 이제는 그들 스스로 배워야 한다고 느꼈다.

가계회복지원단 네트워크는 사람들이 부채 위기와 투기금융부문의 성장이 어디서 비롯되었는지 이해할 수 있도록 돕기 위해 관련 기사, 책, 비디오 영상, 다큐멘터리 자료들을 회람시켰다. 우리 모임은 주택담보대출 위기의 원인과 불평등 심화, 미래의 성장을 가로막는 생태계 문제들에 대해서 이야기를 나누었다.

우리 모임 사람들이 보여주었을지도 모를 개인적 자책의 모습이 무엇이었든 간에, 그들은 광범위하고 조직적으로 일어나고 있던 경제 붕괴의 원인이 무엇인지 이해하면서, 오히려 속이 후련해지는 것을 느꼈다. 우리는 모두 아마도 더 이상 경기 호황의 "절정기"가 다시 돌아오지는 않을 거라는 현실을 직시했다.

지금도 활발하게 운영되고 있는 가계회복지원단의 상호부조 기능은 우리가 혼자가 아니라는 사실을 참가자들의 머릿속에 심어주고 있다.[4] 우리는 상호부조와 자원 공유, 힘겨운 시기에 서로 붙잡아주는 연대를 통해, 경제적·생태적 변화에 직면했을 때 위축되거나 고립되는 것을 피할 수 있다. 이것은 구체적인 나눔이나 물물교환 거래소의 형성과 같은 형태를 취하는

데, 거기서 사람들은 저마다 시간을 쪼개어 서로를 돕는다.

　우리 가계회복지원단의 세 번째 목적인 사회적 행동은 더욱 회복력이 높고 공정한 경제를 구축하기 위해 함께 조직된 힘을 보여주는 것이다. 불안정하고 투기적인 경제의 근원이 되는 요소들을 고치는 것은 개개인이 할 수 있는 일이 아니다. 그러나 우리는 지역 산업과 지방 금융기관, 그리고 "공유경제" 실천을 통해서 우리의 진정한 안정 욕구를 충족시키는 대안들을 마련할 수 있다.

　미국 전역에 산재해 있는 가계회복지원단들은 우리 경제를 신중하지 못한 관행을 앞세워 절벽 아래로 밀어 넣은 뱅크오브아메리카와 웰스파고 같은 초대형 은행들에서 그들의 돈을 인출하고 있다. 그들은 재화와 용역의 실물 경제에서 자금이 유입되는 지방은행들과 신용조합들에 계좌를 개설한다. 그들은 소비자 보호와 "너무 커서 망할 수 없는" 그런 초대형 은행들에 책임을 묻는 금융개혁법안의 통과를 위해 로비활동을 편다. 또한 영국의 "전환마을transition towns" 경험에서 영감을 받아 지역의 공동체 조직들을 만들고, 지역 주민 교육과 지역사회의 경제 회복 및 위기 대응을 강화하기 위한 실질적 프로젝트에도 참여한다(다음 장에서 더 자세하게 논의할 것이다).[5]

　가계회복지원단이 하는 활동 가운데 하나는 "선물"과 "필요한 것"의 교환이다. 사람들은 자신이 모임에 제공할 수 있는 것—자발적 운전, 허드렛일 도움, 음식 준비, 아기 돌보기—을 적어도 세 가지씩 써서 제출한다. 그러고 나서 도움이 필요한 것들—컴퓨터 능력 개발, 언어 숙달, 목수일 도움—을 써서 낸다. 그 모임에서는 회원들 간에 서로 주고받을 게 있다는 것이 확인되자마자 곧바로 두 사람을 연결시킨다. 비공식적으로 맞교환이 진행된다. 사람들은 자기 아기를 돌봐주거나 병원까지 차를 태워다준 사람에게 그 대가로 그 집의 정원 일을 해주면서 서로를 돕는다.

시애틀 교외의 한 교회 목사인 친구 세실리아는 그들의 가계회복지원단 회원인 그레이스라는 사람의 이야기를 들려주었다. 그레이스는 비교적 최근에 교회에 다니기 시작한 회원으로, 친구도 많지 않고 지역사회에 아직 뿌리내리지 못한 사람이었다. 사람들은 돌아가면서 자기가 제공할 수 있는 것과 도움이 필요한 것을 공유하고 있었다. 그레이스의 차례가 되자, 그녀가 이야기했다. "저는 남편이 죽고 나서 지난해부터 교회에 다니기 시작했습니다. 제가 내놓을 수 있는 것 가운데 하나는 제 남편의 픽업트럭입니다. 그것이 유용하게 쓰일 수 있을 거라고 생각해서 지금까지 가지고 있고 보험료도 꼬박꼬박 냈어요. 그런데 지금 그것은 그냥 차도에 방치되어 있어요. 제가 필요로 하는 것은……" 그레이스는 약간 당황스러워하며 잠시 말을 멈췄다. "남편이 전에 해주었던 그런 일들을 도와주었으면 합니다―방풍창을 설치하고, 사다리에 올라가서 전구를 교체하고, 물건들을 옮기고……"

잠시 정적이 흘렀다. 그러고는 가계회복지원단의 한 여성이 "픽업트럭을 가지고 있다는 말씀이죠?"라고 말했다. 모임 사람들이 크게 웃었다. 그때 그들은 저마다 픽업트럭을 굴릴 수 있었던 때가 언제였는지 생각했을지도 모른다. 며칠 지나지 않아, 사람들은 그레이스를 찾아가서 나눠먹을 음식을 내놓고 트럭을 사용하기 위해 물물교환을 하기 시작했다. 그레이스는 이제 지역사회 및 교회 사람들과 완전히 새로운 방식으로 연결되어 있다. 그리고 사람들은 자신에게 진정으로 필요한 것들을 돈이 없어도 되는 방식으로 충족시켜 나가고 있다.

내가 소속된 가계회복지원단에서는 이웃 간에 서로 필요한 도구를 공유하고 일을 도와줌으로써 얼마나 많은 돈을 절약할 수 있는지 금방 깨달았다. 우리는 사실상 자체적인 물물교환 네트워크가 되었다. 폴은 젠을 위해

갈퀴로 낙엽을 치워주고, 젠은 앨리스를 차에 태워 의사에게 데려다주었다. 앨리스는 폴이 몹시 바쁜 날에 그를 위해 음식을 마련해주었다. 그래서 그는 외식하는 데 돈을 쓸 필요가 없었다. 우리는 현재의 경제 체제가 어떻게 우리를 소외시키고 이웃 간의 상호의존을 막는지 알게 되었다.

우리 지원단의 회원인 캐서린은 사람들이 물건을 정리하는 것을 돕는 사업을 시작하고 싶어 했다. 그녀는 같은 회원 세 명에게 무료로 상담해주는 시간을 제공했다. 그들은 대신에 그녀가 정리정돈 "전"과 "후"의 사진을 찍을 수 있게 하고, 그녀의 광고책자와 웹사이트에 인용할 홍보 문구를 써주었다. 그리고 나서 지원단 회원들은 브레인스토밍을 통해 마케팅 아이디어를 내고, 자신들의 인맥을 동원해서 유료 회원이 될 대상들을 추려냈다. 그녀는 본격적으로 사업을 개시했고 지금도 계속하고 있다.

우리 회원들은 예전에 지역사회들이 자연스럽게 서로를 위해서 했던 일들을 하기 위해 지원단 같은 조직을 만드는 게 황당하다는 것을 인정한다. 닥스라는 한 회원은 우리 뉴잉글랜드 사람들이 자신이 자란 카리브해 지역 사람들처럼 자기 것을 기꺼이 공유하지 않는다고 지적한다. 닥스는 "내가 자란 동네에서는 누군가 사다리가 있으면, 그 동네에도 사다리가 있는 겁니다"라고 말했다. "그리고 그들은 빌린 물건을 마치 자기 것인 양 소중하게 여기죠."

가계회복지원단 운동은 출범한 지 8년이 지난 지금, 경제 붕괴 이전에 안정되고 자족적인 삶을 산다고 생각했던 사람들, 특히 경제적으로 큰 충격을 받았거나 파산한 중산층 사이에서 점점 널리 퍼져나가고 있다. 대가족으로 함께 살았던 그들은 이제 대개 따로 떨어져 살고 있다. 일자리를 잃고 모아둔 돈도 없는 사람들이 상당히 많지만, 그들은 몹시 곤궁한 때조차 도움을 청할 사회지원망도 없거나 어떻게 도움을 청해야 할지도 모른다. 그들은 도움을 청하는 것에 대해 속으로 문화적 수치심을 느낀다.

모든 이가 이런 지원단을 필요로 하는 것은 아니다. 일부 저소득층과 최근에 미국에 온 이민자 집단은 생존을 위해 서로 돕는 일에 익숙하기 때문에 강력한 상호의존적 공동체를 형성하고 있다. 그들은 아이나 노인, 또는 특별한 보살핌이 필요한 가족 구성원을 돌보는 사람들에게 그 대가를 지불할 만큼의 충분한 소득이 없다. 그들은 차가 고장나거나, 누군가가 병원에 가기 위해 차가 필요할 때 돈이 없어서 차를 렌트하지 못하고 택시도 탈 수 없다. 따라서 누군가에게 도움을 청해야 한다. 그것이 바로 인간이 처해 있는 조건이다. 어느 흑인 친구가 내게 말한 것처럼, "우리는 125년 동안 교회 내에 상호부조위원회Mutual Aid Committee가 있었어요. 우리 교회는 정신적 안정과 물질적 안정이 결코 나눠져 있지 않았어요." 그러나 그런 경우는 드물다. 대부분의 지역사회는 조각조각 갈라져 있는데, 그 간극을 메우기 위한 사회지원망의 고리는 너무 약하고 공공서비스 또한 매우 불충분한 상황이다. 우리 교회의 중산층 사람들은 어쩌다 사고로 몸을 다쳤거나 회복 중에 있는 사람들에게 냄비에 먹을 것을 담아 가져다주는 호의를 베푸는 것 말고는 그들 내부에서의 상호부조의 역사가 거의 없다. 어쩌면 그들은 역사적으로 상호부조가 그렇게 절박했던 적이 없었기 때문에 서로 도와야 한다는 압박을 받지 못했을 수도 있다.

경제 붕괴와 그 이후 몇 년을 결정지었던 그것의 오랜 영향력에 직면하면서 생긴 문제들은 점증하는 사회적 단절과 고립으로 더욱 복잡해지고 있다. 이는 가계회복지원단이 점점 숫자가 늘어나고 있는 혼자 사는 사람들을 포함해서 기존에 인적·물적 네트워크가 전혀 없는 사람들에게 긴요하다는 것을 입증했다. 듀크대학의 한 연구에 따르면, 성인 네 명 중 한 명이 사회적으로 고립되어 있는데, 그것은 그들의 경우 자신에게 가장 중요한 걱정거리에 대해 이야기할 수 있는 사람이 전혀 없다는 것을 의미한다. 그리고 그 네 명 가운데 또 한 명은 그들이 이야기할 수 있는 사람이 딱 한 명 있는데, 대개가 배우자였다. 이런 현상은 1985년부터 증가했는데, 당시에는 성인 여덟 명 가운데 한 명 미만이 사회적으로 고립되어 있는 것으로 조사되었다.[6]

국가적 차원에서 이런 모임의 결성을 뒷받침해야 하는 것과 관련해서 우리가 새롭게 눈여겨볼 대목이 있다. 선물 교환은 "자선"과 확연히 다르다. 자선은 대개 일정한 거리를 두고 수행되며, 주는 자와 받는 자가 분리되어 있고, 주는 사람으로서도 반드시 의무적이라고 생각할 필요가 없다. 하지만 우리는 대개 사람들이 도움을 줄 때는 편안해 하지만, 도움이나 기증을 받을 때는 매우 당황스러워하는 경우를 많이 본다. 가계회복지원단은 선물 교환에 참여한 사람들이 서로 도움을 주고받는 연습을 하는 장소가 된다.

이런 과묵함의 배후에는 남에게 부담을 주거나, 반대로 다른 사람의 도움 요청이 당황스러운 것에 대한 말 못할 두려움이 있음을 우리는 안다. 누구나 살면서 어려움을 겪기 마련인데도, 곤경에 빠져 도움이 필요한 사람들의 마음속에는 수치심이 깊이 자리 잡고 있다. 그리고 어떤 이들은 정신적 상처와 박탈감 때문에 단순한 상호부조 네트워크로는 해결될 수 없는 매우 심각한 곤경에 빠진다.

남에게 도움을 받아야 한다는 당혹감에 대한 이런 말 못할 두려움 때문에 우리의 상호부조 근성은 대단히 위축되어 있는 상황이다. 도움을 어떻게 청해야 할지 모르거나 "아니요, 제가 도울 수 있을지 모르지만, 당신 옆에 서 있을 게요"라고 다정하게 말하는 것에 서툴 정도로 말이다. 가계회복지원단은 "나는 당신의 은행이나 치료사, 쉼터가 될 수 없을지도 몰라요. 하지만 당신이 필요로 하는 것을 충족할 때까지 당신과 동행할 수는 있습니다" 같은 소박한 격언들을 많이 만들어내고 있다.

가족 체계 안에서 문제를 풀 수 없을 때, 우리는 지역사회나 교회 모임, 전문가 집단의 상호부조를 필요로 한다. 이러한 작은 공동체들이 문제를 풀 수 없을 때, 우리는 더 강력한 공동체와 정부 시스템—정신질환이나 노숙자, 기근 문제를 해결하기 위해—을 필요로 한다.

우리 가족의 경우도 이런 상황에 직면한 적이 있는데, 남동생의 정신질환을 가족의 조력으로는 더 이상 감당할 수 없었기 때문이다. 그런 상황에 처한 다른 많은 가족들처럼, 우리는 심리적·경제적으로 많은 부분을 소진했다. 남동생은 주기적으로 응급상황에 처할 때마다 정신병원을 여기저기 들락거리며 민간의료 처방을 받았다. 결국 우리는 미시간주의 지자체에서 운영하는 정신건강서비스의 도움을 청해야 했다. 처음에는 전혀 낯선 이방인이었던 사람들이 능숙하게 동생을 보살피기 위해 돕고 나섰다. 그들의 도움은 우리 가족에게 지워진 엄청난 짐을 덜어주었다.

우리가 서로를 돕고자 해도 쉽사리 그런 정신건강시스템이 될 수는 없다. 그러나 우리에게는 도움이 필요한 사람에게 편안하고 즐겁게 도움을 주고 지원할 수 있는 많은 방법들이 있다. 그것은 우리 가계회복지원단들이 늘 새롭게 채워 넣을 열린 공간이다.

부와 연대

우리 자메이카플레인 모임 사람들과 잠시 만남의 시간을 가진 뒤, 꽤 부자인 것으로 알고 있는 한 부부가 우리 지원단에 회원으로 가입했다. 어느 날, 그들은 일종의 상호부조기금을 만들기 위해 우리 모임에 돈을 내겠다고 제안했다. 그러나 모임 사람들은 현명하게도 그 제안을 받아들이지 않기로 결정했다. "그런 제안이 있다는 것은 좋은 일입니다." 한 회원이 말했다. "하지만 나는 그것이 우리의 역동성을 바꿔놓을 거라고 생각해요." 내가 다니엘과 제인에게 왜 우리 모임에 가입했는지를 물었을 때, 그들은 "진정한 공동체를 위해서요"라고 대답했다. 그들은 모임에 있는 다른 사람들의 경우와 똑같은 경제적 압박을 받지는 않은 부자였을 수 있지만, 사람들이 진정 필요로 하는 것들을 중심으로 서로 연결되고 지속적인 유대를 형성하는 순간이 바로 지금이라는 것을 알고 있었다.

곤경에 처해보지 않았거나 남의 도움을 받아본 적이 없으면, 진정한 공동체는 생겨나지 않는다. 다니엘과 제인은 물질적으로 풍요롭다. 그들은 누군가에게 도움을 청하거나 의존할 필요가 전혀 없을 정도로 돈이 많다. 그들이 필요로 하는 것은 무엇이든 돈으로 살 수 있기 때문이다. 그러나 그 결과 그들은 다른 사람들과의 진정한 연대에서 고립되어 있다.

찰스 아이젠스타인Charles Eisenstein이 말하는 것처럼, "공동체는 어려움을 만나면서 생겨난다. 서로를 필요로 하지 않는 사람들 사이에 들어설 수 있는 공동체는 없다. 따라서 자신이 곤경에 처했을 때 도와줄 사람들을 찾지 않고 독립적으로 행동하려는 사람의 삶은 공동체가 없는 삶이다."[7]

많은 부자들은 "난 당신을 필요로 하지 않아요"라고 쓰인 피켓을 들고 돌아다니는 사람과 같은 사람이라고 할 수 있다. 나는 내 자신의 경험을 통해 이것을 이해할 수 있었다. 우리는 원하는 서비스의 대부분을 돈을 주고 살 수 있을 정도로 충분히 부유하기 때문에 우리의 취약성을 노출하거나 부족한 것을 표현할 필요가 없다. 심지어 가족이나 친지 관계 속에서도 우리는 가족 간의 유대를 약화시킬 수 있는 도움을 청하지 않는다.

일부 부자들은 다른 사람들에게 "나처럼 독립적이 되어라"라고 조언하면서 자급자족의 환상을 칭송하기도 한다. 그러나 그런 환상을 견지하는 것은 우리 사회나 부자 자신들에게 모두 파괴적이다. 그것은 만드는 자와 가져가는 자라는 공허한 수사학적 논란을 야기하는 대목일 수 있다.

나는 매우 부자이면서 다른 사람들과 깊이 단절되어 있는 수많은 사람들을 안다. 그들 가운데 많은 이가 진심을 나누는 진정한 공동체에 목말라 하고 있다. 그들은 먹고 마시고 노는, 그리고 재미없고 만족스럽지 못했던 최근 휴가에 대해서 이야기를 나누는 사교 모임들을 찾는다.

실제로 부자들이 집으로 돌아올 수 있는 방법들 가운데 하나가 선물경제 gift economy에 참여하여 지역에서 필요로 하는 것들을 충족시키는 즐거움을 공유하는 것이다. 집으로 돌아오는 것은 돈과 시간, 재능을 집으로 가져오는 것을 의미한다. 그러나 그것은 또한 당신이 도움을 필요로 하는 것과 취약한 부분을 남들에게 드러내는 것을 의미한다. 당신이 도움을 청하고 받을 때, 당신은 자급자족의 환상, 즉 만드는 자와 가져가는 자가 있다고 하는 고통스러운 관념에서 깨어난다. 그럴 때 비로소 당신은 남의 도움을 받아야 할 정도로 어려운 형편이라는 오명과 조직화된 자선활동이라는 경직된 팔을 떼어내고, 그것을 호혜와 선물 교환, 진정으로 관대한 열린 손의 문화로 대체해 나갈 수 있다.

우리는 공동체 텃밭을 가꾸거나 이웃을 보살피는 일 같은
지역 차원의 작은 일에서 시작할 수 있다.
그것이 바로 살아 숨 쉬는 시스템에서 변화가 일어나는 방식이다.
그 변화는 시스템 외부가 아닌 내부로부터,
동시에 일어나는 수많은 지역 활동들에서 시작된다.

- **그레이스 리 보그스**Grace Lee Boggs

공동체
되살리기

우리의 공동체에 가계회복지원단을 만드는 것은 자연스럽게 다음과 같은 질문으로 이어졌다. 어떻게 해야 더 광범위한 차원에서 우리 동네를 더욱 회복력 높은 곳으로 만들 수 있을까? 개인 차원의 경제력 회복은 전체 지역사회의 건강함 및 회복력과 매우 복잡하게 얽혀 있다. 따라서 개인이 속해 있는 지역사회가 전반적으로 준비되어 있지 않다면, 개인 또한 어려움에서 벗어나는 데 한계가 있기 마련이다.

이것은 2010년 '자메이카플레인신경제전환Jamaica Plain New Economy Transition, JP NET'을 결성하는 계기가 된 통찰들 가운데 하나였다. 우리는 영국에서 시

작된 운동에 고무되어 자메이카플레인을 "전환마을"의 시범 지역으로 삼고 싶었다. 롭 홉킨스Rob Hopkins와 나리시 지안그란데Naresh Giangrande를 비롯한 영국의 전환 운동 창시자들은 지역적 자립 체계를 구축함으로써 우리의 에너지 체계나 경제의 변동성, 기후 변화 같은 전 지구적 현실들에 대응하는 전 세계 공동체들 간의 연대가 점점 강화되는 것에 자극을 받았다. 파국적인 기후 변화를 막기 위해 그들은 화석연료 기반의 에너지 체계를 탈피하여 더 거대한 사회의 복원을 향해 전환해야 한다는 사실을 우리에게 일깨워준다.[1]

안드레이 잘레스카와 다코타 버터필드Dakota Butterfield, 오라이언 크리그맨Orion Kriegman, 사라 번스, 캐롤스 에스피노자 토로Carols Espinoza-Toro를 포함한 몇몇 공동체 지도자들은 뉴잉글랜드 지역을 중심으로 전환이 조직되는 것에 고무되어 JP NET 결성에 박차를 가했다. 매사추세츠주의 해변 마을 뉴베리포트Newburyport와 웨스턴매사추세츠의 시골 마을, 그리고 버몬트주의 몬트필리어Montpelier와 퍼트니Putney에서 실제로 전환마을을 조성하려는 운동이 진행되고 있었다. 그러나 인종과 계급적 다양성이 복잡한 자메이카플레인 같은 도심 지역 동네에서 그런 운동이 진행되는 경우는 거의 없었다.

JP NET은 인종과 계급, 나이, 문화, 그리고 언어의 차이를 초월해서 공동체를 되살리고 재건하기 위해 시작되었다. 우리는 다국어로 진행되는 교육 행사와 회의를 개최했는데, 그중에는 지금도 300~400명의 사람들이 모여 자기 지역의 주택, 청년, 지역 에너지, 중소기업과 같은 현안을 함께 논의하는 "지역 상황state of the neighborhood"이라는 연례포럼도 있다.

오늘날 JP NET은 해마다 전환을 주제로 하는 포틀럭potluck(각자 조금씩 음식을 준비해 와서 함께 나눠먹는 식사 – 옮긴이) 행사와 교육 이벤트를 20건 넘게 개최한다. 지난 4년 동안 우리는 자메이카플레인이 그 운동을 자체적으로 어떻게 작동시킬지를 탐색해왔다. 기후 변화의 윤리적·정신적 측면에 대해서 세계적인 환경운동가 빌 맥키번Bill McKibben의 강연을 들었고, 협동조합이 우리 동네의 경제 민주화에 어떻게 기여할 수 있는지에 대해서도 들었고, 지속 가능한 농업을 말하는 퍼머컬처permaculture의 선구자 토비 헤멘웨이Toby Hemenway를 초청해서 우리의 뒷마당과 공동체 텃밭에서 퍼머컬처를 통해 더 많은 식량을 생산할 수 있다는 것을 배웠다. 또 뉴잉글랜드 지역이 스스로 먹고 살 수 있는지에 대해서도 탐색하는 시간들을 가졌는데, 보스턴의 탄력적인 상수도 시설은 어떤 모습인지, 재생에너지의 자체 공급을 통해 우리 지역을 탄소중립 지대로 만들 수 있는 방법들에 대해서 알아보고, 지속 가능한 경제를 통해서 우리 모두를 위해 작동하게 될 도시를 창조하는 방안들도 모색했다. 그 결과 우리는 떠오르는 새로운 경제의 전망들에 대한 큰 그림을 교환하고, 자전거를 기반으로 하는 사업과 같은 특정한 기업 아이디어들을 생각해보는 실무회의도 가졌다.

신기술 습득과
자기가 할 일 하기

이 세계적인 전환 운동의 실천 강령 중 하나는 롭 홉킨스의 말을 빌리자면, "그냥 할 일을 하는 것의 힘"이다. 전환 운동은 암울한 미래에 대한 한탄과 은신처로의 도피 대신에 화석연료 경제 껍데기 안에서 새로운 경제를 구축할 "희망차고 자발적인" 사람들을 필요로 한다. 전환 운동을 하는 집단들은 식량 재배, 지역에너지 생산, 자가 주택 공급, 이웃돕기, 선물경제 강화 같은 실용적인 프로젝트들을 중시한다.

홉킨스가 생각하는 큰 그림은 "경제 개발로서의 지역의 회복력"이다. "……지역 차원에서 우리의 기본적인 욕구를 충족시킬 수 있는 통제권을 되찾아옴으로써, 우리는 새로운 대규모 사업들—새로운 경제 활동—을 자극하는 동시에 우리의 석유 의존성과 탄소 배출을 줄이고, 지역의 영향력을 되찾을 수 있다."**2**

전환 운동은 우리가 미래를 위해 "신기술을 습득"할 필요가 있음을 인정한다. 여기에는 우리 선조들이 이미 알고 있었을지도 모르는 수공이나 제조 기술들이 포함된다. 예컨대, 식량을 재배하고 보관하는 일, 재봉 기술, 우리가 필요로 하는 것들을 수선하고 제조하는 기술들을 말한다. 그러나 친환경 건축 기술, 소형 에너지생산 공장, 진보된 퍼머컬처 토지 설계 및 경작처럼 오늘날 지구의 환경 보존을 위해 필요한 새로운 기술들은 전환 운동의 중요한 요소다.

"메이커스 스페이스makers space"의 부상은 이 운동이 불러온 하나의 결과다. 서머빌 인근에 있는 '아티즌스 어사일럼Artisan's Asylum'이라는 단체는 목공이나 금속세공, 섬유 소재 조형, 보석 가공, 디지털 제작(3-D 프린터) 같은 매우 다양한 특수 공구들과 장비들을 보유하고 있는데, 이전에 아메스 세이프티 엔빌롭Ames Safety Envelope 공장 부지였던 곳에 약 40,000제곱피트(약 12,000평) 규모로 자리 잡고 있다. 개인은 그 단체에 가입해서 회비를 내고 그곳 장비들을 사용하고 교육과정을 수강할 수 있다. 자메이카플레인에서 JP NET은 2016년 초에 부지를 확보한 보스턴 메이커스 스페이스 건립을 지지하는 집단들의 지역 생태계의 일부다.**3**

우리 활동의 한 근거지는 자메이카플레인 근린개발공사Neighborhood Development Corporation, NDC가 소유한 창업 지원 공간인 맥주 공장 주변인데, 그곳에는 JP NET 사무실이 자리 잡고 있다. NDC는 공간과 영업 관련 서비스, 기술과 재정 지원을 통해 창업 "육성"에 도움을 준다. 이 복합 건물은 1870년에 이 지역에 맥주를 공급하던 30개의 맥주 공장 중 하나인 하펜레퍼 브루어리Haffenreffer Brewery로 지어졌다. 하펜레퍼 공장은 1965년에 문을 닫았고, 우리 지역의 NDC가 그 건물을 사들일 때까지 10년 이상을 빈 채로 방치되어 있었다. 1988년에 최초로 그 건물에 입주한 유명업체들 가운데 한 곳이 샘애덤스Sam Adams 상표로 알려진 보스턴비어컴퍼니Boston Beer Company라는 작은 신흥 수제맥주 공장이었다. 1주일에 6일은 우리 사무실 밖으로 양조장을 견학하려는 관광객들이 길게 늘어서 있었다.

JP NET은 유능한 자원봉사자의 에너지 넘치는 활동으로 수많은 프로젝트의 부화기 역할을 했다. 식품에서 에너지, 지역 사업에 대한 지원, 위기 대응에 이르기까지 광범위한 분야에서 다양한 프로젝트와 위원회가 가동되었다. 그리고 창업한 여러 개의 사업들이 독립된 기관들로 분사되었다.

로컬푸드 시스템 구축. 중앙집중식 식량 체계를 다시 지방으로 분산시키는 로컬푸드 시스템을 구축하는 일은 전환 운동에서 기울이는 많은 노력들 가운데 중심이 되는 일이고, 자원봉사자의 에너지를 끌어 모을 수 있는 매력적인 요소다. 자메이카플레인은 도시의 수많은 동네들처럼, 지역사회 바깥에서 그들이 섭취하는 열량의 95퍼센트 이상을 들여온다. 몇 년 동안 우리의 목표는 우리 동네와 지역에서 섭취되는 이러한 열량을 자체적으로 더 많이 재배하고 생산하는 것이다. 식량 공급이 충분히 이루어지지 않던 에젤스턴Egelston 구역에 신선한 농산물을 공급하고 로컬푸드 업체들을 유치하고 있는 에젤스턴 농산물직판장을 포함해서, 이러한 목표를 달성 중인 기관들이 여럿 있다. 우리는 특히 매우 광범위한 분야에서 다양한 판매자 확보와 노동계급 및 저소득 가구들을 위해 식품 가격을 내리는 각종 프로그램들을 포함해서 지역 주민이 누구나 식품을 구입할 수 있도록 하는 데 많

은 노력을 기울이고 있다.[4]

에젤스턴 농산물직판장은 생긴 지 4년째인 지금, 겨울에도 시장을 열면서 공동체 활동과 지방 산업의 중심지로 자리 잡고 있다. 잼이나 그래놀라, 피클, 컵케이크, 치즈 같은 부가가치제품의 지역생산자들은 에젤스턴 농산물직판장에 가판대를 설치하여 매출 신장에 성공했다. 직판장이 생기고 1년 뒤, 한 농부는 그 지역에 땅을 사서 농장 부지를 마련할 수 있을 정도로 경제적으로 큰 도움을 받았다고 말했다.[5]

그 맥주공장 건물에 있는 일종의 공유 주방인 커먼웰스키친Common Wealth Kitchen은 상업용 주방으로 허가를 받았는데, 특히 아직 제품과 마케팅을 준비 중인 창업 준비업체들에 큰 도움을 준다. 40개가 넘는 식품 및 조리 업체들이 그곳 공간을 임차해서 동네 가게와 에젤스턴 농산물직판장에 내다팔 제품들을 만들고 있다. 세타스지중해식품Seta's Mediterranean Foods, 볼티지커피Volatge Coffee, 넬라파스타Nella Pasta, OMG너츠OMG Nuts, 놀라스신선식품NoLa's Fresh Foods, 프로즌호기스Frozen Hoagies, 스시드림Sushi Dream, 우피몬스터Whoopie Monster 같은 데가 그런 업체들이다. 또한 커먼웰스키친은 보스턴에서 젠트리피케이션gentrification(낙후된 구도심이 활성화되면서 기존 업자들이 임대료 상승 때문에 변두리로 내몰리는 현상 – 옮긴이)의 압박을 받고 있는 경제적·인종적으로 다양한 지역인 도체스터 인근에 약 36,000제곱피트(약 11,000평) 규모의 두 번째 시설을 마련하며 확장할 정도로 수요가 폭발적이다.

공동체 텃밭은 과일과 채소를 기르면서 그냥 공짜로 수확할 수 있는 농작물들에 대해 지역 주민들을 대상으로 교육을 실시하는 에젤스턴공동체과수원Egelston Community Orchard과 푸드포리스트Food Forest 프로젝트처럼 먹을거리 관련 사업을 중심으로 확대되고 있다. 지역 주민들은 서로 텃밭 조성을 도와주고, 양지 바른 땅이 없는 사람들과 텃밭을 공유하기도 한다.

먹을거리 부문에서의 작업은 새로운 일자리와 생계수단을 만들어내고, 기존의 사업들을 신경제로 확대 또는 전환시키고 번창할 수 있게 한다. JP NET은 신생기업에만 초점을 맞추지 않고, 이미 지역에 뿌리를 내리고 있는 기존 업체들도 신장시키기 위해 애쓴다. 예컨대, 식량 운동가들은 도미니크회 수사 공동체에 고기를 공급하는 플라자미트마켓Plaza Meat Market의 소유주인 지역 정육업자 해리 페레즈Harry Perez를 유기농 풀을 먹여 키운 지역의 돼지고기 및 소고기 생산자들과 연결시키려 애썼다. 그들은 또한 그 수요가 해당 지역에서 생산된 고기로 전환되기를 바라면서, 그를 위해 크라우드소싱crowd-sourcing(소비자들로부터 직접 생산이나 유통자금을 모금해서 제품을 생산, 유통하고 나중에 이익을 분배하는 방식 – 옮긴이)을 통해 새로운 고객들을 모아서 자금을 조달할 수 있게 도왔다.

도심의 상권 강화. 자메이카플레인의 에젤스턴 구역에는 자동차정비소, 미용실, 세탁소, 음식점 등을 포함해서 이민자 소유의 가게들이 수십 군데 있다. 이런 가게들은 대개 자영업자나 대가족이 소유한 "생계형 상점"들로, 한두 가족이 겨우 먹고 살 수 있는 수준의 장사라 할 수 있다. 그들은 성과를 내기 어렵고, 대형연쇄점과 등질 수도 없고, 동네 밖으로 가게를 옮기기도 힘들다. 그들은 지역 경제에 뿌리를 내리고 있기 때문이다. 따라서 JP NET은 어떻게 해야 그들이 성장하고 번창하게 도울 수 있는지, 그리고 그들이 지역에서 나도는 돈과 상품 수요를 더 많이 가져갈 수 있도록 도울 수 있는 방법은 무엇인지를 늘 고민하고 있다.

그 상점들의 확장을 돕는 데서 무엇보다 중요한 측면은 지역 주민들의 장사가 보다 높은 경쟁력을 갖도록 지역 사업체들을 끌어들이는 일이었다. 2012년에 JP NET은 찰스강 바로 건너편에서 활기차게 지역 사업체들을 조직하려 애쓰는 비영리단체 케임브리지로컬퍼스트Cambridge Local First에 대

해 배우기 위해 지역 사업체 소유주들의 모임을 소집했다. 그 결과 2013
년에 JP 로컬퍼스트가 탄생했다. 이후 175개가 넘는 사업체들이 회원으로
가입했고, 그 단체는 지역 사업체 안내책자를 발간하고, 각종 행사와 활동
을 홍보하고, 지역사회 안에서 지역 주민 소유의 자영업체들이 얼마나 중
요한 역할을 하는지에 대해서 외부에 널리 알리고 있다. 그들은 많은 상인
들이 지역 내 거래가 강력한 "승수효과"를 가져온다는 것을 이해할 수 있
도록 도왔다. 지역 주민 소유의 업체에 100달러를 쓰면 그중 48달러는 지
역 경제 안에서 계속 자금 회전이 이루어지는 반면에, 월마트나 홀푸드Whole
Foods, 타겟Target 같은 다국적 대형연쇄점에 100달러를 쓰면 지역 경제 안에
남는 돈은 14달러에 불과하다.[6]

암에서 자유로운 경제 Cancer-Free Economy **창출**. 오늘날 새롭게 부상하고 있는
이 신경제에 거는 한 가지 기대는 그것이 건강한 생계수단을 만들어낼 것이
라는 점이다. 그러나 생계유지를 위한 이런 사업의 대부분은 매우 유독성이
높은 물질을 사용한다. 심지어 발암성 화학물질을 사용하는 경우도 있다.
자메이카플레인의 암 발생률은 주변의 지역사회들과 비교할 때 주 평균보
다 높다. 그 이유로는 여러 가지가 있지만, 환경적 위기에 노출되는 상황이
점점 더 늘어나고 있다는 사실이 중요한 원인 중 하나다.

그래서 JP NET에 함께 참여하고 있는 캐롤스 에스피노자 토로와 나는 암
에서 자유로운 자메이카플레인 계획에 착수하기 위해 공중보건활동가들
과 함께 조직을 꾸렸다. 우리는 네일숍에서 쓰는 화학물질과 자동차정비
소나 음식점에서 쓰는 탈지세척용액을 포함해서 지역 내 유독물질의 노출
상황을 조사했다. 또 동네의 화가들에게 유독물질에의 노출을 줄이는 방법
을 보여주기 위해 전문가도 한 명 초청했다. 그러나 무엇보다 먼저 해결하
여 할 과제는 세탁소에서 세탁 방식의 전환을 통해 유독 화학물질을 쓰지

않도록 돕는 일이었다.

마이라Myra와 어네스토 바르가스Ernesto Vargas는 과테말라와 콜롬비아에서 이민을 와서 15여 년 전부터 J&P 세탁소를 운영하고 있었다. "임신했을 때는 가게에 나가지 않았을 정도로 화학물질의 독성이 매우 강했어요." 마이라가 내게 한 말이다. 대부분의 세탁소는 퍼클로로에틸렌perchloroethylene 또는 "퍼크perc"로 줄여서 부르기도 하는 과산화에틸렌이라는 화학물질을 건조 세탁 과정에서 사용하는데, 이는 발암물질로 널리 알려져 있다.

JP NET은 바르가스 가족에게 건조세탁 방식을 완전 대체할 안전한 대안으로 전문적인 물세탁 방식을 채택한 매사추세츠 지역의 단체들을 소개해주었다. 바르가스 가족은 도전해보기로 했다. 하지만 그러려면 새로운 장비를 사는 데 돈을 들여야 했다. JP NET은 그들이 주정부 보조금 15,000달러를 받을 수 있도록 도왔고, 추가로 필요한 전환 비용 마련을 위해 그들이 모금 캠페인을 전개하도록 지원하여 18,000달러를 더 모았다. 자메이카플레인에 사는 부유층 가운데 많은 이가 그 모금에 참여했는데, 어떤 이는 혼자 1,800달러를 기부했다. 그에 못지않게 중요한 것으로, 우리는 자메이카플레인 출신의 소비자와 크라우드소싱 참여 소비자들을 대상으로 교육을 실시했다. 그리고 지역 내의 병원, 호텔, 양로원 같은 주요 기관들이 그들의 세탁물을 J&P 세탁소에 맡기도록 연락을 취하고 협조를 구했다.

J&P 세탁소가 보스턴시에서 그야말로 진정한 최초의 "친환경 세탁소"가운데 하나가 된 것을 축하하는 성대한 재개장 행사를 연 2014년 9월, 마이라는 보스턴 공무원들과 그녀의 가족이 함께 테이프를 끊었을 때 흥분에 휩싸였다. 보스턴시는 J&P 세탁소에 친환경혁신상을 수여했고, J&P는 건강한 대안 경제로 전환하는 데 성공하고 친환경 시장 성공을 위해 스스로 자리매김하며 지역에 뿌리내린 동네 상점의 강력한 사례가 되었다.

이러한 성과를 바탕으로, 캐롤스는 지역 내 자동차정비업체인 소시도오토Saucedo Auto와 협력해서 타이어 균형을 맞추기 위해 납으로 만든 추를 사용하는 것을 중단함으로써, 해마다 환경에 유해한 납 사용량을 약 36킬로씩 줄여 나가기로 했다. 지역사회는 지역의 선출직 공무원들과 주민들이 함께 소시도의 결정을 축하하는 잔치를 열었다. 그리고 우리는 다른 자동차정비소들도 그와 똑같이 전환하도록 압력을 넣었다.

동네주민 지도자 지원. 많은 주민들이 JP NET에 있는 우리 사무실 문을 두드리며 어떻게 해야 자신들도 그 네트워크에 연결될 수 있는지 묻는다. 그들은 의미 있는 일자리, 신기술, 그리고 전환 운동에의 연결고리를 찾고 있다. 우리는 그들에게 줄 돈이 없다. 그러나 캐롤스 에스피노자 토로와 사라 번스는 공동체 지도자 협력 과정Community Leaders Fellowship을 만들었는데, 사람들은 1주일에 15~20시간씩 자원봉사로 지도자 훈련과 조언, 개별 코칭 시간을 가지며 공식적으로 프로그램에 참여할 수 있다. 그 프로그램이 시작된 지 4년이 되었을 때, 이 과정을 수료한 많은 이들이 이미 창업했거나 새로운 경제와 다양한 전환 분야에서 일자리를 발견했다.

우리는 우리 사회가 근본적인 변화에 진입하고 있다는 것을 깨달은 청년 세대가 존재한다는 것을 알고 있다. 그리고 그들의 학교 교육이나 직업 가운데 그들의 미래를 위해 맞춤하게 준비되어 있는 것은 아무것도 없다는 것도 안다. 우리가 그들에게 무상으로 주택을 제공하고 조언해줄 수 있는, 자식을 모두 독립시키고 빈 둥지를 지키고 있는 이웃 주민들과 연결시켜줄 수 있다면 어떻게 될까? 우리가 그들의 엄청난 에너지를 타임익스체인지Time Exchange나 푸드포리스트Food Forest, 코옵파워Co-op Power 같은 지역 프로젝트들에 투입할 수 있다면 무슨 일이 일어날까? JP NET은 그러한 미래를 그리며 일하고 있다.

위기 대응과 파이 모임. 2014년에 JP NET은 위기 대응력과 관련된 역량으로 전국적으로 인정을 받았다. 자메이카플레인 지역은 지난 수년 동안 혹독한 겨울 날씨 때문에 곤경에 처하며 시험의 대상이 되었다. 우리는 허리케인 샌디가 우리 지역으로 오다가 마지막 순간에 방향을 틀어 뉴욕과 뉴저지로 돌진하는 모습을 지켜보았다. 이어서 발생한 2014년 보스턴 마라톤 대회 때의 폭탄 테러와 도시 봉쇄 사건은 우리를 또 다른 취약성에 노출시켰다.

지역 차원에서 우리는 긴급 상황이 발생했을 때 신속한 위기 대응을 위해 지역 주민들끼리 서로를 더 잘 알 수 있도록 "파이 모임"을 조직했다. 이 파이 모임은 지금까지도 계속되고 있는데, "위기 때 당신을 도와줄 첫 번째 조력자는 바로 당신 이웃이다"가 이 모임의 좌우명이다. 모임 때마다 사람들은 서로 만나 그들의 거주 구역 지도를 한 시간 동안 그리며 취약 계층에 속하는 이웃들, 그리고 공유된 자원들을 확인한다. 그런 다음 파이를 먹으며 친교의 시간을 갖는다. 보스턴시는 참가자들에게 비상용 크랭크 배터리 무전기를 제공하며 이러한 노력을 지원한다. 그리고 미국 연방재난관리청Federal Emergency Management Agency, FEMA은 우리의 노력을 지역의 위기 대응과 관련한 혁신적 방안으로 널리 알리고 있다.

2015년 2월, 우리는 또 다른 시험에 직면했다. 1주일 동안 계속해서 눈이 내리는 바람에 눈이 60센티 넘게 쌓인 것이다. 주택과 건물, 공공기반시설들이 눈에 갇히고 말았다. 우리의 지하철은 운행이 완전히 중단되었고, 수만 명의 시민들이 일터로 갈 방법을 찾지 못한 채 발이 묶였다. 구조적으로 기반이 약한 건물들은 사람들을 내보내고 비웠는데, 일부 건물은 무너지기까지 했다. 주말이 다가오면서 기상 예측은 더욱 난감해졌다. 눈이 더 많이 내리다 비로 바뀔 것이라는 예보였다. 모두가 이것이 얼마나 위험한 상황인지를 알았다. 사람들은 옥상과 건물의 눈을 치우는 데 그들이 할 수 있는 모든 것을 다 했다. 그러나 대부분은 준비가 되어 있지 않았다. 다행히도 기온이 영하로 떨어지지 않았고 비도 내리지 않았다. 하지만 만일 영하의 날씨에 비가 내려서 이미 쌓인 눈이 얼어붙어 무게를 더했다면, 단순히 겨울의 불편함을 넘어서 주민의 생명을 위협하는 응급 상황으로 급격히 바뀔 수도 있었다.

1주일 뒤에 눈은 여전히 두텁게 쌓여 있었지만, JP NET은 동네의 한 음식점에서 비공식적으로 "눈사람 녹이기Burning Snow Man"라는 모임을 조직했다. 우리는 동네에 있는 도일스카페Doyle's Cafe까지 걷거나 썰매나 스키를 타거나 설피를 신고 이동하거나 해서 저마다 원하는 방법으로 모여 눈사태와 관련해서 경험한 좋은 일이나 나쁜 일, 불쾌한 일들을 1분씩 돌아가며 이야기하는 시간을 갖는 모임에 주민들을 초대했다. 60명이 넘는 사람들이 힘든 걸음을 마다하지 않았고, 15명의 주민들이 이웃과 관련된 일과 자신의 이기적 행동, 곤경에 처한 가슴 아픈 사연이나 재미난 일들을 함께 이야기했다. 많은 사람들이 밤늦게까지 자리를 뜨지 않고 남아 있었다. 카페 주인은 이런 불경기에 손님들을 맞아서 매우 만족해했다. 이것은 "공동체 되살리기" 운동의 중심을 말 그대로 "공동체"에 둔 행사였다.

에너지를 우선순위에 놓기. 자메이카플레인의 프로젝트들 가운데 많은 것이 지역 주민들의 에너지 효율을 높이고 에너지 사용료를 낮추는 데 초점이 맞춰져 있다. 주택에너지효율성팀Home Energy Efficiency Team, HEET은 주민들이 함께 모여 서로 에너지 효율성을 평가하고 에너지 절약 개보수 공사를 통해 주택의 단열을 높이는 "마을 협력 사업barn-raising"을 적극 지원했다. JP NET은 에너지 효율성과 관련된 많은 프로그램을 주관했는데, 주거용과 상업용 건물에 태양열 온수난방과 태양열 전기 시스템 설치를 지원하는 소비자협동조합인 코옵파워와의 연수회도 그중 하나다.

자본의 역외 유출 억제. 주민들 사이의 협력이 증대하면서 자본이 지역 밖으로 유출되는 것을 막아 역내 프로젝트나 사업에 재투자하는 방법을 찾는 데 깊은 관심을 보이고 있다. 보스턴커뮤니티캐피털Boston Community Capital은 지역의 주택 공급과 중소기업 사업을 위한 자금을 차입하거나 대출해주는 일을 한다. 자메이카플레인을 기반으로 하는 보스턴임팩트이니셔티브Boston Impact Initiative, BII는 파급효과가 높은 사회적 기업들에 세 가지 유형—지분 투자, 금융대출, 보조금—으로 자금을 제공한다. 밸런스드록투자자문사Balanced Rock Investment Advisors는 투자자들이 프로젝트들을 평가하는 일을 돕는다. 몇몇 지방은행들은 사명감을 갖고 지역 사업에 대출을 해주고, 지역사회 기관들은 그 대가로 그 은행에 예금계좌를 개설한다.

타임익스체인지와 선물경제 구축. JP NET의 타임익스체인지는 시간을 화폐처럼 주민들끼리 서로 교환하는 네트워크다. 그 원리는 '선물'과 '필요한 것'을 서로 교환하는 우리의 가계회복지원단과 비슷한데, 단지 규모만 더 클 뿐이다. 현재 300명이 넘는 회원들이 요리, 바느질, 운전, 건강관리 서비스, 육아, 노인이나 장애인 돌봄, 컴퓨터 수리, 언어 교육, 정원 관리, 반려견 산책, 목공일 같은 매우 다양한 용역과 재화를 교환하고 있다. 서비스를 제공한 사람은 컴퓨터를 이용해서 타임익스체인지에 자신의 서비스 제공 시간을 적립한다. 그 사람이 서비스를 제공받으면, 해당 시간만큼을 거기서 뺀다.

매달 신입회원 교육 시간에는 JP 타임익스체인지에 가입했을 때의 혜택에 대해 알려주는데, 회원들은 이것을 통해 돈을 절약하고, 좀 더 생태적인 삶을 살고, 저평가된 기술들(뜨개질, 빵 굽기, 전기톱 보조, 조직화, 파티 준비)을 공유할 수 있다. 전문가들은 새로운 고객들을 유치할 수도 있고, 그들이 제공하는 서비스에 대한 소문을 널리 퍼뜨릴 수도 있다. 기존의 주류 경제는 많은 사람들을 위해 작동하지 않는다. 그래서 JP 타임익스체인지는 우리가 진정으로 필요로 하는 것을 충족시킬 수 있는 대안 경제를 구축하는 한 방법이다.

신경제로의 전환이 진행되면서 물물교환 네트워크, 시간은행, 자전거 공유 네트워크 등 새롭게 부상 중인 공유경제 및 선물경제와 관련된 많은 사례들이 있다. 도구 임대 도서관과 같은 여러 네트워크들은 사람들이 개별적으로 소유하고 있던 물건들을 일시적으로 다른 사람들이 이용할 수 있게 도와준다. 자동차를 자주 사용하지 않는 사람이나 먹을 것을 재배할 땅을 찾는 사람들은 일대일로 직접 자동차를 공유하는 집단이나 텃밭을 공유하는 네트워크를 통해서 필요한 것들을 서로 나눌 수 있다.

새로운 경제에서의 부

JP NET은 조직화 작업을 통해 어떤 경제 환경에 처해 있는 사람이든 상관없이 모든 이에게 다가가서 그들이 공동체 되살리기를 논의하는 자리에 참여하도록 초청했다. 우리 모임에서 나는 35세 이하의 고액순자산보유자들의 네트워크인 리소스 제너레이션Resource Generation과 연계된 청년들을 많이 본다.

그들 가운데 몇몇은 자신들을 자선사업가가 아닌 이웃으로 생각해주는 자리에 함께 있다는 것을 좋아한다. 한 부자 여성은 그동안 공동소비를 기반으로 하는 겉만 번지르르한 공동체들은 많이 겪어봤지만, 상호의존을 기반으로 하는 공동체는 처음이라고 내게 설명했다. 그녀는 "우리는 함께 음식점에 가거나 놀기도 하지만—여행을 함께 갈 때도 있지만—서로에게 기대는 경우는 전혀 없어요"라고 말한다. 이런 모임들에서 상호의존의 끈끈한 연대 가능성이 나타나는 때는 오로지 누군가의 도움이 간절히 필요한 때다.

찰스 아이젠스타인이 언급한 것처럼, "친밀함은 공동소비가 아닌, 공동 창조로부터 나온다." 선물경제는 역동적인 연대의 공동체를 구성하는 주 춧돌이다.

> 공동체는 지금 우리처럼 고도로 자본화된 사회에서는 거의 불가능하 다. 공동체는 선물로 서로 짜여 있기 때문이다. 대개 가난한 사람들 이 부자들보다 더 강력한 공동체를 형성하는 것이 바로 그 때문이다.[7]

우리는 모두 생존하기 위해 서로에게 의존한다. 이것은 우리가 그만큼 근본적으로 취약하고 의존적 상태에 있음을 말해준다. 그러나 돈은 이런 의존 성을 가리고, 특히 부자들 사이에 자급자족의 환상을 조장한다.

아이젠스타인에 따르면, 오늘날 시장 체제에 "내재된 희소성은 경쟁을 촉발시키는데, 거기서는 내가 더 많이 가지면 당신은 더 적게 가진다." 그러나 선물경제에서는 그 반대다.

> 선물 문화권에 사는 사람들은 그들의 잉여를 축적하지 않고 남에게 넘 겨준다. 당신의 행운은 내게도 행운이다. 당신이 더 많이 가지면, 나도 더 많이 갖게 된다. 부는 순환하다가 가장 필요로 하는 쪽으로 끌려간 다. 선물공동체에서는 자기가 선물한 것이 결국은 대개 다른 형태로 자신에게 되돌아온다는 것을 사람들이 안다.

부자들은 인간 경험의 아주 중요한 부분, 즉 취약성과 도움을 필요로 하는 것을 통해 오는 친밀함, 그리고 호혜와 서로를 돕는 사람들로부터 오는 선물교환의 기회를 놓치기 쉽다. 그 대신에 "공동체에 참여하는" 부자들은 강력한 회복력을 가진 지역 경제를 구축하는 데 엄청난 영향을 끼칠 수 있다.

롭 홉킨스가 말한 것처럼, "정부를 기다린다면, 그건 너무 작고 너무 늦을 것이다. 개인으로 행동한다면, 그건 너무 작을 것이다. 하지만 공동체로서 행동한다면, 그건 적시에 충분한 효과를 볼 수 있을 것이다." 물론 지역 공동체의 대응만으로 세상을 바꿀 수는 없다. 미래를 바꾸기 위해서는 모든 차원에서의 활동이 필요하다. 그러나 홉킨스가 말하는 것처럼, 그것은 개인의 행동과 더 큰 정부나 기관의 대응 사이에 있는 이 중간 지대에 있다. 거기서 우리가 어떻게 할지는 열려 있다. "지역사회의 참여, 신사업, 내적 투자 기회, 기술 공유, 공동체의 자산 소유 및 개발 가능성 등 그 잠재력은 무궁무진하다."[8]

나는 특권층 사람들이 물물교환 네트워크에 참여하여, 돈을 내서 서비스를 이용하지 않고 서로 교환하고, 그들 자신의 시간과 기술, 선물을 다른 사람들과 주고받는 모습을 본다. 그들은 초기부터 공동체에 참여한 사람들로 오늘날 선물경제를 신장시키고, 넉넉함의 다른 모습을 보여주는 동시에 더 큰 넉넉함을 불러들이고 있다. 그들은 모든 이를 위해 작동하는 지역경제를 키우는 데 묵묵히 자기 역할을 함으로써, 그들 자신의 삶을 향상시키면서 마찬가지로 다른 사람들의 삶도 더 나아지게 하고 있다. 결국 공동체를 되살리는 문제는 단순히 눈앞에 닥친 문제들에 대응하고 살아남는 것에 대해 이야기하는 것이 아니다. 그것은 사람들 사이의 연결을 통해 오는 기쁨과 행복에 대한 이야기다.

부를 집으로
가져오기

16장

지역사회에 부를 쌓는 일은
지리적 장소에 대한 충성에서 시작된다.
세계화가 오늘날 주류 경제의 전형적인 특징이라면,
지역화는 대안 경제의 특징이다.
세계화는 컴퓨터 자판을 몇 번 두드리는 것만으로
국경을 가로질러 이동시킬 수 있는 자본을 위해 작동한다.
그러나 일자리와 가족, 땅과 관련된 진정한 경제는
늘 실제로 어떤 구체적인 장소에 산다.

- 마저리 켈리 Marjorie Kelly**와 사라 맥킨리**Sarah McKinley[1]

부를 집으로 가져온다는 것은 그 의미가 다양하다. 한편으로, 엄청나게 많은 부는 우리의 세계화된 금융 체제에서 세계 어느 곳에서도 머물지 않고 떠돌고 있다. 수조 달러의 부는 어떤 책임이나 감시, 과세로부터 자유로운 비밀의 장소에 숨겨져 있다. 부는 또한 화석연료 부문과 다국적기업들에 투자되는 월스트리트 금융시장에 존재한다. 그렇다면, 부를 집으로 가져온다는 것은 어떤 모습을 말하는 걸까?

어둠 속에서 빠져 나온 부:
자크 르블랑

내가 앞으로 자크 르블랑이라고 부를 사람은 "역외금융시스템은 전 세계적 수치입니다"라고 말한다. "많은 나라의 부가 숨겨져 있는 장소가 바로 그곳이죠."

르블랑은 샌프란시스코 공항에서 몇 마일 떨어진 음식점에서 나를 만나는 것에 동의했다. 나는 그의 실명을 여기서 밝힐 수 없다. 녹음기도 쓸 수 없다. 만나기로 한 음식점에 도착했을 때, 나는 주차장 끝 구석에 세워진 그의 렉서스 승용차를 보았다. 그는 벌써 와서 엄청나게 큰 어항 옆의 탁자에 앉아 있었다.

"저는 프랑스에서 누구나 다 아는 부잣집 가문에서 자랐어요." 콧잔등에 안경을 걸친 채 몸을 앞으로 구부리며 르블랑이 설명한다. "우리는 재산을 룩셈부르크, 스위스, 모나코, 그리고 맨섬Isle of Man(잉글랜드와 북아일랜드 중간에 있는 섬나라로, 영국 왕실 속령이지만 영국 의회의 지배를 받지 않아 조세피난처로 각광받는 곳 – 옮긴이)에 숨겨놓았어요. 우리는 이 모든 비밀 관할지역의 은행에 돈을 넣어두었는데, 프랑스에서 세금 내는 것을 피하기 위해서죠."

르블랑은 4개 국어를 할 줄 안다. 파리에서 학교를 다녔고 유럽에서 10년 동안 일했다. 그러나 그는 미국이 좋아서 25년 전에 이곳으로 이주했다. 시간이 흐르면서 그는 역외금융시스템의 전모에 대해 더 잘 알게 되었다.

"그것은 아프리카 아이들의 입에서 먹을 것을 빼앗고, 그곳의 부를 쥐어짜내는 시스템입니다"라고 르블랑은 말한다. "아프리카로 1달러의 원조가 유입될 때마다 아프리카에서 10달러가 비밀 관할지역을 통해 빠져나갑니다."

역외금융시스템은 부자 투자자와 다국적기업이 유령 회사와 은행계좌를 만들 수 있게 해줌으로써, 실제로 누가 그것들로부터 이익을 얻는지를 밝히지 않는 비밀 관할구역과 관련이 있다. 전 세계에서 약 60개 국가가 조세피난처로 분류될 수 있는데, 그곳에서는 세금을 아예 부과하지 않거나 부과하더라도 아주 적은 금액이며, 은행계좌 정보와 투자 내역에 대해서도 거의 투명성이 보장되지 않는다. 미국의 일부 주, 특히 와이오밍과 델라웨어, 네바다주는 그 자체가 조세피난처다. 이들 관할구역에서는 도서관 카드나 낚시 면허증을 얻는 과정—신원과 주거지를 입증해야 한다—이 회사를 설립하고 은행계좌를 개설하는 것보다 더 엄격하다. 회사 설립과 계좌 개설 때 "수익소유권"이 누구에게 있는지 밝힐 필요가 없기 때문이다.[2]

2016년 4월, 유령 회사를 전문으로 하는 파나마의 한 법무법인에서 유출된 내부 기밀문서—이른바 파나마 페이퍼스Panama Papers—는 이러한 역외금융시스템의 전 세계적 남용 사례로 집중 조명을 받았다. 역외금융시스템은 모두가 불법적인 것은 아니지만, 세금을 기피하고 범죄활동으로 생긴 자금을 세탁하고, 공무원들이 보유 자산을 언론의 관심과 세밀한 감시로부터 숨기기 위해 주로 많이 사용한다.[3]

역외금융시스템에 대한 세간의 감시 증대는 미국에 기반을 두고 있는 다국적기업들에 초점이 맞춰져 있는데, 그들은 조세피난처인 나라들에 자회사를 설립하고, 세금을 피할 목적으로 마치 그 나라들에서 이익을 발생시키는 것처럼 조작한다. 2013년 〈포춘〉지 선정 500대 기업 중 358개 기업이 조세피난처 관할구역에 최소 7,622개의 자회사를 운영하면서 미국에 내야 할 세금 약 6,200억 달러를 피했다. 이들 기업의 대부분은 세계에서 가장 악명 높은 조세피난처 국가인 버뮤다와 케이맨 제도Cayman Islands 두 곳에 자회사를 두고 있었다. 거기서 자회사들은 법인을 설립하고 우편함만 유지하고 있으면 아무 문제가 없다. 그들 가운데 가장 악독한 기업은 애플,

아메리칸익스프레스, 나이키, 펩시콜라, 화이자, 모건스탠리, 구글, 뱅크오브아메리카라고 할 수 있다.[4]

개인 투자자들의 부는 추적하기가 더욱 어렵다. 국가와 은행이 그들의 계좌 정보를 공개하는 것에 반대하기 때문이다. 경세학자 가브리엘 쥐크만 Gabriel Zucman은 전 세계 개인 재산의 8퍼센트가 조세피난처에 숨겨져 있다고 추산하는데, 2015년 기준으로 약 7조 달러에 이르는 규모다. 이는 세계적 차원에서 해마다 회피되는 세금이 2,000억 달러에 이른다는 것을 의미하는데, 실제로는 그보다 훨씬 더 큰 규모라고 쉽게 추정할 수 있을 것이다.[5]

미국 의회에서 조세피난처 남용을 엄중 단속하기 위해 입법화할 수 있는 확실한 정책적 해결방안들이 있다. 그들은 이익을 역외로 옮기는 회사들에 대한 우대 조치를 중단하고, 역외로 빠져나갈 수 있는 가장 심각한 제도적 허점들을 제거하고, 법인과 은행계좌 소유자들에게 그들의 실제 주인과 수익자를 공개하도록 요구함으로써 투명성을 높일 수 있을 것이다. 또 은행들에는 계좌 소유자가 속한 나라들에 개인의 보유 자산과 주요 금융거래들을 보고하도록 요청할 수 있을 것이다. 미국에서 우리는 우선 국내의 조세피난처를 폐쇄한 뒤 금융 권력으로서의 우리의 지위를 활용해서 금융 체계 전반에 대한 투명성을 강화함으로써, 이러한 시스템을 바로잡을 막대한 영향력을 지니고 있으며 책임 또한 막중하다.

르블랑은 "우리의 국가들은 파산하지 않아요"라고 말한다. "지금의 전 세계 모든 정부들은 빈곤을 호소하고, 긴축 조치를 제안하고, 부채를 떠안습니다. 그러나 터무니없게도, 돈은 누구나 다 아는 뻔히 보이는 곳에 숨겨져 있어요."

"이 시스템은 드러내놓고 부패를 허용합니다." 르블랑은 분노에 이글거리는 눈빛으로 말한다. "마약상과 테러분자들의 불법적 자금 흐름도 용인

하는 그런 메커니즘이란 말입니다. 그러나 자본가계급은 그냥 이런 식으로 시스템이 유지되기를 바랍니다. 그들의 돈을 숨기기 위해서죠."

"많이 알면 알수록, 그리고 우리 가족의 역할을 더 많이 이해하면 이해할수록, 수치심은 더욱 커져갑니다"라고 르블랑은 이야기한다. "나는 프랑스 공화정이 우리의 부를 가능하게 만들었다고 믿어요."

"난 어떻게 해야 할지 몰랐어요. 내가 양심선언을 해야 할까요? 가족과의 관계를 끊어야 할까요?" 그는 간청하듯 두 손을 벌리며 말한다. "저는 엄청나게 애증이 교차하는 감정에 시달렸죠."

르블랑은 그의 가족이 그동안 해오던 행태를 바꿀 수 있는 기회를 가졌다. 가업으로 이어온 기업을 물려받게 되었을 때, 그는 감춰져 있던 기업의 일부를 세상에 드러내고 세금을 내는 쪽으로 주위의 반대를 무릅쓰고 입장을 바꿨다. "나는 우리 가족이 책임을 질 것은 지고 세상에 모든 것을 드러내야 한다고 주장했죠."

르블랑은 역외시스템 전반에 대해 강력히 문제제기를 하고, 금융 거래의 투명성을 높이기 위해 노력하는 단체에 자금을 지원하고, 그러한 속임수를 세상에 폭로하고 있는 연구자들과 활동가들을 지지하는 행동주의자가 되었다.

나는 부패한 역외시스템을 바꾸기 위해 개인적 위험을 무릅쓰고 있는 그의 이야기에 감동을 받았다. "당신 이야기를 외부에 밝혀도 될까요?"라고 물었다.

르블랑은 "그건 위험해요"라고 말한다. "우리 가족 가운데 일부는 여전히 그런 어둠 속에 있어요. 거기에는 많은 돈이 걸려 있습니다. 따라서 그러한 부를 지키기 위해 극단적인 조치를 취할 것입니다. 대체적인 기본 윤곽에 대해서는 밝혀도 되지만, 제 이름은 말하지 마세요."

세상과의 불화와 투자 회수:
리사 렌스트롬

"왜 화석연료 부문에 대한 투자를 회수해야 할까요?" 리사 렌스트롬Lisa Renstrom은 웃으며 말한다. "제가 말주변이 별로 없어요." 그녀는 잠시 멈추고 생각한다. "한번 따져볼까요."

"우리는 지구를 파괴하는 화석연료 산업에 부여한 사회적 면허증을 폐기하기를 원합니다." 그녀는 흔들림 없이 울림 깊은 목소리로 단호하게 말한다. "화석연료 산업─거대 석유, 가스, 석탄 업체─은 미래 세대가 지구에서 살 수 있는 기반을 허물고 있습니다. 그들은 우리에게 거짓말을 했고, 대체연료 산업을 막기 위해 자신들의 막강한 정치력을 동원해 로비활동을 펼쳐 왔죠. 그들은 인류에게 많은 범죄를 저질렀습니다."

리사 렌스트롬과 나는 화석연료 산업에 대한 투자를 회수하는 운동에 개인들을 끌어 모으는 캠페인의 창립 공동의장이다. 다이베스트-인베스트 운동은 화석연료 부문에 대한 투자를 회수해서 재생에너지로의 재투자를 촉진하고 정의로운 전환을 위해 애쓰는 전국적인 네트워크다.

다이베스트-인베스트는 화석연료 부문에 대한 투자 회수를 개인적으로 약속하고 그 일을 위해 기부를 서약하는 활동을 진작시키기 위해 설립되었다. 그러나 우리는 또한 회수한 "투자금"을 재투자하는 것이 매우 중요하다는 사실도 깨달았다. 다이베스트-인베스트는 세계적으로 투자 회수된 총액을 파악하고 재생에너지와 신경제에 대한 투자를 촉진하는 일을 한다.

렌스트롬은 2차 세계대전을 전후해서 한 세대 동안 크게 유행했던, 여성의 머리카락에 탄력을 주는 분홍색 헤어롤을 포함해서 고데기 관련 특허들을 딴 부지런한 스웨덴계 이민자 집안의 딸로, 네브래스카주 오마하에서 자랐다. 그러한 특허 취득은 팁톱프러덕츠Tip-Top Products라는 회사의 설립으로 이어졌는데, 사업이 크게 성공하면서 렌스트롬의 아버지는 멕시코 아카풀코에 수많은 휴양지를 개발할 수 있는 큰 자금을 조성했다.

렌스트롬은 아버지가 세상을 떠난 1981년에 네브래스카대학에서 경영학을 공부하고 있었다. 그녀는 곧바로 아버지가 운영하던 휴양지 가운데 세 곳을 관리하는 일에 나섰다. "저는 멕시코에서 시련을 겪으며 MBA를 땄어요"라고 내게 말했다. 비록 그녀는 스페인어를 유창하게 했지만, 아직 젊은 금발의 여성이 험하고 거친 멕시코의 사업 환경에 감히 뛰어드는 것은 매우 힘든 일이었다. 그 휴양지의 현지 관리인들은 부정한 방식으로 자신들의 소유권 지분을 주장했고, 렌스트롬은 물러서지 않았다. 그들은 그녀를 형사고발했다.

멕시코의 사법제도는 "무죄가 입증될 때까지 유죄"이기 때문에, 렌스트롬은 멕시코시티 외곽에 있는 여자교도소 레클루소리오 오리엔테Reclusorio Oriente에 6개월 동안 수감되는 바람에 생후 10개월 된 어린 딸 알렉스와 본의 아니게 떨어져 있어야 했다. 그녀는 자신이 감옥에 있었던 기간이 매우 소중했다고 믿는다. "당시에 나는 그 제도에 집어삼켜질 수도 있었겠지만, 그것은 세상 무엇과도 바꿀 수 없는 아주 대단한 경험이었어요."

그녀는 넉 달 동안 딸을 보지 못했다. 렌스트롬은 "딸아이를 볼 수 없다는 것을 알고는 아이의 이름을 듣는 것이 너무 가슴 아팠어요"라고 말했다. 그 뒤, 알렉스는 주말이면 감옥에 있는 엄마를 면회할 수 있었다.

"당신은 지금 죽음을 마주하고 있지는 않지만, 분명 많은 한계들에 부딪치고 있습니다. 우리가 그렇듯 당연하게 여겼던 삶, 즉 샤워나 청결, 친구, 가족과의 삶을 살 수 없는, 그런 자유의 상실 말입니다." 결국 그녀에게 죄를 물으려던 사람들은 모든 고소를 취하했다. 그리고 렌스트롬은 1993년에 그 휴양시설을 모두 매각했다.[6]

"그 뒤로 어떤 일에도 별로 겁먹지 않았죠"라고 렌스트롬이 말했다. "수감 경험은 불의를 보면 전보다 더 참지 못하게 만들었어요."

렌스트롬과 함께 일하면서 나는 기후 위기를 해결하고자 하는 그녀의 집념을 느낄 수 있었다. 다이베스트-인베스트는 우리가 여러 자선재단, 대학, 지방정부를 포함해서 개인과 기관들로부터 500억 달러의 투자 회수 서약을 받기로 했다고 발표하는 기자회견에 참석한 2014년 9월에 처음으로 세간의 주목을 받았다. 스탠더드오일컴퍼니가 출연한 돈으로 설립된 록펠러브라더스 재단은 8억 6,000만 달러의 기부금을 처분하기로 약속했다.[7]

투자 회수 전략을 효율적으로 이용한 인종격리정책 반대 운동의 투사인 남아프리카공화국 대주교 데스몬드 투투Desmond Tutu는 그 기자회견에 영상연설을 보냈다.[8] 투투는 "지구 환경의 파괴는 우리 시대의 인권을 위협하는 문제입니다"라고 말했다. "시간이 별로 없습니다." 그는 간청했다. "우리는 격화되는 폭풍우, 담수 부족, 질병 확산, 식량가격의 상승, 그리고 기후 난민 발생 때문에 이미 생명과 생계수단의 상실을 경험하고 있습니다. 그것 때문에 가장 충격적인 영향을 받는 이는 그런 문제를 일으키는 데 전혀 관여한 바 없는 사람들, 바로 가난한 사람들입니다. 정말 부당한 일이 아닐 수 없습니다."

인종격리정책 반대 운동에서 투투는 남아프리카공화국에 대한 투자로 생기는 기업의 이익에 대해서 비난했다. 투투는 화석연료에 대해서 이렇게 말했다. "기온과 해수면 상승, 그리고 화석연료를 태움으로써 빚어지는 인간의 고통으로부터 이익을 얻고자 하는 사람은 절대 없어야 합니다."

"우리는 오늘날 안전한 에너지로 돌아가는 새로운 경제로의 전 세계적 전환점에 서 있습니다. 우리는 우리의 지도자들이 올바른 윤리적 선택을 하도록 그들을 뒷받침해야 합니다." 투투가 말하는 것에는 새로운 화석연료를 찾기 위한 추가 탐사를 동결시키고, 기후 변화에 대한 조치에 차단막을 치는 화석연료 산업으로부터 정치인들이 더 이상 돈을 받지 못하게 하는 것도 포함된다. "화석연료로부터 투자를 회수하여 깨끗한 재생에너지의 미래에 투자하십시오"라고 투투는 말했다. "당신의 돈을 문제를 일으키는 것에서 빼내어 해결책을 위해 쓰십시오."

최근에 개봉된 슈퍼히어로 영화 〈어벤저스〉에서 헐크 역을 맡은 영화배우 마크 러팔로Mark Ruffalo도 렌스트롬과 나와 함께 기자회견장에 참석했다. 거기서 그는 캡틴아메리카, 아이언맨, 블랙위도우, 토르 역을 맡았던 배우들을 포함해서 모든 "어벤저스"에게 화석연료로부터 투자를 회수할 것을 요청했다.[9]

그로부터 1년쯤 지나 2015년 12월 각국 대표단이 기후정상회의에 참석하기 위해 파리에 모였을 때, 다이베스트-인베스트는 최신 상황을 발표했다. 400개가 넘는 기관과 46,000명 이상의 개인이 화석연료에 투자한 약 3조 4,000억 달러를 회수했다는 내용이었다.(2021년 기준으로 1500개 금융 기관 참여, 약 39조 2,000억 달러 운영-옮긴이)[10] "그러한 결과는 그 운동 덕분입니다." 렌스트롬이 말했다. "더 많은 사람들이 그 운동에 참여하고 있습니다. 이제 탄소를 태우는 산업에 투자하는 것이 얼마나 위험한지는 시장에서 점점 확인되고 있어요."

렌스트롬이 투자 회수를 통해 이루려는 정치적 목표는 탄소 배출을 규제하고 배출량에 따른 비용을 책정하여 탄소 배출 당사자에게 부담을 지우기 위해 화석연료 부문의 합법성을 약화시키는 것이다. 투자를 회수하느냐 마느냐는 또한 극히 개인적인 선택이다.

"당신이 기후 변화가 야기하는 전 지구적 충격을 진실로 알고 있다면, 당신은 개인적으로 행동에 나서며 '변화하지' 않을 수 없을 겁니다. 이제 막

재생에너지로 전환하기 시작하고 있는 세상에서 그것은 쉬운 일이 아닙니다. 나는 내가 할 수 있는 작은 일부터 합니다. 퇴비를 만들고, 먹을 것을 기르고, 자전거를 타고, 중고품 옷을 사 입는 것 같은 소소한 행동들을 몸소 실천하는 거죠. 내가 과거의 유물 같은 구식 산업에 투자되었던 돈을 빼내서 내가 생각하는 미래의 기업들에 투자할 수 있다는 사실을 알게 되었을 때, '아하' 하고 깨닫는 순간이 왔어요. 그 순간, 내게 힘이 있다는 것이 느껴졌고, 세상과의 불화가 줄어들기 시작했어요."

화석연료 부문에 투자해서 그 끔찍한 산업과의 관계 속에서 이익을 얻는 것은 렌스트롬이 세상과 "불화"하는 삶을 살게 하는 또 다른 요소였다. "자신이 중요하게 여기는 가치나 지식에서 벗어난 삶을 사는 것은 건강에 해롭습니다. 그것은 귀에 거슬리는 소리—종소리나 소리굽쇠의 음을 조율하는 소리—가 끊임없이 머릿속에서 울리는 것과 같아요." 그래서 그녀는 거기서 빠져나왔다. 그 뒤, 그녀는 다른 사람들도 자신처럼 행동하도록 동기를 부여하는 일에 관심을 갖게 되었다.

"이 세상을 정직하게 살기란 어려운 일입니다. 나는 그것이 소를 신성시하는 문화에서 자란 힌두교도가 항상 소고기를 먹는 사람들 사이에서 살도록 강요되는 것과 같다고 생각해요. 아주 기본적인 차원에서, 자신의 가치 및 신념과 일치하지 않는 삶을 사는 것은 신체적으로 해를 끼칩니다."

렌스트롬의 관심은 투자 회수에서 멈추지 않는다. 그녀는 또한 금융을 민주화하고 우리의 다가오는 전환을 정의로운 것으로 만드는 프로젝트에 지역적으로 투자하는 방법을 더 잘 이해하고 싶어 한다. "돈을 재생에너지 부문으로 옮기는 것만으로는 충분치 않아요"라고 그녀는 강조한다. "우리는 또한 우리의 경제 시스템을 생명과 공익을 지지하는 목표와 지표를 향하도록 방향을 재조정해야 합니다."

이 추가적인 목표 단계는 아직은 모든 사람들이 이해하는 그런 것이 아니다. "전에 헤지펀드에 관련된 집단과 함께 자리한 적이 있었어요." 렌스트롬의 이야기다. "우리는 2050년까지 재생에너지 부문에 30조 달러의 자본이 투입되어야 한다는 것을 모두 알고 있어요. 금융계 사람들이 에너지 전환에 대해서 이야기할 때, 그것은 경제의 맨 윗자리에 있는 의자들을 어떻게 재배치할 것인가 대한 대화입니다. 그것은 장기적으로 작동하지 못할 거예요. 우리에게 필요한 것은 금융을 민주화하고 소유권을 확대하고 경제에서 배제된 사람들을 논의의 자리로 데려오는 것입니다. 만일 그 전환이 소수에게만 유리하다면, 그들은 결국 패배하고, 우리도 모두 패배하는 겁니다."

부를 집으로, 가장 지역적인 차원으로 가져온다는 것은 무엇처럼 보일까? 때때로 그것은 음식찌꺼기에서 시작되기도 한다.

사람, 지구 그리고 번영:
데보라 프리즈

동이 틀 무렵이다. 보스턴의 도체스터 지역에 있는 아메리카스푸드바스켓America's Food Basket 시장으로 후진하면서 내는 대형 쓰레기운반트럭의 삐익-삐익-삐익 하는 소리가 아침 새들의 소란스러운 재잘거림을 멈추게 한다.

팀 홀Tim Hall은 트럭에서 내려 20갤런(약 75리터)짜리 대형 녹색 플라스틱 쓰레기통에 트럭의 지렛대를 연결한 다음, 통을 들어 올려 그 안의 쓰레기를 트럭의 적재함에 쏟아 붓는다.[11]

"음식물쓰레기가 317킬로쯤 됩니다." 검은 테 안경을 쓰고 검정셔츠를 입은 홀이 말한다. 홀은 인근 록스버리에 있는 노동자 소유 상업용 쓰레기 관리업체인 CERO에서 일한다.

그는 적재함 십여 개를, 주문 제작한 퇴비 수집 트럭으로 옮겨 싣는다. "이 음식물쓰레기는 품질 좋은 정원용 퇴비로 바뀌어서 동네로 되돌아갈 겁니다."

CERO는 2013년에 설립되었는데, 당시 새로 제정된 매사추세츠주의 상업용 음식물쓰레기 관련법에 따라 생겨났다. 이 법은 1주일에 1톤 이상의 음식물쓰레기를 배출하는 기관 및 시설들은 그것을 쓰레기 매립지로 싣고 가지 말고 퇴비로 만들 것을 요구한다. CERO는 음식점, 병원, 대학, 식료품 가게에 "원스톱 쇼핑"을 제공하는데, 다른 재활용품이나 쓰레기와 함께 유기물 쓰레기를 처리한다. 따라서 그들의 고객은 쓰레기 처리 비용을 절감하기 때문에, 지역에 있는 노동자 소유 녹색 기업을 지지한다.

퇴비로 전환 가능한 유기물 쓰레기는 상업용과 가정용 통틀어 주 전체에서 발생하는 모든 쓰레기의 25퍼센트가 넘는다. CERO는 쓰레기 매립지에 위험한 메탄가스를 발생시키는 대신에, 이 유기물 쓰레기를 퇴비로 바꾼다. 협동조합원 노동자소유주이자 사업관리자 롤 홈스Lor Holmes는 "CERO는 2015년에 매립지와 하수관에 버려질 쓰레기 350톤을 처리했어요. 2016년에는 그 처리량이 두 배로 늘어날 것으로 예상됩니다"라고 말했다. "우리는 사람, 지구, 그리고 이익을 생각하는 회사입니다."

트럭 옆면에는 창업 기금 마련을 위한 크라우드소싱 투자에 참여한 최초의 CERO 투자자 60명의 이름이 적혀 있다.

CERO 협동조합은 "부를 집으로 가져오기"의 설득력 있는 사례다. CERO의 소유주는 주로 록스버리에 사는 흑인과 라틴계 미국인들이다. 그들은 최고의 친환경 비즈니스 서비스를 제공하고 있다. 그러나 그들은 자본을 유치하기 위해 고군분투했다. 다행히도 선구적인 금융가들이 월스트리트의 자본을 지역사회의 벤처들로 옮기는 쪽으로 활로를 개척하고 있다.

"우리는 자본에 접근할 방도가 없었죠"라고 홈즈가 설명한다. "사업 계획이 있었지만, 창업자금을 마련하는 데 2년이나 걸렸습니다. 우리 가운데 돈이 있는 사람이 한 명도 없었기 때문에 자금 조달을 할 수 없었죠. 은행도 여기저기 찾아갔지만 모두 퇴짜를 놓더군요."

홈즈는 "다행히도 보스턴임팩트이니셔티브와 쿠프펀드Coop Fund가 장기 투자로 여기며 자금을 제공했습니다"라고 말했다. "그들은 정말 우리에겐 소중했습니다."

현지에서 BII라고 부르는 보스턴임팩트이니셔티브의 공동설립자인 데보라 프리즈Deborah Frieze는 "CERO는 우리에게 최적의 장소입니다"라고 말했다. BII는 CERO의 초기 투자자 가운데 하나였다. 그리고 프리즈는 집으로 돌아온, 그녀의 개인적 이해관계와 재능, 금융자원을 꼭 필요한 곳으로 가져온 사람의 대표적 사례다.

뿌리내리기

프리즈는 그녀의 주방 식탁에 앉아 뒷마당을 내다보며 "나는 지난 2주 동안 수많은 참나무 이파리들에 정말 친숙해졌어요"라고 말한다. 그녀는 높이 솟은 참나무를 목을 길게 빼고 쳐다보며 말하고 있다. "참나무 이파리들이 정말 엄청나게 많았죠." 그녀는 소리 내어 웃는다. "여기 600평쯤 되는 땅을 손보며 겨울을 준비하고 있었어요."

100년 된 고목들이 자리한 널따란 야외 공간이 있는 이런 집에서 지낸다면, 자기도 모르게 도시에 거주하고 있다는 사실을 망각할지도 모른다. 4년 전, 프리즈는 십년 넘게 이어온 양육강식의 삶을 뒤로 하고 자메이카플레인 동네로 이사했다.

프리즈는 보스턴 지역의 한 사업가 집안에서 성장했다. "친가 쪽 남자들은 사업수완이 좋아서 돈을 많이 벌었고, 여자들은 급진적 정치 성향이라 기부를 많이 했어요. 나는 둘 다 잘하길 원했죠." 그녀의 증조부는 프리즈가 어린 시절 보스턴의 소매점들이 몰려 있는 지역 한복판인 브롬필드가Bromfield Street에 고든브라더스Gordon Brothers라는 도매청산회사를 설립했다. "나는 여름방학 동안 거기서 보석 분류하는 일을 했는데, 그런 일을 할 나이가 되었거든요."

프리즈는 하버드경영대학원을 졸업한 뒤, 인터넷 컨설팅회사인 제퍼Zefer를 공동으로 설립했다. 첨단기술 부문의 거품 상승세에 편승해서 성장의 물결에 올라탔지만, 그것은 그녀가 원하는 삶이 아니었다. "우리의 경우 콘텐츠에 대한 민주적 접근을 꿈꾸는 전문 기업으로 크는 것에서 월스트리트식 성장을 추구하는 회사로 방향이 바뀌었어요." 외부투자자들이 1억 달러를 회사에 투자하겠다고 제안하며 제퍼에 접근했을 때, 프리즈는 반대했지만 표결에서 졌다. "중년의 백인 남성들이 회사를 관리하기 위해 들어왔어요. 그러나 거품이 터지면서, 직원들을 해고해야 하는 자리에 내가 있다는 것을 알게 되었죠."

"저는 자본주의의 추악한 모습을 두 눈으로 목격했습니다." 프리즈는 씁쓸한 기억을 떨쳐버리려는 듯 새까만 머리카락을 좌우로 흔들며 말한다. "'어떤 비용을 치르더라도 주주들에게 돌아가는 수익을 최대화한다. 성장은 수단이 아니라 목적이다. 사람보다 효율성이 더 중요하다.' 지금 난 자본주의를 반대하는 것이 아닙니다. 지금까지의 우리 행태가 비도덕적이라는 걸 말하는 것뿐입니다. 자본주의 자체는 아직도 여전히 가능성이 있을 수 있습니다."

프리즈는 약탈적 자본주의에 대해 혐오감을 느끼지만, 선을 위한 기업 활동의 가능성까지 포기한 것은 아니었다. 그녀는 자신을 비롯한 몇몇 사람들이 생성적 자본주의라고 부르는 것에 적극적이다. 그것은 더 많은 노동자와 공동체가 소유권을 가지는 자본주의를 말한다. "생산에 들어가는 실질비용을 고려한다면, 자본주의는 훌륭한 시스템이 될 수 있습니다. 그러나 경영대학원에서 우리가 부정적 외부효과negative externality에 대해 이야기하는 때는 회계 시간밖에 없습니다. 그것도 환경오염이나 푸드스탬프를 받는 저임금 노동자들의 외부효과는 장부에 기재할 필요가 없다는 내용이죠."

프리즈는 제퍼를 그만두고 나와서 다양한 기업들을 대상으로 컨설팅을 했다. 그녀는 버카나연구소Berkana Institute에 직원으로 들어가서 시스템이 어떻게 작동하고 변화하는지 탐색했다. 약탈적 자본주의에서 벗어나 활기찬 선물경제와 건강한 상거래가 작동하는 새로운 시스템을 구축하기 위해 애쓰고 있는 아프리카, 인도, 남아메리카의 여러 공동체들도 방문했다.

"그런 공동체들 가운데 많은 곳이 경제 붕괴의 고통을 경험했어요." 프리즈가 말한다. "시스템이 해체되기 시작하면, 우리는 선택을 합니다. 현재의 시스템을 고치기 위해 애쓰거나, 아니면 새로운 시스템을 만들어낼 수 있습니다. 구체제—그리고 그것의 기반이 되는 신념체계—로부터 '걸어 나오는' 사람들이 충분히 많을 때, 변화가 이루어집니다."

프리즈는 맥 휘틀리Meg Wheatley와 함께 쓴 『걸어 나와, 전진하라: 현재에서 미래를 살기 위해 담대하게 나아가는 공동체로의 학습 여정Walk Out, Walk On: A Learning Journey into Communities Daring to Live the Future Now』이라는 책을 냈다. 이 책은 전 세계의 공동체 일곱 군데와 한계점에 이른 신념 및 가설들로부터 "걸어 나와" 건강하고 탄력적인 공동체를 만들기 위해 "전진하는" 사람들에 대한 연대기다. 거기서 저자들은 기존에 공동체가 보유하고 있던 자산과 재능을 가지고 그들이 필요로 하는 것을 창출하는 방법을 알아내기 위해 독창성과 세심한 주의력을 구사하는 "걸어 나오는 사람들"에 대해 기술한다.

프리즈는 수년 동안 책을 홍보하고 "걸어 나와, 전진하라"를 현장에서 어떻게 실천할지에 대한 교육을 진행하면서 돌아다녔다. 그녀가 던지는 메시지는 이렇다. "모든 변화는 지역에서 진행됩니다. 그것은 우리가 새로운 시스템이 생겨나는 조건을 만드는 장소와 친밀해지는 것을 통해 이루어집니다." 그러나 사람들이 "그럼 당신은 지역에서 무슨 일을 하고 있나요?"라고 물으면, 그녀는 "사실 저는 집에 별로 없습니다"라고 대답했다.

프리즈는 자신의 삶이 전 세계와 지역을 오가는 삶이 될 거라고 믿었다. "우리는 또한 대규모 변화는 지역을 넘어선다는 것을 압니다. 그것은 아이디어와 실천은 지역적이지만, 변화를 위한 조건을 창출하기 위해서는 그러한 생각과 실천이 전 세계 여기저기를 넘나들며 서로 연결될 필요가 있다는 것을 의미합니다." 언젠가 그녀는 한 곳에 다시 땅을 파고 뿌리를 내릴 것임을 알고 있었다.

2012년, 그녀는 자메이카플레인에 낡은 차고가 딸린 주택을 한 채 사서, 거기다 토론과 운동, 각종 행사, 묵상을 통해 탄력적이고 포용적인 공동체를 건설하는 방법을 모색하는 모임 장소인 '늙은 참나무 도장Old Oak Dojo'을 지었다. "그곳은 내가 자리 잡고 살고 싶어 했던 선물문화와 가치관의 토착화를 실험할 수 있는 장소입니다."

그녀는 일생동안 가업에 몰두했던 아버지 마이클과 함께 도시 공동체의 더 나은 미래를 창조하기 위해 기업 활동과 풀뿌리 사회 변화에 대한 그들의 상호 보완적인 기술과 공동의 관심사를 조합하는 계획을 짜기 시작했다. 그 결과 두 사람은 보스턴임팩트이니셔티브를 설립하고, 더 광범위한 소유권 확대와 지속 가능한 개발, 인종 간 형평성과 같은 사회적 충격효과가 큰 목표들을 가진 그레이터보스턴Greater Boston 지역 기업들에 500만 달러의 초기 자금을 지원하기로 했다.

프리즈에게 공동체는 단순히 그녀의 가까운 이웃이 아니다. 그것은 자본에 대한 접근에서 배제된 지역의 모든 사람들이다. "지역을 중요하게 생각하는 것은 맞지만, 이러한 작업을 인종적 정의의 차원에서 바라보는 것도 중요합니다. 따라서 우리가 말하는 공동체에는 브록턴Brockton과 프레이밍햄Framingham 같은 보스턴의 저소득층 동네들도 포함됩니다."

대부분의 자본투자 수단에 대한 논의는 자본의 유형을 중심으로 이루어진다. "우리는 관계를 중심으로 논의를 진행합니다. 자본의 형태에 대해서는 유연한 입장을 취하려고 합니다." BII는 대개 금리가 낮고 융자 기간에 융통성이 있는 대출과 지분 투자, 보조금을 제공한다. 동일한 프로젝트라도 진행 단계에 따라 세 가지 유형의 자본을 모두 활용할 수 있다.

"우리는 그 지역의 지리적 상황에 맞게 번창하는 지역 생활 경제를 구축하려 하고 있어요." 프리즈는 BII의 투자 기준에 대해서 이야기하면서 "그래서 돈을 빌리려는 공동체와 대출신청자들에 대해서 서로 다른 질문을 던집니다. 그들은 지역에 속해 있나요? 그것들은 누가 소유하고 있나요? 그들은 지역사회에 어떤 종류의 재화와 서비스를 제공하고 있나요? 그리고 무엇보다 중요한 질문으로, 그들 사이는 무슨 관계인가요? 만일 우리가 그들을 관계의 생태계로 생각한다면, 그들은 서로 물건을 사고파는 사이인가요? 그들은 지역에서 서로를 지지하고 있나요?"

프리즈는 또한 거시 경제를 진단하면서 그 지역사회가 들여오고 있는 것들을 지역 생산물로 대체할 수 있는 방법을 살펴본다. "생산 측면에서의 순환 고리를 끊기 위해 우리는 어떻게 해야 할까요? 그것은 단순히 그것을 보스턴에서 팔 것인가에 대한 문제가 아닙니다. 우리는 그것을 여기서 생산할 건가요? 우리는 원재료를 재배하거나 생산하고 있나요? 우리는 우리의 시스템이 필요로 하는 모든 것을 대부분 자체 생산할 수 있다는 그런 생각을 얼마나 많이 하고 있나요? 그렇지 않다면, 예컨대 우리가 여기서 커피를 재배하지 않을 거라면, 우리는 우리의 가치관을 공유하는 다른 기업들과 필요한 것을 서로 사고팔 수 있을까요?"

월스트리트의 통제권에서 벗어나기

프리즈와 BII는 월스트리트 금융에 대한 관행과 믿음을 넘어 금융시스템 자체를 변화시키는 데 관심이 있다. "제가 바라는 것은 BII가 사람들로 하여금 금융을 중심에 두는 월스트리트에서 걸어 나오게 하는 것입니다"라고 프리즈는 말한다. "그리고 자본이 지역과 공동체, 정의를 중심에 두는 시스템을 위해 쓰이도록 하는 겁니다."

월스트리트 금융시스템은 복잡하고 불투명하며 익명으로 작동되고 단기적 성과를 중시한다. 하지만 그런 금융시스템이 직접적이고 투명하며 거래자 개인을 밝히고 장기적 관계를 기반으로 구축된다면, 어떤 일이 벌어질까?

프리즈에게 이것은 월스트리트와의 관계를 청산하고 새롭게 떠오르는 분야인 임팩트 투자로 전환하는 것을 의미한다. 그녀는 "월스트리트의 통제권에서 벗어나고" 있는 미국의 대표적인 비영리대출기관 RSF 사회금융 RSF Social Finance (RSF는 Resilience and Sustainability Facility의 약어로, '회복 탄력성과 지속 가능성을 지원하는 기관' 정도로 옮길 수 있음 – 옮긴이) 같은 집단들로부터 영감을 받았다.

"지배적인 월스트리트 금융시스템에서 우리는 실제로 기업에 직접 투자를 하지 않고, 복잡한 주식 거래 시스템을 통해 간접적으로 투자합니다. 결국 내가 투자하고 있는 기업이 있다고 할지라도, 그 기업에 자본이 도달하는 과정은 여러 단계의 거래 과정을 거치지요. 하지만 임팩트 투자의 경우는 '나는 돈을 빌려주는 사람이고, 너는 돈을 빌려가는 사람이다'라는 직접적인 관계가 형성됩니다. 그리고 금리는 우리와 아무 상관이 없는 리보LIBOR(런던 은행들끼리 자금 수요를 맞추기 위해 통상 6개월 이내로 단기간 주고받는 금리 조건 – 옮긴이) 변동 금리에 임의적으로 구속되지 않고 당사자 간의 대화를 통해 결정됩니다."

집으로 돌아오고 있는 자본

BII와 같은 임팩트 투자 기금들의 노력은 금융이 간접적으로 이루어지는 약탈적 자본주의에서 직접 대출로 점점 진화하고 있음을 보여준다. 수백 년 동안 사람들은 금융 대출에 윤리적인 잣대를 들이댔다. 일부 종교적으로 독실한 투자자들은 담배와 술에는 투자를 기피하는 성향을 보였다. 또 어떤 이들은 소유주로서의 힘을 동원해서 기업 개혁에 참여하고 실행에 옮겼다. 1960년대에 가톨릭 교단 로레토 수녀회Sisters of Loretto는 노천 채굴에 반대하기 위해 블루다이아몬드 석탄회사의 주식을 샀다. 석탄업계에서 "따가운 수녀들stinging nuns"이라고 부르는 이 수녀회는 주주총회 자리에 참석해서 그들의 주장을 폈다.

1980년대에는 인종차별정책을 펴는 남아프리카공화국에서 사업을 하고 있는 기업들로부터 투자를 회수하는 운동이 증권 투자에 "부적격 심사 제도"를 적용하는 분야를 빠르게 확산시켰다. 뮤추얼펀드는 전체가 사회적으로 가장 해악을 끼치는 기업들을 투자 대상에서 배제하는 사회적 투자 기준을 들고 나왔다.

1980년대에는 또한 "지역사회 투자community investment"부문의 새로운 등장을 목격했다. 1982년에서 1992년 사이에 나는 협동조합이나 공동체 소유권을 통해 지역의 토지, 주택, 기업들에 대한 통제권을 확보하려고 애쓰는 지역 단체들을 지원하는 지역사회경제연구소Institute for Community Economics, ICE에서 근무했다. 우리의 버니즈톤 이동주택공원협동조합과 같은 프로젝트들은 적어도 초기에는 전통적인 은행들의 금융 지원을 받을 수 없었다. 그래서 우리는 대체 투자를 찾아야 했다.

ICE는 개인과 수도회로부터 돈을 빌려 이런 지역 프로젝트에 돈을 빌려주는 회전대출기금을 개발했다. 1990년까지 우리는 1,400만 달러가 넘는 자금을 대출금 손실 없이 관리하고 있었다. 그러한 성공적인 실적은 우리가 지원하고 있는 지역사회에 대해서 잘 알고 있었을 뿐 아니라 자금을 대출해간 사람들과 기술적 지원 업무 관계를 유지하면서 위험률을 크게 낮춘 덕분이었다.

지역사회 투자 부문은 다양한 중개대출기금들의 탄생과 함께 확대되었다. ICE는 보스턴커뮤니티캐피탈Boston Community Capital, 뉴햄프셔커뮤니티론펀드New Hampshire Loan Fund, 필라델피아와 델라웨어 계곡 지역의 리인베스트먼트펀드Reinvestment Fund 같은 새로운 대출기관들의 설립을 자문해주었다.

이 신생 대출기금들은 지역의 벤처 기금, 지역사회 개발 신용조합 및 은행들과 함께 지역사회 투자 부문을 형성했다. 더 넓은 차원에서의 사회적 책임 투자Socially Responsible Investment, SRI 세계는 이러한 지역사회 자본 기관들도 포괄했다. 이는 한편으로 우리가 지역 전환과 관련된 설득력 있고 인간미 넘치는 사례들을 낳은 덕분이기도 하다. 그러나 이런 지역의 대출 중개기관들을 통해 실제로 이동하는 자본의 몫은 양동이에 담긴 물 한 방울에 불과했다. 막대한 양의 "사회적 책임" 자본은 증권시장에 여전히 머물고 있었는데, 1980년부터 2000년까지 증시의 높은 금융 수익률을 이겨내기는 힘들었다.

SRI 분야는 부적격 심사제도 적용을 넘어서 환경과 사회 문제, 지배구조의 질적 차원에서 긍정적인 기업들에 주도적으로 투자하는 쪽으로 옮겨가며 빠르게 진화했다. 전통적 투자자들은 적극적이고 지속 가능한 기업 활동, 투명한 지배구조, 다양한 이사와 경영진, 그리고 인권 의식에 투철한 기업들이 강력한 재무 구조와 경영 성과를 보인다는 사실을 발견했다. 2007년 금융 위기에 대한 연구가 밝힌 것처럼, "기후 위기를 얼마나 잘 관리하고 대응하느냐가 기업을 전략적으로 얼마나 잘 관리하고, 기업의 재무 가치와 주주를 위한 가치 창출에 얼마나 크게 기여하는지를 가늠하는 유용한 지표임을 보여주는 증거들이 점점 늘어나고 있다."[12]

사회적 책임 투자 펀드와 컨설턴트, 투자자들의 동업자 단체인 '지속 가능하고 책임성 있는 투자를 위한 포럼Forum for Sustainable and Responsible Investment'에 따르면, 2014년까지 6조 5,000억 달러가 넘는 자금이 사회적 기준에 따라 관리되었다.[13]

지역사회 투자 부문 또한 성장하고 진화했다. 1994년, 연방법은 오늘날 CDFI로 알려진 지역사회 개발 금융기관Community Development Financial Institution들을 위한 연방 지정 및 자금 지원 계획을 마련했다.[14] 그로부터 20년 뒤인 2014년까지, 자격을 인정받은 CDFI는 492개 대출기금과 177개 지역사회 개발 신용조합, 176개 은행 지주회사와 은행 및 저축은행, 13개 벤처캐피탈 기금을 포함해서 800개가 넘었다. 2013년에 이 부문은 24,000건 이상의 대출 또는 투자 실적을 올리며 총 20억 달러의 자금을 지원했다. CDFI 연합회 20주년 기념 보고서에 따르면, 이 자본은 적정 가격의 주

택 17,000가구와 6,500개 사업체에 자금을 지원했고, 약 35,000개의 일자리를 창출했다.[15]

지역사회 투자 부문이 성장하면서 투자자 집단도 늘어났다. 2008년 금융시장 붕괴 후, 월스트리트의 도박 놀음에서 자금을 빼내어 지역 경제로 이동시키는 현상이 규모에 상관없이 모든 투자자 계층에서 점점 많이 나타나기 시작했다. 임팩트 투자는 이렇게 발전하고 있는 지역사회 투자 부문에서 가장 최근에 생겨난 투자 형태다. "용어만으로 볼 때, '임팩트 투자'는 '자연 식품'이라는 문구만큼이나 의미가 없어요"라고 프리즈는 말한다. "전적으로 상장기업 주식으로 구성된 일부 '임팩트 뮤추얼펀드'를 포함해서 많은 사람들이 그 명칭을 사용합니다."

BII의 핵심 사업인 또 다른 시스템 변화는 노동자와 공동체 소유권 모델을 지지하는 소유권의 확대다. "우리는 부가 얼마나 불평등한지 알고 있어요. 노동자 소유권이 확대되면 부의 분배와 통제권의 분산은 확실히 늘어납니다."

그들은 재화나 용역에 대해서 그것들이 모종의 피해를 유발하지 않는 한 그다지 큰 관심을 두지 않는다. "우리는 소유권을 가장 중요하게 생각해요. 회사 주인이 누구인지, 누가 소유권을 가지려고 하는지, 누가 자산과 부를 쌓고 있는지 하는 문제들에 주목하죠." 프리즈는 지속적인 부의 불평등, 특히 흑인과 라틴계 미국인 가구의 자산 기반이 낮은 현실을 지적한다. 노동자 소유권을 통해 저소득층을 위한 형평성과 부를 구축한 사례가 하나 있다.

CERO로 향한 자본

"CERO는 우리가 믿는 모든 것을 실제로 구현할 모든 것을 갖추고 있었죠"라고 프리즈는 말한다. "우리의 투자 원칙 일곱 가지 가운데 그들에게 없었던 유일한 기준은 경제적 실행 가능성이었죠. 우리는 처음에 그것이 경제적으로 성공할 거라고 확신하지 못했어요."

BII는 처음에 CERO에 자금을 제공하면서 10,000달러 초기 대출금을 날릴 수 있다고 생각하면서 무이자로 빌려주는 위험 부담을 감수했다. 이것은 결과적으로 CERO가 초기에 인디고고Indigogo라는 크라우드펀딩 플랫폼을 통해 한 달 만에 일반 대중 252명으로부터 16,950달러의 자금을 모금하는 계획을 세우고 실행에 옮길 수 있는 발판을 마련해주었다.[16] 이것은 그들의 최초 주식 공모 자금을 조달하는 데 도움이 되었다.

CERO가 회사를 설립하기 위해 직접 주식 공모를 통해 83명의 투자자로부터 370,000달러를 조달했을 때, BII는 주식을 매입했다. 이렇게 확보한 지분으로 BII는 나중에 CERO가 트럭과 장비를 포함해서 대규모 자본 지출을 위해 자금을 빌린 다른 두 협력사와 함께 CERO의 주요 투자자가 되었다.

"그것은 계속해서 위험 부담이 극히 큰 모험 행위입니다"라고 프리즈는 인정한다. "하지만 이것은 풀뿌리 조직이 아름다운 방식으로 기업가정신을 만나는 지점입니다. CERO는 자산이 전혀 없는 곳을 어떻게 조직하는지 알고 있어요. 그들은 특권층 사람들과 달리, 친구나 가족을 통해서 도움을 받아 일을 진행시킬 수 없어요. 그들은 지역사회와 동맹을 구축하기 위해 더 멀리 손을 내밀어야 하는데, 그들은 그 일을 아주 잘 해냈어요."

BII는 확장을 바라는 더 발전하고 있는 기업들에 돈을 빌려주는 것을 포함해서 200만 달러가 넘는 자금을 투자했다. CERO 같은 신생 기업들에 보조금과 대출, 지분 투자를 병행하며 선제적으로 자금을 제공할 줄 아는 BII의 능력은 그 밖의 투자기관들과 매우 다른 점이다.

이제 BII는 자영업자에서 노동자 소유업체로 전환을 모색하고 있는 기업들을 대상으로 끈기 있게 투자하는 방법을 이해하기 시작했다. "이제 곧 은퇴할 예정인 베이비부머 세대들이 소유한 사업체들이 상당히 많아요"라고 프리즈는 말하면서, BII가 확인한 틈새시장에 대해 이야기한다. "그 사업체들은 이제 외부에 소유권을 넘기거나 노동자 소유로 지역에 뿌리를 내린 업체가 될 가능성이 높은 지역 사업체들입니다. 그 업체의 소유자가 다국적 대기업에 지분을 통째로 매각하는 것이 아닌, 노동자들에게 천천히 끈기 있게 소유권을 넘기기 위해서는 인내심 있는 사모펀드 자본이 필요합니다. 우리는 임팩트 투자자들이 참여하여 그 지분을 보유함으로써 기존 소유주가 안심하고 은퇴할 수 있게 하면서 그 소유권이 노동자들에게 확실하게 이전되도록 해야 합니다."

。

참나무들 아래로 땅거미가 내리는데, 마당은 사람들이 떠드는 소리로 북적거린다. 친구와 이웃들이 영화 감상 모임에 참석하기 위해 늙은 참나무 도장으로 모여들고 있다. 야외 화덕 주위에서 아이들의 들뜬 목소리가 들린다.

"데보라 아줌마." 한 어린 소년이 프리즈의 스웨터를 잡아당기며 말한다. "데보라 아줌마, 우리 팝콘 먹을 수 있어요?"

"응, 저기 준비해놨어." 프리즈가 커다란 그릇 여러 개를 가리키며 말한다. "좋은 자리를 찾아 앉아. 이제 곧 영화를 틀 거야."

프리즈는 이 지역에 자리를 잡은 것에 엄청난 만족감을 느꼈다. 하지만 그녀는 국내외에서 사회적 실천 운동을 하는 공동체, 즉 임팩트 투자 기금을 새롭게 조성하고 있는 다른 지역 사람들의 일원이기도 하다.

"정말 놀랍게도, 이런 일을 하는 사람들의 공동체가 있습니다"라고 프리즈는 말한다. "여행을 할 때마다, 친한 친구들이 생기고 그들과 깊은 유대관계를 맺지요. 하지만 지역 차원에서 서로의 삶이 얽히고 관계가 지속적으로 이어지는 것보다 좋은 건 없어요."

"이것이 바로 당신이 도장을 통해서 꿈꾸던 것이었나 보죠?" 나는 거기에 모인 사람들과 연령대의 다양함에 깊은 인상을 받으며 그녀에게 물었다.

"이제 시작입니다." 그녀는 적절한 낱말을 찾으려고 애쓰면서 말한다. "아직 이 장소에서 무슨 일이 일어날지 예견하거나 성급하게 단정할 수는 없어요. 그냥 가는 대로 따라갈 뿐입니다."

그녀가 의자에 앉자 아이들 여럿이 그녀 옆에 의자와 담요를 끌고 와서 앉는다. 영화가 시작되자 다른 어른들도 자기 의자를 찾아 앉는다. 지구의 또 다른 모퉁이의 모습이 담긴 영상이 늙은 참나무 도장의 담벼락 위에 비친다.

사람의 세계는 오로지 그들의 마음만큼만 하다.

- **타냐 A. 무어**Tanya A. Moore

17장

열린 마음의 부

나는 당신에게 조금 더 많은 사람들, 매우 다양한 사연들을 지닌 사람들을 소개하고자 한다. 그런데 그들 모두에게 공통적인 것은 그들이 본디 필요로 하는 것보다 더 많은 것을 소유하고 있는 상태에 솔직하고 열린 마음의 사고를 가진 사람들이라는 것이다.

억만장자 부처: 대리얼 가너

대리얼 가너Dariel Garner는 만면에

희색이 감도는 매력적인 얼굴로 호탕하게 웃는다. 나는 그가 여러 차례 "부로 행복을 사지는 못해요. 부는 당신의 마음에서 우러나는 진정한 행복을 느끼지 못하게 하는 장해물이 됩니다"라고 말하는 것을 들었다.[1]

가너는 버몬트의 우리 오두막집 현관에 있는 아메리카원주민 애디론댁 족의 야외용 안락의자에 앉아 있다. 그 곁에는 인생의 동반자인 리베라 선 Rivera Sun이 역시 활짝 웃으며 앉아 있다. 우리는 모두 오트밀과 과일을 먹으면서 떠오르는 아침 해를 눈을 가늘게 뜨고 힐끗 본다. 그들은 뉴멕시코주 타오스Taos 외곽에 있는 자기네 집에서 멀리 떨어져 있다.

한때 가너는 수억 달러의 재산을 소유한 거부였다. 그는 일생동안 네 대륙에 수천 명의 직원을 거느린 40개가 넘는 사업체를 설립하고 소유했다. 그가 소유한 업체들에는 멕시코에서 두 번째로 큰 농산물 수출업체와 금융 소프트웨어 개발 회사, 골프장, 스키장, 자연 건강관리 제품을 생산하는 회사 같은 다양한 기업들이 포함되어 있었다.

10년 전, 그는 7억 5,000만 달러의 수익을 예상하며 개발 중에 있던 캘리포니아 시에라산맥의 거대한 휴양지 개발사업자였고 그의 전처와는 공동 소유자였다. 그 뒤, 그의 심경에 변화가 왔다.

오늘날 대리얼은 이러한 재산을 하나도 가지고 있지 않다. 현재 67세인 그는 사회보장연금으로 받는 월 900달러로 소박한 삶을 살고 있다.

"지금보다 더 행복했던 적이 없어요." 그는 미소를 지으며 말한다. "지금 나는 무일푼에 가깝지만, 상상했던 것보다 훨씬 더 많은 것을 가지고 있습니다. 나는 날마다 잠에서 깨어날 때면 주위의 모든 삶이 나와 연결되어 있으며 내 자신이 그 일부라는 사실이 기쁩니다. 지난날 부자였을 때는 전혀 불가능했을 방식으로 이제는 다른 사람들이나 자연과 함께 존재할 수 있습니다."

"당신이 그 여자를 어떻게 만났는지에 대한 부분도 까먹지 말고 이야기해요"라고 리베라가 대리얼에게 말한다. 긴 빨강머리의 그녀는 살짝 미소를 짓는다. 그녀는 최근에 대리얼의 이야기를 소설로 쓴 『억만장자 부처 Billionaire Buddha』를 발표했다.

사업적 성공

대부분의 언론에서는 가너를 "자수성가한" 억만장자라고 부른다. 그의 어머니는 아칸소주 농촌 지역의 가난한 소작농 집안에서 자랐다. 그의 가족은 1930년대 서부 대이동의 물결을 따라 캘리포니아로 이주했다. 그들은 전시 산업체에서 안정된 일자리를 구했고, 가너는 거기서 태어나고 자랐다.

가너는 캘리포니아대학 버클리 캠퍼스에서 학부와 대학원을 졸업했다. 초기에 그는 컴퓨터공학과 자원경제학에 관심이 많았다. 환경 문제에 대한 그의 호기심은 가장 행복했던 어린 시절 방학 때 요세미티 공원을 찾아 숲 속을 돌아다니면서 생겨났다.

그의 첫 사업의 시작은 완전히 우연이었다. 엄청난 한파가 들이닥치면서 버클리힐스의 유칼립투스 나무 수백 그루가 얼어 죽었다. 그와 두 친구—"세 사내와 서류가방 세 개, 그리고 휴대용 계산기 하나"—는 죽은 나무들을 수거해서 일본의 펄프자재 시장으로 운송하는 사업을 벌였다.

"그때 나는 처음이자 마지막으로 직원으로 일하는 직업을 가졌죠." 그는 말없이 미소를 보인다. "나는 석 달 동안 금융 컨설턴트로 나 아닌 다른 사람을 위해 일했습니다. 금융, 보험, 소형 금융기관의 운영에 대해서 많은 것을 배웠어요." 그는 자기 사업을 할 수 있다는 것을 금방 깨닫고 작은 개인 사무실을 열고 캘리포니아 센트럴밸리의 은행과 기업들을 대상으로 영업을 했다. 그는 틈새사업을 발견하고는 지방 은행들이 대출 상황을 분석할 수 있는 컴퓨터 표계산 프로그램을 개발했다. 당시는 로터스나 엑셀 같은 소프트웨어 시스템이 유행하기 전이었다. 은행들은 가너의 회사와 계약을 맺고 자기네 은행을 위한 소프트웨어를 개발해서 설치하게 했다.

가너의 회사는 규모를 키웠고 프랑스의 대형 은행인 소시에테제네랄 Société Général의 미국 지사에 회사를 매각했다. 가너는 서른한 살 때 억만장자가 되었다. 더 중요한 것은 그가 자신의 안목과 본능을 신뢰하게 되었다는 사실이다.

"나는 서로 다른 많은 플랫폼이 존재하는 급변하는 소프트웨어 산업에 진입했어요. IBM, 선, NCR, 애플, 스미스 코로나 등, 그들은 모두 서로 다른 소프트웨어를 요구했습니다." 극심한 경쟁과 혁신의 시기였다. 가너는 제너럴일렉트릭과 매각 협상을 진행했고, 결국 그들은 그의 회사를 인수했다.

1980년대 시점에 가너는 아내와 함께 캘리포니아주 라호이아La Jolla의 해안가 별장에 거주하는 꽤 잘나가는 부자였다. 그들은 멕시코로 이주하기로 결정하고 북바하Northern Baja 해변에서 여러 개의 벤처사업을 시작했는데, 그중에서 가장 성공적인 사업은 농산물을 키우고 수출하는 일이었다. 캘리포니아 요리가 갑자기 유행하면서 멕시코산 겨울 채소의 수요가 급증한 덕분이었다.

"우리는 3년 동안 경쟁 상대라고 할 말한 동종업계의 업체가 없었어요. 그 덕에 돈을 많이 벌 수 있었죠"라고 가너는 단조로운 목소리로 말한다. 그의 벤처 사업들은 화초와 140종의 다양한 신선 채소 및 냉동 채소를 공급했다. 그리고 그는 또한 일본으로 목재를 배에 실어 날랐다. 한때 그의 회사들은 경작면적이 7,000에이커에 이르는 땅을 소유했고, 그는 돌푸드Dole Foods에 이어 멕시코에서 두 번째로 큰 식품 수출업자에 올랐다.

멕시코에서 10년 동안 사업을 한 뒤, 가너는 사업체를 모두 매각하고 미국으로 돌아와서 자신이 거주할 완벽한 장소를 물색하다 마침내 휴양지 개발 사업에 뛰어들었다. 그와 아내는 이상적인 장소를 찾지 못했지만, 한 군데를 개발하기로 했다.

아이다호에 휴양지 한 곳을 개발한 뒤, 가너 부부는 캘리포니아로 돌아와서 하이시에라 산맥의 타호 호수Lake Tahoe 지역에 캘리포니아에서 두 번째로 값비싼 호화 유원지를 건설했다. 그들은 그곳을 골드마운틴Gold Mountain이라고 이름 짓고, 산봉우리 부지와 골프장을 설계했다. 건축가 프랭크 로이드 라이트Frank Lloyd Wright는 위스콘신주 매디슨에 들어설 클럽하우스를 설계했는데, 실제로 건축되지는 않은 골프 휴양지 설계도였다. 가너 부부는 그 설계도를 입수해서 골프 휴양시설을 지었다.[2]

〈타호쿼털리〉에 게재된 관련 기사 내용은 이랬다. "타호에서 북쪽으로 한 시간 거리에 있는 그레글Graeagle 근처 산정에 솟아오른 것은 미국에서 가장 최근에 건설된 프랭크 로이드 라이트의 걸작이다. 그것은 그가 세상을 떠난 지 42년 만에 완성되었다. 나코마리조트앤스파Nakoma Resort and Spa는 그 거장의 설계에 따라 베개 천에서부터 구내 조경에 이르기까지 하나하나 치밀하게 꾸며진 건축 명소이자 전 세계 라이트 건축 작품 애호가들을 위한 '박물관'이다."[3]

2004년까지 가너는 부와 성공의 정점에 있었다. "부에 대한 나의 관점은 계속해서 바뀌었어요." 가너는 빙그레 웃는다. "처음에는 500만 달러가 있으면 부자라고 생각했어요. 그리고 나서 그 500만 달러 안에서 내 가치는 과연 얼마인지 잘 모르겠더군요. 또 한 번은 '당신 몸무게보다 더 많은 금덩이를 가지고 있으면 그게 부자다'라고도 생각했어요. 정말로 계산을 해봤더니 내가 부자였어요."

전환점

어느 날, 가녀의 주치의가 말했다. "대리얼, 휴양지 베란다 위에서 아름다운 아내와 함께 칵테일을 마시고 있는 당신의 모습을 상상하면, 정말이지 당신이 부럽군요. 하지만 당신이 살아서 그 모습을 보지 못할 거라는 점이 유일한 문제입니다."

가녀는 속으로 생각했다. "그럼, 뭐 할 수 없지. 난 괜찮아." 그는 우울증에 깊이 빠져 있었다. 체중이 무려 165킬로쯤 되었는데, 그는 자기 말마따나 "폭식으로 자살하고" 있는 거나 마찬가지였다.

그는 끊임없이 먹었고 모든 감각이 점점 마비되고 있었다. 그러던 어느 날, 그는 휴양지에 있는 개인 식당으로 들어가고 있었다. 여주인이 그를 자리로 안내하면서 부드럽게 그의 몸에 손이 닿았다. "몇 년 동안 아내 말고는 내 몸에 손을 댄 사람은 없었죠. 사람들은 부자의 몸에 손을 대지 않기 때문이죠." 그 여주인의 몸짓은 그의 마음을 움직였고 그에게 충격이었다. "그건 신의 손길 같았어요. 나도 사랑할 수 있고 사랑받을 수 있다는 걸 깨달았어요. 당황스러웠지요."

다음날 가녀는 폭식을 중단했다. 그는 살을 빼기 위해 이후 오랫동안 이어질 레몬주스 단식을 시작했다.

"다시 살기로 했어요."

그의 태도가 바뀌었다. 그는 몸도 더 가벼워지고 행동도 더 친절해지는 것을 느꼈다. 몇 달 뒤, 그는 우연히 다른 사람이 그에 대해 말하는 대화를 듣게 되었다. 그의 회계담당관의 아내는 "대리얼은 이제 더 이상 예전에 알던 그 사람이 아니에요. 친절해졌어요"라고 말했다.

"나는 내가 늘 친절했다고 생각했거든요"라고 그는 말한다. "사람들은 변화를 보고 있었어요. 나는 82킬로나 살을 뺐죠. 나를 알아보지 못하는 사람들도 있었어요. 하지만 그보다 더 중요한 것은 내가 다시 사람이 되어가고 있다는 사실이었어요. 인간미가 더욱 풍부한 사람으로 바뀌기 시작했거든요."

그녀는 사람들과 다시 함께 교감하면서 삶을 더욱 풍요롭게 즐기기 시작했다. "그동안 나는 사람을 생산과정의 일부, 즉 직원이나 고객, 주택소유주 같은 존재가 아닌, 있는 그대로의 사람으로 보지 못하고 있었어요. 사람들과의 관계가 단절되어 있었던 거죠."

"나는 책상에 앉아서 내겐 시급에 불과한 돈을 연봉으로 받는 사람들에게 줄 봉급을 결재하고 있던 모습을 기억합니다. 그들은 연봉이 20,000달러인 사람들이었죠. 나는 소득과 부의 엄청난 격차에 대해서 비로소 생각하기 시작했어요."

"나는 돈에서 등을 돌렸어요. 누군가가 다른 사람보다 훨씬 더 많은 돈을 갖는다는 것은 뭔가 잘못되었다고 느꼈죠. 그리고 어느 순간, 그 돈이 그 밖의 다른 사람들로부터 빼앗아온 부당한 돈이라는 생각이 들었어요."

그 돈은 몇 년에 걸친 기부와 소비, 이혼과 영업 손실을 통해 모두 사라졌다. 그와 전처는 가족 재단을 통해서 수백만 달러를 기부했다. 가녀는 캘리포니아의 한 소도시에 사회기반시설을 구축한 뒤, 대규모 개발 프로젝트를 기증했다. 그의 전처는 타호 휴양지를 넘겨받았다.

가녀는 하이시에라산맥에서 내려와 빅서Big Sur 해안 지역으로 이주했다. 그는 열심히 책도 읽고 몸 관리에 집중하면서 정신이나 과학에 대해서도 조화롭게 보기 시작했다.

"그때 리베라를 만났어요." 그의 동반자인 리베라를 보고 미소 지으며 가녀가 말한다. "우리는 한 찻집에서 만났는데, 부와 사회적 변화, 그리고 정신에 대해서 많은 것을 함께 공부했어요. 나는 서로 매우 다른 환경에 있는 사람들을 많이 만났죠. 내가 숨이 막힐 정도로 엄청난 부에 둘러싸인 채로 그대로 있었다면, 결코 만나지 못했을 그런 사람들 말이에요."

자수성가한 사람?

가녀는 "자수성가"라는 잘못된 용어를 거부한다. "나는 살면서 많은 도움을 받았어요. 학교 교육이 사실상 무상이었던 시절에 캘리포니아대학에서 등록금 한 푼 안 내고 교육을 받았습니다. 로널드 레이건이 주지사 시절에 서명한 졸업장이 내게 있습니다!

"부는 문화와 경제 시스템이 맺은 과실입니다"라는 사실을 그는 깨닫게 되었다. "만일 누군가가 자신을 자수성가한 사람이라고 말한다면, 그것은 위선적인 겁니다. 도로와 기술적 기반시설, 규칙과 구조물들—사회 전체 시스템을 구성하는 데 필요한 모든 것들이 있습니다. 문제는 소수의 사람들이 그 시스템으로 이익을 얻을 수 있었고, 과실의 대부분을 차지할 수 있었다는 점입니다."

한때 그는 그 과실들을 차지하는 사람들에 속해 있었다. 가녀의 말에 따르면, 게임은 "감세 조치와 문호 개방에서 자금 조달에 이르기까지" 그에게 유리하게 조작되어 있었다. 골프장을 개발하는 과정에서 그는 76,000쪽에 이르는 방대한 연방세법에 민간 골프장 개발업자들에게 회원권 판매를 비과세 소득으로 처리할 수 있게 허용하는 허점 조항이 있다는 것을 발견했다. "나는 '야호, 앞으로 1,500만 달러를 벌 텐데, 그 소득은 밝힐 필요가 없겠군!'이라고 생각했어요. 나보다 앞선 누군가가 그 특전을 얻기 위해 로비활동을 펼친 겁니다." 그리고 그것은 비슷한 많은 사례들 가운데 하나일 뿐이다.

가너는 말한다. "이 시스템은 나 같은 사람이 성공할 수 있도록 설계되어 있어요. 100만 달러를 버는 것은 처음이 가장 어렵습니다. 그다음부터는 모든 문들이 활짝 열립니다. '부를 지키는' 산업 전체가 들고 일어나 변호사, 로비스트, 정치인들이 기득권 세력으로 하여금 정상에 올라 그 자리에 머물 수 있게 합니다. 세법은 부자들이 부자들을 위해 만든 법이지요. 그들과 반대편에 있는 가난한 사람들과 사회적 취약 계층에는 문이 닫혀 있습니다."

가너가 1960년대 말 경영대학원에 다닐 때, 그는 제너럴일렉트릭에 대한 사례 연구를 공부하면서 그들이 어떻게 수십 년 동안 연방법인세를 내지 않았는지를 배웠다. "그런데 그로부터 50년이 지난 지금도 GE는 여전히 연방법인세 의무를 이행하지 않고 있습니다."

"우리는 부와 분리, 착취의 문화를 가지고 있습니다. 그것은 이 나라 부의 대부분을 떠받치고 있는 기반입니다. 우리는 철저한 조사를 통해 파헤칠 필요가 있는 신화 속에 살고 있어요. 그래서 실제로 우리게 어떻게 서로 연결되어 있는지 살펴봐야 합니다. 간디가 말한 것처럼, '모든 이에게 필요한 것은 이미 우리에게 충분하지만, 모든 이의 탐욕을 채우기에는 여전히 부족합니다.'"

시스템 바꾸기

수억 달러를 기부하기로 한 가너의 결정은 매우 보기 드문 일이기는 하지만, 전례 없는 사건은 아니다. 하지만 그는 전혀 후회하지 않는다. "나는 이제 사람과 지구와 하나입니다. 더 이상 지배자도 아니고, 분리되어 있거나 외톨이도 아니며, 우상화되거나 이상화되지도 않고, 부자라는 이유로 혐오의 대상도 아닙니다. 나는 창조의 중심에서 우리 모두가 동등하다는 인식으로부터 오는 자아와 타인에 대한 진정한 사랑으로 충만해 있습니다."

가녀는 자신의 선택이 너무 금욕적인, 그냥 포기하고 없애는 것이었음을 인정한다. 그는 살을 빼는 것처럼, 수백만 달러를 그냥 없앴다. 만일 다시 그럴 기회가 온다면, 그는 방법을 달리할 것이다. "역시 내 재산을 기꺼이 나누어주겠지만, 나누어주는 방식은 바꿀 겁니다. 전처럼 그냥 부를 외면하고 떠나버리지는 않을 겁니다. 다이아몬드와 1,000달러짜리 와인을 사는 데 돈을 낭비하지 않을 겁니다. 우리 사회의 질병에 단순히 반창고나 붙이는 정도의 자선단체에 그 돈을 기부하지도 않을 겁니다."

그는 계속해서 말한다. "그 돈을 그냥 나누어주는 대신에, 그 돈을 돌려줄 겁니다. 그 부를 창출한 사회, 즉 노동자, 투자자, 교사, 예술가, 가족, 공동체에 돌려줄 거라는 말입니다. 나는 우리의 자연 시스템, 이 세상 모든 부의 기반이 되는, 모든 것이 서로 연결되어 있는 창조의 그물망을 보호하기 위해 애쓸 겁니다. 또한 거기서 멈추지 않을 겁니다. 내가 지금 하고 있는 것처럼, 부를 공유하고, 불평등을 야기하는 시스템을 고치고, 다른 사람들도 인간이라는 가족에 다시 합류할 수 있도록 돕는 운동을 전개하기 위해 여러 사람들과 협력할 겁니다."

"우리의 지구촌 사회는 소수의 탐욕이 자원의 흐름을 가로막고, 오늘날 세계가 직면하고 있는 문제들에 맞설 우리의 능력을 제한하는 위기를 향해 가고 있습니다. 현재 소수의 몇몇 개인들은 자신의 사적 향유를 위해 거대한 부의 저수지에 재산을 축적하고 있는 반면에, 그들의 부를 더욱 살찌우느라 지구와 나머지 사람들은 고통 받고 있습니다. 이것은 지속 가능하지 않은 상황이기 때문에, 우리는 반드시 이 문제를 해결해야 합니다."

피트 시거에 감사:
아서 콘펠드

대리얼 가너의 이야기는 강력하고 특이하다. 그러나 그것은 "집으로 돌아오는" 여러 방식들 가운데 하나일 뿐이다. 나는 또한 자신의 부를 포기하거나 급진적으로 공유하는 방식을 택하지는 않지만 삶을 사는 방식에 대해 매우 열린 마음을 가진 사람들도 많이 만났다. 그중 한 명이 아서 콘펠드Arthur Cornfeld라는 사람인데, 지난 35년 동안 그가 구축한 뉴욕시티 부동산업계의 원로다.

콘펠드는 카네기홀 옆의 한 고층건물에 있는 그의 사무실에 앉아서 "우리는 가난했어요. 그런데 난 그걸 몰랐죠"라고 말한다. 나는 그의 어린 시절에 대해서 묻고 있었는데, 그는 브롱크스의 생기 넘치는 어느 노동계급 동네에서 자랐다. "우리는 이웃 간의 관계가 아주 긴밀한 공동체를 이루고 있었어요. 나는 거기서 온갖 종류의 야구 놀이를 했는데, 학교운동장 민주주의가 작동하고 있었죠. 덩치가 더 큰 형들이 나이 어린 동생들에게 운동장을 양보하면서 그것이 가능했어요."[4]

뉴욕시티에 살 때는 수년 동안 1년에 한두 번씩 콘펠드와 만나 점심식사를 했다. 가끔 그는 동업자들을 대동하고 올 때도 있는데, 하나같이 엄청난 부자들이다. 그들은 활기차게 농담을 주고받다가 여러 가지 아이디어들을 논의한다. 그리고 내가 방문하면 나에 대해 이런저런 이야기하기를 좋아한다. 그러나 콘펠드는 그들과 좀 다른 면이 있다. 그는 타고난 공감능력을 온전히 유지하면서 세상의 고통과 선함에 마음을 활짝 열어놓고 있는 것처럼 보인다. 나는 그것이 어떻게 가능할 수 있는지 궁금하다.

콘펠드는 1935년 팔레스타인에서 태어났다. 그의 가족은 2차 세계대전이 일어나기 전 미국으로 건너와서 의류산업에서 일하기 시작했다. 그는 청년 시절, 여름방학 때면 미시간대학에서 집으로 돌아와 롱아일랜드의 리도비치호텔에서 빈 그릇 치우는 일을 했다. "그곳은 유대인들의 포시즌 호텔이었어요"라고 그는 빈정댄다. "거기에는 탁자에 둘러 앉아 포커를 치는 뚱뚱한 사내들이 있었어요. 나는 그들의 엘리트 및 특권 의식을 싫어했죠. 그들을 비웃곤 했어요."

그가 처음으로 벌인 사업은 포크 콘서트를 제작하는 일이었다. "조쉬 화이트Josh White, 오데타Odetta, 램블링 잭 엘리엇Rambling Jack Eliot, 뉴 로스트시티 램블러스New Lost City Rambelers 같은 거장들의 콘서트를 많이 했죠." 훗날 그는 하버드법학대학원을 졸업하고 지적재산권 문제를 다루는 법무법인에서 일하다가 의료교육기업을 창업했다. 그는 처음에 부동산 투자를 시작했다가 세금 감면을 위해 부동산업계로 진출했다.

"내 삶은 행운의 연속입니다." 그는 기억을 떠올린다. "우선은 나치를 탈출한 것이고, 그다음은 동네를 잘 만난 행운을 누린 겁니다. 뉴욕시티 부동산에 내가 투자한 시점이 행운이었어요. 곧바로 부동산 시장이 호황을 누렸거든요."

그는 이어서 말한다. "돈을 많이 벌었는지는 모르지만, 늘 부족함을 느꼈어요. 지금도 나는 여전히 승자가 아니라는 느낌입니다. 그리고 나는 사람들을 돕는 걸 정말 좋아해요."

콘펠드는 현재 5번가에 살고 있다. 그래서 날마다 그의 주변에서 거의 초현실적인 번영의 모습들을 본다. "내 동업자들 가운데 일부는 자가용 비행기가 있지만, 난 없어요"라고 그는 말한다. "우리 주변은 온통 위로 치솟고 있는 거대한 건물들입니다. 거기에 있는 고급 상점, 주택, 상업용 시설들의 가격은 지나치게 높게 형성되고 있어요."

그러나 그는 자신의 주변 환경이 얼마나 비정상적인지 놓치지 않았다.

"나는 정말로 이 도시를 돌아가게 하는 사람들, 새벽 5시에 잠자리에서 일어나 지하철을 달리게 하고 전기가 꺼지지 않게 하는데 봉급은 형편없이 받는 그 사람들을 잊지 않습니다. 그러다 낙오되어 노숙자가 되고, 아파도 치료를 받지 못해 악전고투하는 사람들. 나는 종종 그들에 대해서 생각합니다."

"내가 왜 이렇게 느끼는지 나도 잘 몰라요"라고 그는 말한다. "내가 정말 사랑하는 남동생이 하나 있습니다. 하지만 동생은 그런 것에 관심이 없어요. 동생은 복권에 당첨되었을 때 '다른 사람들에게는 너무 안됐군'이라고 말하더군요."

콘펠드는 종교인이 아니다. 하지만 포크 가수 피터 시거Peter Seeger가 2014년 1월에 세상을 떠나기 약 2년 전 그를 만난 콘펠드는 종교 체험과 같은 경험을 했다. 그가 처음으로 시거를 만난 때는 1950년대의 청년 시절이었는데, 뉴욕주 북부에서 열린 하계 캠프와 연례 포리스트힐스Forest Hills 음악 축제에서 위버스The Weavers와 시거 콘서트를 제작할 때였다.

"그는 매우 강인하고 정직한 사람이었죠. 미 하원 비미非美활동조사위원회House Un-American Activities Committee(1938년 미국 내의 파시스트와 공산주의자를 색출한다는 명목으로 하원에 만들어진 위원회 - 옮긴이) 앞에서 그를 지켜본 것을 기억합니다. 그는 위엄 있게 불한당들에 맞설 권리를 주장했어요. 시거는 자신이 어느 편이고 누구를 위해 공연하는지 질문을 받았을 때, 이렇게 말했어요. '나는 빈민가에서도 노래를 불렀고, 록펠러 집안을 위해서도 노래를 불렀습니다. 나는 누가 되었든 그를 위해 노래 부르는 것을 결코 거부한 적이 없다는 것을 자랑스럽게 생각합니다.'"[5]

"3년쯤 전에 나는 그에게 전화를 걸어 개인적으로 만나 이야기를 나누고 싶다면서 약속을 잡았어요. 그러고는 그를 만나기 위해 뉴욕의 비컨Beacon으로 차를 몰고 갔죠." 콘펠드는 잠시 말을 멈추고는 눈물을 훔친다. "우리는 비컨의 한 철야농성장 바깥에서 반전 피켓을 들고 서 있었어요."

"나는 그에게 100,000달러를 내겠다고 제의했어요. 그의 아내 토시Toshi가 매우 아팠기 때문에, 그의 살림에 보탬이 될 거라고 생각한 거였죠. 그것은 그에 대한 나의 엄청난 존경심과 감사를 표하는 나의 방식이었어요. 시거는 매우 소박하면서도 정직한 삶을 사는 사람으로서 나 스스로를 항상 채찍질하게 했죠. 그는 오늘날 어디서도 찾아보기 힘든 도덕적인 잣대였습니다."

시거는 그 제의를 거절했다. 콘펠드의 기억에 따르면, "나는 그를 기리는 데 그 돈을 쓰겠다고 했죠." 시거는 잠시 생각하더니 종이 한 장을 꺼내서 거기에 시거가 공동으로 설립한 보트 및 환경 교육 센터인 클리어워터 슬루프Clearwater Sloop와 여러 원주민 권리 단체들을 포함해서 10여 개 단체 이름을 적었다. 그를 기리는 사업으로는 〈미국 노래책The American Songbook〉 발간 프로젝트 하나가 있었다.

"그는 돈에 관심이 없었어요"라고 콘펠드는 말한다. "그것은 성스러운 순간이었어요. 난 종교인이 아니지만, 그것은 내 인생에서 가장 초월적인 순간 가운데 하나였어요. 피터 시거에게 감사를 표합니다."

솔직한 자기고백: 에이브 래타이너

에이브 래타이너Abe Lateiner는 식당 뷔페에서 가져온 인도 음식을 작은 접시에 가득 담아서 내 맞은편 자리에 앉는다.

"나는 음식을 남기거나 과식하는 것을 좋아하지 않아요. 그래서 먹는 양을 늘 적게 유지하죠." 호리호리한 몸매에 빨강머리를 한 서른세 살의 전직 보스턴 공립학교 교사 출신이 말한다. 그는 아무리 봐도 과식할 사람으로 보이지 않는다.

에이브 래타이너는 아서 콘펠드와 마찬가지로 남다른 무언가가 있다. 직설적인 정직함과 열린 마음자세가 그것이다. 내가 에이브를 처음 만난 것은 그가 특권에 대해 이야기하기 위해 연락했을 때였다. 그때 우리는 많은 대화를 나누었다.

"경력 교사가 될 거라고 생각했었죠." 공립학교 교사 시절을 떠올리며 에이브가 말했다. "그러나 10년이 지나자, 바닥을 쳤어요." 그는 대개 도심에 있는 학교들에서 아이들을 가르치고 있었다. 그는 날마다 자신이 가르치는 학생들을 가로막고 있는 장벽들을 보았다. 그에게 희망을 주는 약간의 긍정적인 경험도 있었다. "하지만 나는 자꾸 무력해져갔고 결국 설 자리를 잃고 말았어요"라고 그는 말한다.

교사 생활을 그만둔 뒤, 그는 그동안 저축해 두었던 돈이 있어서 그냥 쉴 수 있었고 당장 직업을 구하지 않아도 되었다. 펜실베이니아의 산업용 튜브를 제조하는 가족 회사 덕분에 가능한 일이었다. 그는 책을 읽고 사람들과 대화하고 35세 이하 부자들의 네트워크인 리소스 제너레이션에 참여할 기회를 가졌다.

그는 자신이 누리는 특권을 피하려 하지 않고 오히려 스스로에게 '이 특권을 어떻게 이용할 수 있을까? 나는 비록 슈퍼 영웅은 아니지만 과연 지금 세상이 요구하고 있는 것을 할 만한 특별한 위치에 있는 것일까? 나를 포함해서 세상이 필요로 하는 것은 무엇일까?'라고 묻기 시작했다. 그 대답은 온전히 자기 자신을 찾고 세상과 연결되는 것이라는 결론에 이르렀는데, 그것은 이후 래타이너가 삶을 살아가는 지표가 되었다.

"케임브리지의 동네들 중 하나인 포트Port의 고급 주택에 사는 나는 외부에서 온 돈 많은 사람입니다"라고 래타이너는 말한다. "나는 돈을 싸들고 이곳에 왔지만, 아는 사람이 없었어요. 이웃에 누가 사는지도 몰랐죠." 래타이너는 동네 사람들과 많은 대화를 나누는 과정에서, 인종이나 계급에 상관없이 모든 마을 주민들이 자기가 지불할 수 있는 만큼만 돈을 내고 함께 모여 음식을 먹는 공간인 포트카페를 공동으로 설립했다.

래타이너는 포트카페를 통해서 이웃을 알게 되었고 친구를 사귀었다. "그 과정을 통해서 나라는 존재에 대해 완전히 솔직해졌어요. 나는 사람들에게 내 삶이 돈을 따라가면서 제한되었다는 점을 설명했어요. 그리고 내가 놓친 것도요. 그동안 부라고 하면 돈밖에 없다고 생각했거든요. 그런데 부에는 여러 종류가 있더라고요. 내 이웃들은 돈 말고 내가 갖고 있지 않은 부를 가지고 있습니다."

래타이너가 통찰하고 있는 것은 매우 중요한 점이다. 많은 부자들은 그들이 소유한 특권을 의식해서 자신들이 자선을 더 많이 베풀어야 한다고 믿는다. 그러나 래타이너가 말하려는 것은 이것이다. "나는 온전하지 않으며, 무언가 중요한 것을 놓치고 있다." 그리고 그 수수께끼의 핵심 조각을 쥐고 있는 존재는 바로 그런 특권 없이 사는 다른 사람들이다. 펠리스 예스켈이 내게 말하곤 했던 것처럼, "당신이 속해 있는 계급 사람들은 이해하지 못합니다. 나는 당신들이 필요로 하는 것을 가지고 있어요. 당신은 얼마간 근본적으로 준비가 안 되어 있어요." 이것은 자선이라는 판에 박은 틀을 벗어나 호혜로 가는 첫 단계다. 래타이너는 그런 점을 이해하고 있다.

"마치 정신적으로 공황 상태에 빠진 것이 아니었나 생각합니다. 당시에 나는 힘든 상황에 직면해 있었어요." 래타이너는 교사 시절을 이야기하며 말한다. "부분적으로는 충격에서 쉽게 회복되지 못하는 정신력 때문에 나를 짓누르는 상황을 이겨내지 못했어요."

래타이너는 또한 자신이 지적 빈곤 상태를 경험했다고, 즉 그를 둘러싸고 있는 특권 체제와 억압을 제대로 간파하지 못했다고 느낀다.

그는 점심 먹은 접시를 비우며 "이것을 인정하는 것은 스스로 변변치 않아 보이지만, 그게 내 타고난 모습입니다"라고 말한다. "내 상황에 대해서 남들에게 말하면, 그들은 나의 솔직함에 놀라거나 충격을 받습니다. 그러나 긍정적인 반응이 부정적인 반응보다 더 많아요. 매우 부정적으로 반응한 사람들 또한 그들의 특권적 정체성을 공유하는 경향이 있죠. 우리는 자기가 누구인지를 상기시키는 사람들을 가장 싫어하기 마련입니다."

"나는 서로 배경이 판이한 사람들과 친구가 될 수 있었죠. 그러나 끊임없이 내 자신에게 정직해지는 능력을 개발해야 했어요. 다른 사람들이 신뢰하지 않을 충분한 이유가 있는 사람이 바로 나이기 때문입니다. 나는 인종, 계급, 젠더, 그리고 성적 정체성 면에서 모두 지배적인 위치로 태어났거든요. 내가 정의로운 일에 참여할 수 있게 해주는 유일한 것은 정직입니다. 정직은 내가 가지고 있는 최고의 공물供物입니다."

2014년 봄, 래타이너는 장거리 자동차 여행을 떠났을 때 돌파구라 부를 만한 순간을 경험했다. 그는 과거에 방과후 프로그램의 코디네이터였던 사람을 방문하기 위해 그때 그 과정에 함께 했던 자신의 제자 한 명을 위스콘신으로 초대했다. 그는 또한 장인 헤르난Hernan도 초대해서 함께 만났다.

"우리는 사람들의 눈길을 끌 만한 일행이었죠." 2007년형 회색 프리우스를 타고 위스콘신을 향해 가고 있는 그들 세 사람에 대한 기억에 소리 없이 활짝 웃으며 래타이너가 말한다. "서른한 살의 백인 특권층 사내인 나, 아프리카 카보베르데 출신의 스물세 살 제자, 그리고 영어를 거의 못하는 일흔여섯의 페루 노인인 장인이 함께 있었죠."

예상치 못한 일행 세 사람과 마주쳤을 때, "사람들은 우리를 어떻게 대해야 할지 전혀 몰랐어요"라고 래타이너는 말한다. "한 주유소에 들렀는데, 사방에서 우리를 따라다니는 것 같은 신비한 에너지가 느껴졌어요. 사람들이 우리를 보면 그냥 미소를 짓기 시작하더군요. 전에 나는 그런 일을 한 번도 경험한 적이 없었죠. 우리는 매디슨에 있는 한 살사 클럽에 가서 춤을 췄는데, 거기서 처음 만난 사람들이 우리를 저녁 식사에 초대했어요."

래타이너는 우주가 그에게 말을 걸고 있는 것 같은 느낌을 받았다. "너는 지금 올바른 길을 가고 있어"라고.

"우리 세 사람은 서로, 그리고 이방인들과 연결되고 있었고, 사람들에게 솔직해지고 있었어요. 그것은 탈바꿈하는 경험이었습니다."

래타이너는 위스콘신의 지방 국도를 따라 차를 몰고 가던 순간을 회상한다. 눈이 내리고 있었고, 나무들은 잎이 떨어져 메마른 모습이었다. 그들은 노래를 부르고 음악을 들으며 각자 자리에서 춤을 추고 있었다. 추운 잿빛 세상을 활기찬 공명의 비눗방울이 떠다니는 것 같은 느낌이었다. 그 순간, 래타이너는 이렇게 생각했다. "어떻게 하면 이런 느낌을 지속할 수 있을까? 이런 여행자의 활력을 우리는 어떻게 집으로 가져갈 수 있을까?"

여기서 얻은 한 가지 통찰은 다른 사람 흉내를 내지 말고 자신에게 정직하게 구는 것이 중요하다는 것이었다. "정직함은 내 삶의 안내자였어요"라고 그는 말한다. "정직함은 내가 매우 많은 특권을 가지고 나타나는 것을 두려워합니다. 나의 정체성, 나의 존재 방식, 내가 세상을 바라보는 방식—이 모든 것들은 지뢰밭이 될 수 있어요. 그것들은 우월감에 가득 찬 사고방식에서 생겨났기 때문입니다."

래타이너의 삶에 큰 영향을 준 또 다른 중요한 순간은 '흑인의 생명도 소중하다' 운동의 분출이었다. 래타이너는 미주리의 퍼거슨 지역을 비롯해서 여러 곳에서 민중의 분노에 불을 붙인 2014년 총격 사건을 떠올리며 "보스턴에 앉아서 제임스 볼드윈James Baldwin(흑인을 백인과의 차별 이전에 한 사람의 미국인이라는 관점으로 많은 작품을 쓴 흑인 소설가이자 민권운동가 - 옮긴이)의 책을 읽고 있는데, 그때 마이클 브라운Michael Brown이 거리에서 백인 경찰관에게 살해당합니다"라고 말한다. "상황이 폭발적으로 급변하며 민중 운동이 주류 사회의 의식을 깨웁니다. 내가 이 운동에 참여해 거기서 배우고 그것에 따라 행동하고 실시간으로 일어나는 상황을 목격할 기회를 가지는 것은 내게 하나의 큰 선물입니다."

2014년 11월, 에릭 가너Eric Garner—뉴욕시티에서 경찰관에게 목이 졸려서 사망한 흑인—의 살해범들이 기소되지 않았을 때, 래타이너는 보스턴의 '흑인의 생명도 소중하다' 시위대 수천 명의 대열에 합류했다. 그들은 사우스베이 교도소를 지나 행진했고, 거기서 수감자들이 유리와 창살을 두드리며 항의하는 모습을 보았다. 거리에서는 수천 명의 사람들이 "우린 당신들을 이해한다! 우린 당신들을 이해한다!"라고 연호하기 시작했다.

"나는 한 번도 정식으로 종교를 가져본 적이 없어요." 에이브는 그 이야기를 하면서 흐르는 눈물을 닦는다. "내가 어떤 것의 일부라고 느낀 건 그때가 처음이었어요. 나는 그 안에 있었죠. 매사추세츠애비뉴로 가면서 우리는 양방향으로 차량 통행을 막고 있었고, 사람들은 환호하고 차량들은 경적을 울렸어요. 우리는 살아 숨 쉬고 있었습니다."

"내가 백인으로 자랐다는 사실은 제임스 볼드윈이 지적한 것처럼, 인종에 대한 나의 이해가 완전히 거꾸로 구성되어 있다는 것을 의미합니다"라고 그는 말한다. "나는 인종을 다른 종류의 억압보다 더 중요한 문제라고 보지 않습니다. 하지만 나는 인종 문제가 미국의 망상과 착각의 버팀대이

자 권력 유지를 위한 자기 정당화 요인이라고 생각합니다."

래타이너는 자신이 영화 〈매트릭스〉 속에 살고 있는 것 같다고 생각한다. 그가 배운 모든 것은 특히 인종 및 계급과 관련해선 진실이 아니다. "나는 그동안 속았고 잔혹 행위의 도구로 사용당한 거였어요. 내 이름으로 일어나는 그런 억압에 대해서 침묵하게 하고 외면하게 먹잇감을 던져준 것이었어요. 그러한 진실을 외면하는 것은 내 안에 있는 중요한 것을 죽이는 일입니다."

"교사로서"―그는 살짝 웃는다―"나는 내 세계를 뒤집어볼 시간을 갖지 못했어요. 나를 규정하고 있는 젠더, 인종, 계급의 틀을 뛰어넘어, 현재 눈으로 보고 붙잡고 있는 것을 내려놓고 새로운 것을 배울 수 있기 위해 투항해야 했습니다." 래타이너는 스스로의 모습을 자각하고 미국에서 백인이 어떤 존재인지 비로소 이해할 수 있도록 사람들이 얼마나 많은 시간을 그에게 투자했는지를 생각하면 겸손해지지 않을 수 없다고 생각한다.

래타이너는 백인의 특권과 부의 이점을 활용해서 이 일을 하도록 소명을 받은 사람처럼 보인다. 그는 죄책감에서 벗어나 진정한 연대로 나아가는 길을 모색하기 위해 '위험 감수Risk Something'라는 제목의 블로그를 시작했다. "나는 이것을 통해 침묵의 공모에서 빠져 나오려는 백인들에게 길을 제시하기 위해 여러 정보를 활용하고 압축할 생각입니다."

"어떻게 해야 사람들이 투항의 장소로 접근할 공간을 확보할 수 있을까요? 우리가 공범으로 태어났다는 사실, 그것이 우리의 잘못은 아니지만 그 책임이 우리에게 있다는 사실을 사람들이 순순히 받아들이고 투항할까요?"라고 그는 묻는다. "이것은 사실이나 주장을 말하는 것이 아닙니다. 이것은 근본적으로 우리의 영혼과 관련된 일입니다. 우리 영혼의 생존은 지금 불확실한 상태에 놓여 있다고 생각합니다. 유색인종에 대한 폭력과 신체적 손상에 대한 공모는 우리의 영혼을 파괴합니다.”

래타이너는 이런 목적을 달성하기 위한 실험적 교육과정을 꾸리는 일과 관련해서 다른 백인 집단 사람들과 협력하고 있다. “슬픔은 내가 백인으로서 유용한 존재가 되기 위한 첫 단계 감정입니다”라고 그는 말한다. “지금 우리가 하고 있는 역할을 하기 위해 우리가 얼마나 문화적으로 뒤틀리고 비인간화되었는지에 대해서 깊은 슬픔을 느껴야 합니다. 그럴 때 비로소 우리는 해방되고 우리 자신을 구원할 수 있습니다.”

“모든 걸 내려놓고 투항하는 순간, 내 특권의 기반이 토지 강탈, 인종 학살, 강간, 노예제 위에 자리 잡았다는 사실을 받아들일 수 있습니다. 모든 것에는 피가 묻어 있습니다. 그 피의 일부가 아이들의 피라는 사실을 알고 나면, 부모로서 특히 정신이 번쩍 들지 않을 수 없습니다. 당신은 그것을 안 볼 수 없습니다. 내가 괴물이 아닌 한, 그것을 어떻게 외면할 수 있을까요?”

“누가 그런 거짓말을 하고 살 수 있을까 하고 깨닫는 순간, 투항은 그 일을 하기 위한 전제조건입니다”라고 그는 말한다. “이제 나는 긍정적으로 생각해서 내가 가지고 있는 모든 것을 들고 사람들 앞에 나섭니다. 내게는 나만의 고유한 가치가 있어요. 나는 이제 내가 압제자이기 때문에 아무 가치도 없는 존재라고 생각하지 않습니다. 나는 가치 있는 일을 할 위치에 있습니다. 하지만 먼저 모든 것을 내려놓고 투항해야 합니다.”

일직선: 제니 래드

“나는 쓰레기로 넘쳐나는 지구의 고통을 매우 깊이 느끼고 있어요”라고 제니 래드Jenny Ladd는 말한다. 우리는 키 큰 활엽수 녹음이 우거진 숲속 길을 따라 걷고 있다.

"인간은 눈앞의 이익만 추구하는 탐욕스러운 존재일지도 몰라요. 하지만 그렇다고 이 아름다운 지구를 망가뜨리게 내버려둬야 할까요? 정말 헛되고 참담한 일입니다"라고 래드는 말한다.

우연히도 우리는 뉴잉글랜드에서 동지 무렵인데도 꽃봉오리가 벌어진 꽃나무 한 그루가 서 있는 데로 다가가고 있다. 엘니뇨와 기후 변화가 맞물려 계절의 변화에 이상이 온 것이다.

래드와 나는 지금 매사추세츠 서부의 테메노스Temenos라는 시골의 한 요양시설에 있다. 래드는 종종 이곳에 있는 한 오두막집에 지내면서 침묵 수행을 한다. 나는 그녀와의 만남을 고대해왔다. 그녀는 우리가 현재 살고 있는 경제적·생태적 순간을 깊이 인식하고 사려 깊은 결정을 많이 내렸고, 자신의 가치관대로 사는 "실천하고 행동하는" 부자 가운데 한 사람이다. 나와 만난 날은 그녀가 여기를 떠나는 날이다. 우리는 오후 시간을 함께 산책하며 보내고 나서 차를 몰고 그녀의 집으로 돌아갈 예정이다.

"우리는 전환점을 맞이하고 있어요." 래드는 걱정스레 그 꽃나무의 몸통을 쓰다듬으며 말한다. 그녀는 회색 모직 스웨터를 입고 등산화를 신고 있다. 60대 초반이지만 25년도 더 전에 만났을 때의 젊어 보이고 재미나고 활달했던 모습이 별로 달라지지 않은 것 같다. 그러나 이번에는 사뭇 심각한 표정이다.

"나는 두려움 때문에 행동에 나서고 싶지는 않지만, 우리를 둘러싸고 있는 제도들이 얼마나 허약한지 잘 알아요. 상황은 급변할 수 있습니다. 나는 헤드라인 뒤에 가려진 뉴스의 흐름과 우리 사회의 부패 징후에 귀를 기울입니다. 우리는 여러 가지 방법으로 전환에 대비해야 하는데, 무엇보다 중요한 것은 이웃 및 지역 주민들과의 연결입니다."

제니퍼 래드는 스탠더드오일의 부를 물려받을 상속녀로서 부유한 집안에서 자랐다. 그녀는 자라면서 공식적으로 믿는 종교가 없었지만, 자연과 깊이 교감하며 성장했다. "우리는 해마다 화이트산맥에서 몇 주 동안 캠핑과 등산을 하며 지냈어요. 그리고 침상이 두 개 딸린 오래된 바닷가재잡이 보트도 한 척 있어서, 그 배를 타고 바다를 이리저리 돌아다녔죠. 따라서 내가 환경이나 기후 변화 문제에 관심을 갖고 참여하는 것은 당연한 일입니다."

그녀는 스물한 살 때 100만 달러가 약간 안 되는 유산을 상속받았는데, 그 뒤 일생 동안 거의 대부분의 상속 재산을 기부했다. 마흔 살 때 그녀는 사람들에게 자신이 부자임을 "공개적으로 알렸고" 상당 부분의 자산을 기부할 계획을 세웠다. "그것은 일부 사람들을 속상하고 불안하게 했습니다. 그들이 나를 떠나지 않았던 것은 내가 돈이 많다는 것과 그것이 그들을 지원하는 원천이었기 때문입니다." 수십 년이 지난 지금, 래드는 웨스턴매사추세츠 지역이 공정하고 회복력이 강한 지역 경제로 전환하는 것을 뒷받침하는 일에 깊이 관여하고 있다.

"화석연료인 석유는 1860년대에 거대한 성과를 이루었습니다. 하지만 이제는 새로운 에너지 경제로 신속하게 이동해야 합니다." 그녀의 선조 가운데 한 사람인 찰스 프랫Charles Pratt은 스탠더드오일의 창업주인 존 D. 록펠러John D. Rockefeller와 함께 석유 생산 과정을 개선하기 위해 함께 일했다. 래드는 2012년에 어머니가 세상을 떠나면서 스탠더드오일, 지금의 엑손모빌 주식 1,924주를 추가로 상속받았다. 그녀는 그것을 모두 기후 변화 문제 해결을 위해 애쓰는 조직의 활동 기금으로 기부했다.

"그건 아주 완벽한 일처리였죠"라고 그녀는 말한다. "나는 그 돈이 생겨난 방식으로 입은 상처들을 치유하기 위해 그 돈을 썼습니다. 그것은 다이베스트-인베스트 운동에 박차를 가하는 역사적 순간이라고 느껴졌어요.

이러한 운동들에 주는 영향을 생각할 때, 지금 돈을 내놓는 것이 장차 10년 후보다 더 중요합니다. 꾸물거릴 이유가 없습니다."

래드와 나는 툭 튀어나온 거대한 바위 옆으로 수동펌프가 달린 우물가에 도착했다. 이곳은 여기 있는 모든 오두막에 식수를 공급하는 수원지다. 우리는 펌프질을 해서 물통 몇 개에 물을 채웠다. 나는 래드에게 스탠더드오일에서 돈을 빼내어 기후 위기를 다루는 단체들에 기금을 제공했을 때 어떤 느낌이었는지 물었다.

"엄청났지요!" 그녀는 소리 내어 웃었다. "컴퓨터의 하드디스크 여기저기에 흩어진 메모리 조각들을 정리할 때처럼 깔끔하고 좋다고 느꼈죠. 순환 고리를 잘라낸 느낌이랄까. 내가 일직선상에 있다는 느낌이 들었어요."

"일직선상에 있다고요?"라고 내가 물었다.

"내 가장 깊은 곳에 있는 가치관과 일직선상에 있다는 느낌이었어요. 그것은 해방감입니다. 계주 경기에서 내 차례가 왔을 때 역할을 충실히 한 것 같은 느낌이었죠. 내 차례가 되어 배턴을 받고 넘어지지 않고 완주해서 다음 주자에게 배턴을 넘겨주었습니다."

래드는 앞으로 자신에게 필요한 자금을 충당하기 위해 사회적 책임 투자 기금에 넣어둔 약간의 돈은 계속 보유할 것이라고 설명한다. "나는 독신입니다. 그리고 우리는 품위 있게 노년을 보낼 수 있도록 국가가 돌봐주는 스칸디나비아에 살고 있지 않아요"라고 그녀는 말한다. 그리고 그 나머지 돈도 변화를 창출하는 데 쓰는 것에 대해 후회하지 않는다. "뒤로 물러서지 않고 더 좋은 사회를 만들기 위한 운동에 참여하는 것이 내겐 더 좋다고 생각해요. 한 가지 일이 또 다른 일로 이어지고, 돈이 하나의 촉매가 될 수 있다고 나는 믿습니다."

래드는 사람들, 특히 상당한 부를 소유한 사람들과 함께 10년 넘게 삶의 방향을 지도하고 조언하는 사람으로 살아왔다. 그녀는 많은 이들이 돈에 대해서 이해하고 그것을 효과적으로 쓰는 법을 알아내는 과정을 함께 하며 도움을 주었다.

그녀는 물통 두 개를 양손으로 들어 올리며 "나는 사람들이 선물을 줄 때 그것을 어떻게 주는가 하는, 베푸는 정신의 문제가 그 선물 자체만큼이나 중요하다고 믿습니다"라고 말한다. 나도 또 다른 물통 두 개를 들고 그녀와 나란히 그녀 차가 있는 곳까지 걸어간다.

"최고의 베풂은 감사하는 마음에서 나옵니다. 그냥 자연스럽게 흘러가고 있는 것 같은 느낌이 듭니다. 당신의 가슴과 마음속에서 흘러나오는 '그래, 잘했어'라는 말에 귀를 기울이세요."

그녀는 여러 친구들에게 돈을 주었지만, 그들에게 갚으라고 요구하지 않는 대신에 많은 단체들에 기부금을 내거나 도움이 필요한 다른 이들을 도우라고 요구한다. 그녀는 돈이 없어 학교를 마칠 수 없었던 한 친구를 도왔다. "나는 내가 그녀에게 준 돈을 그녀가 다시 마흔 살이 넘은 또 다른 여성이 학업을 마칠 수 있게 선물로 줄 거라고 생각하고 도왔습니다. 그 선물은 여러 차례 다른 사람들에게 전달되었죠."

래드는 창조적인 베풂을 실천했고, 다른 사람들도 그렇게 행동하는 것을 지켜보았다. "그것은 남에게 도움을 주고 관용을 베푸는 흐름에 단초를 제공합니다. 다른 사람들도 마찬가지로 베푸는 사람으로서의 경험을 하게 합니다."

그녀는 사람들을 지도하고 조언하는 일을 하면서, 일부 부자들이 그들의 가치관과 바라는 것을 스스로의 삶과 일치시키는 과정에서 만나는 내면의 장벽과 괴로움이 있다는 것을 안다. "그것은 쉬운 일이 아닙니다"라고 그녀는 말한다. 우리는 그녀의 차가 서 있는 곳으로 이동해서 차를 몰고 노샘프턴Northampton에 있는 그녀 집을 향해 출발한다. "우리는 지금 위태로운 세상에 살고 있어요. 그리고 가족과 공동체를 자신들이 기댈 수 있는 곳이라고 생각하지 않는 사람들이 많습니다. 엄청나게 부자인 사람들이 이런 취약성을 느낀다면, 사회의 나머지 사람들은 어떨지 한 번 생각해보세요."

내가 수년 동안 이야기를 나눴던 다른 많은 사람들처럼, 래드는 부유한 사람들이 서로 돕는 사람들에 의해 형성되는 상호의존성과 공동체를 어떻게 놓칠 수 있는지 잘 알고 있다. "정원사를 고용할 수 있는데 왜 누군가에게 당신의 정원 가꾸기를 도와달라고 요청하나요?"

"공동체의 범위가 넓어지면 이런 역학 관계가 더 강화되는데, 돈을 주고받는 관계가 아닌 다른 관계를 원하는 사람이 있다는 사실을 이상하게 보거나 하찮다고 생각하기 때문입니다"라고 그녀는 말한다. "그러면서 이 부유한 사람의 모든 관계는 호혜가 아닌 거래 관계가 되었습니다. 만일 당신이 남에 부탁할 필요가 없고, 돈으로 다 해결하고, 결코 취약하지도 않다면, 당신은 인간 경험의 가장 근본이 되는 부분을 놓치고 있는 겁니다."

래드는 사회와 단절된 상황에 갇혀 있는 많은 부자들의 모습을 묘사한다. 그들은 길게 뻗은 진입로의 끝머리나 전원에 있는 대저택들에 산다. 그것은 가족 소유의 집이거나 땅일 수 있으므로, 그들에게는 나름대로 중요한 의미가 있다. 하지만 그것은 그들을 이웃과 갈라놓는다. "그들은 이웃을 볼 수 없어요. 그래서 상호 교류가 적을 수밖에 없죠. 그들은 정말로 이웃에 대해서 알려고 하지 않아요. 따라서 지역사회와의 유대 관계는 약합니다."

"내가 살고 있는 동네 같은 데 산다면 별로 문제될 것이 없어요"라고 말하며, 래드는 수수한 단층집들과 잘 자란 나무들이 늘어선 동네 노샘프턴의 그녀 집 앞 가로에 차를 세운다. 그녀가 사는 구역은 작은 부지에 지어진 단독주택들이 빽빽하게 열을 지어 담장 없이 다닥다닥 붙어 있다. 이곳에 크고 화려한 저택을 짓고 있는 사람은 아무도 없다. 이웃들은 날마다 서로를 보면서 공동체의 안녕과 행복, 활력을 확인한다.

"한 번은 우리 집에 불이 났는데, 동네 이웃 두 집에서 매우 따뜻하게 맞아주어 그들과 함께 잘 지냈어요. 또 다른 이웃은 그들이 소유한 아파트에서 내가 머물 수 있게 해주었죠. 그들은 정말 내게 큰 도움을 주었어요."

우리는 지금 그녀 집 앞 차도에 서서 거리를 이리저리 둘러보고 있다. 이웃들이 차를 몰고 지나가며 손을 흔든다. 래드는 이 집 저 집 가리키며 저마다의 사연을 이야기한다. "이웃들끼리 서로 차를 마주보며 주차시켜 일종의 과속방지턱을 만드는 걸 보세요. 사람들은 그걸 보고 아이들을 생각해서 차량 속도를 줄이게 됩니다."

"우리 옆집 사는 피터는 시간이 나면 우리 집 앞의 보도에 쌓인 눈도 치워줍니다"라고 그녀는 말한다. 또 다른 이웃은 서로 맞닿은 부지에 불필요하게 저절로 자란 큰 나무들을 그녀와 함께 베어내고 양쪽 집 마당에 햇볕이 더 잘 들게 했다. 그들은 함께 두 집 사이에 블루베리 관목들을 심어서 서로 열매를 공유한다. 거리에는 아이들이 많이 보이고, 가족 활동을 서로 공유하고 음식도 함께 나눠먹는 경우가 많다. "우리는 서로 도우며 살아요"라고 그녀는 말한다. "우리는 독서 모임도 하는데, 얼마 전에 영화 감상 모임으로 바꿨죠."

"여기가 우리 동네입니다"라고 래드는 말한다. "하지만 내가 생각하는 우리 공동체는 스프링필드와 홀리요크를 포함하는 더 넓은 계곡 지역입니다. 이 지역에서 내가 중요하게 생각하는 것은 지역 발전에서 배제된 공동체들을 우리의 울타리 안에 포함시키는 것입니다." 래드는 자메이카플레인신경제전환(JP NET)과 유사한, 분리된 인종 및 계급 사이에 다리를 놓고, 지역 일자리를 창출하고, 지역 기업에 투자하는 계곡 지역 전체를 대상으로 하는 계획에 참여하고 있다. 인베스트히어나우Invest Here Now라는 모임은 자본을 지역 개발사업으로 이동시키는 임팩트 투자 기금이다.

우리는 집안으로 들어가면서 신발을 벗는다. 래드는 슬리퍼를 신고 주방으로 조용히 들어가서 난로에 찻주전자를 올리고 접시에 과자들을 담는다. 그녀가 사는 작은 집은 아담하지만 따뜻하다. 거실에 장작난로가 있지만, 지금처럼 여름철 날씨 같은 겨울날에는 불을 피우지 않는다. 우리는 주방 식탁에 앉아 있다.

"집으로 돌아오려고 애쓰는 부자들에게는 미지의 세계에 대한 두려움 말고도 그들을 가로막는 매우 다양한 장벽들이 있어요"라고 래드는 말한다. 그녀는, 집을 여러 채 보유하고 있고 손주들이 모두 학비가 비싼 사립학교에 다니기 때문에 수백만 달러가 계속 필요하다는 생각에 사로잡혀 있는 한 부자 가족에 대해서 설명한다. "그들은 많은 공간이 있는 것에 익숙해요"라고 래드는 말한다. "그리고 이 모든 것들을 관리하는 데는 지나치게 많은 시간과 에너지가 필요하죠. 높은 생활수준에 대한 기대와 그들의 소유물이나 부동산이라는 부의 덫에 걸린 사람들이 어떠한지 당신은 잘 알 겁니다. 그들이 부를 소유하는 것이 아니라 부가 그들을 소유하는 상황이 되고 맙니다. 게다가 그들은 여전히 충분하지 않다고 느끼며 끊임없이 결핍감에 시달립니다."

"때로는 세상에서 가장 많은 돈을 가지고 있는데도 자기가 가장 힘들다고 말하는 사람이 있습니다"라고 래드는 말한다. "나는 1억 달러가 넘는 재산을 보유한 사람들을 압니다. 그런데 그들은 자신이 처한 상황을 바꿀 수 없다고 생각해요. 그렇게 많은 돈을 남들에게 거저 주기가 쉽지 않다는 걸 나도 알아요." 그녀는 잠시 말을 멈추고 생각한다. "내게 그렇게 많은 돈이 있다면, 나는 그걸 소도시 지자체에 주는 방법을 찾을 겁니다."

"자신을 드러낼"—자산가라고 알려질—때의 한 가지 어려운 문제는 우리 지역사회와 돈을 요구하는 사람들의 엄청난 박탈감에 직면하게 된다는 것이다. "이것은 우리가 이 시대의 거대한 불평등을 경험하는 여러 가지 방법들 가운데 하나입니다"라고 래드는 말한다. "어느 누구도 자신이 '걸어 다니는 지갑'으로 여겨지는 것을 원하지 않지만, 가끔 그럴 때가 있어요. 하지만 사람들은 지역사회 단체와 사회적 변화 프로젝트를 위해 필요한 자금을 어디서 구해야 할까요? 재단은 접근하기가 어렵습니다. 기업과 정부는 기금의 원천이 아닙니다. 돈은 결국 개인의 주머니에서 나올 것입니다."

래드는 지역사회에 열린 마음으로 온전히 녹아 들어가려는 사람은 원칙을 정해서 돈을 나눠주는 시스템을 개발해야 한다고 말한다. 예컨대, 당신은 '제게 편지를 보내세요, 전 1년에 두 번만 기부합니다'라고 하거나, '저는 주민위원회가 있는 이 중간 매개체를 통해서만 기부를 합니다'라고 말할 수 있다. "하지만 기억하세요"라고 그녀는 조언한다. "이 경험은 거대한 불평등의 결과입니다. 그리고 우리가 겪는 불편함은 누구도 원치 않는 생활보호대상자인 저소득층이 겪는 불편함보다는 훨씬 덜하다는 사실을 잊지 마세요."

그 장벽들을 통과하는 특별히 정해진 접근방식은 없다. 그녀는 이렇게 조언한다. "자만심을 버려요. 그리고 자기 역할을 찾아, 묵묵히 맡은 일을 하세요. 일단 시작하면 뒤로 물러서지 마세요. 완벽한 조직이 뒷받침해줄 때까지 기다리지 마세요."

래드는 또한 다른 사람들과 공동작업으로 일을 하라고 조언한다. 세상을 혼자 구하려고 애쓰지 말고. "오케스트라에서 자기 파트를 연주하듯이 하세요. 스스로에게 이렇게 물어보세요. 나는 흐름의 시작이 될 수 있을까? 나는 운동에 가치와 열정을 더할 수 있을까? 못할 것 같을 경우, 당신을 기꺼이 도와줄 사람들이 많이 있습니다. 그들은 당신이 떨어져 나가는 것을 원치 않습니다."

래드는 차 한 잔씩을 따르며, "어떤 사람들은 자신이 더 큰 어떤 것의 일부라고 느끼는 것을 힘들어 합니다"라고 말한다. "사람의 마음을 움직이는 것 가운데 하나는 강력한 통찰력과 계획입니다. 사람들은 지역사회 및 사회적 변화 운동과 단절될 때 꼼짝 못 하게 되거나, 영감을 주는 어떤 것도 보지 못해요. 집으로 돌아와서 돈을 투자하고 담대하게 기부하려고 하는 사람들을 지지하는 공동체가 필요합니다. 나는 상당한 자산을 지역으로 이동시키기 위해 다른 사람들과 여럿이서 계획과 프로그램을 짜고, 그것을 실천에 옮기는 사람들을 많이 보았어요."

첫 번째로 중요한 단계는 계획을 세우는 일이다. 먹고 살기 위해서 정말로 필요한 것이 무엇이고, 손쉽게 거저 나누어줄 수 있는 것이 무엇인지 파악하는 것이다.

래드에 따르면, 부를 공유하고 집으로 돌아오면 엄청나게 좋은 점들이 있다. "분리되어 있다는 느낌이 사라집니다. 공포와 냉소에 사로잡히지 않습니다. 나는 그것이 신체적 건강에 좋다고 생각합니다. 공동체로 돌아가는 것은 살아 있음과 즐거움을 느끼게 합니다. 그리고 진정한 인간관계를 맺게 만듭니다."

"어디든 다툼과 고통은 있기 마련입니다. 그리고 공동체 내에서 다른 사람들과 서로 부딪치는 역학 관계는 늘 쉽지 않습니다. 그러나 적어도 당신은 그 역동적인 관계 안에 있습니다. 당신은 유리창을 통해 밖에 있는 사람들을 지켜보는 것 같은 메마르고 아무 감정이 없는 그런 곳에 있지 않아요." 래드는 때때로 자식 없는 사람으로서 그것이 어떤 느낌인지 알고 있음을 인정한다. "관계를 맺는 일은 골치 아픈 일일 수 있어요. 하지만 본디 관계를 맺는다는 것이 그런 겁니다."

집으로 향해 가는

내가 여기 소개한 사람들과 이야기를 나눈 뒤, "집으로 돌아오기"에 대해서 높이 평가하는 사실 하나는 그것이 희생이 아니라는 점이다. 집으로 돌아오기는 더욱 인간적이고 서로 긴밀하게 연결된 의미 있는 삶을 통해 이웃 간에 서로, 나아가 신성한 삶에 더욱 가까워지고 싶은 갈망을 충족시킨다.

누군가가 대저택에 사는 것을 포기하고 이웃집과 가까이 붙어서 살기로 결정할 때, 그것은 금욕과 박탈감 때문에 그러는 것이 아니다. 그것은 공동체와 자연, 그리고 다른 사람들과 더욱더 긴밀하게 연결되고 싶어서 내린 선택이다. "현대의 소비자 생활양식도 그것과 다름이 없다"고 찰스 아이젠스타인도 말한다.

> 우리는 더 이상 공허함, 그 볼품없음을 견딜 수 없어 그것을 치워버릴 것이다. 우리는 정신적 자양분에 목말라하고 있다. 우리는 인간적이고 서로 연결된 의미 있는 삶을 갈망하고 있다. 그것은 우리가 스스로 나서서 우리의 에너지를 집중해야 할 그런 삶이다. 그렇게 할 때, 우리의 공동체는 새롭게 일어설 것이다. 정신적 자양분은 오로지 선물로서, 즉 우리가 주는 자와 받는 자로 참여하는 선물의 그물망의 일부로서만 우리에게 올 수 있기 때문이다.[6]

완전히 집으로 돌아온다는 것은 이 새로운 이야기 속으로 내 삶을 가지고 간다는 것이다. 결핍과 박탈감은 내가 풍족하고 충분하다는 생각을 늘 마음속에 간직하고 있을 때 저절로 사라진다.

✕

✕+✕+✕+✕
✕+✕+✕+✕+✕
+✕+✕+✕+✕+✕+
✕+✕+✕+✕+✕+✕+✕+
+✕+✕+✕+✕+✕+✕+✕+
+✕+✕+✕+✕+✕+✕+✕+✕+
✕+✕+✕+✕+✕+✕+✕+✕+✕
✕+✕+✕+✕+✕+✕+✕+✕+✕+✕
+✕+✕+✕+✕+✕+✕+✕+✕+✕+

6부

초대장

특권은 그 자체로 나쁜 것이 아니다.
(…) 특권을 부정적으로 볼 필요는 없다.
그러나 우리는 우리의 자원을 함께 나누고, 특권이 없는 사람들에게
권한을 주는 방식으로 우리의 특권을 사용해야 한다.

• 벨 훅스Bell Hooks 『집에서 기르다Homegrown』•

+✕+✕+✕+✕+✕+✕+✕+✕+✕+✕+
✕+✕+✕+✕+✕+✕+✕+✕+✕+✕
✕+✕+✕+✕+✕+✕+✕+✕+✕
+✕+✕+✕+✕+✕+✕+✕+✕+
+✕+✕+✕+✕+✕+✕+✕+
✕+✕+✕+✕+✕+✕+✕+
+✕+✕+✕+✕+✕+
✕+✕+✕+✕+✕

✕

오늘날 지구상에서 벌어지고 있는 역사적 순간의 가장 두드러진 특징은
우리가 지금 세상을 파괴하고 있다는 것이 아니다—
물론 우리는 실제로 꽤 오랫동안 그렇게 해왔지만 말이다.
그보다는 우리가 이제 천 년의 긴 잠에서 깨어나 세상과 우리 자신,
그리고 서로 간의 완전히 새로운 관계에 대해서
눈을 뜨기 시작하고 있다는 것이다.

– 조애너 메이시 Joanna Macy

18장

부자여,
집으로
돌아오라

부자 친구와 이웃들이여, 이제 집으로 돌아올 시간이다.

우리가 할 일은 우리의 특권을 이용해서 그 특권을 없애고 모든 이들을 위해 작동하는 건강한 공동체와 경제를 구축하는 것이다.

우리는 찰스 아이젠스타인이 말하는 것처럼, 많은 이야기들 사이에서 살고 있다. 부와 경제적 행복, 그리고 그에 합당한 대접을 받을 만한 자격에 대한 "옛이야기"는 이제 수명을 다해가고 있다. 그 이야기는 우리에게 생태계의 파괴와 폭력적 분리를 가져왔다. 우리는 인간과 자연의 깊은 상호 연결을 그리는 "새로운 이야기"를 창조하는 과정에 있다. 부자들은 이런 새

로운 이야기와 시스템으로의 전환에서 도움을 줄 수 있다.

우리는 어떻게 "옛이야기"의 생활방식에서 벗어나 "새로운 이야기"에서 살기 시작할 것인가? 그 과정에서 나는 무엇을 해야 하는가? 어디서 살아야 할까? 내 돈을 어디에 주어야 할까? 또 나는 얼마나 많은 돈을 내놓고 얼마나 많이 계속 소유하기를 원하는가? 나는 어디에 투자해야 하는가? 어떤 일을 할 것인가? 이러한 질문들은 혼자가 아닌 소집단이나 단체들과 함께 고민해야 할 문제들이다. 다음에 나오는 내용들은 그런 프로그램을 구성하는 열 가지 요소와 앞으로 우리가 생각해야 할 것들이다.

1. 스스로 새로운 이야기에
뿌리를 내려라

이 여정의 첫 단계가 우리 스스로 새로운 이야기에 뿌리를 내리는 것이라는 사실은 전혀 놀랍지 않다. 우리는 공포와 결핍 때문에 행동에 나설지, 아니면 우리 주변에 널려 있는 엄청난 선물에 감사하는 마음으로 행동에 나설지를 선택할 수 있다.

이러한 행동에 나서기 위해서는 우리 삶의 긍정적인 측면을 가져온 사람과 자연, 선조들, 그리고 우리 공동체가 어떻게 그물처럼 연결되어 있는지 우리의 눈과 마음을 열어야 한다. 이것은 우리의 부가 크게 보면 우리를 둘러싸고 있는 자연과 사회의 선물을 포함해서 공공의 부 덕분임을 인정한다는 것을 의미한다.

"그것을 혼자 하는 사람은 아무도 없다"라고 빌 게이츠 시니어가 말한 것처럼. "우리는 모두 우리가 물려받은 기회와 부의 창출을 위한 옥토를 일구어낸 우리 선조들 덕분에 혜택을 받는다." 우리가 할 일은 이러한 선물들을 날마다 머릿속에 기억하고, 우리의 행운을 고맙게 생각하고, 그것들이 모든 사람의 타고난 권리임을 책임지는 것이다.

우리의 두 눈을 계속 열어둔다는 것은 또한 권력자나 부자, 그리고 자연 및 사회와 단절된 사람들이 전 세계적으로 야기하는 끔찍한 파괴 행위를 감시하는 것을 의미한다. 조지 필스베리가 내게 이야기한 것처럼, 우리가 이런 상황에서 아무런 문제의식도 **느끼지** 못한다면, 그것은 정말 문제가 될 것이다. 우리가 느낄 수 있는 강력한 감정들 중에는 죄책감을 마비시키면서 공감을 불러일으키는 것이 있다. 그러나 우리는 기본적인 진실을 놓쳐서는 안 된다. 우리 가운데 어느 누구도 부와 권력, 기회, 그리고 고통이 기괴하게 불균형을 이루는 세상에 태어나도록 되어 있는 사람은 아무도 없다는 사실 말이다. 미래에 영향을 미치는 것은 지금 우리가 살면서 하고 있는 일이다.

2. 부에 대한 실제 사연을 이야기하라

당신은 자신에게 실제로 일어난 일들을 이야기함으로써 부와 성공, 특권에 대해서 복잡하지 않게 이해하고 싶어 하는 사람들에게 도움을 줄 수 있다. 마틴 로텐버그처럼, 당신 개인의 행운에 대한 사회의 역할—그리고 당신의 특권과 남보다 유리했던 점, 행운이 당신을 위해 어떻게 작용했는지에 대한 진실을 이야기하라. 당신 자신의 개인적 선택과 공헌이 그 이야기에 포함되는 것도 중요하지만, 그것을 너무 과장해서 말하지는 말라.

당신의 명의로 소유하고 있는 부가 사실은 생태학적 공유 자원에 당신 개인의 노력이나 다른 사람들의 성실한 노동이 더해지고, 거기에 당신이 부를 축적할 수 있도록 선조 세대와 오늘날의 노동자 및 납세자들이 일구어 놓은 옥토가 있었기에 나온 결과임을 인정하는 것이 어찌 수치스러운 일이겠는 가. 당신이 개인적으로 도움을 받은 이야기는 오늘날 우리 문화를 지배하고 있는 "자수성가"에 대한 강력한 대항서사를 제공할 것이다.

실제로 일어난 일을 이야기함으로써, 우리는 기회의 평등성을 약화시키 고 불평등을 강화하고 있는, 조상으로부터 물려받은 유리한 조건의 역학 관 계를 이해하기 쉽게 설명할 수 있다. 부모의 재산을 물려받지 못하고 태어 난 젊은이들은 앞으로 만만치 않은 힘든 나날, 때로는 음울하기조차 한 미 래에 직면해 있다. 스물한 살의 청년 네 사람—미란다, 마르쿠스, 토니, 그 리고 코델리아—을 생각해보라. 그중 한 명은 부유층으로 도약할 테지만, 나머지 세 명은 힘겹게 살아갈 것이다. 정말로 우리는 이런 종류의 사회에 서 살기를 원하는가?

3. 부를 새롭게 이해하고
공공의 부를 주목하라

당신은 우리 문화가 기존에 부를 부동산과 돈, 금융자본으로 편협하게 이해하는 데서 벗어나 새롭게 정의 하도록 도움을 줄 수 있다. 진정한 부는 건강한 생태적 공유자원, 공동체 기관들의 그물망, 그리고 진정성 있고 보살피는 관계를 기반으로 하는 안 전성을 포함한다. 이것은 돈으로 살 수 없는 부이지만, 약탈적 자본주의와 편협하게 정의된 경제적 부에 의해 붕괴되고 있는 것이 작금의 현실이다.

우리의 문화적 과제는 우리를 둘러싸고 있는, 즉 지금 우리의 삶을 가능 하게 하는 공공의 부와 공유지를 주목하는 일이다. 다른 많은 사회들은 그들의 공유지를 인정하고 보호한다. 그러나 미국은 우리의 공유지를 바라보고 보호하려고 할 때 특별한 사각지대를 가지고 있다.

유명 기업가이자 저술가인 피터 반스Peter Barnes는 공유지를 "우리가 물려받거나 함께 창조하는 모든 선물"이라고 정의한다.

> 그것은 엄연한 공유 재산이다. 그것은 지구의 대기에서 인터넷, 과학, 어린이들의 이야기, 토양, 공동체의 힘에 이르기까지 이루 헤아릴 수 없이 많은 자연과 사회의 선물을 포함한다. 우리는 이 자산들을 공동으로 물려받는다. 그리고 그것들을 법적으로는 아닐지라도 윤리적으로 우리 뒤를 이을 후손들을 위해 보관하고 있는 것이다. 이들 자산은 오늘날 우리의 경제가 돌아가기 위해서뿐 아니라, 인간과 지구의 안녕에도 필수적이다. 그러나 경제학자와 같은 사람들에게는 놀랍게도 그런 것들이 눈에 보이지 않는다. 경제학자들은 그런 공유지를 자본화하기 어렵기 때문에 그것을 보지 못한다.[1]

우리가 공유지라고 부르는 것에는 생태계, 언어, 음악, 돈, 법, 수학, 공원 같은 많은 것들이 포함된다.[2] 생명은 물, 토양, 공기 그리고 씨앗들을 포함해서 생태계에 존재하는 공유자원에 의해서 유지된다. 눈에 보이지 않는 사회적으로 창조된 공유자원은 개인의 부를 축적하는 데 필수적이다. 예컨대, 규제받는 자본 시장, 지적재산권법, 인터넷, 회계 제도 같은 것들이 그런 사회적 공유자원에 해당된다.

진정한 부는 은행 계좌에 적힌 액수의 크기나 보유한 자산 규모가 아니라, 인간관계의 질, 공동체 사이의 상호연결성, 우리 사회의 전반적인 건강함 안에 자리 잡고 있다. 우리가 존재하는 이유는 세상의 하찮은 것들을 최대한 모으다가 죽기 위한 것이 아니다. 그것은 근본적으로 연결에 관한 것이다. 우리가 진정으로 서로 연결되고 하나의 공동체가 되기 위해서는 저마다 취약성을 절감하고 상호 관계를 회복해서 서로 기대고 도와야 할 것이다. 세상의 그 어떤 울타리와 안전장치들도, 극단적으로 불평등하고 생태계를 파괴하는 사회에서 발생할 균열과 와해로부터 우리 가족들을 지켜주지 못할 것이다.

4. 지역에 뿌리를 내리고 공익을 위해 애써라

우리는 하루하루 우리가 원하는 미래를 위해 투표를 한다. 집으로 돌아온다는 것은 직접 두 발로 뛰며 전력을 다해 투표하고, 자신의 시간과 재력, 재능을 한 곳에 집중하는 것을 의미한다. 내가 동네 수영장의 안전요원을 구하기 위해 작은 캠페인을 벌였던 것처럼, 당신도 지역 차원에서 시작하여 사회적 시설들이 원활하게 잘 돌아갈 수 있도록 그 운영에 직접적으로 참여하기를 바란다.

민간 유원지 건설이나 사설 교육 및 개인 교통 강화, 또는 타인의 출입을 통제하는 주거단지를 조성하여 대중에게 필요한 것들을 민영화하려는 충동에 저항하라. 그 대신에 양질의 공공 교육, 살기 좋은 주거단지, 그리고 건강한 생태계를 만드는 데 참여하라. 우리 한 사람 한 사람이 이런 일에 발 벗고 나선다면, 그것은 사회 전체에 긍정적인 파급 효과를 끼칠 것이다.

지역에 뿌리를 내린다는 것은 자신의 사회적 자본이나 시간과 돈, 통찰력을 그 지역에 투입한다는 것을 의미한다. 민주주의는 서로 다른 사람들이 만나 자기 주장을 하며 상대를 설득하거나, 상대의 주장을 받아들이거나, 서로 타협하면서 관계를 맺어갈 것을 요구한다. 대개 부자들은 민주적 절차를 통해 자기가 원하는 바를 이루지 못하면, 경기를 중단하고 자리를 박차고 나가서 사적인 기구와 무책임한 제도를 새로 만든다. 성숙한 사회는 모든 구성원들, 특히 부와 권력이 있는 사람들에게 타협안을 받아들이고 남아서 전체를 위해 헌신할 것을 요구한다. 초대 미 국립산림청장이었던 기퍼드 핀쇼Gifford Pinchot의 말을 빌리자면, 우리는 "가장 많은 사람들에게 가장 큰 이익"을 안겨줄 정책과 투자를 위한 목소리가 되도록 소명을 받았다.

세상 모든 아이들의 삶이 당신네 대가족 아이들의 삶만큼 좋은 삶이 되도록 최선을 다하라. 이것은 유아 교육과 방과후 심화 과정, 발달장애아 조기 건강관리, 양질의 학교교육을 위한 공공 투자의 촉진을 의미한다. 그러나 그것은 또한 조상으로부터 유리한 조건을 물려받은 우리 자녀와 가족들에 대한 압도적인 경쟁력 지원의 축소를 의미하기도 한다.

우리는 지금 자기 자식들을 보호하고 그들이 안전하게 잘 자라도록 하는 환경을 마련하는 데 열중하고 있는지도 모른다. 그러나 우리가 아무 생각 없이 우리의 특권과 유리한 조건들을 모두 자기 자식들에게만 향하게 한다면, 우리는 그들의 자기계발 능력을 약화시킬 뿐 아니라 기회의 불평등을 더욱 심화시키는 결과를 낳을 것이다. 우리는 신중하게 이런 역학 관계를 바꿀 수 있다. 그래서 우리의 후손들이 더욱 공정한 사회에서 살 수 있도록 그 토대를 마련해줄 수 있다.

5. 부를 집으로 가져오라

부자들은 전 지구적 차원에서 투

기적 금융 수익을 끊임없이 추구해온 수조 달러의 자본을 장악하고 있다. 이제 이러한 부를 집으로 가져와서 진정한 경제 안에 있는 기업들에 재투자할 때가 왔다. 돈이 어둠 속, 즉 역외금융시스템이나 특수 목적의 신탁들에 숨겨져 있다면, 그것을 다시 밝은 곳으로 가져와야 한다. 이 숨겨진 국부는 마땅히 감당했어야 할 공정한 몫의 세금을 반드시 지불해야 한다.

이러한 과정의 시발점 가운데 하나가 화석연료 부문에 투자된 돈을 회수하는 것이다. 리사 렌스트롬이 말하는 것처럼, "우리는 지구를 파괴하는 화석연료 산업에 부여한 사회적 면허증이 말소되기를 바랍니다. 그들의 사업 모델은 파멸적 기후 변화로 이어질 것입니다."

스탠더드오일의 상속녀인 제니 래드는 화석연료 부문에 투자된 자신의 돈을 공개적으로 회수하는 것에 신이 나 있었다. "나는 적절한 곳에서 적절한 때에 적절한 행동을 취한 것에 감격했습니다." 이제 친구들, 가족, 가족 명의 기업, 자선단체들을 상대로 그런 부문에 투자된 돈을 회수하라고 요청할 때가 왔다. 자신이 기부한 기관들을 향해 동문이나 기부자로서의 영향력을 활용해서 똑같이 행동할 것을 요구하라.[3]

또 다른 방법은 전통적인 금융 시장을 통한 막대한 부의 축적으로 상징되는 추출과 착취의 악순환을 끊어내는 것이다. 전통적인 주식 시장 투자를 통해 순환되는 부는 미래를 살리는 생산적인 기업들에 자본을 전용할 가능성이 없다. 오늘날 이자로 돈이 돈을 버는 고리대금 제도는 자연을 파괴하고 사람들을 타락시킨다. 그것은 우리의 공동체로부터 가치와 에너지를 뽑아내고, 자본이 없는 사람은 얻는 것도 없이 고생만 하게 만든다.[4] 이것은 사회적으로 유해한 기업들을 투자 대상에서 배제하는 "사회적 선별 투자socially screened investing"만으로는 해결할 수 없다. 대안은 새로운 경제 부문에 재투자하는 것이다.[5]

데보라 프리즈가 설명한 것처럼, 우리는 가능한 한 월스트리트로부터 멀리 벗어나서 대안 경제를 구축하는 쪽으로 나아가야 한다. 상당한 자본의 소유자들은 지역사회나 실질적인 수요 충족과 거리가 먼 외국의 금융 수익에 대한 요구를 줄일 수 있다. 프리즈는 비록 금전적 수익이 적더라도 금융 투기보다는 실질적 생산 기업으로 투자 자본을 이동시킬 것을 촉구한다. 지역사회 투자와 지역사회 금융기관에 투자하는 슬로머니Slow Money 운동, 그리고 영향력이 큰 임팩트 투자를 통한 다양한 기회 등의 여러 선택지들이 있다.[6] 부의 대량 이동은 다양한 자원들을 공정하고 지속 가능한 경제로 몰고 가는 새로운 자본 시장을 창출할 것이다.

프리즈가 주장하는 것처럼, 만일 우리가 부의 소유권과 작용 확산에 관심을 가지고 있다면, 소유권은 매우 중요한 문제다. 임팩트 투자 기관들은 소유자가 없는 기업들보다 지역이 소유하고 운영하는 CERO 같은 폐기물관리업체로 돈을 이동시키고 있다.

6. 생태 위기로부터의 전환을 촉진시켜라

우리는 분리의 시대에 살고 있다. 우리 대다수는 사람과 자연, 양쪽으로부터 분리되어 있다. 우리는 결코 자연의 그물망과 떨어져 있지 않으며 그 지배를 받을 수밖에 없음을 스스로 깨달아야 한다. 많은 어린이들이 "자연 결핍 장애nature deficit disorder"(실내, 도시 생활의 증가로 자연과의 접촉이 부족하거나 자연에 대해 무관심해지는 현상으로, 주의력결핍과잉행동장애 같은 질병의 원인으로 지목받고 있음 - 옮긴이)로 고통을 받고 있지만, 우리 대다수도 똑같은 상황이라고 할 수 있다. 자연과 다시 연결되는 시간을 갖는 것이 열쇠다. 그리고 그것은 또한 우리가 자연에 주는 충격을 줄이는 조치를 취하게 도와준다.

우리가 가장 먼저 취할 수 있는 좋은 방법은 소비를 줄이는 것이다. 부자들의 탄소발자국과 소비 수요는 약탈적 자본주의의 거대한 원동력이며 기후 변화의 원인이다.

전 세계의 가난한 사람들은 어느 정도 품위 있는 삶을 영위하기 위해 그들의 에너지 소비를 증대시킬 필요가 있을지 모르지만, 부자들은 무조건 현재의 에너지 출력을 낮춰야 한다. "다른 사람들이 소박하게 살 수 있도록 소박하게 살자"를 우리의 신조로 삼아야 한다. 지구 북반부에 사는 부자들은 세계의 자연자원을 고갈시키는 일을 중단해야 한다. 그래서 그동안 박탈된 삶을 살아온 사람들에게 품위 있게 살 수 있는 기회를 주어야 한다.

우리는 또한 단순히 친환경 기술로 이전하는 것이 아니라, 전반적인 에너지 소비를 줄여야 한다. 우리는 재생에너지 기술을 조기에 채택함으로써 그러한 시스템이 확장될 수 있도록 경우에 따라서는 더 많은 돈을 지불하면서 투자 전환에 기여할 수 있다.

이것은 비행기를 타고 여기저기 다니는 것을 줄이고 지역에 더욱 깊이 뿌리내리는 것을 의미한다. 미국에서 소득 상위 10퍼센트의 부자들은 믿기 어려울 정도로 전 세계 곳곳을 비행기를 타고 돌아다니며 업무도 보고 여행도 즐긴다. 우리의 가족들과 사랑하는 사람들이 전 세계 여러 지역에 흩어져 있어도 서로 연락을 유지하기 위해 엄청난 에너지와 돈을 쓸 수 있는 것은 그만큼 가진 것이 많은 덕분인데, 이것은 생태 위기를 해결하는 데 큰 걸림돌이 될 수 있다. 우리는 이러한 생활 패턴을 역전시키기 위해 가능한 한 지역에 뿌리를 내리고 가족과 공동체를 지역에 정착하도록 격려하며 우리가 할 수 있는 모든 것을 해야 한다.

7. 부를 나눠라

아주 크고 과감하게 부를 내려놓기를 권한다. 앞서 말한 자선의 한계에도 불구하고, 목표를 잘 설정한 사회적 변화 기금은 사회 전환을 위해 필수적이다. 이것은 지나치게 많은 권력을 가진 부자들의 문제를 처리할 것을 요구한다. 이런 상황을 바꾸는 한 방법은 10장과 11장에서 논의한 것처럼, 의사결정의 참여 범위를 확대하고 자선 부문의 개혁을 지지하는 것이다.

우리는 저마다 기부와 자선에 대한 문화적 전제 조건들에 사로잡혀 있다. 그 취지가 무엇이든 간에 더 과감해질 가능성은 다 있을 것이다. 우리 가운데 일부는 "자산은 놔두고 소득만 기부하라"고 한다. 그러나 우리 같은 사람들은 다수가 자산을 나누어주더라도 잘살 것이다. 기부에 대해서 신중하게 생각하고 조언을 들어라. 하지만 그런 뒤에는 크게 기부하라.[7]

완벽한 순간을 기다리다 선을 베풀지 못하는 어리석음을 피하라. 전략적 순간이나 완벽한 조직이 나타날 때까지 기다리며 막대한 재물을 그냥 깔고 앉아 있는 기부자들이 많다. 하지만 유감스럽게도 당신은 앞으로도 그런 완벽한 지도자나 단체를 발견하지 못할 것이다. 실제로 개인 재산을 쌓아놓은 거대한 창고는 5년이 지나면 지금보다 쓸모가 덜할 것이다. 우리는 현재 인간의 궁핍과 절망, 생태계의 복원 불능이라는 돌아올 수 없는 내리막길을 따라 계속 내려가고 있기 때문이다. 하지만 다행히도 당신이 지금 기부를 하고 차세대 지도자와 단체들을 지원한다면, 미래에 엄청난 영향을 끼칠 수 있다.

기부할 때 쓸데없이 시간을 낭비할 필요가 없다. 부자들은 기부를 위해 자신들의 기구와 중간매개체를 만들고 관리하고 싶어 하는 경향 때문에 골치를 썩인다. 하지만 그것은 자원의 비효율적인 낭비다. 기존에 존재하는 기부를 돕는 통로와 중개기관, 출구 수단들이 많이 있다. 워런 버핏이 자기 돈을 또 다른 사람의 재단(예컨대 빌게이츠 재단)을 통해 기부할 수 있다면, 이 중으로 중개기관을 만들 이유가 전혀 없다.

상당한 부를 이동시키는 것을 가로막는 실질적이고 이해 가능한 이유들이 있다. 예컨대, 많은 사람들이 "나는 무엇으로 먹고 살아야 하는가?"와 "나는 얼마나 기부할 수 있을까?" 같은 현실적인 문제들 때문에 기부를 망설이는 경우가 많다. 그래서 그들이 주변에서 많이 듣는 이야기는 "자산은 놔두고 소득만 기부하라"는 조언이다. 하지만 다행히도 오늘날 이러한 여정에서 당신을 안내하고 지원할 수 있는 조언자와 지역사회 재단, 자료집 그리고 원로집단의 매우 경험 많은 네트워크가 존재한다. 그리고 최악의 상황에 대비해서 안전을 보장해줄 보험 상품들도 많이 있다.

가진 돈이 많으면 많을수록, 당신은 투자 고문과 전문가, 변호사로 구성된, 부를 지키는 산업을 포함해서 부를 천천히 신중하게 움직일 것을 촉구하는 사람들로 더욱더 둘러싸이기 마련이다. 그런 맥락에서 내가 하고 싶은 말은 그것들에서 "뛰어내리라"는 것이다. 그들 말을 먼저 듣되, 그다음에는 뛰어내려라. 불안하다고 느끼면 낙하산을 하나 사라. 하지만 과감해지고 넉넉한 마음을 가져라.

8. 당신이 내야 할 세금을 내라

부와 권력을 가장 민주적으로 재분배하는 수단은 과세, 특히 주정부와 지방자치체 단위의 과세를 통해서다. 미국의 정부 체계가 불완전한 까닭에, 자선과 비교해서 기금의 사용은 그 책임성이 훨씬 더 크다. 연방정부가 우선으로 생각하는 것은 이미 글로벌

기업과 군산복합체가 장악하고 있는 상태다. 그러나 이런 상황에서도 공공 기반시설, 과학 연구, 환경 보호에 투입되는 돈은 우리가 내는 세금으로 상당 부분을 충당한다. 여기서 우리가 감당해야 할 몫이 공정해야 한다는 것은 의심할 여지가 없이 당연한 말이다.

공공 부문에도 민간 기업과 자선 부문에 있는 것과 마찬가지로 낭비와 사기와 남용이 있다. 그러나 공격적인 세금 회피(새로운 자선 재단을 설립하는 것을 포함해서)는 정부의 무능과 잘못된 우선순위 설정에 대한 정당한 대응 방법이 아니다.

공공 부문에서 묵묵히 일하는 믿을 만한 일꾼들이 수없이 많다. 우리는 미시간주 플린트에서 발생한 수질오염사태처럼 상황이 악화되었을 때만 그런 사람들이 있다는 것을 안다. 당신 집의 수도꼭지까지 소리 없이 깨끗한 물을 공급해주는 수십만 명의 공무원들은 또 어떠한가? 해뜨기 전에 일어나 도로에 쌓인 눈을 치우거나 기차를 출발시키는 사람은 누구인가? 우리는 대중의 신뢰를 유지하고 지역의 공유자원을 관리하는 이런 사람들을 세상에 널리 알릴 중요한 역할을 맡고 있다.

나는 쓸모없는 일반적인 방법으로 정부에 대해서 불평하지 말기를 권한다. 정부의 크기나 기능이 어떻든 간에 우리는 공정하고 공평한 세입 제도를 가져야 하고, 그에 따라 지불 능력이 가장 큰 사람들이 더 많은 세금을 내야 한다고 다른 사람들에게 설명하라. 이전 세대의 부자들은 정부기관에 세금을 내지 않거나 그들을 멀리하기보다는 그들이 일을 잘하도록 확실하게 뒷받침하면서 "좋은 정부"에 모든 것을 걸었다.

우리는 모든 차원에서 누진적 과세 제도를 옹호하고 확대할 것을 주장하는 당신의 목소리를 필요로 한다. 누진적 과세 제도의 도덕적 근거는 빌 게이츠 시니어가 말한 것처럼, 거대한 부를 일군 사람들은 사회의 투자로부터 엄청난 혜택을 입었다는 사실이다. 따라서 그들은 다른 사람들도 비슷한 기회를 가질 수 있도록 그 혜택을 사회에 되돌려줄 특별한 의무가 있다.

주정부와 지자체 차원에서 세금은 반드시 납부되어야 하며 납세는 칭찬받아 마땅하다. 그리고 저소득층 사람들이 부자들보다 소득세율이 더 높은 역진세율을 적용하는 주들에 사는 부자들은 조세 개혁 운동을 적극적으로 지지해야 한다.

우리는 고소득 납세자들이 더욱 공정한 조세 제도를 주장하고 노골적으로 세금 회피 전략을 펴지 말고 자신들이 내야 할 세금을 내기 바란다. 오늘날 세법은 징세에 반대한 집단의 치밀한 로비활동 덕분에 부자들에게는 빠져나갈 구멍이 많다. 그 결과 지난 40년 동안 부자들이 세금으로 납부한 소득 비율은 극적으로 감소했다. 정부의 일상 활동이 마음에 들지 않는다고 해서, 또는 정부의 비효율성에 대한 우려가 있다고 해서 자금을 다른 곳으로 빼돌리거나 세금을 피하는 것이 정당화되지는 않는다.

우리는 자크 르블랑처럼 어둠 속에 숨겨져 있는 부를 밖으로 끌어내는 데 앞장서야 한다. 전 세계의 부자들은 복잡한 합법적 신탁이나 위장 기업, 역외 조세피난처를 교묘하게 활용하여 세금과 책임성을 회피하고 있다. 수조 달러의 돈이 책임성과 과세의 범위를 벗어나 이 시스템을 통해 유통되고 있다. 양도자유보연금신탁GRAT 같은 공격적인 탈세 기법을 활용하지 않겠다고 개인적으로 결단하라.[8] 과세와 책임을 피해서 자신의 부를 숨길 수 있도록 재산 소유주를 밝히지 않는 "역외 시스템"의 활용을 거부하라. 정의롭고 공정한 세상을 위해 이러한 시스템들을 제거하기 위해서 노력하라.

9.다른 사람들, 특히 노동계급 사람들의
리더십을 지지하라

우리는 공정하고 공평한 경제를 만들기 위해 조직적으로 활동하고 있는 사람들이 이끄는 운동을 뒷받침할 의무가 있다. 이러한 운동과 노력이 늘 원하는 대로 보이거나 들리지 않을 수 있기 때문에, 그냥 "가는 대로 놔둘" 필요가 있을 것이다. 그들은 일처리가 유연하지 못하거나 전략이나 일관된 메시지 전달이 부족해 보일지도 모른다. 그들이 일상적으로 내뱉는 구호에 "계급 전쟁"이라는 말이 들어 있을 수도 있다. 그렇다고 그것이 그들에 대한 지지를 거둘 만한 이유는 되지 않는다. 어느 급진적인 자선활동가의 지혜로운 말처럼, "조금만 믿어라."

우리 주위에는 지략이 풍부하고 우리에게 가르침을 줄 것이 많은 노동계급 사람들이 숱하다. 이런 이웃들에게 겸손해질 수 있을 때 우리는 비로소 해방될 수 있다. 그들이 어디에 있는지 찾아서 그들과 친구가 되고 그들을 지지하고 그들을 따르라.

겸손한 마음으로 참여하라. 우리의 역할은 계좌에서 돈을 인출하거나 다른 사람들이 배치하는 자원들을 쏟아내는 수도꼭지 같은 것만은 아니다. 당신은 인간이 되는 것이 무엇을 의미하는지에 대한 퍼즐 조각을 가지고 있다. 계급적 특권과 차이는 때때로 변화 과정에서 많은 통찰력을 보여준다. 동시에 탁자 위에 돈을 내놓는 것은 의사결정 과정에서 지나치게 많은 영향력과 발언권을 행사하게 할 위험성을 내포하고 있다. 상위 1퍼센트의 부자들이 여기서 할 역할은 상황을 지배하거나 조정하려 하지 않고 그냥 참여하는 것이다. 제니 래드가 말하는 것처럼, "오케스트라에서 다른 연주자들과 함께 자기가 맡은 악기를 연주하세요."

10. 당신과 같은 사람들을
   규합하라

우리와 같은 계급 배경을 가진 사람들에게 손을 내밀고 그들도 함께 참여시킬 것을 권한다. 그들을 당신 말고 또 누가 규합할 것인가? 그들에는 친구와 가족, 동창, 그리고 여러 사회적 인맥들이 들어간다. 우리는 이런 잠재적 동맹자들을 우리 편으로 완전히 끌어들이는 데 방해가 되는 것은 무엇이 되었든 극복해야 한다. 그것은 우리가 할 수 있는 가장 중요한 전략적 행동 가운데 하나다.

우리의 정치 체제에 영향력을 끼치기 위해 "검은 돈"을 유통시키는 힘센 부자 무리들처럼, 우리를 가로막는 진짜 반대자들이 있다. 기득권 세력을 보호하기 위해 다양한 신탁 상품과 유령회사들을 낳는 전문가들이 모인 "부를 지키는" 산업들도 있다.

우리와 "다른" 부자들을 비난하고 싶은 마음을 자제하라. 생각이 다른 사람들에게 분노와 적개심을 퍼붓고 싶은 충동은 이해할 수 있지만, 우리는 그것에 초연해지려고 노력해야 한다. 대신에 상위 1퍼센트의 부자들 가운데 또 다른 사람들을 형제자매와 사촌, 잠재적 동맹자, 나아가서 더욱 역동적이고 평등하고 인간이 살 수 있는 생태계를 가꾸는 세상에 대한 관심을 공유하는 사람들이라고 생각하라. 물론 "억만장자 동네"와 "하층 리치스탄" 동네 사이에는 차이가 있기 마련이다. 하지만 우리가 공통적으로 진퇴양난에 빠져 있음을 이해한다면, 다른 사람들을 비난할 수는 없는 노릇이다.

반유대주의가 작동하지 않도록 경계심을 늦추지 말라. 서양 문화의 역사적 굴절 가운데 하나가 책임을 유대인들에게 전가하는 것이었다. 반유대주의가 역사적 격변기와 계급적 긴장이 고조되었을 때 유대인들에게 어떻게 그 책임을 뒤집어씌웠는지 역사에서 배워라.[9] 이런 맥락에서 이루어지는 대화는 무조건 중단하라.

상위 1퍼센트 부자들 가운데 우리의 동맹자들을 움직일 수 있는 가장 설득력 있는 방법은 당신 자신이 용기를 얻은 사례를 설명하는 것이다. 사람들이 당신의 활력과 열정, 유대감을 확인하는 순간에 당신은 그야말로 살아 있는 초대장이 되며, 그들은 당신에게 질문을 던지고 자신의 삶에 대한 변화를 진지하게 고민할 것이다. 자신의 취약점도 솔직하게 보여주는 당신의 진정성을 통해서 그들은 당신을 따라 할 생각을 하게 될 것이다. 당신의 연민과 용서, 존경과 사랑을 통해서 그들을 우리 편으로 끌어들여라.

이런 시스템들을 바꾸는 일은 근본적으로 마음을 움직이는 일이다. 우리가 하는 일은 좀 더 크게 보면 우리 자신의 것에서 시작해서 사람들의 심장에 균열을 일으켜 마음을 여는 것이다. 심장이 뛰는 순간, 등 뒤로 전율이 느껴지는 순간, 다른 사람들과 연결되는 순간이 어떠했는지를 기억해보라. 그 순간들을 다시 되새기면서 날마다 그런 순간이 더 많이 일어나게 하기 위해 노력하라.

소집단 만들기

우리 가운데 누구도 홀로 이것을 생각해낼 수는 없다. 우리는 스스로 변화하고 탈바꿈하기 위해 영감과 지지, 도전, 책임의식, 그리고 존경이 필요하다는 것을 알고 있다. 우리는 앞으로 살아갈 새로운 이야기를 계속해서 보완해 나가야 한다.

우리는 99퍼센트에 속하는 우리의 형제자매와 친척들이 너그럽게 우리에게 손을 내밀어 식탁으로 초대하고 빵을 나누며 함께 자리할 수 있는 사람이 되어야 한다. 우리는 집으로 초대받아 문 앞에서 환영받으며 안으로 들어가 상석이 아닌 존경받는 사람들 사이에 끼여 그들 안에서 역할과 자리를 배정받아야 한다.

담대하게 행동할 수 있도록 서로 지원하기 위해서는 소집단을 구성하는 것이 도움이 될 수 있다. 우리가 그 소집단을—동호회나 실천모임, 또는 가계회복지원단—무엇으로 부르든, 그 집단은 우리에게 실제로 일어난 일들을 함께 이야기하며 서로에게 배우고 고립에서 벗어나 전략을 짜고 지지와 믿음 속에서 목표를 정할 수 있는 공간이다.

우리는 그 소집단들을 통해서, 이 운동을 "함께 일으키고", 서로 창조적 행동을 촉발시키고, 우리의 사고방식을 바꾸기 위해 서로 격려할 수 있다. 그런 집단을 만드는 것은 특정한 목표를 가진 계획과 아이디어들을 앞으로 나아가게 할 수 있는 아주 중요한 요소다.

우리는 그런 사람들을 어디서 찾을까? 우리는 누구를 믿을 수 있을까? 그들은 아주 가까이에 있을지도 모른다. 꼭 지리적으로 가깝지 않더라도, 전화로 금방 연결될 수 있는 그런 사이일 수 있다. 그들은 우리가 반드시 가장 가까운 친구 사이가 아닐 수 있지만, 우리와 아주 유사한 삶을 살고 있다. 모든 사람이 모임에 참여할 여유가 있는 것은 아니지만, 대다수 사람들은 적어도 한 달에 한 번씩은 동료 집단과 만날 시간을 낼 수는 있다.

우리 부자들은 엄청나게 바쁘다. 우리는 관리해야 하는 수많은 약속, 회의, 여행, 재산이 있다. 그러나 이것은 기본적으로 우리 자신을 해방시키는 문제와 관련된 일이기 때문에, 나는 당신에게 좀 속도를 늦추고 시간을 내라고 강력히 권고한다. 서로 얼굴을 맞대고 만나거나 전화나 스카이프Skype 같은 화상통화로 대화를 나누기 좋은 3명 이상에서 12명 미만의 소집단이나 서클을 만들어라. 35세 이하의 고액순자산보유자들의 네트워크인 리소

스 제너레이션은 이미 이런 모임을 실험하기 시작했고, 수백 명의 개인들이 여기에 참여하고 있다.[10]

애국적 백만장자들

부를 소유한 사람들이 할 수 있는 또 다른 중요한 역할은 이러한 운동을 지지하고 그것이 전하는 메시지를 널리 전파하는 일이다. 지난 20년 동안, 나는 '책임 있는 부Responsible Wealth', '공익을 위한 부Wealth for the Common Good', '공영을 추구하는 기업Business for Shared Prosperity', 그리고 가장 최근에 '애국적 백만장자들Patriotic Millionaires'이라는 순자산가치가 높은 고액 자산가들의 네트워크들을 여러 개 공동으로 창립했다. 애국적 백만장자들은 세 가지 정책 우선순위, 즉 누진 과세 지지와 최저임금 인상, 그리고 돈과 정치의 영향력을 축소하기 위한 선거자금 개혁에 집중했다.

이 네트워크들은 불평등을 줄일 공공 정책들을 검증하는 중요한 역할을 맡았다. 예컨대, 5장에서 설명한 것처럼, 연방상속세법을 지키기 위해 1,000명이 넘는 백만장자와 억만장자들을 모으는 일은 논쟁의 흐름을 바꾸는 데 아주 긍정적인 역할을 했다. 부자들이 "내게 세금을 부과하라"고 말하는 것은 "사람이 개를 문다"는 속담만큼이나 뉴스로서 큰 가치가 있는 사건이었다.

이런 일들은 이들 단체와 네트워크들 내부에서도 일어난다. 예컨대, 애국적 백만장자들의 회원들은 부의 창출 과정을 이해하기 쉽게 정기적으로 설명한다. "일자리를 창출하는 것은 부자들이 아닙니다"라고 벤처자본가인 닉 하나우어Nick Hanauer는 말한다. "더 많은 고용으로 이끄는 것은 소비자와 기업 사이의 생명의 순환처럼 돌고 도는 피드백 고리입니다. 그리고 여기서 수요와 고용의 증가라는 이런 선순환에 불을 댕기는 일은 오직 소비자만이 할 수 있습니다. 이런 점에서, 보통의 중산층 소비자는 나 같은 자본가보다 훨씬 더 많은 일자리를 창출하는 주역입니다." 교육과 사회기반시설에 대한 공공 투자는 중산층을 부양하는 데 더 큰 역할을 할 것이라고 하나우어는 주장한다.[11]

따라서 부자들이 돈을 벌 수 있었던 기반이 바로 공공 투자 덕분이라는 사실을 부자 스스로 이야기하면서 이 사회에 만연한 부자 신화에 구멍을 내는 데 기여한다면, 그들 자신이 진실을 전하는 메신저로서의 역할을 누구보다 더 잘할 수 있을 것이다.

애국적 백만장자들은 오늘날 세상의 지대한 관심을 불러일으키고 있다. 역설적이게도, 200명이 넘는 회원들 가운데 어느 누구도 자신이 애국적 백만장자로 알려지는 것을 반기는 사람은 없다. "그건 잘난 척하는 것 같고 꼴불견처럼 보입니다"라고 한 회원이 내게 말했다. "하지만 대의를 위해서라면 그런 부끄러움은 참을 의향이 있어요. 만일 그것이 정치적 서사를 바꾸는 데 도움이 된다면, 기꺼이 발로 뛰겠습니다."

백만장자의 세금을 올리는 정부의 계획은 현재 많은 주에서 진척되고 있다. 내 고향 매사추세츠주에서 나는 과세 등급이 하나밖에 없는 주 헌법을 개정하여, 100만 달러 이상 소득자에 대한 과세 구간을 하나 더 추가하는 작업을 하는 연합체의 일원으로 참여했다. 매사추세츠는 불평등 수준이 미국에서 최고인데다 가장 역진적인 과세 체계 가운데 하나를 가지고 있다. 연소득 22,000달러 이하로 전체 납세자의 20퍼센트에 해당하는 최저 소득 구간의 사람들은 주정부와 지자체에 10.4퍼센트의 세금을 내는 반면에, 연소득 860,000달러 이상인 상위 1퍼센트에 속하는 부자 납세자들은 그

들 소득의 6.4퍼센트에 불과한 세금만 낸다.[12]

　2018년 중간선거에서 이 문제가 주요 쟁점이 될 것이다. 애국적 백만장자들과 비즈니스지도자연맹Alliance for Business Leadership은 세금 인상에 찬성한다는 의견을 적극적으로 표명하고 있다.

　신발회사 스트라이드라이트Stride Rite의 전 최고경영자 아널드 하이아트Arnold Hiatt는 "세금이 악마처럼 묘사되고, 정부를 악마로 만들기 전에 우리는 한때 있었던 곳으로 돌아갈 때입니다"라고 말한다. 하이아트는 애국적 백만장자의 한 사람이자 매사추세츠 계획을 주도한 서명자들 가운데 한 명이다. 그는 미국에서 150,000달러 이상을 버는 사람들이 무려 소득의 70퍼센트를 세금으로 냈던 때를 기억하고 있다. "나는 기뻤습니다. 그런 세금을 낼 수 있는 위치에 있다는 것이 특권이라고 느껴졌어요."

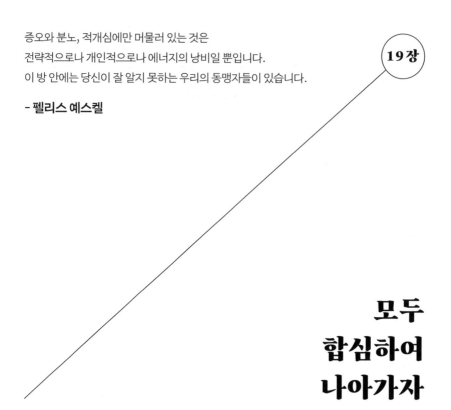

증오와 분노, 적개심에만 머물러 있는 것은
전략적으로나 개인적으로나 에너지의 낭비일 뿐입니다.
이 방 안에는 당신이 잘 알지 못하는 우리의 동맹자들이 있습니다.

- 펠리스 예스켈

19장

모두
합심하여
나아가자

    나는 지금 워싱턴 DC의 거리를 통과해 행진하는 붉은 셔츠들의 바다에 둘러싸여 있다. 평상시와 달리 11월인데도 따뜻한 날씨다. 나무들은 잎을 떨어뜨리고 앙상한 가지를 드러낸 지 오래되었다.

    약 6,000명의 사람들이 월스트리트의 금융 거래에 세금을 부과할 것을 요구하며 행진하는 시위를 벌이고 있는 현장이다. 샌님들의 엉뚱한 생각처럼 보이는 누진세 시행을 요구하는 대규모 시위 대열에 내가 끼어 있다는 사실이 가슴을 두근거리게 한다.

    나는 그동안 좋은 세금 아이디어와 관련해서 여러 차례의 공청회와 기자

회견, 끝없이 이어지는 회의들에 참석했지만, 수천 명의 시위대에 참여한 것은 처음이었다. 1년 전, 금융거래세를 제안하는 사람들의 총수는 교회 지하실 한 곳을 채울 정도밖에 안 되었다. 지금도 달라진 것은 없다.

전미간호사연합National Nurses United이 월스트리트 세금 부과를 그들 정책의 핵심의제로 정한 것은 상황 전개를 완전히 바꿔놓은 사건이다. 이 행진 대열 가운데 5,000명이 간호사들이며, 그들은 모두 붉은 셔츠를 입고 있다.

나는 이 대열을 따라 걸으며, 때마침 내 곁에서 걷고 있는 한 간호사와 대화를 나누기 시작했다. 나는 그녀가 어디 출신인지 물었다. 그녀는 이스턴 매사추세츠 발음으로 "톤턴Taunton인데요"라고 대답했다.

나는 "톤턴!" 하며 외쳤다. "톤턴에 아는 사람들이 많아요." 그녀는 자기 이름이 엘리너Eleanor라고 밝히며 모턴 병원 응급실에서 일한다고 알려주었다.

"근데 엘리너, 여기에 왜 왔어요?"라고 내가 물었다.

"음, 사실 어젯밤 7시에 교대 근무를 끝내고, 노동조합의 다른 자매들과 함께 버스를 탔어요."

나는 엘리너를 더 자세히 봤다. 그녀는 쉰 살쯤 되어 보이는 백인 여성으로 짧게 커트한 머리에 작은 은색 귀걸이를 하고 있었다. 주위의 다른 사람들처럼, 그녀도 노동조합 상징이 박힌 붉은 셔츠를 입고 있었다. 그녀의 셔츠 뒷면에는 "한 생명을 구하면 영웅이지만, 백 명의 생명을 구하면 간호사다"라고 씌어 있었다.

엘리너는 "미국을 치유하라: 월스트리트에 세금을 부과하라"라고 쓰인 현수막을 들고 있었다. "미국을 치유하라"에 대해서 이야기할 때 우리 간호사들보다 더 말을 잘할 사람이 누가 있겠는가?

"밤새도록 버스를 타고 오느라 별로 못 잤죠"라며 그녀는 웃었다. "우린 매우 들뜬 상태입니다. 행진이 끝나면, 의원들과 회의를 가질 예정이에요. 그러고 나서 톤턴으로 돌아가는 버스를 타기 전에 2시간 동안 자유시간을 갖기로 되어 있어요. 나는 스미소니언박물관에 갈 겁니다."

엘리너는 눈을 크게 뜨고 흰 돌로 쌓아올린 연방정부 건물들과 펜실베이니아애비뉴에 있는 백악관 분수대를 바라보았다. "워싱턴 DC에 와본 적이 없어요." 그녀는 빙그레 웃었다. "정말 멋진 동네군요."

"와, 그래요." 나는 그녀가 밤을 새워 버스를 타고 온 열정에 감탄하며 다시 물었다. "그런데 엘리너, 여기에는 왜 온 거죠?"

"아, 그건 간단해요." 그녀는 갈색의 두 눈으로 나를 똑바로 바라보며 말했다. "나는 그동안 불평등한 경제가 환자들의 몸을 타고 병원으로 들어오는 것을 지켜보았어요. 사람들은 지금 자신을 다치게 하고 사랑하는 사람들을 다치게 하고 있습니다. 한 사람이 두세 군데 직장에서 일을 하느라 나가떨어지는 바람에 다치는 사람들을 많이 봤어요. 그런 경제 때문에 신경 장애가 생겨서 스트레스성 질환으로 고생하는 사람들도 많이 봤죠."

엘리너는 잠시 걸음을 멈췄고 나도 따라 섰다. 행진 대열이 우리 주위로 지나갔다. 우리가 마치 거세게 일렁이며 흐르는 강 한가운데에 자리하고 있는 바위 같다는 생각이 들었다.

"몇 주 전에 내게 결정타가 된 사건이 터졌죠." 그녀는 놀랄 정도로 진지하게 나를 바라보며 말했다. "한 노인 남성이 심장마비 증세를 보이며 응급실로 들어왔어요. 나는 그를 환자이송용 들것에 눕히고 혈압을 재면서 몸 상태를 확인하는 차트를 작성하고 있었죠. 그에게 '토머스씨, 주소가 어떻게 되죠?'라고 물었어요."

엘리너의 두 눈에는 눈물이 치솟기 시작했다. "그는 가슴을 움켜잡으며 거의 속삭이는 듯한 목소리로 말했죠. '방금 집을 빼앗겼어요. 은행에 차압당했죠. 35년 만에 장만한……'"

그녀의 목소리는 갈라져 있었다.

"'……내가 가슴에 이렇게 통증을 느끼기 시작한 것도 다 그 때문입니다.'" 그녀는 자신의 가슴을 와락 움켜잡았다.

엘리너는 머리를 절레절레 흔들며 하늘을 바라보았다. "아시다시피, 완전히 무너져 내린 사람들을 보면 '젠장, 이 나라를 엉망으로 만들고 이 모든 사람들에게 상처를 입히고 있는 그 탐욕에 맞서서 무슨 일이든 해야지' 하는 생각이 들잖아요. 그냥 일만 하는 것으로는 충분치 않아요. 나는 버스에 올라타서 목소리를 높일 겁니다."

엘리너가 "버스에 올라타서"라고 말할 때 아주 격정적이고 깊은 울림이 있었다. 그녀는 살며시 미소를 지었고 우리는 대열에 합류하기 위해 다시 빠르게 걷기 시작했다. 나는 아무 말 없이 걷기만 했고, 엘리너는 뜻하지 않은 자신의 격정적 모습에 스스로 약간 당황스러워하는 것처럼 보였다.

"저기, 혹시 이 월스트리트의 세금 부과에 대해서 잘 아시나요?" 그녀의 목소리는 한결 더 쾌활해졌다. "우리가 금융 거래에 4달러당 1센트를 세금으로 부과한다면, 1년에 3,000억 달러 이상을 세수로 거둘 겁니다. 그 돈이면 모든 사람에게 적절한 의료 서비스를 제공하고 그 모든 압류도 중지시킬 수 있을 거예요."

나는 전에 읽은 모든 논문과 기사, 그리고 회의 내용을 떠올리며 "나도 그런 얘기를 들었습니다"라고 대답했다. "그것에 대해 좀 더 이야기해주세요."

그녀는 다시 걷기 시작하면서 "그건 정말 단순해요"라고 말하고는 우리의 최종 목적지인 미 국회의사당 쪽으로 난 도로를 쳐다보았다. "지나치게 많은 기만적 금융 거래는 우리에게 진짜 필요한 것들을 만들어내지 못해요. 우리는 거기에 세금을 부과해서 그 돈을 좋은 일에 써야 합니다." 우리는 계속 걸으며 이야기를 이어 나갔다. 한낮의 태양이 나지막이 출렁거리는 붉은 셔츠의 행렬 위로 내리비쳤다.

극단적 불평등을 뒤집기 위한 운동

나는 그날 내내 "엘리너가 버스에 올라탔다"라는 말의 의미를 흡족한 마음으로 계속해서 반추했다. 이것은 사람들이 그들의 주말 일정을 모두 접고 시위에 참가하기 위해 거리로 나설 정도로 분위기가 충분히 무르익었을 때 나타나는 운동의 모습이다.

앞으로 등장하게 될 불평등에 대항하는 운동은 "미국을 치유하라: 월스트리트에 세금을 부과하라"는 플래카드를 들고 행진하는 간호사들의 모습과 같아 보일 것이다. 정치인들에게 학자금 대출 채무 위기를 해결해달라고 압박하는 학생들과 최저임금 인상을 요구하는 패스트푸드 노동자들의 시위가 그런 양상을 띨 것이다. 그런 시위의 촉발은 가장 깊게 영향을 받은 사람들, 즉 그들이 이제 참을 만큼 참았고, 경제가 모든 사람을 잘살 수 있게 해야 한다고 결심한 노동계급과 소외된 공동체의 지도자들에 의해 불이 붙을 것이다.

이러한 운동에서 과연 부자들은 장해물이 될 것인가, 동맹자가 될 것인가? 나는 노동운동가 친구인 레스 레오폴드가 그의 저서 『폭주하는 불평등』에서 주장한 "경제엘리트들은 강력한 사회운동이 그들을 강제할 때만 권력과 부를 내놓을 것이다"라는 대목을 다시 떠올린다.

그러나 그것은 사실일까? 의미 있는 변화를 가져오기 위해서는 특권층에 대한 강제력이 반드시 필요한 것인가? 그것은 "경제엘리트"의 범주를 수천 명의 억만장자와 다국적기업 최고경영자들로 국한한다면, 아마 맞을지도 모른다. 그들은 자신의 "불로 특권"에 대해서 가만히 앉아서 찬찬히 돌아보고 있을 사람들이 아니기 때문이다. 그러나 부유층 동네를 포함해서 리치스탄 동네에 사는 모든 부자들을 생각한다면, 거기에는 우리의 동맹자가 될 수 있는 사람들이 많이 있을 수 있다.

역사적으로 특권층 사람들이 인간을 억압하는 제도들, 즉 노예제나 인신매매, 아동노동 같은 악습에 맞섰던 사례들이 많이 있다. 역사학자 애덤 호크실드Adam Hochschild는 영국의 노예 반대 운동과 벨기에령 콩고에서의 노예 노동에 맞선 최초의 인권 운동을 기록했다. 벨기에의 왕 레오폴트 2세에 맞선 1902년 운동은 벨기에 왕의 강제 노동에 예속되어 있던 콩고인들과 영국인들 사이의 연대를 보여준 사례였다.[1]

압제에 저항하는 이런 운동들은 특권층 내에 있는 동맹자들과 함께 진행한다면 더 효과적이지 않을까? 100년 전, 농촌의 민중주의 농민들과 도시 노동자들의 강력한 운동은 1차 도금시대의 극단적 불평등에 맞서 일어난 것이었다. 그러나 그들은 부분적으로 특권층 진보주의자들과 심지어 일부 금권정치가들의 지원을 받아 아동노동과 기업합병을 막고 공공은행과 기업 규제, 사회복지와 관련된 제도를 수립할 수 있었다. 산업자본가 앤드루 카네기와 시어도어 루스벨트 대통령이 부자들에게 과세하는 것을 열렬히 지지한 것은 바로 이런 이유 때문이었다.

미국 역사를 통틀어, 부유한 급진주의자와 경제적으로 번창하는 진보주의자들은 근본적인 사회 변화를 위해 돈을 기부했다. "밍크 여단"이라는 별명을 얻은 한 특권층 여성 집단은 여성노동자들이 노동조합을 결성하는 데 자금을 제공했고, 그들과 시위 대열에 함께 했다. 앤 모건Anne Morgan은 그 밍크 여단 소속 특권층 여성이었는데, 그녀는 월스트리트 금융자본가 J. P. 모건의 딸이었다. 1911년 3월, 146명의 여성노동자가 죽은 트라이앵글셧웨이스트Triangle Shirtwaist 공장 화재 사고가 일어나고 며칠 뒤, 모건은 희생자들을 추모하고 뉴욕의 부자들을 동원해 뉴욕주의 이정표가 될 만한 노동법을 통과시키기 위한 회의를 열고자 메트로폴리탄 오페라하우스를 빌렸다.[2]

이렇듯 시민권과 여성의 권리를 포함하는 인권 운동은 "억압자 집단들" 사이에서의 전략적 동맹 관계를 내포한다. 그리고 역사적으로 특권층 내부의 분열로 사회 운동이 억압받지 않고 번창할 수 있는 정치적 공간이 만들어진 사례는 수없이 많다.

랠프 네이더의 소설 제목인 슈퍼리치만이 우리를 구할 수 있다는 생각은 틀렸다. 오히려 "우리를 구할 수 있는 것은 우리 자신밖에 없다. 그러나 우리에게 슈퍼리치 동맹자가 있다면, 그 일은 더 빨리(그리고 덜 폭력적으로) 일어날 것이다"라고 말하는 것이 더 정확한 표현일지 모른다.

방 안에
동맹자들이 있다

특권에 대해서 내가 아는 것의 대부분은 나의 절친한 협력자였던 펠리스 예스켈 같은 동행하는 노동계급 운동가들로부터 배운 것이었다. 그녀는 내가 다른 줄에 서 있을 때 내게 그걸 지적하는 것을 전혀 주저하지 않았다. 그러나 그녀는 대체로 나를 친구와 동지로서 좋아했다. 우리는 서로 다른 우리의 사회화 과정이 각자의 세계관을 어떻게 훈련시켰는지 이해하고 있었다.

예스켈은 계급에 대해 사람들과 이야기하는 것에 관심이 있었기 때문에,

우리의 불평등한 경제 체제가 야기한 내부의 상처와 외부의 폭력에 대한 개인사를 많이 들었다. 그녀는 방송의 시사평론가들이 불평등과 관련된 우리의 노력을 부유층을 상대로 계급 전쟁을 조장하는 것이라고 일축할 때 그것을 재미있어 했다. "나는 그들을 실제로 무슨 일이 일어나는지 그곳에 데려가고 싶어요"라고 그녀는 빈정거리며 말했다. "그리고 우리의 전 지구적 계급 전쟁과 빈곤의 실제 희생자들을 그들에게 소개하고 싶어요. 가능하다면, 그들을 응급실이나 실업 업무를 관장하는 정부기관, 절망적인 식탁으로 데리고 갈 겁니다."

나는 그녀가 어떻게 부자들에 대해서 거의 증오나 적개심을 나타내지 않는지에 충격을 받았다. 그녀는 인류학적 의미에서 사람들이 영위하는 삶에 대해 궁금해 했다. 그리고 때때로 계급 특권이 사람들을 어리둥절하고 혼란스럽게 만드는 것처럼 보이는 방식에 분노하기도 했다. 그러나 부자를 계급이나 개인으로서 미워하지는 않았다.

우리는 1995년에 '공정 경제를 위한 연합'이라는 단체를 공동으로 설립했을 때, 계급과 불평등 심화에 대한 프로그램들을 함께 진행하는 경우가 자주 있었다. 그러면서 종종 부자들에 대한 분노와 적개심으로 가득 찬 사람들과 마주치곤 했다. 예스켈은 상처받고 분노한 사람들을 존중하면서, 그들이 쏟아내는 모든 감정을 껴안을 줄 아는 뛰어난 능력을 가지고 있었다. 그것을 개인적 문제로 받아들이곤 하던 나로서는 그러기가 어려웠다. 게다가 그 공격은 실제로 매우 개인적인 경우도 있었다. 어떤 이는 노골적으로 이렇게 말했다. "나는 당신을 증오합니다. 당신이 부자로 태어났기 때문에 나는 당신을 결코 좋아하지 않을 겁니다."

예스켈은 내게 "스스로 표적이 되는 것을 받아들여요. 사람들이 그들의 감정을 표출하게 놔둬요. 귀를 기울여 듣고 마음에 새겨요. 하지만 그것을 절대 개인적으로 받아들이지 말아요. 그것은 반드시 거쳐야 할 치유 과정 중의 일부이기 때문입니다"라고 일러주곤 했다.

물론 그녀의 말은 옳았다. 내가 표적이 되는 것을 즐겼다고 말할 수는 없지만, 이제는 그런 상황이 와도 별로 두렵지 않다. 그리고 그것이 항상 내 개인이나 내 행동을 두고 하는 말이 아니라는 것도 알게 되었다.

"출생 환경으로 당신을 판단하는 사람들을 조심하세요"라고 예스켈은 말하곤 했다. "당신이 어찌할 수 없는 것을 가지고 당신을 싫어하는 사람이 있다면, 그것은 편견입니다. 그것은 내가 공공주택에서 태어났거나 유대인 태생이라서 당신이 나를 좋아하지 않는다고 말하는 것과 같은 겁니다. 중요한 것은 우리가 살면서 무슨 일을 하느냐 하는 것이며, 우리가 스스로 책임져야 하는 모든 일입니다."

예전에 한 대학의 연수 과정에서 자칭 급진주의자라고 하는 사람이 우리가 불평등에 접근하는 방식에 대해 비난을 퍼부었다. "당신들은 동맹을 맺자고 하면서 부자들에 대한 증오를 희석시키고 있군요. 우리는 부자들에 맞서 싸우는 계급 전쟁을 위해 사람들을 동원해야 합니다. 그들은 악이며 우리와 손을 맞잡을 수 없는 곳에 있어요."

"그래서 당신은 어떻게 그 일을 하고 있나요?"라고 예스켈이 침착하게 물었다.

그녀는 "그건 중요하지 않습니다. 불에는 불로 싸워야 합니다"라고 운을 떼며 대답을 이어갔다. 그녀는 예스켈이 손을 들어 발언을 제지할 때까지 몇 분간 더 분통을 터뜨렸다.

"어떤 사람들은 문제를 효과적으로 해결하려 들기보다는 그냥 화가 난 상태로 있고 싶어 합니다"라고 예스켈은 말했다. "그건 당신의 권리입니다. 개인적으로 나는 시스템을 바꾸고 싶습니다. 증오와 분노, 적개심에 머물러 있는 것은 전략적으로나 개인적으로 에너지의 낭비라고 나는 생각합니다. 그것은 육체적으로 당신을 아프게 해서, 결국에는 기력이 바닥난 상태에서 화를 참지 못한 채 죽고 말 겁니다. 당신이 지적한 것은 또한 정확하지도 않아요. 사람들은 생각보다 더 복잡합니다. 이 방 안에는 당신이 잘 알지 못하는 동맹자들이 있어요. 그리고 당신의 분노는 당신을 전략적이지 못하게 하고 동맹을 형성하지도 못하게 하고 있어요.”

그 여성은 방 안을 둘러보더니 조용히 자리에 앉았다.

예스켈과 나는 정기적으로 토론을 벌였다. 나는 “부자들이 정말로 불평등이 줄어들기를 바란다면, 그들은 그냥 덜 부유해지면 되지 않을까요? 다시 말해서, 그냥 물질적 특권과 부, 그것에 대한 정당화 같은 것을 포기하면 안 되나요?”라고 묻곤 했다.

그러면 예스켈은 깊이 생각하고 나서 대답하곤 했다. “음, 다른 사람들에게 그들이 무엇을 해야 하는지 이야기하는 것은 아주 쉬운 일이죠. 그러나 특권을 포기한다는 것이 구체적으로 무엇을 의미할까요? 최근에는 내가 백인의 특권을 모두 포기했는지, 그것은 어떻게 보일지에 대해서 생각하려 애쓰고 있어요.” 타인에 대한 깊은 공감 능력을 가진 예스켈은 자신이 스스로 생각하지 않았던, 다른 사람들이 어떻게 해야 한다고 규정하는 행동은 일체 하지 않았다.

나는 “하지만 부와 계급에는 뭔가 특별한 것이 있어요. 엄청난 자산과 권력은 태생적으로 억압적이거든요”라고 주장하곤 했다. “그것 때문에 사람들이 계속해서 상처를 입는 것은 아닐까요?”

그러면 그녀는 “아뇨, 그건 다른 문제라고 생각해요”라고 말하곤 했다. “부와 권력이 재분배되지 않는 한, 시스템을 고칠 수 없어요. 거기가 바로 개인의 변화와 시스템의 재설계가 교차하는 지점입니다.”

부자를 집으로 초대하기

"99퍼센트의 사람들은 상위 1퍼센트의 사람들을 어떻게 봐야 할까요?" 보스턴칼리지의 사회학 교수인 친구 찰리 더버Charlie Derber가 물었다. 더버는 현역으로 있는 교수 중에서 내가 여태껏 보았던 최고의 선생님이다. 그는 학부에서 상호 토론하는 세미나 수업을 진행하면서 학생들이 몇 시간을 집중하게 만드는 능력이 있다. "99퍼센트에 속하는 사람들에게 여러분은 뭐라고 말한 건가요? 그들이 어떤 행동을 취해야 한다고 여러분은 생각합니까?"

나는 이 책에서 대개 상위 1퍼센트에 속하는 나 같은 부자들에 주로 초점을 맞췄다. 이제 나는 불평등과 생태 파괴를 줄이고 99퍼센트 사람들의 힘을 늘리기 위해 사회 운동을 조직하며 지난 30년을 보낸 한 사람으로서 이야기하고자 한다. 나는 99퍼센트에 속한 나의 친구들에게 다음과 같이 촉구한다.

- 최악으로 치닫고 있는 약탈적이고 착취적인 자본주의로부터 우리 자신을 지키고, 인종적·경제적 공평성과 회복력을 확보하기 위해 우리의 공동체들을 조직하라.
- 우리 안에 존재하는 1퍼센트, 즉 전 세계 다른 나라 사람들에 비해 여러 측면에서 우리 미국인이 유리한 조건에 있으며 특권을 가지고 있다는 사실을 인식하라. 그것을 활용해서 우리의 전략을 세상에 알려라. 공감 속에 진행하라.
- 고립되고 단절된 상위 1퍼센트 사람들에게 손을 내밀어, 존중과 공감을 바탕으로 그들과 진정한 관계를 맺어라.
- 부자들을 집으로 초대해서, 그들의 투자 자본과 자선 기부, 사회적 네

트워크, 그리고 그들 자신의 해방 및 행복과 관련된 개인적인 깊은 이해관계를 지역으로 유치하기 위한 여러 기회들을 조성하라.

우리의 공동체 지키기

오늘날 우리의 경제 체제는 당신과 당신이 사랑하는 사람들, 그리고 전 세계 많은 사람들에게 폭력을 가했을 수 있다. 과거의 노예제나 대량 학살에 대한 제대로 된 대응이 불가능한 것처럼, 이러한 폭력에 대해서 적절한 사과를 받을 방법은 전혀 없다.

착취적 자본주의는 다양한 방식으로 사람들을 쥐어짜서 돈을 빼앗아가고 더 오랫동안 일을 시키되 대가는 더 적게 지불하려고 애쓰고 있다. 그것은 한때 신성하고 사적이었던 것을 포함해서 모든 것을 상품화하여, 무엇이든 돈을 내고 사게 만듦으로써 사람들을 갈취하는 것이다.

만일 당신이 지난 몇 년 동안 민간항공사 비행기를 탄 적이 있다면, 우리는 거기서 약탈적 자본주의를 은유하는 장면들을 포착해낼 수 있다. 항공사들은 우리를 신체적으로나 경제적으로 쥐어짜고 있다. 그들은 이제 일등석 승객들에게 새로운 특전을 추가로 더 제공하지 않는다. 그리고 예전에 이등석 승객들에게 무료였던 발을 뻗을 수 있는 공간이나 간식, 영화, 위탁 수화물 서비스도 유료로 돌리고 있다. 이등석 승객들은 자기 공간을 더 차지하기 위해 서로 거칠게 몸을 밀치고 화를 내다가, 때로는 기내 난동으로 폭발하기도 한다.

약탈적 자본주의는 당신의 타고난 권리인 것들—예컨대, 깨끗한 물 사용—을 빼앗아간 뒤, 다시 그것을 당신에게 팔아서 이윤을 챙기기에 혈안이 되어 있다. 글로벌기업들의 사업 모델은 자기네 비용을 당신과 지구에 전가하는 것이다. 그들은 당신이 더 많이 지불하기를 원한다. 그래야 자신들이 덜 내기 때문이다. 그들은 자기네 저임금 노동자들이 응급실에 실려가는 비용을 당신이 내는 세금으로 충당하기를 바란다. 그래야 그들의 노동자들에게 합당한 임금을 지급하지 않아도 되고, 복지혜택을 제공하지 않아도 되기 때문이다. 그들은 당신이 줄을 길게 늘어서서, 양식을 작성하고, 순서를 기다리는 데 많은 시간을 허비하기를 바란다. 그래야 그들의 비용을 절감할 수 있기 때문이다. 그들은 자기네가 생산한 오염물질 같은 외부효과들을 우리의 공유지 마당에 그냥 내다버리고 싶어 한다. 그래야 그것의 처리비용을 지불할 필요가 없기 때문이다.

우리는 최악으로 치닫고 있는 약탈적이고 착취적인 자본주의로부터 우리 자신을 지키기 위해 사회 운동을 조직하고, 기업의 침해에 저항하기 위해 계급과 인종을 초월하는 동맹관계를 구축해야 한다.

우리 안에 존재하는 1퍼센트

이런 동맹을 구축하기 위해서는 우리 모두의 안에 존재하는 1퍼센트, 즉 미국에 살고 있는 우리 대다수가 여러 측면에서 전 세계 다른 나라 사람들에 비해 유리한 조건에 있으며 특권을 가지고 있다는 사실을 인식해야 한다. 이 때문에 우리는 이러한 자본주의의 만행을 눈을 크게 뜨고 바라보는 동시에, 이런 상황에서 우리 자신의 역할과 이 체제들과의 협력이라는 복잡한 관계를 염두에 둬야 한다.

기후 변화와 해수면 상승으로 농사지을 땅을 잃은 방글라데시 농부의 곤경에 대해서 최근에 생각해본 것이 언제인가? 당신이 평생을 화석연료를 태우는 탓에 기후 난민이 될 그들의 자식에 대해서 최근에 생각해본 적이 있는가? 눈에 안 보이면 관심도 멀어진다는 속담은 우리 대다수에게 해당되는 말일 것이다. 방글라데시 농부들이 볼 때, 우리 대다수는 글로벌 엘리트층으로, 전 세계 자연자본 가운데 우리에게 할당된 몫보다 더 많은 양을 소비하는, 그래서 그들의 일상생활에 엄청난 타격을 입힌 강력한 힘을 가진 장본인들이다.

우리가 미국의 상위 1퍼센트에 대해서 내리는 모든 판단은 미국에 사는 우리 대다수와 관련이 있다. 당신은 강요받지 않는 한, 풍요로운 산업사회에 사는 것을 결코 포기하지 않을 것인가? 아니면, 누가 당신과 관계를 맺고 그들이 당신과 어떤 식으로 관계를 맺느냐에 따라 생각이 달라질 수 있는 건가? 우리 대다수는 우리가 만일 관계의 사슬을 완전히 이해한다면, 확실히 다른 선택을 할 것이라고 믿는다.

공감 속에 진행하라

부자들은 너무도 많은 특전과 특권, 안락함에 둘러싸여 있기 때문에, 그들이 짊어지고 가는 상처들을 보고 존중하기는 어렵다. 그러나 그들에게도 상처가 있으며, 때로는 어둠 속에 있기도 한다. 고통스러운 깊은 단절과 소원함이 있는 가족들이 있는데, 그들 가운데 많은 이는 높은 지위와 돈에 대한 끊임없는 추구와 관련이 있다.

소설가이자 전직 투자 은행가인 마이클 토머스Michael Thomas는 〈뉴욕타임스〉에 자신이 특권층으로 자란 이야기에 대한 책을 쓰게 된다면, 제목을 "부모 있는 고아"라고 정할 거라고 말했다. 그 의미는 그가 "부유층 사교클럽, 최고의 학교와 같은 돈으로 살 수 있는 많은 것들이 있음에도 불구하고, 이런 부자들의 세상에 태어난 사람들에게는 부모와 긴장 관계를 유발시키

고 아이에게 영원히 상처로 남을 수 있는 극심한 고독감이 늘 있습니다"라고 말한 것에 담겨 있었다.[3]

2015년 1월 초, 뉴욕의 부자 사회는 큰 충격에 빠졌다. 서른 살의 토머스 스트롱 길버트 주니어Thomas Strong Gilbert Jr.가 헤지펀드 매니저인 동명의 그의 아버지 사무실에 들어가서 아버지를 살해했는데, 살해 이유는 아버지가 그의 용돈을 줄였기 때문인 것으로 드러났다.

까놓고 말하면, 이것은 상위 1퍼센트 사람들이 사회적 지위의 하강 이동과 신분 혼란에 대해 얼마나 심각한 압박감을 느끼는지와 관련된 이야기다. 일흔 살의 아버지 토머스는 점점 성장 중이었지만 당시 뉴욕 금융계에서 여전히 피라미에 불과했던 새로운 헤지펀드를 개시하기 위해 주중과 주말 가리지 않고 하루 12시간씩 일을 하고 있었다. 그의 가족은 더 작은 집으로 규모를 줄여서 막 이사한 상태였다. 반면에 직업을 갖고 일할 준비가 되어 있지 않았던 아들 토머스는 화를 참지 못하고 폭력을 휘둘렀다. 최고의 변호사와 병원 치료도 토머스 주니어를 원상태로 돌려놓지 못했다.

부자 부모들은 자식들이 사회적 지위가 하락하는 고통을 겪을까 봐, 그리고 자식들의 실패가 그들에게 부담으로 돌아올까 봐 두려워한다. 부자 동네와 사립학교에서는 "제대로 된 학교"에 가서 대학을 준비하는 것이 고등학교 학생과 부모들의 가장 중요한 화두가 된다.

그 압박감은 상상을 초월한다. 한 사립여학교에서 취학지도를 하는 내 친구 한 명은 자녀들의 학업 성적을 올리고, 다각적으로 경쟁력을 높이고, 그들이 명문대 입시 사정에서 돋보이게 하려는 가족들의 엄청난 압박에 시달리고 있는 여학생들의 이야기를 내게 들려준다. 그 결과 그들은 약물을 과다 복용하거나 심지어 자살하기도 하는데, 신체적으로나 정신적으로나 심한 우울증에 빠지고 만다.

우리를 오랫동안 잊고 지냈던 당신네 대가족의 일원으로서 대하라. 우리를 안정되고 가족 간 유대가 돈독한 노동계급 공동체에서 데려온 아이들이라고 상상해보라. 거기서는 우리를 매우 다르게 양육하고 우리에게 생활에 유용한 기술들을 가르쳤을 것이다. 또 반대로 우리를 가식과 단절과 사회적 신분 자랑의 세계로 재배치된 아이들이라고 상상해보라. 온갖 맛있는 것을 부족함 없이 먹고, 스스로 젠체하며 자신은 그럴 만한 자격이 있다는 신화 속에서 자란 우리는 개개인의 가치가 우리의 경제적 순자산과 연결되어 있고 우리가 앞으로 큰일을 할 사람이라는 이야기를 늘 듣고 자란 아이들 말이다.

어렸을 때, 우리 주변의 어른들에게 빈부 격차에 대해 물으면, 우리는 대개 가난한 사람들이 그렇게 살 수밖에 없다는 틀에 박힌 이야기와 신화 같은 노골적인 거짓말을 들었다. 그 사람들은 "열심히 일하지 않고 (…) 아이를 너무 많이 낳고 (…) 술이나 도박에 중독되었고 (…) 야망이 없고 (…) 잘못된 결정과 선택을 했고 (…) 자제력이 부족하다." 이것들은 모두 우리가 다른 사람들보다 훨씬 더 많이 가지고 있는 것에 대해서 죄책감은커녕 그것을 떨쳐버리려고 합리화하는 말들이었다.

어렸을 때, 우리는 암묵적으로든 명시적으로든 우리 아닌 세상의 다른 사람들을 두려워하고 불신하는 이야기를 들었다. 사기꾼이나 강도처럼 우리의 돈을 빼앗아가려는 사람들을 조심하라는 이야기를 듣고 자랐다. 그리고 우리와 가장 가까이 있는 사람들의 동기에 대해서 경계심을 가지라는 말도 들었다.

그 결과 우리는 나이가 들어가면서 점점 마음을 닫아걸게 된다. 우리와 서로 다른 환경에 있는 사람들 간의 거리는 더욱 멀어진다. 부유한 사람들이 부유하지 않은 사람들과의 진정한 관계 맺음을 최소화하면서 물리적 고립과 단절은 점점 더 심해진다.

두려움도 자꾸 더 자란다. 최고의 특권층조차도 세상을 불안전한 곳으로 여긴다. 일부 부자들은 자신이 지금까지 썼던 것보다 더 많은 돈을 자신만이 아는 은밀한 계좌에 채워두는 수전노처럼 되고 있다. 부자 부모들은 아이들 주위로 높은 벽을 쌓는다. 그것이 아이들을 보호할지는 몰라도 세상의 고통과 수고, 변화무쌍함과 단절시키는 결과를 초래할 것이다. 그들은 또한 사람들이 서로 어울려 멋진 조화를 이루는 공동체로부터, 그리고 기쁨과 칭찬 같은 공동체 회복의 원천들로부터 아이들을 격리시킨다. 단절과 두려움의 악순환은 끊임없이 이어진다.

당신이 누군가의 이야기를 알게 되면 그를 미워하기는 어렵다. 호혜의 정신으로 당신 자신의 이야기를 남들과 공유하면서, 동시에 가면 뒤에 숨겨진 이야기들에 귀를 기울이는 일은 매우 중요하다. 이와 관련해서 몇 가지를 제안하고자 한다.

부자들과 관계를 맺어라. 고립되고 단절된 상위 1퍼센트 사람들에게 손을 내밀어, 존중과 공감을 바탕으로 그들과 진정한 관계를 맺어라. 이것은 쉽지 않을 수 있다. 돈 많고 권력을 가진 사람들은 그 밖의 다른 사람들과 의도적으로 거리를 둬왔기 때문이다. 우리가 상위 1퍼센트의 사람들에게 그들과 같은 부류의 사람들과 함께 조직을 만들 것을 권장하는 것도 바로 이런 이유 때문이다.

관계 맺음. 부와 권력을 가진 사람들과 두려움 없이 직접 관계를 맺고 대화를 나누는 것의 힘을 무시하지 말라. 기회가 된다면—그곳이 거리든, 주주총회 자리든, 엘리베이터 안이든, 당신에게 닥친 어떤 환경에서든—글로벌기업들을 소유하고 지배하고 있는 상위 1퍼센트의 부자들과 관계를 맺으라. 존중과 공감으로 관계를 맺기 위해 그들 내부로 들어가되, 그들이 자신들의 권력에 대한 책임을 느끼게 하라.

변화에 대한 압박. 부와 권력을 가진 사람들은 지금의 시스템을 바꿀 수 있는 엄청난 힘과 책임이 있다. 그러나 그들이 특권을 누리고 있는 안락한 장소에서 그들을 밖으로 끌어내어 오늘날 인류에게 닥친 문제를 해결하기 위한 광범위한 투쟁에 합류하도록 하는, 변화에 대한 압박이 그들에게 필요하다. 이러한 접근방식은 처음에 증오에서 시작되었든, 아니면 사랑이나 열정에서 시작되었든, 모든 것을 바꿀 것이다. 그 일은 쉽지 않을 것이며, 엄청난 창의력과 용기를 요구할 것이다.

당신은 또한 부자들이 시스템을 바꾸는 것에 무력감을 느끼고 있음을 발견할지도 모른다. 그들은 그 밖의 다른 사람들이 도저히 감당할 수 없는 위험을 무릅쓸 수 있는 능력을 포함해서, 인구의 99퍼센트보다 더 많은 힘을 가지고 있다는 사실을 상기시켜줄 필요가 있다.

극단적 불평등을 뒤집고 기후 재앙을 모면하기 위해, 우리는 조금 다른 전략을 쓸 필요가 있다. 우리에게 의지만 있다면, 다시 말해서 우리가 피라미드의 맨 꼭대기에 있는 사람들의 인류애를 전적으로 인정하는 접근방식을 구사한다면, 우리의 시스템을 더 빨리 바꿀 수 있을 것이고, 99퍼센트의 사람들도 더 나은 "보상"을 받을 것이다.

"우리가 만일 뉴욕시티에 있는 앨리스 월튼Alice Walton(월마트 창업자 샘 월튼의 상속자로, 미국에서 여성으로서는 최고의 부자 - 옮긴이)의 집에서 단식농성을 벌였다면 어땠을까?" 한때 펠리스가 큰소리로 물었다. "우리가 만일 '부를 공유하라'라고 쓰인 피켓을 들고 거기에 서 있었다면 어땠을까?"

"아니, 어쩌면 우린 가게에서 산 것이 아닌, 우리가 직접 만든 잼이나 공예품 같은 선물을 들고 나타나야 했을지도 몰라요"라고 말하며 그녀는 싱긋 웃었다. "선물을 주되, 대가를 요구하지 말라. 우리는 '부자를 잡아먹는'

대신에, 그들을 점심에 초대해서 우리 공동의 문제들을 해결하기 위해 그들의 자본과 기술을 사용하도록 요청해야 합니다."

맺음말: 나는 블룸필드힐스 출신이다

모든 진정한 변화는 세상 사람이 늘 그렇게 생각했던 것처럼 세상의 붕괴,

정체성을 부여했던 모든 것의 상실, 안전의 종말을 암시한다.

그리고 그런 순간에는 미래가 이제 무엇을 가져다줄지 알 수 없고

감히 상상하지 못하기에, 사람은 자신이 기존에 알고 있던 것,

또는 자신이 간직하고 있다고 꿈꿨던 것에 매달리기 마련이다.

한 사람이 비통함이나 자기 연민에 빠지지 않고 자신이

오랫동안 간직했던 꿈이나 자신이 오랫동안 소유했던 특권을 포기할 수 있는 때는

오로지 그가 더 큰 꿈을 위해, 더 거대한 특권을 위해 자신을 해방시켰을 때다.

― 제임스 볼드윈James Baldwin

"당신은 우리를 자랑스럽게 하는군요." 내가 걸음마를 뗄 때부터 알고 지냈던 론 프레더릭Ron Frederick이 말했다. "나는 일평생 살면서 불평등한 부의 시스템을 바꾸기 위한 노력을 많이 하지 않았어요. 그런데 아직 늦은 게 아니군요. 당신이 내게 영감을 주었어요."

론은 팔십대 중반이었다. 나는 40년 넘게 그를 보지 못했다. 그러나 그는 내가 십대 때 보았던 넉넉한 미소와 따뜻한 품을 그대로 간직하고 있었다. 일요일이면 우리 가족은 교회에 함께 갔다가 예배가 끝나면 모두 함께 아비스 패스트푸드 체인점에 갔다. 우리는 여러 차례 함께 휴가를 갔는데, 푸에르토리코로 모험 여행도 같이 간 적이 있었다.

나는 마침내 집으로 돌아왔다. 1990년부터 살았던 보스턴의 내 동네가

아니라, 어릴 적 내가 자랐던 미시간주 블룸필드힐스의 집으로 말이다. 나는 "불평등의 심화"를 주제로 지역의 한 교회에서 강연해달라는 제안을 받았다.

블룸필드힐스. 맙소사, 내가 여기 출신이라는 것이 부끄러웠다. 사람들이 내게 어디서 자랐냐고 물으면, 나는 대개 "디트로이트 지역"이라고 답하곤 했다. 더 자세히 말해달라고 하면, "로열오크"나 "버밍햄"이라고 했다. "블룸필드힐스"라는 단어를 내뱉을 자신이 도저히 없었기 때문이다.

블룸필드힐스는 미국 중서부 북쪽 지역에서 가장 부유층 동네 가운데 한 곳이다. 우편번호 48304는 블룸필드힐스 컨트리클럽에서 내가 캐디로서 골프채를 들고 쫓아다녔던 디트로이트 자동차 부호들과 기업체 최고경영자들의 본거지다. 인종적 다양성이라고 해봐야 가수 아레사 프랭클린Aretha Franklin이나 전 디트로이트 피스톤스 프로농구팀의 아이제이아 토머스Isiah Thomas처럼 역시 부유한 극소수의 흑인 부자들, 그리고 낮에는 사람들 시중을 들고 집 안팎을 관리하며 일하고 저녁이 되면 퇴근하는 유색인 가정부들이 전부였다.

미시간주에서 블룸필드힐스는 "부유함"을 상징하는 말이다. 미시간주 플린트에서 일어난 수질 오염 사태와 관련한 어느 폭로기사에서, 기자들은 주정부 공무원들이 대부분 라틴계, 아프리카계 미국인인 플린트 주민들에 대해서 보여준 환경적 인종차별을 비판했다. 한 선출직 주 하원의원은 "만일 블룸필드힐스에 수질 오염 사태가 발생했다면, 주정부가 대응 조치를 취하는 데 그리 오랜 시간이 걸리지 않았을 것입니다"라고 비난했다.

그렇게 나는 여기, 개인적으로 불만이 많고 수치스럽고 조롱의 대상이었던 내 고향에 와 있었다. 나는 강단 근처에 앉아 있었다. 160명이 넘는 사람들이 강연을 들으러 입장하고 있었는데, 앉을 자리가 없어 추가로 임시

의자들이 마련되고 있었다.

내 뒤로 몇 줄 떨어진 곳에 다섯 살 때 가장 친한 친구였던 롭 헨드릭슨 Rob Hendrickson이 앉아 있었다. 어렸을 때 그와 함께 동네 숲을 탐색하기도 하고, 바자회도 준비하고, 자전거를 타고 온 동네를 돌아다니며 많은 모험을 즐겼다. 롭의 큰누나 킴은 한번은 벌판에 나가 구석으로 데리고 가더니 "야, 너희들, 담배 피우고 싶니? 정말 기분 좋다고. 이렇게 하면 돼"라고 말했다. 그녀는 담배 두 개피에 불을 붙이고 할 수 있는 한 숨을 크게 들이마시라고 우리에게 가르쳐주었다. 우리는 그녀가 시키는 대로 숨을 깊이 들이마시며 태어나서 처음으로 담배를 맛보았다. 둘 다 곧바로 숨이 막히고 속이 울렁거리면서 적어도 둘 중 한 명은 토했던 것으로 기억된다. 그 뒤로 우리는 둘 다 다시는 담배에 손을 대지 않았다.

내가 초등학교 3학년 때부터 기억하는 캐롤도 거기에 왔다. 브룩사이드 초등학교로 전학 온 첫날 나를 반갑게 맞이해주던 그녀의 따뜻함과 친절함이 문득 떠올랐다. 그녀는 디트로이트에서 유명한 백화점 창업주 가운데 한 명의 손녀였다. 그녀는 여전히 그 지역에 살고 있었고, 예전의 우리 고등학교 친구들과 가깝게 지내고 있었다.

6학년 때 국어 교사였던 클라크 여사도 참석했는데, 당시에 그녀는 우리의 생각과 새로운 착상, 경험한 일들을 일기로 쓰도록 독려해주었다. 특별한 날에는 유도라 웰티Eudora Welty, 존 스타인벡John Steinbeck, 이탈로 칼비노Italo Calvino 같은 소설가의 글들을 우리에게 큰소리로 읽어주었다. 그녀는 우리에게 지적 수준을 높게 유지할 것을 요구하며 "여러분은 책을 읽고 또 읽고 계속 읽어야 합니다!"라고 촉구했다. 클라크 여사는 우리 브룩사이드 교외 지역 아이들을 데리고 업랜드힐스농장Upland Hills Farm으로 현장학습을 가서 젖소의 우유를 짜보게 해서 우리가 먹는 음식이 어디서 생산되는지 생각할 시간을 갖게 해주었다. 그녀는 우리에게 새로운 지평을 열어준 훌륭한 선생님들 가운데 한 분이었다.

더 많은 예전의 학교 동창들과 은퇴한 선생님들, 부모님의 친구 분들, 그리고 내가 살았던 스틸미도우 단지 주민들이 교회당 안으로 들어왔다. 그들은 1월의 눈 내리는 추운 겨울밤, 부의 불평등에 대한 내 강연을 듣기 위해 자리를 채우고 있었다.

내 뿌리가 블룸필드힐스라는 것을 밝히는 것으로 나는 말문을 열었다. "여러분들 가운데 일부는 내가 죄책감과 계급 전쟁을 선동하지 않을까 걱정하고 계실지 모릅니다." 청중들이 불안한 표정으로 웃었다. "그리고 또 다른 분들은 내가 그렇게 하지 않으면 실망할지도 모릅니다."

나는 우리가 처해 있는 현실, 극단적 불평등과 기후 변화의 문제들에 대해서 이야기했다. 이 책에서 내가 자세히 거론한 이야기들이었다. 나는 우리가 사회적 힘들의 "끔찍한 조합"에 직면하고 있을 수 있다는 가 알페로비츠Gar Alperovitz의 경고도 인용했다. 사회가 경제적으로나 생태적으로 위태롭고 불안정한 새로운 국면으로 진입하면서, 우리는 사회적·정치적 격동이 그 뒤를 이을 것이라고 예상할 수 있다. 당시 도널드 트럼프가 여론조사에서 앞서고 있는 상황에서, 나는 사람들이 생활수준의 붕괴를 우려하면서 그 희생양을 찾으려고 할 때, 양극화된 경제가 어떻게 정치를 양극화하는지에 대해 이야기했다. 지나친 부의 불평등은 기존의 불안정한 경제를 훨씬 더 악화시킬 거라고 했다.

강연이 끝나고 청중과의 토론 시간에 수십 명의 사람들이 연이어 사려 깊은 질문과 의견을 제시했다. 한 남성은 "상위 1퍼센트에 속하는 사람들은 이러한 추세가 그들의 삶을 약화시키고, 그들이 거기서 빠져나갈 수 없을 거라는 사실을 모르나요? 우리는 어떻게 그들에게 그 사실을 알려주지요?"라고 물었다.

"네, 부의 불평등과 기후 위기의 이런 조건들은 모든 사람에게 나쁩니다"라고 나는 대답하면서, 이 책의 서두에서부터 나온 주제들을 반복해서 이야기했다. "부자들이 또 다른 행성이나 호화로운 위성, 산이나 섬의 도피처로 몰래 떠난다는 것은 헛된 환상입니다. 우리에게는 오로지 하나의 행성밖에 없습니다. 비록 여러분이 최악의 상황을 모면한다고 해도 여러분의 자식과 손주, 조카를 포함해서 다음 세대들에게 우리는 어떤 세상을 남겨줄 건가요?"

또 다른 남성은 부의 격차를 줄이기 위해 노동자 소유권을 확대하는 방법의 가능성에 대해서 열정적으로 자기 의견을 피력했다. 그에 대해서 나는 보스턴의 CERO 협동조합의 사례와 노동자 소유권 확대 외에도 글로벌 투기 경제로부터 자본을 회수해서 지역의 사업체로 이동시키는 운동이 점점 커지고 있는 상황에 대해 이야기했다. 사람들은 이런 새로운 경제 가능성에 투자하는 "부를 집으로 가져오기"라는 착상에 열띤 반응을 보였다.

"젊은이들이 버몬트 출신의 일흔네 살의 괴팍한 노인에게 열광하는 것은 왜죠?" 버니 샌더스의 대선 운동을 언급하며 한 여성이 물었다. 나는 버니 상원의원이 1980년대 버몬트주 북서부의 벌링턴 시장이었을 때부터 알고 지냈다. 그는 수십 년 동안 같은 주장을 해왔지만, 젊은이들이 이제야 그가 진실을 이야기하고 있음을 알게 된 것이다! 나는 불평등에 대한 버니의 주장이 대선 과정에서 대화로 바뀌는 것을 지켜보면서 많은 용기를 얻었다.

사람들은 가능성과 희망의 신호를 간절히 듣고 싶어 했다. 나는 내가 아는 것—앞으로 10년이 격변과 불안정의 시기일 테지만, 동시에 엄청난 가능성의 시기이기도 하다—을 그들과 함께 나누었다.

다행히도 사람들은 깨어 있었다—학생에서 저임금 노동자, 그리고 상위

1퍼센트에 속하는 사람들까지. 화석연료로 돌아가는 사회기반시설을 새로 짓는 것에 반대하는 조직을 만드는 사람들이 있고, 사멸해가는 경제로부터 투자를 회수해서 번성하는 새로운 경제에 생명을 주는 수십억 달러의 자본이 있다.

의회와 국내 정치가 상위 1퍼센트에 속하는 "사법 농간 세력"과 수천 개 다국적기업의 손아귀에 있지만, 더 넓은 범위의 대중 사이에는 세상을 바라보는 관점을 근본적으로 재배치하려는 움직임이 있다. 성난 사람들의 목소리만 크게 들리는 것 같지만, 땅 밑에서는 봄비가 내린 뒤 싹을 틔우는 씨앗들처럼 지역주의의 혁명이 조용히 뿌리를 내리고 있다.

한쪽 발에 깁스를 하고 양팔로 목발을 짚고 서 있는 나이든 여성 한 명이 마이크 앞으로 다가갔다. 그녀는 "나는 지금 생활지원시설에 있습니다"라고 청중들에게 이야기했다. "우리 지역에는 매우 부유한 사람들이 많이 삽니다. 그들은 두 집단이 있는 것 같습니다. 수백만 달러의 재산과 북쪽 호숫가에 대저택이 있음에도 아직도 충분히 소유하지 못하고 있다고 느끼는 사람들과, 현재 자신들의 삶에 감사함을 느끼며 사는 사람들로 말입니다. 내가 말할 수 있는 한, 그 차이는 그들이 돈을 얼마나 많이 소유하고 있는가 하는 것과는 전혀 상관이 없습니다."

그녀는 목발에 몸을 기대고 백발의 머리카락을 단정하게 매만졌다. "왜 어떤 사람은 감사함을 느끼고, 또 어떤 사람은 그렇게 돈에 집착할까요?"

이 의문은 인간이라는 존재에 대한 수수께끼 가운데 한 조각이었다. 나도 그 답을 모른다. 나는 감사함을 느끼는 사람들이 "공공의 부를 아는" 사람들이 아닐까 생각한다. 그들은 선물과 지지, 자연, 공익, 사랑, 그리고 우리의 삶을 가능케 하는 우리 주변의 공유지, 공유자원이 서로 연결된 그물망을 찾아내고 볼 줄 안다. 그리고 그것은 그들에게 감사의 마음을 불러일으킨다. 나는 브레네 브라운Brené Brown이 "당연하다고 믿는 권리로부터 특권을 분리해내는 것이 감사다"라고 한 말을 인용해서 말했다.

우리가 그런 그물망의 존재를 안다면, 우리는 품위 있는 삶을 위해 투쟁하는 모든 이의 동맹자가 될 수밖에 없다. 그리기 위해서 우리는 서로의 차이를 넘어서서 연대하고 매우 다양한 감수성을 가진 사람들과 친구가 되어야 한다. 우리는 외부인 출입통제 단지에서 나와 닫힌 마음을 활짝 열어야 한다.

"문제가 너무 커 보이는데, 무엇을 해야 할지 모르는 때가 있습니다." 그녀는 아직 할 말이 많은 듯 이렇게 고백했다. "그런데 그때 최저임금 인상을 요구하며 시위를 벌이고 있는 패스트푸드 노동자들을 알게 되었죠. 그래서 나는 그들이 시위를 벌이고 있는 곳에 가서 목발을 짚고 거기 함께 서서 '최저생활임금을 지급하라'라고 쓰인 팻말을 들고 있었죠. 나는 스스로 '안녕하세요, 난 블룸필드힐스 출신 도로시입니다'라고 밝혔어요. 그 노동자들은 잠시 나를 보더니 웃더군요. 그러고는 내게 '고마워요, 도로시, 우리와 함께 여기 서 있어 줘서'라고 말하더라고요. 나는 이제 그들을 알게 되었고, 우리는 우리의 자식들에 대해서 이야기를 나눴죠. 그리고 나는 때때로 조직화 기금으로 50달러를 냅니다. 하지만 그건 중요한 게 아닙니다. 인간의 존엄성을 지키기 위한 그들의 투쟁에 내가 **동행해서** 거기에 함께 있다는 것이 중요한 겁니다."

"이런 불평등의 영향을 강하게 느끼고 있고, 학자금 대출이 필요 없는 대학 교육을 위해 싸우는 이 청년들과 함께 설 수 있는 방법이 있으면 정말 좋겠습니다"라고 도로시가 말했다. "그러나 보시다시피, 내가 서 있는 것은 쉬운 일이 아닙니다." 장내에 있는 모든 사람들이 도로시와 함께 소리 내어 웃었다. "하지만 우리가 곧 그런 기회를 갖게 될 거라는 생각이 듭니다. 그렇죠?"

나는 나를 길러준 이 사람들과 나란히 서서 이렇게 강렬한 느낌을 함께 나눌 거라고는 예상하지 못했다. 감사함과 당혹감, 애정이 뒤섞여 가슴 속의 진한 감동으로 다가왔다. 사람들이 내게 보여준 관대함에 대한 감사—그리고 내 삶에 이런 사람들이 있다는 것이 내게 얼마나 큰 행운인지.

그러나 또한 나는 그동안 내가 그들을 얼마나 폄훼했는지, 그들을 얼마나 부당하게 넘겨짚고 잠재적 변화의 동맹자로 인정하지 않았는지에 대해서 부끄러움과 당혹감을 느끼지 않을 수 없다. 여태껏 나는 마음속에 미리 그들을 희화화한 그림을 그려놓고, 그들이 직접 그들의 목소리로 말할 기회를 주지 않았다. 나는 계급과 인종에 대한 내 자신의 수치심과 당혹감, 그리고 총체적으로 불평등한 사회에 대한 반발심 때문에 함께 자란 사람들의 명예를 훼손했다.

그뿐 아니라 무의식적으로 사람들을 배격했다. 나는 친구들과 선생님들, 이웃이나 동창들과 단절되었다. 사람들과의 접촉을 피하고, 찾아가지도 않고, 동창회도 도외시하고, 장례식에도 가지 않고, 일에만 매달리고, 그들과 다른 삶을 살았다.

블룸필드힐스에서 닫힌 내 마음에 균열이 생기며 활짝 열리게 될 거라고는 상상도 못했다.

그 순간, 나는 교회 강단에 서서, 나의 사람들과 다시 만나고 관계를 회복하기로 다짐했다. 그리고 "집으로 돌아오기"가 단순히 새로운 장소에 뿌리를 내리는 것이 아니라, 나를 길러준 지역사회나 공동체와의 연결을 유지하며 정착하는 것임을 깨달았다. 너무 늦은 것은 아닐까? 의구심이 들기도 하지만, 그건 아니다. 세상에 너무 늦은 것은 없다.

나는 도로시처럼 인간의 존엄성을 위해 싸우는 사람들 옆에 함께 서 있어야 한다. 나는 에이브 래타이너를 더 많이 닮고 싶다. 그리고 인종차별에 맞서는 경제정의를 위한 투쟁에 합류하는 동시에 스스로 더욱 완전하고 정직한 사람이 되고자 한다. 때때로 이것은 내가 단순히 나오는 다른 부류의 사람들과 함께 하는 것을 의미할 때도 있다. 하지만 그렇다고 내가 아닌 누구인 척, 또는 다른 지역 출신인 척 나를 숨길 필요는 없다.

우리는 잘못 뒤집어진 모든 것을 바로 되돌려놓기 위해 저마다 자신에게 주어진 선물을 사용할 수 있다. 그러나 그 일은 우리 주변에 있는 사람들, 서로 완전히 다른 사람들, 그러나 대부분 우리와 같은 사람들과의 연결로부터 시작된다.

우리가 무엇을 해야 할지 항상 아는 것은 아닐 수 있다. 그러나 우리가 마음을 열고 다가간다면, 다음 단계는 저절로 우리 앞에 모습을 드러낼 거라고 나는 믿는다.

　　　　　　　　　　　　　　　　。

살아 숨 쉰다는 것이 얼마나 흥미진진한가.

2015년에 잭슨 브라운Jackson Browne이 부른 노래 가사에 "내가 어디에든 있을 수 있다면, 마침내 내가 어디에든 있을 수 있다면, 내가 어디에든 있어서 결과를 바꿀 수 있다면, 그건 바로 지금이어야 해"라는 대목이 있다.

나는 우리가 특별한 시대에 살고 있다고 말하는 것이 지금 이 특별한 순간에 진부한 말은 아니라고 확신한다.

서서히 종말을 향해 나아가는 것이 눈에 보이는 구세계와 옛이야기에 대해서 우리가 할 일은 호스피스 병동의 노동자들이 하는 것 같은 역할을 수행하는 것이다. 그리고 새로 태어나 이 세상에 처음 모습을 드러내는 신세계와 새로운 이야기에 대해서 우리는 산파와 같은 역할을 해야 한다. 그 과정에서 상실과 작별, 편안하고 예측 가능한 미래의 종말도 있을 것이고, 또 소멸과 추모, 헌사, 익숙한 제도와 관행의 해체도 있을 것이다.

그렇게 우리의 새로운 공동체가 탄생하고, 사람들이 서로 연결되고 대면하는 문화가 번창하게 될 것이다. 우리는 전에 없던 방식으로 서로에게 의존해야 할 것이다. 리베카 솔닛이 『지옥에 세워진 낙원』에서 우리에게 일깨워주는 것처럼, 우리는 어떤 도전에도 대응할 수 있는 엄청난 내적 능력을 가지고 있다. 우리의 내부에는 분출하기를 기다리고 있는 잠재된 관용과 서로 연대하는 힘이 있다.

공공의 부를 소유하고 통제할 힘을 가진 우리 같은 사람들은 환상에 불과한 자기만의 은밀한 낙원으로 몸을 숨기든지, 아니면 결점까지 있는 그대로 자신을 드러내는 인류와 재결합할 것이다. 부디 바라건대, 뒤로 물러서 숨거나 사람들과 단절되지 말고, 집으로 돌아오라.

감사의 말

이 책이 나오기까지 원고를 읽고 조언해준 많은 사람들, 가족, 친구, 이웃들을 포함해서 많은 도움을 주신 분들이 있다. 혹시라도 여기서 감사를 표하지 못한 사람이 있다면 미리 사과드린다.

이 책의 전체적인 틀을 잡고 연민의 마음으로 순서를 깔끔하게 정리해준 제니 래드와 펠리스 예스켈—당신이 늘 곁에 가까이 있다는 것을 안다—에게 감사한다.

생각과 실천, 행동을 함께 하는 나의 공동체인 정책연구소와 애국적 백만장자들, 그리고 계급행동Class Action의 모든 동료들에게도 감사드린다. 특히 조시 혹시, 사라 번스, 앤 필립스, 애니 해밀턴, 트레이시 빈들, 벳시 리온다르 라이트, 조니 파커, 에리카 페인, 모리스 펄, 저스틴 스트레켈, 존 카바나, 스콧 클링거, 샘 피저가티, 사라 앤더슨, 마크 베여드, 카렌 돌랜, 밥 로드, 조디 에반스, E. 에셀버트 밀러, 줄리아 레벌에게 감사드린다.

이 책은 자메이카플레인신경제전환JP Net 회원, 보편구제설을 믿는 자메이카플레인제일교회 유니테리언교도들, 그리고 지역의 송유관 반대 운동을 하는 사람들 같은 사상가들과 실천가들의 광범위한 공동체 및 이웃들의 경험으로부터 도움을 많이 받았다. 오라이언 크레그먼, 한나 토머스, 안드레이 잘레스카, 리아 베커, 캐넌 씨러벤가담, 다코타 버터필드, 좀 미셸, 캐롤스 에스피노자 토로, 제니 존스, 사만다 웨슐러, 캐시 호프먼, 앤 뱅크로프트, 마사 니뱅크, 말라 말컴, 마리사 셰가 바로 그들이다.

나는 또한 불평등과 생태계의 변화, 공유지와 공유자원의 교차점에 대한 지역사회와 공동체 관련 사상가들에게도 큰 빚을 졌다. 노비너스에서 프랜 콜튼, 캣 조빅, 사라 밴 겔더, 롭 홉킨스, 피터 리프먼, 애서 밀러, 자넷 레드먼, 리처드 하인버그, 줄리 쇼어, 비키 로빈, 피터 반스, 마조리 켈리, 거스 스페스, 가 알페로비츠, 데이비드 코튼, 줄리 리스토우, 해리엇 발로우, 제이 월제스퍼, 안나 미카, 다니엘 모스, 알렉사 브레들리, 앨런 돌시, 제나 니콜라스, 루어리 맥키어난에 이르기까지 감사드린다.

빌 게이츠 시니어, 앨리슨 골드버그, 피터 버핏, 지넷 후에조, 마이크 라팜, 크리스토퍼 엘링어, 조 손더스, 랠프 네이더, 딘 베이커, 세실리아 킹맨, 알렌 프레스턴, 마틴 로텐버그, 펠리시아 메드닉, 케시 파워, 앤 엘링어, 찰스 아이젠스타인, 프랜 벤슨을 포함해서 권력과 특권의 본질을 밝히는 데 도움을 준 모든 분들에게 감사의 말씀을 드린다.

노라 둘리, 안드레아 러벳, 로빈 맥스필드, 앤디 데이비스, 셰릴 해밀턴, 메리 월리스, 그리고 매스마우스 공동체 같은 이야기꾼들에게도 고마운 마음을 전한다.

여러 단계에서 내 원고를 읽어준 셰인 로이드, 빌 크레이튼, 제스 스펙터, 마이크 마코비츠, 벳시 리온다르 라이트, 마거릿 레너드 수녀, 톰 버제스, 에이브 래타이너, 윌 메이어, 찰리 더버, 알렌 프레스턴, 메리 월리스, 리베라 선, 젠 웨이드, 노라 콜린스, 대리얼 가너에게 심심한 감사를 표한다. 여러분의 의견과 조언, 격려에 감사드린다.

그리고 자신의 이야기를 공유해준 대리얼 가너, 데보라 프리즈, 아서 콘펠드, 리사 렌스트롬, 에이브 래타이너, 제니 래드에게 다시 한 번 감사드린다. 그리고 익명으로 그들의 이야기를 인용할 수 있게 해준 분들에게도 이 자리를 빌려 감사드린다. 또한 이 책을 쓸 수 있도록 인터뷰에 응해준 많은 분들을 포함해서 매리언 무어, 카렌 피틀먼, 조지 필스베리, 아르테미스 주

402

코우스키, 데드릭 무함마드, 토머스 샤피로, 다샨 브래치, 레이 메이도프와의 대화는 내게 큰 도움이 되었다. 내게 상호관계와 관련해서 뇌과학에 대해 많은 것을 가르쳐준 나의 "상호관계 자매들", 특히 주디 조던, 마거릿 레너드 수녀, 크리스틴 딕슨, 카렌 헌터에게 감사드린다.

킴벌리 프렌치는 여러 장에 걸쳐서 많은 도움을 주었고, 10년 전부터 내게 서사적 글쓰기 지도를 해주었다. 내게 이 책의 9장 불평등한 기회의 기초가 되는 "미국의 전망The American Prospect"이라는 글을 써서 기고하도록 격려했던 밥 커트너에게 특별히 감사드린다.

이 책이 나오기까지 모든 과정에서 뛰어난 협력자이자 편집자로서 역할을 해준 첼시그린출판사의 조니 프라데드에게 무한한 감사를 드린다. 첼시그린출판사 직원 모두와 귀사에서 펴낸 실용적이고 혁신적인 책들에도 감사의 뜻을 표한다.

내가 모든 일을 할 수 있도록 늘 기쁨으로 받아주는 우리 가족 메리, 샘과 노라, 케일럽에게 고마운 마음을 전한다. 그리고 언제라도 환한 미소로 받아주시는 우리 부모님 앤, 에드, 그리고 바버라 콜린스께도 감사드린다. 나는 우리 가족 모두를 사랑하며 당신들에게 해가 갈 일은 절대 없을 것이다.

나의 동반자 메리는 공원 내 이동주택을 방문하는 것에서 "광란의 1920년대로 가는 발걸음" 같은 행사들에 참석하는 것까지 그 모든 여정을 정말 완벽하게 나와 동행해주었다. 그녀는 위에 언급한 거의 모든 집단에 속해 있다. 당신은 내게 불꽃같은 존재다.

참고 자료

척 콜린스 관련 단체

계급행동Class Action: 계급 차별과 계급적 편견을 종식시키기 위한 행동 고취. www.classism.org

인이퀄리티닷오알지Inequality.org: 부와 소득의 불평등에 대한 데이터, 분석, 의견을 모아놓은 포털사이트로 정책연구소 활동의 일부. www.inequality.org

정책연구소Institute for Policy Studies: 민주주의를 촉진하고 집중화된 부와 기업의 영향력, 군사력에 이의를 제기하는 국제적인 학자들과 조직운동가 단체. www.ips-dc.org

자메이카플레인신경제전환Jamaica Plain New Economy Transition [JP NET]: 보스턴의 자메이카플레인 동네의 지역사회 구축 및 공동체 회복을 위한 단체. www.jptransition.org

애국적 백만장자들/공익을 위한 부 Patriotic Millionaires/Wealth for the Common Good: 조세 공평성, 적정 임금, 그리고 민주주의에 대한 거대자본의 영향력 축소를 위해 압력을 가하는 고액자산가 네트워크 단체. www.patrioticmillionaires.org

소득과 부의 불평등 관련

경제정책연구센터Center for Economic Policy Research: 세계와 미국의 불평등 문제를 다루는 경제와 정책 연구. www.cepr.net

데모스Demos: 번영과 기회의 광범위한 공유를 통한 더욱 공정한 경제 연구 및 옹호. www.demos.org

평등 신탁 Equality Trust: 교육과 정책 홍보를 통한 불평등 축소를 지향하는 영국 단체. www.equalitytrust.org.uk

인이퀄리티닷오알지Inequality.org: 부와 소득의 불평등에 대한 데이터, 분석, 의견을 모아놓은 포털사이트로 정책연구소 활동의 일부. www.inequality.org

룩셈부르크소득연구Luxembourg Income Study: 세계적인 불평등 비교와 의견 관련 데이터. www.lisproject.org

다른 98퍼센트 Other 98 Percent: 우리의 민주주의와 경제를 부의 권력으로부터 되찾기 위해 활동하는 풀뿌리 네트워크. www.other98.com

인구건강포럼Population Health Forum: 불평등과 건강 지표들 사이의 상호 관련성을 연구. www.depts.washington.edu/eqhlth

공정경제를 위한 연합 United for a Fair Economy: 불평등 문제와 관련한 대중 교육. www.faireconomy.org

계급과 특권 관련

계급행동Class Action: 계급 차별과 계급적 편견을 종식시키기 위한 행동 고취. www.classism.org

리소스 제너레이션 Resource Generation: 사회 정의 실현을 위한 자금 조성 방법을 탐색하는 젊은 부자들의 계획. www.resourcegeneration.org

백인특권회의White Privilege Conference: 백인 특권을 연구하는 연례모임. www.whiteprivilegeconference.com

인종적 평등과 기회 관련

흑인세계연구소Institute of the Black World: 흑인 해방과 배상 관련 연구 및 정책과 지지 활동. www.ibw21.org

자산및사회정책연구소Institute on Assets and Social Policy: 부의 인종 격차와 해결책 연구. www.iasp.brandeis.edu

시민권리더십회의Leadership Conference on Civil Rights: 180개 이상의 시민권단체가 모인 미국 내 최대 시민권연합단체. www.civilrights.org

전미유색인종지위향상협회National Association for the Advancement of Colored People: 미국에서 가장 오래된 시민권단체. www.naacp.org

라라자전미평의회National Council of La Raza: 라틴계 미국인의 생활조건 향상을 위해 활동하는 라틴계 미국인 최대 단체. www.nclr.org

부의 인종 격차 프로젝트 Racial Wealth Divide Project: 기업개발조합Corporation for Enterprise Development의 한 프로젝트로 인종 간 부의 격차를 줄이기 위한 연구 및 정책적 해결책 모색. www.cfed.org

조세 공평성과 조세피난처 관련

조세 공평성을 추구하는 미국인들 Americans for Tax Fairness: 조세 형평성을 위해 활동하는 미국 내 전국 및 지역 단위 단체 425군데의 연합체. www.americansfortaxfairness.org

조세정의를 추구하는 시민들 Citizens for Tax Justice: 개인 및 기업 과세 관련 연구 활동. www.ctj.org

재무 책임성 및 기업 투명성 연합 Financial Accountability and Corporate Transparency [FACT] Coalition: 조세피난처 남용과 기업의 기만적 탈세를 감시하는 미국의 연합단체. www.thefactcoalition.org

글로벌금융건전성Global Financial Integrity: 불법적인 국제 금융 흐름 추적, 조사 보고서 발간, 정부 조언 활동. www.gfintegrity.org

조세정의네트워크Tax Justice Network: 조세피난처 남용에 초점을 맞춘 국제 네트워크. www.taxjustice.net

기후 위기 관련

350닷오알지350.org: 기후 변화에 대응하는 국제 운동 네트워크. www.350.org

기후정의동맹Climate Justice Alliance: 정의로운 전환을 확실히 하기 위해 공동체들을 연결하는 활동. www.ourpowercampaign.org

탈탄소연구소Post Carbon Institute: 우리의 에너지 미래와 관련된 문제들을 다루는 연구 활동. www.postcarbon.org

지역사회의 신경제로의 이전을 위한 회복력 구축 관련

온더커먼스On the Commons: 공유지 사상과 운동에 대해서 소개하는 단체이자 포털사이트. www.onthecommons.org

주민소유공동체Resident Owned Communities [ROC-USA]: 주민 소유의 조립식 주택 공동체 지원 활동. www.rocusa.org

가계회복상조회Resilience Circles: 가계회복지원단을 새로 결성코자 하는 공동체 지원 활동. www.localcircles.org

전환미국Transition United States: 미국 내에서의 전환 활동에 대한 지원과 고무 활동. www.transitionus.org

전환네트워크Transition Network: 전환 공동체들을 위한 국제 네트워크. www.transitionnetwork.org

기부와 자선 관련

더 담대한 기부 Bolder Giving: 평생에 걸쳐 가능한 더 깊은 기부 활동에 대한 영감 제공 및 지원 활동. www.boldergiving.org

인사이드 자선 Inside Philanthropy: 재단과 개인 기부 관련 뉴스와 통찰 모니터링 활동. www.insidephilanthropy.com

즉각 대응하는 자선을 위한 전미위원회 National Committee for Responsive Philanthropy: 사회적 · 경제적 · 정치적 권리를 박탈당한 사람들에게 더 즉각적으로 대응하는 조직화된 자선 활동. www.ncrp.org

연대네트워크Solidaire Network: 사회 변화 운동을 지원하는 자금 조달 활동. www.solidairenetwork.org

투자 관련

지역개발금융기관연합CDFI Coalition: 소외된 사람과 지역사회를 대상으로 공정한 금융서비스 제공을 장려하는 지역개발금융기관CDFI의 전국연합체. www.cdfi.org

다이베스트-인베스트 Divest-Invest: 화석연료 부문에서 자본을 회수하여 새로운 에너지 경제에 투자하는 운동. www.divestinvest.org

지속 가능하고 책임성 있는 투자를 위한 포럼 Forum for Sustainable and Responsible Investment: 미국에서 지속 가능하고 책임성 있는 임팩트 투자 부문의 중추. www.ussif.org

플레이 빅/리뉴얼파트너스 Play BIG/Renewal Partners: 사회 변혁을 위해 보조금 조성과 투자를 활용하는 부유한 개인들의 네트워크. www.renewalpartners.com/collaborations/conferences/playbig

RSF 사회금융RSF Social Finance: 미국의 대표적인 비영리대출기관. www.rsfsocialfinance.org

정책 연구 및 옹호 관련

미국의 미래를 위한 캠페인 Campaign for America's Future: 진보적인 변화를 지속적으로 지지하는 다수 체제를 구축하기 위한 사상과 행동 센터. www.ourfuture.org

지역사회변화센터Center for Community Change: 저소득층 사람들에게 권한을 주어 자신들의 지역사회를 개선하는 변화를 이루게 하는 활동. www.communitychange.org

헤지클리퍼스Hedgeclippers: 헤지펀드와 억만장자들의 정부 및 정치에 대한 지나치게 막강한 영향력을 폭로하는 운동. www.hedgeclippers.org

정책연구소Institute for Policy Studies: 민주주의를 촉진하고 집중화된 부와 기업의 영향력, 군사력에 이의를 제기하는 국제적인 학자들과 조직운동가 단체. www.ips-dc.org

여성정책연구소Institute for Women's Policy Research: 빈곤과 불평등이 여성들에게 어떻게 영향을 끼치는지 연구. www.iwpr.org

정의와 함께 하는 직장 Jobs with Justice: 노동권과 모두에게 이익을 주는 경제를 위해 투쟁하도록 이끄는 미국의 전국 단위 단체. www.jwj.org

전미가사노동자연맹과 세대 간 돌봄 National Domestic Workers Alliance and Caring Across Generations: 가사노동자들의 노동권 보호에 대한 존중과 인정, 포용을 목표로 하는 전국 단위 연합체. www.domesticworkers.org

전미민중행동National People's Action: 미국의 경제 및 인종 정의 의제를 제기하기 위해 활동하는 풀뿌리 단체들의 네트워크. www.npa-us.org

애국적 백만장자들/공익을 위한 부 Patriotic Millionaires/Wealth for the Common Good:

조세 공평성, 적정 임금, 그리고 민주주의에 대한 거대자본의 영향력 축소를 위해 압력을 가하는 고액자산가 네트워크 단체. www.patrioticmillionaires.org

퍼블릭시티즌Public Citizen: 미국 권력의 전당들이 모든 시민을 대변하도록 로비활동을 펴는 소비자 권리 옹호 단체 및 두뇌집단. www.citizen.org

식당기회센터연합Restaurant Opportunities Centers United: 미국 전역 식당노동자들의 임금과 노동조건 향상을 도모하는 전국 단위 연합체. www.rocunited.org

리절츠RESULTS: 기아와 빈곤 관련 문제들에 대한 교육, 시민참여, 옹호 단체. www.results.org

연합노동자회의United Workers Congress: 법이나 관행적으로 노동조합을 조직할 권한을 박탈당한 노동자들의 연맹. www.unitedworkerscongress.org

유에스행동US Action: 권력과 변화를 위해 조직된 22개 주 풀뿌리 단체들의 연합체. www.usaction.org

새로운 경제로의 전환 관련

자본연구소Capital Institute: 정의롭고 생성적이고 지속 가능한 생활방식으로의 경제 전환을 지원하는 금융 개혁에 초점. www.capitalinstitute.org

협력하는 민주주의 The Democracy Collaborative: 지역사회의 부의 확대에 초점을 맞춘 연구와 현장 활동. www.democracycollaborative.org

신경제연합New Economy Coalition: 좀 더 지속 가능하고 공정한 경제와 정치로의 변화를 위해 활동하는 단체들의 연합체. www.neweconomy.net

넥스트시스템프로젝트Next System Project: 미국 사회의 시스템 문제들에 대해 포괄적으로 접근. www.thenextsystem.org

리질리언스닷오알지Resilience.org: 지역사회 회복 운동 관련 뉴스 포털. www.resilience.org

주

들어가는 말: 집으로 돌아올 시간

1. Nicholas Confessore, Sarah Cohen, and Karen Yourish, "2016년 대선에 정치 자금을 제공한 부호 집안들(The Families Funding the 2016 Presidential Election)," *New York Times*, October 10, 2015, http://www.nytimes.com/interactive/2015/10/11/us/politics/2016-presidential-election-super-pac-donors.html. 〈뉴욕타임스〉가 "가장 최근 열람 가능한 연방선거위원회의 문서와 기타 자료에 따르면, 6월 30일까지 선거 운동 기간에 250,000달러 이상을 기부한 가구가 158가구에 이르며, 그 밖에 100,000 달러 이상을 기부한 가구는 200가구에 이르렀다. 이 두 집단이 기부한 돈을 합하면 전체 대선 선거자금의 절반이 넘었다 - 그 대부분이 공화당 후보를 지지하는 데 몰렸다"고 언급한 대목을 인용해서 "거의 절반"이라고 표현했다.

2. Thom Hartmann, "지미 카터 대통령: 미국은 과두제 국가다(President Jimmy Carter: The United States Is an Oligarchy)," Thom Hartmann Program, July 28, 2015, http://www.thomhartmann.com/bigpicture/president-jimmy-carter-united-states-oligarchy.

1장. 나는 상위 1퍼센트를 격려한다

1. Paresh Dave, "비평가들은 마크 주커버그가 '기부'한 것이 거의 없다고 말한다 (Critics Say Mark Zuckerberg Isn't Quite 'Giving' Away His Wealth)," *Los Angeles Times*, December 4, 2015, http://www.latimes.com/business/technology/la-fi-tn-mark-zuckerberg-llc-charity-20151204-story.html. 나도 이 신문에 기고한 것처럼, 주커버그의 기부에 회의적이다. Chuck Collins, "의견: 주커버그는 또 한 명의 억만장자 탈세자인가 (Commentary: Is Zuckerberg Another Billionaire Tax Dodger)," *Palm Beach Post*, January 16, 2016, http://www.palmbeachpost.com/news/news/opinion/commentary-is-zuckerberg-another-billionaire-tax-d/np3wn.

2. 나는 이것을 재확인했고 1986년에 S&P에 투자한 50만 달러 – 그리고 재투자한 배당금 – 는 2015년 12월에 1,554.3퍼센트 상승해서 775만 달러 상당으로 늘어났을 것이다. 물론 대부분의 맞춤형 자산관리계좌는 S&P에 단순 투자하는 것보다 수익률이 훨씬 더 높다.

3. Christopher Mogil and Anne Slepian with Peter Woodrow, 『우리는 재산을 기부했다: 평화와 정의, 환경을 위해 자신과 재산을 바친 사람들의 이야기(We Gave Away a Fortune: Stories of People Who Have Devoted Themselves and Their Wealth to Peace, Justice and the Environment)』(New Society Publishers, 1992).

2장. 공감하며 진행하라

1. Les Leopold, 『폭주하는 불평등: 경제 정의 활동가 지침서(Runaway Inequality: An Activist's Guide to Economic Justice)』(New York: Labor Institute Press, 2015).

2. 2014년 중위소득은 54,000달러 미만이었다. 두 가지 기준에 따르면, 소득 수준이 이 정도이면 전 세계 상위 1.1퍼센트에서 1.8퍼센트 안에 들 것이다. 그 두 가지 기준은 다음과 같다. "나는 얼마나 부자인가?(How Rich Am I?)," Giving What We Can, https://www.givingwhatwecan.org/get-involved/how-rich-am-i(April 9, 2016 검색) 참조; "세계 부 계산기(World Wealth Calculator)," World Wealth Calculator, 검색, http://www.worldwealthcalculator.org(April 9, 2016 검색)도 참조.

3. Robert Frank, 『리치스탄: 미국의 급격한 부의 증가와 신흥부자들의 삶 탐구(Richistan: A Journey Through the American Wealth Boom and the Lives of the New Rich)』(New York: Crown Publishers, 2007), 6-12쪽.

4. Emmanuel Saez and Gabriel Zucman, "1913년 이래 미국의 부의 불평등(Wealth Inequality in the United States Since 1913)," National Bureau of Economic Research, October 2014, http://gabriel-zucman.eu/files/SaezZucman2014Slides.pdf. 2015년 달러 가치 기준.

5. 여기 나온 수치는 2013년 연방준비제도이사회 소비자금융 조사에서 제시된 금액을 2015년 달러 가치로 환산한 것이다. 이 집단의 세 번째 백분위수의 평균 재산은 300만 달러이고 그 1퍼센트의 평균 재산은 780만 달러다. Josh Hoxie와 Salvatore

Babones의 도움을 받아 분석했다.

6. Thomas J. Stanley and William D. Danko, 『이웃집 백만장자: 미국 부자들의 놀라운 비밀(Millionaire Next Door: The Surprising Secrets of America's Wealthy)』(New York: Pocket Books, 1996) 참조.

7. Saez and Zucman, "1913년 이래 미국의 부의 불평등." 2015년 달러 가치 기준.

8. 크레디트스위스 투자은행은 보유 자산이 100만 달러에서 500만 달러에 이르는 400만 명의 "고액순자산보유자(HNWI)"의 변동 상황을 추적하는 '글로벌 부 보고서'를 해마다 발간하는데, 이들의 총 재산 규모는 13조 9,000억 달러에 이른다. 크레디트스위스는 또한 보유 자산이 3,000만 달러 이상인 사람들을 "초고액순자산보유자(UHNWI)"로 별도 분류한다. "미국 부 보고서(The United States Wealth Report)," Capgemini, https://www.worldwealthreport.com/uswr(April 27, 2016 검색) 참조. "초고액순자산보유자"에는 투자 가능한 자산이 2,000만 달러 이상인 사람들도 포함된다. Chrystia Freeland, 『금권주의자: 새로운 글로벌 슈퍼리치의 발흥과 나머지 모든 사람의 몰락(Plutocrats: The Rise of the New Global Super-Rich and the Fall of Everyone Else)』(Penguin, 2012), 58-60쪽도 참조.

9. Frank, 『리치스탄』, 11쪽.

10. "포브스(Forbes) 400," *Forbes*, September 29, 2015, http://www.forbes.com/forbes-400.

11. Ralph Nader, 『슈퍼리치만이 우리를 구할 수 있다!(Only the Super-Rich Can Save Us!)』(New York: Seven Stories Press, 2009), 11-13쪽.

12. 피츠제럴드는 이런 말을 결코 하지 않았을 가능성이 크다. Eddy Dow, "부자들은 다르다(The Rich Are Different)," *New York Times*, November 13, 1988, http://www.nytimes.com/1988/11/13/books/l-the-rich-are-different-907188.html 참조.

3장. 마음을 열다

1. Scott Klinger, "연방정부도급업자로 두 번째로 큰 보잉사가 2013년 연방소득세를 납부하지 않는다(Boeing, Second Largest Federal Contractor, Pays No Federal Income Tax in 2013)," Center for Effective Government, February 19, 2014, http://www.foreffectivegov.

org/blog/boeing-second-largest-federal-contractor-pays-no-federal-income-tax-2013; Dylan Matthews, "도널드 트럼프는 부자가 아니다. 위대한 투자자이기 때문이다. 그는 부자다. 그의 아버지가 부자였기 때문이다(Donald Trump Isn't Rich Because He's a Great Investor. He's Rich Because His Dad Was Rich)," *Vox*, last updated March 30, 2016, http://www.vox.com/2015/9/2/9248963/donald-trump-index-fund.

4장. 그것은 혼자 한 것이 아니다

1. John Sproat, 『최고의 남성들: 도금시대의 자유주의 개혁가들(The Best Men: Liberal Reformers in the Gilded Age)』(New York: Oxford University Press, 1968), 105쪽에서 Lieber가 인용.

2. Malcolm Gladwell, 『아웃라이어: 성공 이야기(Outliers: The Story of Success)』(New York: Little, Brown and Company, 2008), 33 · 268쪽.

3. Eugene Kiely, "'그것은 당신이 한 일이 아니다'의 무삭제, 미편집 내용('You Didn't Build That,' Uncut and Unedited)," FactCheck, last updated July 24, 2012, http://www.factcheck.org/2012/07/you-didnt-build-that-uncut-and-unedited.

4. 이러한 경향을 보여주는 훌륭한 기록은 Brian Miller and Mike Lapham, 『자수성가의 신화: 그리고 개인과 기업이 성공하도록 정부가 어떻게 돕는지에 대한 진실 (The Self-Made Myth: And the Truth About How Government Helps Individuals and Businesses Succeed)』(San Francisco: Berrett-Koehler, 2012). 이 책은 Chuck Collins, Mike Lapham, and Scott Klinger, 『나는 그것을 혼자 하지 않았다: 개인의 부와 성공에 대한 사회의 기여(I Didn't Do It Alone: Society's Contribution to Individual Wealth and Success)』(Boston: United for a Fair Economy, 2004) 를 기반으로 저술되었다.

5. Brooks Jackson, "기업가 부시: 그 텍사스 주지사는 어떻게 수백만 달러를 벌었는가(Bush as Businessman: How the Texas Governor Made His Millions)," CNN, May 13, 1999, http://www.cnn.com/ALLPOLITICS/stories/1999/05/13/president.2000/jackson.bush.

6. David Corn, "비밀비디오: 롬니가 백만장자 정치자금 기부자들에게 오바마를 찍는 사람들에 대해서 정말로 어떻게 생각하는지 말하다(Secret Video: Romney Tells Millionaire Donors What He REALLY Thinks of Obama Voters)," *Mother Jones*, September 17, 2012, http://www.motherjones.com/politics/2012/09/secret-video-romney-private-fundraiser. MoJo News Team, "밋 롬니 비밀비디오의 녹취록 전문(Full Transcript of the Mitt Romney Secret Video)," *Mother Jones*, September 19, 2012, http://www.motherjones.com/politics/2012/09/full-transcript-mitt-romney-secret-video 참조.

7. Michael Orr, "1994년, 앤 롬니가 보통 경제적으로 '고군분투하는' 대학생 때 그녀의 생활을 설명했다(In 1994, Ann Romney Described Her Life as Financially 'Struggling' College Student)," MSNBC, last updated September 6, 2013, http://www.msnbc.com/the-ed-show/1994-ann-romney-described-her-life?lite.

8. 2016년 트럼프의 대선 참여와 관련해서 여러 사람들이 그의 유산에 대한 의문을 파헤쳤다. 이에 대해서는 앞의 Dylan Matthews의 글 참조. "도널드 트럼프 프로필(Donald Trump Profile)," *Forbes*, May 2011, http://www.forbes.com/profile/donald-trump도 참조.

9. Gwendolyn Parker, "조지 W. 부시의 성공의 비밀(George W. Bush's Secret of Success)," *New York Times*, May 28, 1999. 그녀의 회고록은 『무단침입: 특권의 전당들에 내가 머물렀던 시기(Trespassing: My Sojourn in the Halls of Privilege)』(Houghton Mifflin, 1997)이다.

10. Corn, "비밀비디오."

11. Ezra Klein, "롬니의 '가져가는 자 계급론과 그것이 중요한 이유(Romney's Theory of the 'Taker Class,' and Why It Matters)," *Washington Post*, September 17, 2012, http://www.washingtonpost.com/blogs/wonkblog/wp/2012/09/17/romneys-theory-of-the-taker-class-and-why-it-matters.

12. Chuck Marr and Chye-Ching Huang, "세금 납부자에 대한 오해와 실상(Misconceptions and Realities About Who Pays Taxes)," Center on Budget and Policy Priorities, September 12, 2012, http://www.cbpp.org/research/misconceptions-and-realities-about-who-pays-taxes 참조.

13. Paul Ryan, "빈곤에서 벗어나는 더 좋은 방법(A Better Way Up from Poverty)," *Wall Street Journal*, August 15, 2014, http://www.wsj.com/articles/paul-ryan-a-better-way-up-from-poverty-1408141154?cb=logged0.4920838379766792&cb=logged0.21771539538167417. 라이언의 예전 정서들 가운데 많은 것이 Brett Brownell and Nick Baumann, "비디오: 폴 라이언의 '47퍼센트' - '가져가는 자' 대 '만드는 자'(VIDEO: Paul Ryan's Version of '47 Percent' – the 'Takers' vs. the 'Makers')," *Mother Jones*, October 5, 2012, http://www.motherjones.com/politics/2012/10/paul-ryans-47-percent-takers-vs-makers-video에서 포착된다.

6장. 특권이라는 약물

1. Ampersand, "특권은 평탄한 도로를 달리고 있지만 그것을 알지도 못하고 있다(Privilege Is Driving a Smooth Road and Not Even Knowing It)," *Alas! A Blog*, December 2, 2005, http://amptoons.com/blog/?p=1988.

2. Andrew Sum, Ishwar Khatiwada, Mykhaylo Trubskyy, and Martha Ross, with Walter McHugh and Sheila Palma, "몰락하는 십대 청소년 노동시장(The Plummeting Labor Market Fortunes of Teens and Young Adults)," Brookings Institution, March 2014, http://www.brookings.edu/~/media/Research/Files/Reports/2014/03/14%20youth%20workforce/BMPP_Youth_March10EMBARGO.pdf.

7장. 정부보조금을 가장 많이 받은 세대

1. Michael J. Barga, "'보너스 행진'(1932): 1차 세계대전 영웅들의 충족되지 않은 요구와 욕구(The 'Bonus March'(1932): The Unmet Demands and Needs of WWI Heroes)," The Social Welfare History Project, http://www.socialwelfarehistory.com/eras/great-depression/bonus-march(April 30, 2016 검색). Roger Daniels, 『보너스 행진: 대공황의 한 에피소드(The Bonus March: An Episode of the Great Depression)』(Connecticut: Greenwood Press, 1971)도 참조.

2. Charles Ferguson 감독 다큐멘터리 〈끝이 보이지 않는다(No End in Sight)〉(2007; Magnolia Pictures)와 최근 기사인 Neil Swidey, "이슬람국가는 어디서 왔는가? 그 이야기는 여기서 시작된다(Where Did ISIS Come from? The Story Starts Here)," *Boston Globe Magazine*, March 10, 2016, https://www.bostonglobe.com/magazine/2016/03/10/where-did-isis-come-from-the-story-starts-here/eOHwJQgnZPNj8SE91Vw5hK/story.html 참조.

3. 하버드대학 총장 제임스 코넌트는 하버드대학 이사회에 보내는 보고서에 "정서적 압박과 재정적 유혹에도 불구하고 높은 수업 수행 능력 수준을 유지할 수 없다면, 우리는 전쟁 세대들 가운데 가장 유능한 인재가 아닌 가장 능력이 낮은 사람들이 미국의 고등교육기관들에 쏟아져 들어가는 것을 보게 될지도 모른다"고 썼다. "코넌트, 제대군인원호법 개정을 제안(Conant Suggests GI Bill Revision)," *Harvard Crimson*, January 23, 1945, http://www.thecrimson.com/article/1945/1/23/conant-suggests-gi-bill-revision-pentering.

4. Robert Hutchins, "미국 교육에 대한 위협(The Threat to American Education)," *Collier's Weekly* 114 (December 30, 1944), 20-21쪽.

5. 220만 명의 참전용사들이 대학이나 대학원을 다녔고 560만 명은 직업 교육을 받았다. Suzanne Mettler, 『군인에서 시민으로: 제대군인원호법과 가장 위대한 세대의 탄생(Soldiers to Citizens: The G.I. Bill and the Making of the Greatest Generation)』(Oxford: Oxford University Press, 2005).

6. 연방주택관리국(FHA) 주택담보대출보험은 1,100만 가구가 자기 집을 살 수 있게 했고, 또 다른 2,200만 가구가 그들 소유의 부동산을 개보수할 수 있게 했다. 주택 건설 계획은 건축업계를 자극하는 한편, 주택 구매를 촉진하는 이중 효과를 보았다. 위의 Mettler, 『군인에서 시민으로』 참조.

7. Daniel K. Fetter, "20세기 미국 자택소유의 증가: 사실과 가설(The Twentieth Century Increase in US Home Ownership: Facts and Hypotheses)," in 『역사적 관점에서의 주택 공급과 주택담보대출시장(Housing and Mortgage Markets in Historical Perspective)』, ed. Eugene White, Kenneth Snowden, and Price Fishback(Chicago: University of Chicago Press, 2014), 329-350쪽. 전후 교외 주거지화 과정에 대해서 더 많이 알고 싶다면, Kenneth T. Jackson, 『바랭이 변경 지대: 미국의 교외 주거지화(Crabgrass Frontier: The Suburbanization of the United States)』(Oxford, UK: Oxford University Press, 1985) 참조.

8. Wesley K. Clark and Jon Soltz, "매케인이 앞장서야 한다(McCain Must Lead the Charge)," *Los Angeles Times*, April 10, 2008, http://articles.latimes.com/2008/apr/10/opinion/oe-clark10(May 2, 2016 검색).

9. David M. Gosoroski, "2차 세계대전의 '조용한 군대'가 '조용한 혁명'을 낳았

다(World War II's 'Silent Army' Produced 'Silent Revolution')," VFW, October 1997, 7쪽, http://www.ww2hc.org/articles/silentrevolution.pdf. 앞의 Mettler,『군인에서 시민으로』참조.

10. Aaron Glantz, "제대군인원호법의 잊힌 약속들(Forgotten Promises of the GI Bill)," *CBS News*, November 29, 2007, http://www.cbsnews.com/news/forgotten-promises-of-the-gi-bill(May 2, 2016 검색).

11. W. L. Mertz and Joyce Ritter, "주간고속도로 건설(Building the Interstate)," US Department of Transportation, https://www.fhwa.dot.gov/infrastructure/build.pdf(April 10, 2016 검색); Felix G. Rohatyn,『과감한 시도: 과거 우리 정부는 미국을 어떻게 건설했고, 오늘날 왜 미국을 재건해야 하는가(Bold Endeavors: How Our Government Built America, and Why It Must Rebuild Now)』(New York: Simon and Schuster, 2009)도 참조.

12. Stephanie Coontz,『우리에게 결코 존재하지 않았던 방식: 미국 가족과 그에 대한 향수라는 함정(The Way We Never Were: American Families and the Nostalgia Trap)』(New York: Basic Books, 2000), 76쪽.

13. "SOI 조세 통계-연도별 표 23(SOI Tax Stats–Historical Table 23)," Internal Revenue Service, updated May 1, 2013, https://www.irs.gov/uac/SOI-Tax-Stats-Historical-Table-23(April 3, 2016 검색); "소비자물가지수(CPI Inflation Calculator)," US Department of Labor Bureau of Labor Statistics, http://data.bls.gov/cgi-bin/cpicalc.pl 참조.

14. "SOI 조세 통계-연도별 표 24(SOI Tax Stats–Historical Table 24)," Internal Revenue Service, updated May 9, 2014, https://www.irs.gov/uac/SOI-Tax-Stats-Historical-Table-24(April 3, 2016 검색); '조세 정의를 추구하는 시민들'이라는 단체에서 작성한 "유감스러운 법인세 상황(The Sorry State of Corporate Taxes)"에 나온 유효 법인세율 관련 데이터, February 2014, http://www.ctj.org/corporatetaxdodgers.

15. Sarah E. Turner and John Bound, "격차 해소인가, 차별 확대인가: 제대군인원호법과 2차 세계대전이 아프리카계 미국인의 교육적 성과에 끼친 영향(Closing the Gap or Widening the Divide: The Effects of the G.I. Bill and World War II on the Educational Outcomes of Black Americans)," National Bureau of Economic Research, July 2002, http://www.nber.org/papers/w9044.

16. Robert R. Callis and Mellisa Kresin, "2014년 3/4분기 주거 공실과 자가 소유

(Residential Vacancies and Homeownership in the Third Quarter 2014)," US Census Bureau, October 28, 2014, http://www.census.gov/housing/hvs/files/qtr314/q314press.pdf.

17. "농장 교육과정(Farm Programs)," US Government Accountability Office, http://www.gao.gov/key_issues/farm_programs/issue_summary.

18. John Tierney, "어떤 주가 주는 자이고, 어떤 주가 받는 자인가(Which States Are Givers and Which Are Takers)," The Atlantic, May 5, 2014, http://www.theatlantic.com/business/archive/2014/05/which-states-are-givers-and-which-are-takers/361668.

19. 4년제 사립 인문대학 평균 학비는 31,000달러다. "대학 학자금: 자주 묻는 질문(College Costs: FAQs)," The College Board, https://bigfuture.collegeboard.org/pay-for-college/college-costs/college-costs-faqs(April 3, 2016 검색); 평균 학자금 대출은 약 35,000달러다. 4,000만 가구 이상이 학자금 대출 부채를 안고 있다. Jeffrey Sparshott, "2015년 졸업을 축하합니다. 당신은 (지금까지) 가장 부채가 많은 사람입니다(Congratulations, Class of 2015. You're the Most Indebted Ever (for Now))", Wall Street Journal, May 8, 2015, http://blogs.wsj.com/economics/2015/05/08/congratulations-class-of-2015-youre-the-most-indebted-ever-for-now.

8장. 흑인의 부, 황인의 부, 백인의 부

1. "일자리와 경제(Jobs and the Economy)," The State of Young America, November 2011, http://www.demos.org/sites/default/files/imce/SOYA_JobsandtheEconomy_0.pdf; Catherine Ruetschlin and Tamara Draut, "젊은 미국의 지속적인 일자리 위기 상황 고착(Stuck: Young America's Persistent Job Crisis)," Demos, April 4, 2013, http://www.demos.org/publication/stuck-young-americas-persistent-jobs-crisis; "충격적인 청년 실업률을 보여주는 새 보고서(New Report Shows Staggering Youth Unemployment Rates)," Demos, April 4, 2013, http://www.demos.org/press-release/new-report-shows-staggering-youth-unemployment-rates.

2. Rakesh Kochhar and Richard Fry, "대공황 이후 인종과 민족에 따른 부의 불평등 심화(Wealth Inequality Has Widened Along Racial, Ethnic Lines Since End of Great Recession)," Pew Research Center, December 12, 2014, http://www.pewresearch.org/fact-

tank/2014/12/12/racial-wealth-gaps-great-recession.

3. 위의 자료.

4. Martin Luther King Jr., 『우리는 여기서 어디로 가는가: 혼돈이냐, 공동체 냐?(Where Do We Go from Here: Chaos or Community?)』(Boston: Beacon Press, King Legacy Edition, 2010), III절.

5. Ta-Nehisi Coates, "배상금을 위한 소송(The Case for Reparations)," *The Atlantic*, June 2014, http://www.theatlantic.com/magazine/archive/2014/06/the-case-for-reparations/361631.

6. "2015년 4/4분기 주거 공실과 자가 소유(Residential Vacancies and Homeownership in the Fourth Quarter 2015)," US Census Bureau, January 28, 2016, http://www.census.gov/housing/hvs/files/currenthvspress.pdf(April 10, 2016 검색).

7. James S. Hirsch, 『폭동과 기억: 툴사 인종 전쟁과 그 유산(Riot and Remembrance: The Tulsa Race War and Its Legacy)』(New York: Houghton Mifflin Company, 2002), 119쪽.

8. "로즈우드 대학살 81주기 추모식(Ceremony to Mark 81st Anniversary of Rosewood Massacre)," *Florida Times-Union*, last updated December 31,2003, http://jacksonville.com/apnews/stories/123103/D7VPIOTG1.shtml.

9. Coates, "배상금을 위한 소송."

9장. 불평등한 기회

1. 이 장은 〈아메리칸프로스펙트〉에 기고한 글을 토대로 작성했다. Chuck Collins, "부자 아이들은 다 괜찮아(The Wealthy Kids Are All Right)," *The American Prospect*, May 28, 2013, http://prospect.org/article/wealthy-kids-are-all-right 참조.

2. David Leonhardt, "가난한 아이를 명문 대학에 보내는 간단한 방법(A Simple Way to Send Poor Kids to Top Colleges)," *New York Times*, March 31, 2013, http://www.nytimes.com/2013/03/31/opinion/sunday/a-simple-way-to-send-poor-kids-to-top-colleges.html?pagewanted=all&_r=0.

3. 농촌 지역의 장애보상 청구 증가와 관련해서는 Chana Joffe-Walt, "노동 부적합: 미국의 놀라운 장애 증가(Unfit for Work: The Startling Rise in Disability in America),"

NPR, March 25-26, 2013, http://apps.npr.org/unfit-for-work 참조; 군대 지원자의 44퍼센트가 농촌 지역 출신이다. Ann Scott Tyson, "미국의 농촌 청년, 군대로 유입(Youths in Rural US Are Drawn to Military)," *Washington Post*, November 4, 2005, http://www.washingtonpost.com/wp-dyn/content/article/2005/11/03/AR2005110302528.html 참조.

4. 이 장의 중요한 참고 자료 두 권은 특권의 세대 간 이전과 관련된 국가 간 연구(CRITA)를 주제로 한 러셀 세이지 재단의 학술논문집들이다. 그중 한 권은 John Ermisch, Markus Jäntti, and Timothy Smeeding, eds., 『부모에서 자식으로: 특권의 세대 간 이전(From Parents to Children: The Intergenerational Transmission of Advantage)』(New York: Russell Sage Foundation, 2012)이고 다른 한 권은 Timothy M. Smeeding, Robert Erikson, and Markus Jäntti, eds., 『지속성, 특권, 양육: 세대 간 이동에 대한 비교 연구(Persistence, Privilege, and Parenting: The Comparative Study of Intergenerational Mobility)』(New York: Russell Sage Foundation, 2011)이다.

5. "미국은 다른 나라들처럼 이동성을 촉진하는가?(Does America Promote Mobility as Well as Other Nations?)," Pew Charitable Trusts, Economic Mobility Project, November 2011, 4쪽, http://www.pewtrusts.org/~/media/legacy/uploadedfiles/pcs_assets/2011/critafinal1pdf.pdf 참조.

6. 경제적으로 성공한 미국인들을 대상으로 한 설문조사는 그동안 부자와 그 밖의 모든 사람들의 우선순위에서 나타나는 격차를 조사해왔다. Benjamin I. Page and Larry M. Bartels, "상위 1퍼센트는 나머지 사람들과 같지 않다(The 1% Aren't Like the Rest of Us)," *Los Angeles Times*, March 22, 2013, http://articles.latimes.com/2013/mar/22/opinion/la-oe-page-wealth-and-politics-20130322 참조.

7. Jane Mayer, 『검은 돈: 극우의 발호 뒤에 숨겨진 억만장자들의 역사(Dark Money: The Hidden History of the Billionaires Behind the Rise of the Radical Right)』(New York: Doubleday, 2016).

8. Michael Mitchell and Michael Leachman, "수년간의 예산 삭감으로 대학이 더 많은 학생을 수용하기 어려워지다(Years of Cuts Threaten to Put College Out of Reach for More Students)," Center on Budget and Policy Priorities, May 13, 2015, http://www.cbpp.org/research/state-budget-and-tax/years-of-cuts-threaten-to-put-college-out-of-reach-for-more-students; Robert Hiltonsmith and Tamara Draut, "경기 침체 이후 주정부의 고등교육기금에서 비용의 거대한 변화가 지속되다(The Great Cost Shift Continues: State Higher Education Funding After the Recession)," Demos, March 14, 2014, http://www.demos.org/publication/great-cost-shift-continues-state-higher-education-funding-after-recession도 참조.

9. "2014년 대학 학비 동향(Trends in College Pricing 2014)," The College Board, 2014, https://secure-media.collegeboard.org/digitalServices/misc/trends/2014-trends-college-pricing-report-final.pdf의 표2로부터 계산; Carmen DeNavas-Walt and Bernadette D. Proctor, "2013년 미국의 소득과 빈곤(Income and Poverty in the United States: 2013)," US Census Bureau, September 2014, http://www.census.gov/content/dam/Census/library/publications/2014/demo/p60-249.pdf. 1994년에 등록금, 셋방, 숙식비는 10,267달러였는데, 2014년에는 18,781달러로 증가했다. 사립대학 경비는 2015년 기준으로 26,532달러에서 42,517달러로 15,985달러 증가하여 37.59퍼센트 상승했다. 반면에 1995년의 중위소득은 52,604달러에서 54,657달러로 1.9퍼센트 증가하는 데 그쳤다. Phil Oliff, Vincent Palacios, Ingrid Johnson, and Michael Leachman, "최근 주정부의 고등교육 예산 삭감이 남긴 깊은 상처는 앞으로 수년 동안 학생들과 경제에 피해를 줄지도 모른다(Recent Deep State Higher Education Cuts May Harm Students and the Economy for Years to Come)," Center on Budget and Policy Priorities, March 19, 2013, http://www.cbpp.org/cms/index.cfm?fa=view&id=3927 참조.

10. Miles Corak, Lori J. Curtis, and Shelley Phipps, "미국과 캐나다의 경제적 이동성 및 가족 배경, 아이들의 행복(Economic Mobility, Family Background, and the Well-Being of Children in the United States and Canada)," in 『지속성, 특권, 양육』, ed. Smeeding, Erikson, and Jäntti. 캐나다 관련 통계에 대한 그 책의 요약은 "지속성, 특권, 양육," Russell Sage Foundation, https://www.russellsage.org/publications/persistence-privilege-and-parenting와 Rohan Mascarenhas, "캐나다와 미국의 경제적 이동성 비교: 마일즈 코락과의 인터뷰(Comparing Economic Mobility in Canada and America: An Interview with Miles Corak)," Russell Sage Foundation, May 18, 2012, http://www.russellsage.org/blog/comparing-economic-mobility-canada-and-america-interview-miles-corak 참조.

11. Rohan Mascarenhas, "유아기와 이동성: 제인 월드포걸과의 인터뷰(Early Childhood and Mobility: An Interview with Jane Waldfogel)," Russell Sage Foundation, May 21, 2012, http://www.russellsage.org/blog/early-childhood-and-mobility-interview-jane-waldfogel.

12. Meredith Phillip, "육아, 시간 활용, 학업성취도 격차(Parenting, Time Use, and Disparities in Academic Outcomes)," in 『기회는 어디로?: 불평등 심화, 학교, 아이들의 인생 기회(Whither Opportunity?: Rising Inequality, Schools, and Children's Life Chances)』, ed. Greg J. Duncan and Richard J. Murnane(New York: Russell Sage Foundation, 2012), 217-228쪽. "기회는 어디로?"의 요약은 Russell Sage Foundation, https://www.russellsage.org/publications/whither-opportunity에 있다.

13. Robert D. Putnam, Carl B. Frederick, and Kaisa Snellman, "1975-2009년 미국 청소년 사이의 사회적 연결성의 계층 간 격차 증대(Growing Class Gaps in Social Connectedness Among American Youth, 1975-2009)," Harvard Kennedy School of Government, July 12, 2012, http://www.hks.harvard.edu/saguaro/pdfs/SaguaroReport_DivergingSocial Connectedness.pdf.

14. 위의 자료.

15. Mascarenhas, "유아기와 이동성."

16. Sean F. Reardon, "부자와 가난한 사람 사이의 학문적 격차 확대: 새로운 증거와 가능한 설명(The Widening Academic Gap Between the Rich and the Poor: New Evidence and Possible Explanations)," in 『기회는 어디로?』, 91-116쪽.

17. 스탠퍼드대학의 Caroline M. Hoxby와 하버드대학의 Christopher Avery의 조사 내용. David Leonhardt, "가난한 사람들을 유인하지 못하는 더 좋은 대학들 (Better Colleges Failing to Lure Poor)," *New York Times*, March 16, 2013에서 인용, http://www.nytimes.com/2013/03/17/education/scholarly-poor-often-overlook-better-colleges.html?hp&_r=0.

18. 1971년에 흑인과 백인, 즉 인종 차이에 따른 학업성취도 격차는 소득에 따른 격차보다 1.5~2배 더 컸지만, 지금은 소득에 따른 격차도 인종에 따른 격차와 마찬가지로 2배가 난다. Reardon, "학문적 격차 확대."

19. "일자리와 경제."

20. Jaison R. Abel and Richard Deitz, "대학을 나오면 그동안 들어간 비용을 뽑고도 남는가?(Do the Benefits of College Still Outweigh the Costs?)," *Current Issues in Economics and Finance* 20, no. 3(2014), https://www.newyorkfed.org/medialibrary/media/research/current_issues/ci20-3.pdf.

21. Martha J. Bailey and Susan M. Dynarski, "이득과 격차: 미국 대학 진학과 졸업의 불평등의 변화(Gains and Gaps: Changing Inequality in US College Entry and Completion)," National Bureau of Economic Research, December 2011, http://www.nber.org/papers/w17633.pdf; Suzanne Mettler, 『불평등의 정도: 고등교육에 대한 정치적 개입이 아메리칸 드림을 어떻게 망가뜨렸는가(Degrees of Inequality: How the Politics of Higher Education Sabotaged the American Dream)』(New York: Basic Books, 2014)도 참조.

22. Bailey and Dynarski, "이득과 격차."

23. Jere R. Behrman, Olivia S. Mitchell, Cindy K. Soo, and David Bravo, "금융 이해력은 가산 축적에 어떻게 영향을 끼치는가(How Financial Literacy Affects Household Wealth Accumulation)," AER Papers, January 6, 2012, 8, https://www.aeaweb.org/articles?id=10.1257/aer.102.3.300.

24. Sally Koslaw, 『성년으로 가는 힘든 여정(Slouching Toward Adulthood: Observations from the Not-So-Empty Nest)』(New York: Viking Press, 2012). "중산층 신탁기금"이라는 용어는 Ron Lieber, "부모로부터 받은 살아 있는 유산(From Parents, a Living Inheritance)," *New York Times*, September 21, 2012에서 인용, http://www.nytimes.com/2012/09/22/your-money/the-hidden-inheritance-many-parents-already-provide.html?pagewanted=all&_r=1&.

25. 스탠퍼드대학의 Caroline M. Hoxby와 하버드대학의 Christopher Avery의 조사 내용. Leonhardt, "가난한 사람들을 유인하지 못하는 더 좋은 대학들"에서 인용.

26. "일자리와 경제"; Leonhardt, "가난한 사람들을 유인하지 못하는 더 좋은 대학들"도 참조.

27. David Leonhardt, "가난한 아이를 명문 대학에 보내는 간단한 방법."

28. 나는 이 책을 위해 제대군인원호법과 연방정부의 무상장학금에 대한 광범

위한 조사를 수행했다. Chuck Collins and Bill Gates Sr., 『부와 공공의 부: 미국은 왜 축적된 재산에 세금을 부과해야 하는가(Wealth and Our Commonwealth: Why America Should Tax Accumulated Fortunes)』(Boston: Beacon Press, 2013); 기명 칼럼 기사, Bill Gates Sr. and Chuck Collins, "다음 세대를 위한 제대군인원호법이 필요한 때다(It's Time for a GI Bill for the Next Generation)," *Chron*, June 22, 2004, http://www.chron.com/opinion/outlook/article/It-s-time-for-a-GI-Bill-for-the-next-generation-1504916.php.

29. Jillian Berman, "미국의 학자금 대출 위기의 심화(America's Growing Student-Loan Debt Crisis)," MarketWatch, January 19, 2016, http://www.marketwatch.com/story/americas-growing-student-loan-debt-crisis-2016-01-15; 예상 규모는 Mark Huelsman, "학자금 대출 부채 1조 달러를 돌아보면서 왜 2조 달러를 향해 가는가(Reflecting on $1 Trillion in Student Debt, and Why We're Headed for $2 Trillion)," Demos, April 24, 2014, http://www.demos.org/blog/4/24/14/reflecting-1-trillion-student-debt-and-why-were-headed-2-trillion 참조.

30. Richard Fry, "다섯 가구당 한 가구 꼴인 학자금 대출 부채(A Record One-in-Five Households Now Owe Student Loan Debt)," Pew Research Center, September 26, 2012, http://www.pewsocialtrends.org/2012/09/26/a-record-one-in-five-households-now-owe-student-loan-debt; "학자금 대출 연체가 악화되면서 가구 부채가 계속 증가(Household Debt Continues Upward Climb While Student Loan Delinquencies Worsen)," Federal Reserve Bank of New York, February 17, 2015, http://www.newyorkfed.org/newsevents/news/research/2015/rp150217.html도 참조.

31. Mark Huelsman, "연방준비제도이사회가 방금 학자금 대출과 관련된 방대한 양의 정보를 공개했다. 우리에게 말하는 것이 여기 있다(The Federal Reserve Just Released a Boatload of Information on Student Debt. Here's What It's Telling Us)," Demos, February 20, 2015, http://www.demos.org/blog/2/20/15/federal-reserve-just-released-boatload-information-student-debt-here's-what-it's-tellin.

32. Richard Fry, "청년, 학자금 대출, 경제적 행복(Young Adults, Student Debt and Economic Well-Being)," Pew Research Center, May 14, 2014, http://www.pewsocialtrends.org/2014/05/14/young-adults-student-debt-and-economic-well-being.

33. Ross Eisenbrey, "무급 인턴과정이 이동성을 해친다(Unpaid Internships Hurt Mobility)," Economic Policy Institute, January 5, 2012, http://www.epi.org/blog/unpaid-internships-economic-mobility.

34. Michael Laracy, "인턴과정: 기회로 얻는 문, 아니면 저소득 학생에게는 장벽? (Internships: Gateway to Opportunity or an Obstacle for Low-Income Students?)," *Huffington Post*, November 3, 2010, http://www.huffingtonpost.com/mike-laracy/internships-gateway-to-op_b_777951.html.

35. 사회학자 Heather Beth Johnson은 청소년들이 빚을 지지 않거나 더 많은 선택을 할 수 있도록 도와주는 세대 간 부의 이전 - 약 1,000달러 미만의 금액 - 관련 자료 수십 건을 분석했다. Heather Beth Johnson, 『아메리칸 드림과 부의 영향력: 기회의 땅에서의 학교 선택과 불평등 상속(The American Dream and the Power of Wealth: Choosing Schools and Inheriting Inequality in the Land of Opportunity)』(London: Routledge, 2006).

36. Reihan Salam, "우리는 상대적 이동성에 대해서 관심을 가져야 하는가? (Should We Care About Relative Mobility?)," National Review Online, November 29, 2011, http://www.nationalreview.com/agenda/284379/should-we-care-about-relative-mobility-reihan-salam(March 30, 2016 검색).

37. Ermisch, Jäntti, and Smeeding, 『부모에서 자식으로』; "미국은 다른 나라들처럼 이동성을 촉진하는가?"도 참조.

38. Oliff, Palacios, Johnson, and Leachman, "최근 주정부의 고등교육 예산 삭감이 남긴 깊은 상처는 앞으로 수년 동안 학생들과 경제에 피해를 줄지도 모른다."

39. J. Maureen Henderson, "오늘날 창조적 경력은 특권층의 전유물인가?(Are Creative Careers Now Reserved Exclusively for the Privileged?)," *Forbes*, August 31, 2012, http://www.forbes.com/sites/jmaureenhenderson/2012/08/31/are-creative-careers-now-reserved-exclusively-for-the-privileged; 언론계에 뛰어들려는 자신의 시도를 기록하는 캐나다 저술가 Alexandra Kimball의 칼럼이 많은 사람을 자극했다. Alexandra Kimball, "인턴과정을 거칠 형편이 안 될 때 언론계 취업하는 방법(How to Succeed in Journalism When You Can't Afford an Internship)," Hazlitt, August 23, 2012, http://www.randomhouse.ca/hazlitt/feature/how-succeed-journalism-when-you-cant-affordinternship 참조.

40. Chuck Collins, "부를 확산시키기 위해 부에 과세하라(Tax Wealth to Broaden Wealth)," *The American Prospect*, April 16, 2003, http://prospect.org/article/tax-wealth-broaden-wealth.

10장. 화장실에 걸린 미로의 그림: 자선산업복합체와의 조우

1. Emmanuel Saez, "더 벼락부자 되기: 미국의 상위 소득의 진화(Striking It Richer: The Evolution of Top Incomes in the United States)," 표2, UC Berkeley, June 25, 2015, http://eml.berkeley.edu/~saez/saez-UStopincomes-2014.pdf.

2. 2012년 자료를 기본으로 했다. "미국 재단 관련 주요 사실(Key Facts on US Foundations)," Foundation Center, http://foundationcenter.org/gainknowledge/research/keyfacts2014; 자선-기부 정보는 다음을 참조했다. "자선 기부 통계(Charitable Giving Statistics)," National Philanthropic Trust, http://www.nptrust.org/philanthropic-resources/charitable-giving-statistics; "재단 통계(Foundation Stats)," Foundation Center, http://data.foundationcenter.org/#/foundations/all/nationwide/total/list/2013; Melissa Ludlum, "국내민간재단, 과세연도 1993-2002(Domestic Private Foundations, Tax Years 1993-2002)," Internal Revenue Service, http://www.irs.gov/pub/irs-soi/02eopf.pdf.

3. "2014년 미국인들은 자선단체에 약 3,583억 8,000만 달러를 기부했다. 60년 역사상 최고액이다(Giving USA: Americans Donated an Estimated $358.38 Billion to Charity in 2014; Highest Total in Report's 60-Year History)," Giving USA, June 29, 2015, http://givingusa.org/giving-usa-2015-press-release-giving-usa-americans-donated-an-estimated-358-38-billion-to-charity-in-2014-highest-total-in-reports-60-year-history.

4. 자선 기부 관련 통계자료는 Giving USA 2015년 자료 활용. "기부 통계(Giving Statistics)," Charity Navigator, http://www.charitynavigator.org/index.cfm/bay/content.view/cpid/42#.VP3FyFpDbKA. 역사적으로 개인 기부는 2014년 자료에서 본 것처럼, 전체 기부의 75퍼센트 정도를 차지한다. 개인으로부터 상속되는 것일 수밖에 없는 유증과 가족형 재단도 개인 기부 범주에 넣는다면, 전체 기부의 90퍼센트가량이 개인 기부에 들어간다. 이것은 달리 말하면, 해마다 거대 재단이나 기업들이 아닌

일반인들의 기부가 대부분을 차지한다는 의미다.

5. 2012년 자료를 기본으로 했다. "미국 재단 관련 주요 사실," Foundation Center, http://foundationcenter.org/gainknowledge/research/keyfacts2014.

6. 미국의 주요 부자들이 기부하는 우선순위를 조사한 한 연구에 따르면, 가난하고 절박한 사람들을 돕는 단체들로 흘러든 돈이 매우 적다는 사실이 드러났다. 부자들이 기부한 돈의 주된 수혜자들은 대학과 의료기관, 예술과 문화단체들이다. Pablo Eisenberg, "자선 기부, 무엇이 문제인가, 그리고 그것을 어떻게 고칠 것인가 (What's Wrong with Charitable Giving—and How to Fix It)," *Wall Street Journal*, November 9, 2009, http://www.wsj.com/articles/SB100014240527487045060457448177344659175 0에서 인용.

7. Ray Madoff, "자선을 부추기는 더 좋은 방법(A Better Way to Encourage Charity)," *New York Times*, October 5, 2014, http://www.nytimes.com/2014/10/06/opinion/a-better-way-to-encourage-charity.html?_r=1.

8. "미국의 50대 기부자(America's 50 Top Givers)," *Forbes*, 2013, http://www.forbes.com/special-report/2013/philanthropy/top-givers.html.

9. Daniel Golden, 『입장료: 미국의 지배계급이 명문 대학에 들어가는 방법과 문밖에 남겨진 사람들(The Price of Admission: How America's Ruling Class Buys Its Way into Elite Colleges–and Who Gets Left Outside the Gates)』(New York: Broadway Books, 2007).

10. 자선 기부나 미술품과 관련된 사람들의 출신 배경은 Joy Gibney Berus, "미술품 기부의 기술: 미술품, 골동품, 문화적 수집품의 자선 기부(The Art of Donating Art: The Charitable Contribution of Art, Antiques and Collectibles)," Planned Giving Design Center, October 21, 2008, http://www.pgdc.com/pgdc/art-donating-art-charitable-contribution-art-antiques-and-collectibles 참조.

11. Globe Staff, "일부 자선단체 임원들은 자산을 자신에게 돌린다(Some Officers of Charities Steer Assets to Selves)," *Boston Globe*, October 9, 2003, http://archive.boston.com/news/nation/articles/2003/10/09/some_officers_of_charities_steer_assets_to_selves/?page=full.

12. Chronicle of Philanthropy 조사보고서. Pablo Eisenberg, "재단 이사들에게 수

백만 달러의 봉급을 주면 안 된다(Foundation Trustees Shouldn't Be Paid Millions of Dollars)," *Huffington Post*, July 24, 2014, http://www.huffingtonpost.com/pablo-eisenberg/foundation-trustees-shoul_b_5618667.html에서 인용.

13. Globe Staff, "일부 자선단체 임원들은 자산을 자신에게 돌린다."

14. 국세청은 수년 동안 단속 활동에 대한 신뢰할 만한 데이터를 공개하지 않았다. 2016년 4월 30일, 나는 전문가인 애런 도프먼, 마크 오언스와 상의하여 국세청 자료집 표13을 조사하여 최근 몇 년 동안 종결된 사건이 119건을 넘지 않는다는 것으로 추산했다. "면세 기관: 규정준수지표 및 데이터 개선과 주정부 규제기관들과의 협력 강화가 자선단체들에 대한 감시를 더 철저하게 할 것이다(Tax-Exempt Organizations: Better Compliance Indicators and Data, and More Collaboration with State Regulators Would Strengthen Oversight of Charitable Organizations)," US Government Accountability Office, December 2014, http://www.gao.gov/assets/670/667595.pdf도 참조.

11장. 자선 활동이 정의를 파괴할 때

1. Eisenberg, "자선 기부, 무엇이 문제인가."

2. Rob Reich, "기부하는 것이 별로 없다(Not Very Giving)," *New York Times*, September 4, 2013, http://www.nytimes.com/2013/09/05/opinion/not-very-giving.html?_r=0; Rob Reich, "자선의 실패: 미국의 자선단체들은 가난한 사람을 속이는데, 공공정책도 어느 정도 책임이 있다(A Failure of Philanthropy: American Charity Shortchanges the Poor, and Public Policy Is Partly to Blame)," *Stanford Social Innovation Review*(Winter 2005), http://ssir.org/articles/entry/a_failure_of_philanthropy도 참조.

3. Ray Madoff, "당신의 세금을 개가 먹는가?(Dog Eat Your Taxes?)," *New York Times*, July 9, 2008, http://www.nytimes.com/2008/07/09/opinion/09madoff.html.

4. 소득 규모가 높아질수록 항목별 세금신고자의 비율이 증가한다. Andrew Lundeen and Scott A. Hodge, "고소득 납세자들은 대체로 항목별 세금 공제를 신청할 가능성이 크다(Higher Income Taxpayers Are Most Likely to Claim Itemized Deductions)," Tax Foundation, November 7, 2013, http://taxfoundation.org/blog/higher-income-taxpayers-are-most-likely-claim-itemized-deductions. 이론적으로, 항목별 세금신

고자가 아닌 납세자들에게 적용되는 표준 공제는 특정 금액의 자선 기부 시 고려
대상이 된다.

5. Zachary Mider, "130억 달러의 미스터리 천사들: 미국에서 네 번째로 큰 자선
단체에 자금을 대고 있는 사람은 누구인가?(The $13 Billion Mystery Angels: Who Is Funding
the Fourth-Largest Charity in the US?)," *Bloomberg Business*, May 8, 2014, http://www.
bloomberg.com/bw/articles/2014-05-08/three-mysterious-philanthropists-fund-
fourth-largest-u-dot-s-dot-charity#p2.

6. 어떤 이는 "돈이란 무엇인가?", "돈은 어디서 오는가?"와 같은 더욱 근본적인
철학적 질문을 던질 수도 있다. 그것은 이 책의 범위를 넘어서지만, 매우 가치 있
는 논의다. David Graeber, 『부채: 5,000년 역사(Debt: The First 5,000 Years)』(London: Melville
House Publishing, 2011) 참조.

7. 항목별 세액 공제를 신청하지 않고 자선단체에 기부하는 저소득층, 중간소득
층 기부자들이 실제로 많이 있다.

8. James Aloisi, "단기와 장기 계획(A Short and Long-Term Plan)," *CommonWealth
Magazine*, February 23, 2015, http://commonwealthmagazine.org/transportation/
short-long-term-plan.

9. Louis Uchitelle, "민간 자금이 도시 기반시설의 항목을 정한다(Private Cash Sets
Agenda for Urban Infrastructure)," *New York Times*, June 6, 2008, http://www.nytimes.
com/2008/01/06/business/06haven.html?pagewanted=all&_r.

10. 자선기부금 GDP 비율은 Uchitelle, "민간 자금이 도시 기반시설의 항목을 정
한다"에서 참조. 기반시설 통계 자료 갱신은 "대중교통기반시설 투자에 대한 경제
분석(An Economic Analysis of Transportation Infrastructure Investment)," The White House, July
2014, 18쪽 참조, https://www.whitehouse.gov/sites/default/files/docs/economic_
analysis_of_transportation_investments.pdf.

11. "2013년 미국 기반시설 성적표(2013 Report Card for America's Infrastructure)," American
Society of Civil Engineers, 2013, http://www.infrastructurereportcard.org.

12. "영양보충지원계획/푸드스탬프 참여 데이터(SNAP/Food Stamp Participation Data),"
Food Research & Action Center, 2015, http://frac.org/reports-and-resources/

snapfood-stamp-monthly-participation-data.

13. "정책 기초: 영양보충지원계획 소개(Policy Basics: Introduction to the Supplemental Nutri tional Assistance Program(SNAP))," Center on Budget and Policy Priorities, last updated March 24, 2016, http://www.cbpp.org/research/policy-basics-introduction-to-the-supplemental-nutrition-assistance-program-snap(April 5, 2016 검색).

14. "면세 기관과 자선 기부(Tax-Exempt Organizations and Charitable Giving)," Senate Finance Committee Staff Tax Reform Options for Discussion, June 13, 2013, http://www.finance.senate.gov/imo/media/doc/06132013%20Tax-Exempt%20 Organizations%20and%20Charitable%20Giving.pdf.

15. "캠페인, 연구조사 및 정책(Campaigns, Research & Policy)," National Commit tee for Responsive Philanthropy, https://www.ncrp.org/campaigns-research-policy 참조.

16. Madoff, "자선을 부추기는 더 좋은 방법."

17. Jane Mosaoka and Jeanne Bell Peters, "정말로 필요한 것: 비영리단체를 더욱 책임성 있고 효율적으로 만들기 위한 여덟 가지 개혁(What We Really Need: Eight Reforms to Make Nonprofits More Accountable and Effective)," *Stanford Social Innovation Review*(Summer 2005), http://www.sdgrantmakers.org/conference/SSIR%20Eight%20Reforms%20Masaoka%20Peters%206-05.pdf(April 5, 2016 검색).

18. Jeffrey N. Gordon, "1950-2005년, 미국에서의 사외이사 증가(The Rise of Independent Directors in the United States, 1950-2005)," Social Science Research Network, August 2006, http://papers.ssrn.com/sol3/papers.cfm?abstract_id=928100.

19. Conor O'Cleary, 『전에 없던 억만장자: 척 피니는 어떻게 은밀하게 돈을 벌어 기부했는가(The Billionaire Who Wasn't: How Chuck Feeney Secretly Made and Gave Away a Fortune)』(New York: Public Affairs, 2007), 324쪽.

20. Amy Markham and Susan Wolf Ditkoff, "일몰이 주는 교훈(Learning from the Sunset)," *Philanthropy Magazine*(Fall 2013), http://www.philanthropyroundtable.org/topic/donor_intent/learning_from_the_sunset; 애틀랜틱 필란스로피스에 대해 더 많이 알고 싶다면, "긴 작별인사: 종료시점을 향해 가는 애틀랜틱 필란스로피스(The Long Goodbye: Atlantic Philanthropies Approaching the End)," *The NonProfit Times*, July 29, 2014, http://

www.thenonprofittimes.com/news-articles/long-goodbye-atlantic-philanthropies-approaching-end 참조.

12장. 함께 있어야 할 순간

1. "정책결정자를 위한 기후 변화 2014년 종합보고서 요약(Climate Change 2014 Synthesis Report Summary for Policymakers)," Intergovernmental Panel on Climate Change(IPCC), https://www.ipcc.ch/pdf/assessment-report/ar5/syr/AR5_SYR_FINAL_SPM.pdf.

2. Pope Francis, "프란치스코 교황의 회칙 '찬미받으소서'(Encyclical Letter Laudato Si' of the Holy Father Francis On Care for Our Common Home)," Vatican, May 24, 2015, http://w2.vatican.va/content/francesco/en/encyclicals/documents/papa-francesco_20150524_enciclica-laudato-si.html(May 2, 2016 검색).

3. Jeremy Leggett, "왜 석탄과 많은 석유 투자가 빛을 바래고 있는가(Why Coal and Many Oil Investments Are Losing Luster)," *Fortune*, February 24, 2014, http://fortune.com/2014/02/24/why-coal-and-many-oil-investments-are-losing-luster.

4. Saez and Zucman, "1913년 이래 미국의 부의 불평등."

5. Chuck Collins and Josh Hoxie, "억만장자 노다지: 포브스 선정 400대 부자와 미국의 나머지 사람들(Billionaire Bonanza: The Forbes 400 and the Rest of US)," Institute for Policy Studies, December 5, 2015, http://www.ips-dc.org/billionaire-bonanza.

6. 위의 자료.

7. Thomas Piketty, 『21세기 자본(Capital in the Twenty-First Century)』(Cambridge, MA: Belknap, 2014), 351쪽.

8. 2008년에서 2012년까지 5년 동안, FedEx는 유효세율 4.2퍼센트의 연방법인세를 납부했고, UPS는 27.5퍼센트 세금을 납부했다. Robert S. McIntyre, Matthew Gardner, and Richard Phillips, "유감스러운 법인세 상황: 포춘 선정 500대 기업이 미국에서 내는(또는 내지 않는) 세금과 그들이 2008년에서 2012년까지 해외에서 지불하는 돈(The Sorry State of Corporate Taxes: What Fortune 500 Firms Pay (or Don't Pay) in the USA and What They Pay Abroad–2008 to 2012)," Citizens for Tax Justice, February 2014, http://www.ctj.org/corporatetaxdodgers/sorrystateofcorptaxes.pdf.

9. 1차 세계대전 이후 1차 도금시대를 뒤집은 사회 운동의 역사에 대해 알고 싶다면, Sam Pizzigati, 『부자들이 항상 이기는 것은 아니다: 1900-1970년, 미국 중산층을 창출한 잊어버린 금권정치에 대한 승리(The Rich Don't Always Win: The Forgotten Triumph Over Plutocracy That Created the American Middle Class, 1900-1970)』(New York: Seven Stories Press, 2012) 참조.

10. 이 역사에 대해 더 알고 싶다면, Gates and Collins, 『부와 공공의 부』 참조.

11. James Gustave Speth, "넥스트시스템으로 가기: 새로운 정치경제로 가는 길의 이정표들(Getting to the Next System: Guideposts on the Way to a New Political Economy)," Next System Project, October 14, 2015, http://thenextsystem.org/gettowhatsnext.

13장. 공익에의 참여

1. 미시간주 블룸필드힐스, http://www.bloomfieldhillsmi.net(April 4, 2016 검색); 빌리지클럽, http://www.thevillageclub.org.

2. Mike Fredenburg, "F-35 전투기: 소 잃고 외양간 고치기(The F-35: Throwing Good Money After Bad)," *National Review*, July 22, 2015, accessed April 4, 2016, http://www.nationalreview.com/article/421473/f-35-throwing-good-money-after-bad-mike-fredenburg.

14장. 진정한 안전망으로서의 이웃

1. David M. Herszenhorn, Carl Hulse, and Sheryl Gay Stolberg, "혼돈의 하루 동안 회담 결렬, 구제금융 계획 실패는 미해결 상태로 남다(Talks Implode During a Day of Chaos, Failure of Bailout Plan Remains Unresolved)," *New York Times*, September 25, 2008, http://www.nytimes.com/2008/09/26/business/26bailout.html?pagewanted=all&_r=0.

2. 가계회복지원단 조력자 지침 같은 자료들은 "가계회복지원단 커리큘럼"에서 이용할 수 있다. Resilience Circles, http://localcircles.org/facilitators-corner/six-session-facilitators-guide.

3. "가계회복지원단이란 무엇인가?(What Is a Resilience Circle?)," Resilience Circles, http://localcircles.org/what-is-a-resilience-circle.

4. 지역의 가계회복지원단에 대한 정보를 더 많이 알고 싶다면, http://localcircles.

org 참조.

5. 전환마을에 대해 더 많이 알고 싶다면, Transition Network, http://www.transitionnetwork.org 참조. 미국의 경우는 Transition United States, http://www.transitionus.org 참조.

6. "듀크 연구 결과, 미국인들은 가족 외의 친구가 더 적다(Americans Have Fewer Friends Outside the Family, Duke Study Shows)," Duke University, June 23, 2006, https://today.duke.edu/2006/06/socialisolation.html; Miller McPherson, Lynn Smith-Lovin, and Matthew E. Brashears, "미국의 사회적 고립: 20년 동안의 핵심 토론네트워크의 변화(Social Isolation in America: Changes in Core Discussion Networks Over Two Decades)," *American Sociological Review* 71, no. 3(June 2006): 353-357쪽, doi:10.1177/000312240607100301.

7. Charles Eisenstein, 『신성한 경제학: 전환기의 돈, 선물 그리고 사회(Sacred Economics: Money, Gift, and Society in the Age of Transition)』(Berkeley, CA: Evolver Editions/North Atlantic Books, 2011), 22장.

15장. 공동체 되살리기

1. 전환 운동에 대해 더 많이 알고 싶다면, Transition Network, http://www.transitionnetwork.org; Transition United States, http://www.transitionus.org.

2. Rob Hopkins, 『그냥 할 일을 하는 것의 힘: 지역에서의 행동이 어떻게 세상을 바꿀 수 있는가(The Power of Just Doing Stuff: How Local Action Can Change the World)』(Cambridge, U.K.: UIT Cambridge Ltd., 2013), 27쪽.

3. Artisans Asylum, https://artisansasylum.com. Boston Makers, http://www.bostonmakers.org 참조.

4. 농산물직판장은 SNAP "푸드스탬프"를 사용할 수 있을 뿐 아니라, "바운티 벅스"라는 지방자치체 지원 쿠폰이 있어서, 신선한 농산물 같은 식품들을 훨씬 더 저렴하게 구입할 수 있다.

5. 에젤스턴 농산물직판장, http://www.eglestonfarmersmarket.org 참조.

6. 자메이카플레인 로컬퍼스트, http://jplocalfirst.org. 승수효과에 대한 정보는 "지역의 독립사업체들의 승수효과(The Multiplier Effect of Local Independent Businesses),"

American Independent Business Alliance, http://www.amiba.net/resources/multiplier-effect(April 7, 2016 검색) 참조. 승수효과에 대한 연구는 많이 이루어져 있다. 개요에 대해서는 "핵심 연구: 왜 지역이 중요한가(Key Studies: Why Local Matters)," Institute for Local Self Reliance, last updated January 8, 2016, https://ilsr.org/key-studies-why-local-matters 참조. 솔트레이크시티를 통한 연구는 독립사업체 부문이 활발한 우리 자메이카플레인 지역과 가장 관련이 깊다. "소규모 독립사업체 영향 연구 시리즈: 미국 서적상 협회를 통한 전국 비교 조사(Indie Impact Study Series: A National Comparative Survey with the American Booksellers Association)," Civic Economics (Summer 2012) http://localfirst.org/images/stories/SLC-Final-Impact-Study-Series.pdf 참조.

7. Charles Eisenstein, "선물의 경제, 공동체 구축하기(To Build Community, an Economy of Gifts)" *YES! Magazine*, December 21, 2001, http://www.yesmagazine.org/happiness/to-build-community-an-economy-of-gifts.

8. Hopkins, 『그냥 할 일을 하는 것의 힘』, 45쪽.

16장. 부를 집으로 가져오기

1. Marjorie Kelly and Sarah McKinley, "젠트리피케이션이 아닌, 이웃에 부를 가져다주는 일곱 가지 개발 경로(7 Paths to Development That Bring Neighborhoods Wealth, Not Gentrification)," *YES! Magazine*, November 11, 2015, http://www.yesmagazine.org/new-economy/7-paths-to-development-that-bring-neighborhoods-wealth-not-gentrification-20151111.

2. Kevin G. Hall and Marisa Taylor, "미국은 해외에 대해서는 질책하면서, 국내에 대해서는 그렇게 하지 않는다(US Scolds Others About Offshores, But Looks Other Way at Home)," McClatchy DC, April 5, 2016, http://www.mcclatchydc.com/news/nation-world/national/article70008302.html.

3. Chuck Collins, "파나마 페이퍼스, 세계 슈퍼리치들의 숨겨놓은 재산을 만천하에 드러내다(The Panama Papers Expose the Hidden Wealth of the World's Super-Rich)," *The Nation*, April 5, 2016, http://www.thenation.com/article/panama-papers-expose-the-hidden-wealth-of-the-worlds-super-rich 참조.

4. "역외조세피난처 협잡 2015년: 포춘 500대 기업, 역외조세피난처 활용(Offshore Shell Games 2015: The Use of Offshore Tax Havens by Fortune 500 Companies)," Citizens for Tax Justice, October 5, 2015, http://ctj.org/ctjreports/2015/10/offshore_shell_games_2015.php#. VpEOgBFl3k.

5. Gabriel Zucman, 『감춰진 국부: 조세피난처의 재앙(The Hidden Wealth of Nations: The Scourge of Tax Havens)』(Chicago and London: University of Chicago Press, 2015).

6. 렌스트롬과의 인터뷰, November 11, 2015; January 15, 2016.

7. John Schwartz, "석유 재벌의 상속자 록펠러들은 화석연료의 자선단체에서 자금을 회수할 것인가(Rockefellers, Heirs to an Oil Fortune, Will Divest Charity of Fossil Fuels)," *New York Times*, September 21, 2014, http://www.nytimes.com/2014/09/22/us/heirs-to-an-oil-fortune-join-the-divestment-drive.html.

8. "기후 변화와 관련한 데스몬드 투투 추기경 연설(Archbishop Desmond Tutu on Climate Change)," 유튜브 영상, 3:37, September 26, 2014 게재, https://www.youtube.com/watch?v=mm7PBHFdYCQ.

9. Brian Merchant, "마크 러팔로는 어벤저스들이 화석연료에 투자한 돈을 회수하기를 원한다(Mark Ruffalo Wants the Avengers to Divest from Fossil Fuels)," *Motherboard*, September 17, 2014, http://motherboard.vice.com/read/mark-ruffalo-wants-the-avengers-to-divest-from-fossil-fuels.

10. Blair Fitzgibbon, "유엔기후변화협약 당사국총회(COP21)에서 3조 4,000억 달러의 투자 회수하기로 약속(Divestment Commitments Pass the $3.4 Trillion Mark at COP21)," *Common Dreams*, December 2, 2015 http://www.commondreams.org/newswire /2015/12/02/divestment-commitments-pass-34-trillion-mark-cop21.

11. 20갤런 컨테이너가 17개면 1톤이 된다. Chris Berdick, "매사추세츠의 새로운 퇴비화 규칙: 그것이 정말로 의미하는 것(Massachusetts' New Composting Rules: What They Really Mean)," *Boston Globe Magazine*, September 25, 2014, https://www.bostonglobe. com/magazine/2014/09/25/massachusetts-new-composting-rules-what-they-really-mean/SM9KF0Rw7I1Gq8KZTtx5dL/story.html 참조.

12. "베타탄소와 주식 성과: 실증적 분석 ‒ 공개가 성과로 나타남(Carbon Beta and

Equity Performance: An Empirical Analysis: Moving from Disclosure to Performance)," Innovest Strategic Value Advisers, October 2007, http://www.kellogg.northwestern.edu/faculty/mazzeo/htm/sp_files/021209/(4)%20innovest/innovest%20publications/carbon_20final.pdf.

13. "미국의 지속 가능하고 책임성 있는 임팩트 투자 추세 보고서(Report on US Sustainable, Responsible and Impact Investing Trends)," Forum for Sustainable and Responsible Investment, http://www.ussif.org/trends.

14. "CDFI 기금정관(CDFI Fund Statute)," CDFI Coalition, http://www.cdfi.org/about-cdfis/cdfi-fund-statute(April 8, 2016 검색).

15. "CDFI 20주년 기념 보고서(CDFI 20th Anniversary Report)," CDFI Coalition, March 5, 2014, http://www.cdfi.org/cdfi-20th-anniversary-report.

16. 크라우드펀딩 캠페인 관련 정보는 "CERO는 사람과 공동체 및 지구에 이익을 주는 녹색 일자리를 창출하고 있다(CERO Is Creating Green Jobs That Pay Off for People, Community & the Planet)," Indiegogo, https://www.indiegogo.com/projects/cero-is-creating-green-jobs-that-pay-off-for-people-community-the-planet#/funders 참조.

17장. 열린 마음의 부

1. 대리얼 가너와의 인터뷰, July 9, August 3, August 14, and August 24-26, 2015; Rivera Sun, 『억만장자 부처(Billionaire Buddha)』(El Prado, NM: Rising Sun Press Works, 2015); Occupy Radio 인터뷰, March 4, 2015.

2. Tod Leonard, "더 라이트 웨이(The Wright Way)," *Sandiego Union Tribune*, May 30, 2004, http://www.utsandiego.com/uniontrib/20040530/news_lz1t30nakoma.html; Chaco Mohler, "라이트의 걸작이 시에라에서 생명을 얻다(A Wright Masterpiece Bursts to Life in the Sierra)," *Tahoe Quarterly*(Fall 2001), http://www.hldesignbuild.com/assets/tahoequarterly-2001-inside.pdf도 참조.

3. 위의 자료.

4. 아서 콘펠드와의 인터뷰. 1차 April 2, 2015; 2차 December 14, 2015.

5. 비미(非美)활동조사위원회, 『뉴욕지역 공산주의자 활동 조사(연예 분야): 84차 의회 청문회』, August 18, 1955, 2447-2460쪽, https://archive.org/stream/

investigationofc19530608unit/investigationofc19530608unit_djvu.txt; "나는 빈민가에서 노래를 불렀다: 피터 시거는 비미활동조사위원회(HUAC)를 위해서 '노래'부르는 것을 거부한다(I Have Sung in Hobo Jungles: Pete Seeger Refuses to 'Sing' for HUAC)," History Matters, http://historymatters.gmu.edu/d/6457(April 12, 2016 검색).

6. Eisenstein, 『신성한 경제학』, 426쪽.

18장. 부자여, 집으로 돌아오라

1. Jonathan Rowe, 『공공의 부: 다른 모든 것들을 움직이게 하는 숨겨진 경제(Our Common Wealth: The Hidden Economy That Makes Everything Else Work)』(San Francisco: Berrett Koehler, 2013), 11쪽.

2. Peter Barnes, 『자본주의 3.0: 공유지를 되찾기 위한 지침(Capitalism 3.0: A Guide to Reclaiming the Commons)』(San Francisco: Berrett Koehler, 2006), 4-5쪽.

3. Divest-Invest, http://www.divestinvest.org.

4. Marjorie Kelly, 『우리의 미래 소유하기: 떠오르는 소유권 혁명(Owning Our Future: The Emerging Ownership Revolution)』(San Francisco: Berrett Koehler, 2012).

5. 신경제연합(New Economy Coalition)의 새로운 경제 운동에 대해 더 알고 싶다면, http://neweconomy.net 참조; Next System Project, http://thenextsystem.org.

6. 슬로머니 운동에 대해 더 알고 싶다면, http://www.slowmoney.org.

7. 더 과감한 기부(Bolder Giving) 단체에 대해 더 알고 싶다면, http://www.boldergiving.org 참조.

8. 억만장자 허점 막기(Close the Billionaire Loophole) 단체에 대해 더 알고 싶다면, http://www.closethebillionaireloophole.org 참조.

9. James Carroll, 『콘스탄틴의 검: 교회와 유대인의 역사(Constantine's Sword: The Church and the Jews, A History)』(Boston/New York: Mariner Books, 2002). 같은 제목의 다큐멘터리도 참조.

10. Resource Generation, http://www.resourcegeneration.org 참조.

11. David Horsey, "닉 하나우어는 자본가가 '일자리 창출자'라는 신화를 폭파시켰다(Nick Hanauer Explodes Myth of Capitalist 'Job Creator')," Los Angeles Times, February 17, 2014,

http://articles.latimes.com/2014/feb/17/nation/la-na-tt-job-creator-20140216.

12. "누가 세금을 내는가? 50개 주 전체의 과세 체계에 대한 분포 분석(Who Pays? A Distributional Analysis of the Tax Systems in All 50 States)," Institute for Taxation & Economic Policy, January 2015, 71, http://www.itep.org/pdf/whopaysreport.pdf. 매사추세츠 주 관례를 바꾸기 위한 운동에 대한 정보는 the Raise Up Coalition, http://www.raiseupma.org/constitutional-amendment-campaign 참조.

19장. 모두 합심히여 니아가자

1. Adam Hochschild, 『사슬을 묻어라: 제국의 노예를 해방시키기 위해 싸우는 예언자와 반군들(Bury the Chains: Prophets and Rebels in the Fight to Free an Empire's Slaves)』(New York: Mariner Books, 2006); Adam Hochschild, 『레오폴트 왕의 유령: 식민지 아프리카의 탐욕과 공포, 영웅주의 이야기(King Leopold's Ghost: A Story of Greed, Terror, and Heroism in Colonial Africa)』(New York: Houghton Mifflin, 1999).

2. Peter Dreier and Chuck Collins, "자기 계급을 배신한 사람들(Traitors to Their Class)," New Labor Forum, January 2021, http://scholar.oxy.edu/cgi/viewcontent.cgi?article=1545&context=uep_faculty 참조.

3. Landon Thomas Jr., "특권의 대가(The Price of Privilege)," New York Times, January 16, 2015, https://www.nytimes.com/2015/01/18/style/thomas-s-gilbert-jr-the-price-of-privilege.html?_r=0

1%와 99%의 동행

이 책의 원제는 Born on Third Base이다. 직역하면 삼루에서 태어난 사람이란 뜻이다. 야구 시합에서 공격하는 진영의 타자들 가운데 타석에 서지도 않고 나오자마자 3루에 진출하는 주자를 빗댄 표현이다. 태어날 때부터 남보다 유리한 조건에 있는, 부유한 부모나 조상 덕으로 부자로 태어난 사람을 의미한다. 이 책을 쓴 척 콜린스도 그런 부류의 부잣집 자손 가운데 한 사람으로 시카고에서 정육사업으로 거대한 부를 이룬 오스카 마이어의 증손자다.

저자는 이 책의 전반부에서 자신이 이십대 나이에 왜 자신의 상속 재산을 모두 사회에 기부하고 악화일로에 있는 미국의 불평등과 기후 위기 문제를 해결하기 위해 부의 공정한 재분배 운동의 전면에 나서게 되었는지를 담담하게 설명한다. 그는 자기가 사는 작은 동네와 지역 공동체의 이익과 불평등한 제도 개선을 위해 주민들과 함께 직접행동에 나서기도 하고, 세금을 안 내려고 역외금융시스템으로 자본을 빼돌리는 거대기업들을 고발한다. 화석연료산업에 투자된 자금을 회수하여 지역에 재투자하는 대안경제 운동을 함께하고, 상속세 폐지 반대와 누진세 확대와 같은 공정한 세제개혁 운동을 조직화하는 작업 등에 이르기까지 미국 사회에 만연한 불평등 문제를 해결하기 위한 모든 사안에 몸을 아끼지 않는다.

저자는 이 책을 통해 자기처럼 3루에서 태어난 미국의 상위 1퍼센트 부자들에게 나머지 99퍼센트의 사람들과 평등하게 살 수 있는 세상을 만들기 위해 동행할 것을 요청한다. 사실 미국의 1세대 부자들과 달리, 3루를 밟고 태어난 그 후손들 가운데 자신이 그 자리에 서게 된 경위, 즉 부자가 된 과정을 찬찬히 되돌아보는 이가 별로 없다는 것이 저자의 생각인데, 그들은 자기가 이룬 성취가 오로지 자신의 뛰어난 능력으로 남다른 노력을 기울인 덕분이라고 생각한다.

하지만 저자는 그것이 다 부모를 잘 만난 덕일 뿐, 미국 부자들이 흔히 말하듯이 '자수성가'했다는 것은 허상이라고 주장한다. 자전거를 탈 때 뒤에서 바람이 불어오면, 자전거가 달리는 속도에 끼치는 영향력을 잘 느끼지 못하는데, 맞바람이 치면, 자전거가 앞으로 나아가는 데 얼마나 큰 장애가 되는지 쉽게 알 수 있는 것과 같은 이치다. 이 세상에서 혼자 이룬 것은 없으며, 그러한 성취는 누군가 옆에서 도와주고 희생한 덕분이다. 저자는 세상의 불평등을 해결하는 일에 부자들이 동행해야 하는 이유를 그렇게 직설적으로 이야기한다. 그리고 그러한 대의를 말로만 추상적으로 설명하기보다는 자기 경험담을 통해 미국의 현실 속에서 구체적으로 구현할 방법들을 제시한다.

저자는 이 책에서 전반적으로 자신과 같은 미국의 부자들이 현재 날로 악화되는 부의 불평등 문제를 해결하는 데 어떻게 나서야 할지에 대해서 강변하고 있지만, 다른 한편에서 나머지 99퍼센트의 사람들, 이러한 경제적, 사회적 불평등 문제를 타파하기 위해 애쓰는 사회개혁 세력들도 새겨들어야 할 말도 슬쩍 던진다. 특히, 부자를 절대 악으로 규정짓고 불평등을 해결하기 위해서는 그들을 타파해야 한다고 주장하는 급진적 행동주의자들은 오늘날 복잡하게 얽혀 있는 현대 자본주의의 시스템 변화에 초점을 맞추기보다는 단순히 노동자와 자본가의 대립 구도에 머물러 분통을 터뜨리며 투쟁만을 외치는 경우가 많은데, 그 투쟁의 대상인 부자들 가운데도 시스템을 바꾸는 데 동의하는 동맹자들이 많이 있다고 저자는 주장한다.

막강한 부와 권력을 가진 그런 부유한 동맹자들은 현대 자본주의 시스템을 바꾸는 데 누구보다 강력한 영향력을 발휘할 힘을 가지고 있으며 우리가 바라는 시대를 앞당기는 데 큰 도움을 줄 사람들이다. 그들은 그저 심성이 "착한" 부자나 자본가가 아니라, 자신이 이 세상에서 특권을 누리는 존재임을 자각하고, 보다 공정한 경쟁의 장을 만들고자 자신의 부와 권력을 나누려고 애쓰는 사람들이다. 따라서 이들과의 동행은 세상을 바꾸는 데 큰 힘이 될 거라고 저자는 말한다. 물론 의견이 다른 이들도 있겠지만, 이것에 대한 논쟁으로 시간을 보내는 것은 의미가 없다. 행동으로 실천하는 가운데 평가가 나올 것이다.

이 책을 읽다 보면, 미국 사회가 오늘날 어떻게 흘러가는지를 어느 정도 알 수 있는데, 흔히 미국하면 떠오르는 '아메리칸 드림'이라는 표현이 이제는 옛말이라는 것을 실감하게 된다. 부모의 부와 권력에 따라 자식의 미래가 결정된다고 할 정도로 미국이 거의 현대판 귀족사회가 된 것은 아닌가 싶다. 부자들이 다니는 학교와 직장이 따로 있고, 가난한 사람들이 사는 동네가 따로 있다. 부자는 일을 안 해도 점점 더 많은 돈을 벌고, 가난한 사람들은 아무리 일을 많이 해도 집 한 칸 마련하기 힘들다. 하지만 이런 불평등이 고착화되는 상황에 맞서 팔을 걷어붙이고 나서는 소수의 깨어 있는 부자들이 있는 미국은 그래도 아직 희망의 불씨가 꺼지지 않은 듯하다.

우리나라는 미국과 조금 상황이 다를 수 있겠지만, 부와 권력의 불평등이 점점 더 심화되고 있다는 점에서는 다를 바가 없다. 그런데 우리나라 부자들 가운데는 이 책에 등장하는, 99퍼센트의 사람들과 동행하려고 애쓰며 현실에 적극 참여하는 부자들이 별로 눈에 띄지 않는다. 이른바 재벌기업의 2세들이 대를 이어 사업을 하고 있지만, 대개 세금 탈루, 자식들 사이의 재산 다툼, 노동자 탄압, 불법적 정치자금을 통한 정치권과의 커넥션 같은 부정적 기사들만 보일 뿐, 부의 공정한 재분배와 사회 불평등 해소를 위해 나름의 역할을 하는 부자들을 아직은 보지 못했다. 개인적으로 은밀하게 그런 일에 참여하는 부자가 있을지는 모르지만, 부자들이 조직적으로 불평등 해결과 부의 공정한 재분배를 위해 활동한다는 말은 더더욱 들어본 적이 없다.

어쨌든 이런 불평등의 고착화는 미국이나 한국이나 특히 미래를 살아갈 청년 세대에게 큰 짐이 되고 있다. 일자리와 소득의 불안정, 채무 증가는 결혼과 출산 기피, 인구 감소로 이어지고 정부의 세수 감소와 경제 발전의 동력이 약화되는 악순환으로 귀결되기 때문이다. 연대의 대상이 어떤 계급이든, 그 사람이 부자이든 가난한 사람이든, 평등한 세상, 공정한 경쟁의 장을 만들고자 애쓰는 사람들은 서로 손을 맞잡는 것이 마땅하다. 혼자 하는 것보다 둘이 하는 것이 더 쉽고 더 효율적이다. 부의 공정한 재분배를 적극 옹호하고, 마땅히 내야 할 세금을 기꺼이 내면서, 그와 관련된 법과 제도 개선에 목소리를 높이는 부자들의 모습을 우리나라에서도 볼 수 있기를 기대해본다.

끝으로 한국어판 저자 서문에서 척 콜린스가 밝힌 것처럼 "불공평한 부의 분배로 혜택을 본 사람들이 앞장서서 이러한 잘못된 흐름을 세상에 널리 알리고 반대할 때 비로소 우리는 한 걸음 앞으로 나아갈 것"이다. 이 책이 우리나라의 부자들에게 평등한 세상으로 인도하는 등불이 되길 바란다.

2024. 1월

김병순

옮긴이 김병순

전문번역가로 일하며 다양한 분야의 책을 우리말로 옮기고 있다.『날개 위의 세계』,『부동산, 설계된 절망』,『케이프코드』,『두 발의 고독』,『80억 인류, 가보지 않은 미래』,『텅 빈 지구』,『성장의 한계』,『달팽이 안단테』,『귀환』,『훔쳐보고 싶은 과학자의 노트』,『왜 가난한 사람들은 부자를 위해 투표하는가』,『불로소득 자본주의』,『빈곤자본』,『산티아고, 거룩한 바보들의 길』,『커피, 만인을 위한 철학』,『젓가락』등 다수의 책을 번역했다.

공정한 세상을 위해 부자가 나서야 하는 이유

억만장자가 사는 법

펴낸날 초판 1쇄 발행 | 2024년 2월 26일

지은이 척 콜린스
옮긴이 김병순
편집 김일수 최연희
본문 디자인 정정은 김승일 **표지 디자인** 김승일

펴낸이 캐서린 한
펴낸곳 한국NVC출판사
마케팅 권순민, 고원열, 구름산책, 신소연

인쇄 천광인쇄사
용지 페이퍼프라이스

출판등록 제312-2008-000011호 (2008. 4. 4)
주소 (03035) 서울시 종로구 자하문로 17길 12-9(옥인동) 2층
전화 02)3142-5586 **팩스** | 02)325-5587

홈페이지 www.krnvcbooks.com **인스타그램** kr_nvc_book **블로그** blog.naver.com/krnvcbook
유튜브 youtube.com/@nvc **페이스북** facebook.com/krnvc **이메일** book@krnvc.org

ISBN 979-11-85121-43-7 03300